연세대학교 법학연구원 학술총서 1

김남철 교수와 행정법

연세대학교 법학연구원

박영사

학술총서 발간사

　　연세대학교 법학연구원은 1969년 3월 1일 '연세대학교 법률문제연구소'로 설립되었습니다. 법률문제연구소는 1993년 연세대학교 법과대학 부설 법학연구소로 개편되면서 도약의 시기를 맞이하였고, 법학연구소는 2009년 법학전문대학원 출범에 맞추어 법학전문대학원에서 독립한 교책연구원으로 승격하여 현재의 '연세대학교 법학연구원'이라는 이름을 가지게 되었습니다.

　　연세대학교 법학연구원은 한국연구재단이 지원하는 중점연구소로 지정되어, 녹색성장법학을 중점과제로 삼아 심화된 연구와 확대된 토론의 장으로 발전하는 중흥의 기틀을 마련하였습니다. 당시 '녹색성장법제연구사업단'을 운영하면서 한편으로 '기후변화와 국제법 연구 사업단'도 구성하여 한국연구재단의 한국사회과학연구(SSK) 사업에도 참여하였습니다. 현재는 한국학분야 토대연구지원 사업으로서 조선시대 민사 분쟁에 대한 판결문인 결송입안(決訟立案)을 연구하는 '조선시대 결송입안 집성 사업단'을 운영하면서, 조선시대 사람들의 법의식, 판결 과정, 판결 방식 등에 대한 연구를 수행하고 있습니다.

　　연세대학교 법학연구원은 여러 분야의 기관과 협력하여 법학의 발전을 도모하는 공동학술행사를 매년 다수 개최하고 있으며, 다수의 국제학술대회도 개최하여 세계의 유수한 학자 및 연구기관과 협력을 해오고 있습니다. 대표적으로 독일의 괴팅겐대학교 법과대학과 학술교류 행사의 결과물[Rechtsfragen beim Wechsel des Rechtsregimes – Viertes Symposium der Juristischen Fakultät der Georg August Universität Göttingen mit der Yonsei Law School, Gunnar Duttge · Jong Hwan Kim(Hg.), Universitätverlag Göttingen, 2015]을 독일에서 출간하기도 했습니다. 그리고 한국연구재단 등재지인 '법학연구' 및 영문저널인 'Yonsei Law Journal', 특성화 저널인 '연세법현논총'을 발간해 오고 있습니다.

　　연세대학교 법학연구원은 소속 연구자들의 학문에 대한 열정과 노력을 기리고 후학에게 나아갈 방향을 제시하고자 2024년 7월 학술총서를 출간하기로 계획하였고, 연세대학교 법학전문대학원 교수로 재직 중 2024년 5월 28일 소천하신 김남철 교수님을 추모하면서 '김남철 교수와 행정법'을 첫 번째 학술총서로 출간하게 되었습니다.

　　김남철 교수님의 품성은 장례식장에 찾아온 제자들과 동료들을 통해 확인할 수 있었습니다. 바쁜 일정 속에서도 전국에서 김남철 교수님께 마지막 인사를 드리고자 찾아온 동료와 제자들이 장례기간 내내 신촌세브란스병원 장례식장 특실을 가득 메운 모습을 보면서, 교수님이 그동안 어떻게 살아오셨는지를 느낄 수 있었습니다. 제자들을 진심으로 가르쳤고 학교와 학계, 정부의 발전에도 진정으로 노력하셨던 모습을 잘 알 수 있었습니다.

우리가 잘 알지 못했던 김남철 교수님의 모습은 이뿐만이 아니었습니다. 교수님은 작고하기 직전 해인 2023년에는 3편의 논문(사회국가원리의 구체화로서 '사회행정의 원리' 구축 시론, 고향사랑기부제 도입에 따른 주요 쟁점과 개선과제, 사회환경 변화의 대응을 위한 대중교통 서비스의 공법적 과제)을 발표하셨고, 투병 중이시던 2024년에도 행정법 강론(10판)을 출간하셨습니다. 교수님은 삶의 마지막까지 행정법학자·행정법 교수로서 소임에 정성을 다하셨습니다.

우리가 몰랐던 김남철 교수님의 모습은 다른 곳에서도 있었습니다. 교수님은 연세대학교 법과대학 1학년 시절 캠퍼스에서 처음 만났던 여학생과 평생을 같이 해 오셨습니다. 대학교 1학년 20살의 마음으로 평생을 사모님과 친구처럼 살아오신 것을, 그리고 두 아들의 성장을 항상 옆에서 흐뭇하게 바라보면서 화목한 가정을 이루었던 가장의 모습을 우리는 알게 되었습니다.

이처럼 '김남철 교수와 행정법'은 김남철 교수님이 작고하셨기에 의례적인 차원에서 발간한 책이 아닙니다. 동료로서 선배로서 우리가 살아갈 모범을 보여주셨던 교수님과 너무나 일찍 작별한 것이 아쉽고 원망스럽지만, 교수님의 모습을 항상 옆에 두고 본을 받고자 '김남철 교수와 행정법'을 출간하는 것입니다. 이 책을 통해 김남철 교수님의 모습을 볼 수 있고, 행정법을 볼 수 있습니다. 그리고 김남철 교수님이 항상 제자, 동료, 가족들과 함께했던 것을 기억하고자 합니다.

2024년 11월

연세대학교 법학연구원장 김정환

〈김남철 교수님 근영〉

김남철 교수님 약력
(한자: 金 南 澈, 영문: Kim Nam Cheol)

출생
1964.11.22. − 2024.5.28.

학력
1980.3.1 − 1983.2.28:	서울 경문고등학교
1984.3.1 − 1988.2.29:	연세대학교 법과대학 법학과 (법학사)
1989.3.1 − 1991.2.28:	연세대학교 대학원 법학과 (법학석사: 행정법)
	논문제목: 독일의 주 상호 간의 재정조정에 관한 연구
	지도교수: 양승두 교수
1991.4.15 − 1997.7.29:	독일 튀빙엔(Tübingen)대학교 법과대학
	(법학박사: 행정법, 지방자치법 및 건축법)
	논문제목: Gemeindliche Planungshoheit und überörtliche Planungen (지방자치단체의 계획고권과 국가계획)
	지도교수: Günter Püttner 교수

경력
1989.9.1 − 1991.2.28:	연세대학교 법과대학 법학과 조교
1997.9.1 − 2000.2.29:	연세대학교 법과대학 법학과, 연세대학교 경법대학 법학과 및 관리과학대학원, 경원대학교 법학과 및 행정대학원, 한양대학교 지방자치대학원 시간강사
2000.3.1. − 2005.2.28:	부산외국어대학교 인문사회대학 법학부 조교수
2005.3.1. − 2011.2.28.:	부산대학교 법과대학, 법학전문대학원 부교수
2011.3.1. − 2017.2.28:	부산대학교 법학전문대학원 교수
2017.3.1. − 2024. :	연세대학교 법학전문대학원 교수

학회 활동

한국지방자치법학회, 한국비교공법학회, 연세법학회, 행정법과 법치주의 회장 역임

한국공법학회, 한국토지공법학회, 한국행정법학회, 입법이론실무학회, 한국법학교수회 부회장 역임

한국법정책학회 이사 등

수상

1. 신진학술상, 한국공법학회, 2006.6.30.
2. 학봉학술상, 부산대학교 법과대학, 2007.5.21.
3. 대통령표창(제189492호), 지방분권추진공로, 2013.2.22.

대외활동

중앙행정심판위원회·부산광역시행정심판위원회·울산광역시행정심판위원회 위원

대통령소속 지방분권촉진위원회·지방자치발전위원회·자치분권위원회 위원

부산광역시 및 울산광역시 지방토지수용위원회 위원

법제처 국가행정법제위원회 제3분과위원회 위원장

법제처 법령해석심의위원

행정안전부 지방자치단체중앙분쟁조정위원회 위원

행정안전부 지방자치단체 특례심의위원회 위원

행정안전부 자치분권 사전협의자문단 자문위원

국회 입법지원위원

국가인권위원회 행정심판위원회 위원 등

저서

- 행정법강론
- 행정법 사례연습
- 행정법

연구논문

- 지방자치단체의 계획고권과 국가의 공간계획
- 국가의 직무감독소홀로 인한 국가배상책임
- 지역균형발전의 법적 문제

- 기업도시에서의 사인을 위한 토지수용의 법적 문제
- 법규명령에 대한 항고소송의 문제점−행정소송법개정안을 중심으로−
- 다양한 정치세력의 지방선거참여를 위한 법적 과제
- 교통법규위반행위의 유형 및 제재수단의 법적 문제−한국과 독일의 도로교통법령의 비교를 중심으로−
- 행정심판과 행정절차제도와의 조화방안−특히 이의신청절차와 행정심판과의 조화방안 모색을 중심으로−
- 국가와 지방자치단체간 사무배분개혁추진의 평가와 과제
- 독일 연방주의와 연방주의개혁의 우리나라 지방분권개헌에의 시사점−지방분권과 지방자치의 관점에서−
- 지방자치법 전부개정에 대한 평가와 과제 등
- 지방자치단체에 대한 감사의 법적 문제
- 건축허가의 법적 성질에 관한 소고
- 지적재조사사업의 토지공법적 과제
- 환경친화적 도시개발을 위한 법적 과제
- 갈등관리수단으로서의 공법상의 조정−일과 한국의 공법상 조정제도의 비교를 중심으로−
- 다양한 정치세력의 지방선거참여를 위한 법적 과제
- 중앙정부와의 사전협의제도의 개선방안
- 지방자치감사제도와 주민의 역할
- 지방자치단체 감사체계 개선을 위한 법적 과제−자체감사제도 확립을 중심으로−
- 지방자치단체 국정참여의 공법적 과제−상원 또는 지방원 도입에 관한 논의를 중심으로−
- 서울시 자치구 재산세 공동과세의 공법적 과제
- 행정심판 재결의 실효성 강화방안−직접처분과 간접강제를 중심으로−
- 건축허가의 법적 성질에 관한 소고
- 중앙권한의 지방이양에 있어서 위임규정의 문제와 개선방안
- 송·변전설비 주변지역 주민지원의 법적 문제와 개선방안
- 행정법상 신고의 법리−이론과 판례의 문제점과 개선방향−
- 지방자치단체의 정부입법참여에 관한 법제 개선방안
- 공공기관의 기능재정립의 원칙 및 기준으로서의 공공기관 기능의 법적 한계에 관한 연구

- 공기업 민영화에 대한 공법적 통제원리에 관한 검토
- 행정법 판례형성에 있어서의 행정법학의 기여
- 소음규제 및 저감을 위한 법적 과제
- 국가와 지방자치단체 간의 공동사무
- 감사원 관련 헌법개정논의에 대한 공법적 소고
- 탈원전을 위한 공론화위원회의 공법적 과제-독일법제를 중심으로 참여와 숙의의 법제화의 관점에서-
- 지방자치단체에 대한 행정적 감독의 공법적 문제와 개선방안-독일 지방자치법상 자치사무에 대한 감독수단을 중심으로-
- 독일에서의 연방참사원과 주지사협의회를 통한 국정참여-특히 지방자치단체의 국정참여권 실현방법의 관점에서-
- 도로교통법상 범칙금 및 벌점 부과의 법적 과제-독일 도로교통법과의 비교를 중심으로-
- 에너지법제의 평가와 과제-독일 법제와의 비교를 중심으로-
- 처분시 적용법령(행위시법, 처분시법)의 문제
- 실질적인 자치권 확대 및 책임성 확보를 위한 지방자치법 개정과 공법적 평가
- 지방분권개헌안에 대한 평가와 과제
- 국가와 지방자치단체 간 협력수단으로서의 사전협의제도-사회보장제도 신설·변경 협의제도를 중심으로-
- 헌법상 지방자치권의 제도적 보장을 위한 수단으로서 '지방자치단체 헌법소원'
- 고향사랑기부제 도입에 따른 주요 쟁점과 개선과제
- 사회국가원리의 구체화로서 '사회행정의 원리' 구축 시론
- 사회환경 변화의 대응을 위한 대중교통서비스의 공법적 과제
- 친환경 에너지 전환정책 추진의 입법적 과제-독일 에너지 전환정책 추진사례의 시사점을 중심으로-
- 2015년 행정법 중요판례
- 2016년 행정법 중요판례평석
- 2017년 행정법(II) 중요판례평석
- 2018년 행정법(II) 중요판례평석
- 2019년 행정법(II) 중요판례평석
- 2020년 행정법(II) 중요판례평석
- 2021년 행정법(II) 중요판례평석

가족 추모사

아버지를 그리워하며,

　여전히 많은 분들께서 아버지를 그리워하시고 기억해주신 덕분에 이 논문집을 발간할 수 있게 되었습니다. 이를 통해 아버지께 추모의 글을 전해드릴 수 있어서 진심으로 기쁘고, 감사합니다. 영원히 기억되길 바라는 아버지의 모습과 추억들에 더불어, 도움을 주신 모든 분들께 감사하는 마음과 아버지를 추모하는 마음으로 이 글을 올립니다.

　아버지께서는 어머니의 가장 친한 친구이자, 다정한 배우자이셨습니다. 대학 시절부터 이어온 인연 속에서 늘 한결같이 따뜻하고 상냥한 태도로 어머니를 대하셨습니다. 학생들의 말에 따르면, 학생 식당에서 식사 중이실 때마다 항상 식사를 멈추고 일어서서 학생들의 인사를 받아주셨다고 합니다. 어머니는 이러한 인격적 찬사를 최고의 칭찬으로 여기셨으며, 아버지는 40년이 넘는 세월 동안 변함없는 인품과 품격을 어머니께 보여주셨습니다.

　아버지께서는 가정적이고 헌신적인 아버지셨습니다. 특유의 유쾌함으로 항상 가정을 밝게 만들어주셨고, 좋은 음식, 좋은 음악, 좋은 영화, 그리고 좋은 곳을 가족들과 함께하며, 언제나 따뜻한 미소와 부드러운 목소리로 저희 형제에게 지혜로운 삶의 길을 안내해주셨습니다.

　살아가면서 어떤 어려운 일이 생기더라도 침착하게, 당당하게, 담대하게 받아들이면 슬기롭게 헤쳐 나갈 수 있다고 당부하시고, 어떠한 일을 하더라도 좋으니 가장 하고 싶고, 가장 즐거운 일을 하라며 무한한 사랑과 응원을 보내주셨던, 누구보다도 자상하고 자랑스러운 아버지셨습니다.

　아버지께서는 많은 가르침을 주신 훌륭한 교육자이셨습니다. 세상은 동화처럼 항상 아름답지만은 않기에, 살아가면서 힘과 의지가 부족할 때가 있습니다. 그럴 때마다 아버지께서는 언제나 힘들고 어려운 순간에도 희망과 용기를 잃지 않는 경이로운 모습을 보여주시며, 그 어떤 고난과 시련이 찾아와도 두려움 없이 맞설 수 있는 의지를 가르쳐주셨습니다.

　또한 저희가 다른 길을 택할 때는 "한쪽 문이 닫히면 다른 쪽 문이 열린다."고 하시며 응원해주셨고, 좌절하고 힘들어할 때는 "비 온 뒤에 땅이 굳어지고, 눈물 젖은 빵은 먹어 본 자만이 안다."고 하시며 다시 일어설 수 있는 힘을 가르쳐주셨습니다.

아버지께서는 누구보다도 성실히 노력하는 학자셨습니다. 항상 밤늦게까지 연구실에 남아 학업과 연구에 매진하셨고, 끝없는 노력을 하셨습니다. 연구실 복도의 불을 모두 소등하고 오셨다고 하시며 뿌듯해하시던 모습이 아직도 눈에 선합니다. 그동안 보여주신 성실함과 학문적 탁월함은 저희들 가슴 깊이 남아있습니다. 밤낮으로 고생하시며 남겨 놓으신 학문적 유산들은 잊히지 않을 것입니다.

아버지, 당신이 너무나도 그립습니다. 묻고 싶은 말도, 듣고 싶은 말도 아직 너무 많습니다. 언제가 되어도 이 그리움은 지워지지 않을 것만 같습니다. 모두가 같은 마음이겠지요. 하지만 기억 속의 구절이 떠올라 마음을 조금은 달리 가져보기로 하였습니다. 아버지께서는 저희 곁을 영영 떠나신 것이 아니라, 단지 존재의 형태에 변화가 생긴 것이라고 믿고 싶습니다. 따라서 아버지는 늘 그래주셨듯이 기쁠 때든 슬플 때든 언제나 어떤 모습으로도 저희 곁에 계시며, 저희를 지켜주시고 응원해 주실 것이라고 생각합니다.

늘 함께한다는 마음으로 아버지의 가르침과 모습을 가슴 깊이 새기며, 당신 같은 사람이 되겠습니다. 아버지께서 저희의 아버지, 어머니의 배우자라는 사실에 진심으로 감사하고 행복합니다. 영원히 사랑합니다.

끝으로, 아버지께서 온 힘을 다해 집필하신 논문들이 다시금 세상에서 빛나도록 도와주신 많은 분들에게 다시 한 번 깊은 존경과 감사를 전합니다.

영광스러운 논문집의 발간을 위해 많이 애써주신 연세대 법학연구원의 김정환 원장님, 김종원 박사님, 연세대 법학전문대학원 모든 교수님들, 생전 많이 아끼시고 의지하셨던 부산대 법학전문대학원 방동희 교수님과 여러 박사님들, 아버지께서 항상 신뢰하셨던 고려대 임현 교수님, 무더운 여름 내내 아버지의 논문을 읽고 정리해 주신 임현종 박사님, 그리고 아버지의 사랑하는 제자분들께 특별히 감사드립니다.

－신촌 안산자락의 보금자리에서, 김남철 교수 가족 올림.

제자 추모사

교수님을 처음 만났던 날 후로, 지금껏 교수님께 입은 하해와 같은 은혜를 잊을 길이 없습니다. 행정법이라는 세계를 처음 알려주셨던 교수님. 업무도 많고 제자도 많으실 텐데도, 항상 밝고 따뜻한 모습으로 맞아주시던 교수님. 수험 스트레스를 하소연하는 일개 로스쿨생에게도 진심으로 격려해주시며 지어주시던 교수님의 쾌활하고 밝은 미소와 에너지에 얼마나 큰 힘을 얻었는지 모릅니다. 박사과정 진학에 있어서도 너무나도 큰 응원을 해주시고, 진학 후에도 늘 한결같이 그곳에서 든든한 버팀목이 되어주시던 교수님의 따뜻한 모습이 지금도 눈을 감으면 손에 닿을 듯 생생합니다.

로스쿨 당시부터 교수님께서는 항상 "행정법에 대해 궁금한 것이 있거나, 학교생활을 하면서 고민되는 일이나 힘든 일이 있다면 언제든지 편하게 찾아와 이야기해줘도 돼요."라고 말씀하셨던 기억이 납니다. 교수님께 행정법에 관한 질문을 약간은 핑계삼아 연구실에 종종 찾아뵈었던 순간들이 스쳐지나갑니다. 지금 돌아보면 교수님의 시간을 빼앗는 일이었을 수 있는데도, 언제나 교수님은 저를 마주보고 제게 차분하고도 따뜻하게 조언과 격려를 아끼지 않아 주셨습니다. 뿐만 아니라 교수님께서는 특유의 시원하고 유쾌하신 톤으로, 독일 유학시절 이야기라든지, 여러 가지 살아가는 이야기라든지, 다방면의 이야기를 아직 이룬 것 없는 학생이던 저에게도 스스럼없이 해주셨는데, 그런 전방위적인 '대화와 소통의 달인'과도 같은 교수님을 저는 조금은 동경했는지도 모릅니다. 약간은 실없는 이야기가 될 수도 있지만, 한 번은 교수님께 공부할 때 목과 허리에 통증이 느껴져서 힘들다는 이야기를 한 적이 있습니다. 교수님께서는 그 말을 듣더니 자기도 최근에 그 부분이 뻐근하다며, 지금 바로 한 번 같이 목돌리기 운동을 해보자고 하셔서, 그렇게 그 자리에서 몇 분간 목을 돌렸던 일도 있었습니다. 그렇게 잠깐의 체조(?)가 끝난 뒤, 누가 보았다면 우스꽝스러워 보였을 수도 있을 광경이라며 너스레를 떨며 웃으시던 교수님의 웃음이 다시 한 번 보고 싶은 지금입니다. 그런 교수님의 소탈함에 즉각적인 차도(?)가 있었음은 물론, 스트레스로 지쳐있던 마음까지 편해질 수 있었던 것 같습니다. 그런 소소하면서도 진솔했던 순간들이 제게는 또 다시 나아갈 수 있게 만들어준 원동력이 되었고, 그런 순간을 선사해주신 교수님께 다시 한 번 감사한 지금입니다.

장례 예배 당시 홍강훈 교수님께서 교수님의 학문적 업적이 정리된 약력을 읽고 있던 도중, 교수님을 '영혼이 맑으신 분'이라고 표현하시는 것을 들었습니다. 이를 들은 저는 그 표현만큼 교수님과 어울리는 표현은 없을 거라 생각하였습니다. 그토록 뛰어난 학문적 업적을 이루시면서도 언제나 소탈함과 따뜻함을 전해주시던 교수님은 진정 맑은 영혼의 소유자셨고, 그런 교수님의 면모를 저는 존경하였습니다.

교수님이 떠나신 직후 가눌 길이 없었던 슬픔도 시간의 흐름 속에 조금은 담담히, 그리고 차분히 받아들일 수 있게 되었습니다. 이제, 교수님께서 남겨주신 유산인 이 논문집과 함께 다시금 다짐해봅니다. 교수님의 가르침을 깊이 새기고 그 길을 따라 묵묵히 걸어가고자 합니다. 이 논문집에는 교수님의 삶과, 학문적 고뇌, 통찰이 망라되어 있습니다. 저에게 이 논문집은 행정법을 공부함에 있어 어두운 밤하늘 밝게 빛나는 샛별처럼 나아갈 길을 밝혀줄 것이라 믿어 의심치 않고 있으며, 이는 저뿐만 아니라, 행정법을 공부하는 모든 이들에게도 마찬가지일 것이라 생각합니다. 故 김남철 교수님에 대한 존경과, 그리움을 담아 부족하나마 이 글을 올립니다. 감사합니다.

－이상구 변호사 올림

차례

김남철 교수의 행정법학 ··· 1

Ⅰ. 시작하며 ··· 1

Ⅱ. 지방자치법 연구 ··· 3

　1. 지방자치권의 보장과 지방자치단체 친화의 원칙 ······························· 3
　2. 국가와 지방자치단체 간 사무 및 권한배분 ······································· 5
　3. 지방자치단체의 국정참여 및 국가와 지방자치단체 간 협의 ········· 8
　4. 지방자치단체에 대한 감사 및 감독 ··· 10
　5. 지방자치법 전부개정과 헌법개정 ··· 12

Ⅲ. 행정법 일반 ··· 14

　1. 행정작용법 ··· 14
　2. 행정구제법 ··· 17

Ⅳ. 맺으며 ··· 19

地方自治團體의 計劃高權과 國家의 空間計劃 ···································· 24

Ⅰ. 머리말 ··· 24

Ⅱ. 地方自治權에 대한 憲法上의 保障 ··· 26

　1. 憲法上의 自治權保障의 內容 ··· 26
　2. 自治權의 制限과 그 限界 ··· 28

Ⅲ. 地方自治團體의 計劃高權 ··· 33

　1. 計劃高權의 槪念 ··· 33

2. 독일 地方自治團體의 計劃高權 ·· 34

3. 우리나라 地方自治團體의 計劃權限 ·· 36

Ⅳ. 國家計劃의 基本體系 ··· 38

1. 國家의 綜合計劃 ·· 38

2. 專門計劃 ··· 40

Ⅴ. 國家計劃과 地方自治團體計劃間의 갈등과 그 調整原則 ················· 41

1. 國家計劃에 의한 地方自治團體 計劃高權制限의 問題 ······················ 41

2. 空間計劃間의 調整을 위한 計劃上의 原則 ··· 42

3. 空間計劃體系再構成을 통한 問題의 解決 ·· 45

Ⅵ. 맺음말 ··· 46

국가와 지방자치단체 간의 공동사무 ·· **48**

Ⅰ. 서 론 ··· 48

Ⅱ. 공동사무에 관한 일반적 논의와 현황 ·· 51

1. 공동사무의 개념에 관한 논의 ·· 51

2. 공동사무에 관한 독일의 입법례와 논의 ·· 52

3. 공동사무에 관한 문제와 논의 ·· 54

Ⅲ. 공동사무의 개념과 유형의 정립 ··· 61

1. 논의의 기초로서 헌법상 지방자치권 보장에 대한 이해 ···················· 61

2. 공동사무의 허용성과 필요성 ··· 63

3. 공동사무의 개념정립과 유사개념과의 구별 ··· 65

4. 공동사무의 인정 방향 ·· 69

Ⅳ. 결 론 ··· 70

독일 연방주의와 연방주의개혁의 우리나라 지방분권개헌에의 시사점 ············ 74
- 지방분권과 지방자치의 관점에서 -

Ⅰ. 머리말 ··· 74

Ⅱ. 독일 연방주의 ··· 75
   1. 연방주의(Föderalismus)의 관념 ··· 75
   2. 독일의 연방국가원리와 연방의 구성 ··· 77

Ⅲ. 독일에서의 연방주의 개혁 ·· 84
   1. 연방주의개혁 I의 주요 내용 ·· 85
   2. 연방주의개혁 II의 주요 내용 ··· 88

Ⅳ. 개헌안의 지방분권 및 지방자치 관련 주요 내용 ···························· 89
   1. 국회 개헌보고서 지방분권 관련 주요 내용 ······························ 89
   2. 대통령 발의 개헌안 지방분권 관련 주요 내용 ························· 90
   3. 개헌보고서 및 개헌안의 문제점 ··· 91

Ⅴ. 독일 연방주의와 연방주의 개혁의 시사점 및 지방분권개헌의 방향 ·············· 93
   1. 독일 연방주의의 시사점 ·· 93
   2. 연방제 수준의 지방분권개헌의 방향 ··· 94

Ⅵ. 맺음말 ·· 97

지방자치단체에 대한 행정적 감독의 공법적 문제와 개선방안 ··············· 101
- 독일 지방자치법상 자치사무에 대한 감독수단을 중심으로 -

Ⅰ. 머리말 ·· 101

Ⅱ. 지방자치단체에 대한 감독 ··· 103

1. 지방자치단체에 대한 통제 개관 ··· 103

2. 지방자치법상 감독기관의 감독수단 ·· 104

3. 지방자치법 제169조에 관한 최근 판례 ····································· 108

Ⅲ. 독일 지방자치법상 자치사무에 대한 행정적 통제 ························· 111

1. 개관 ··· 111

2. 독일 지방자치법상 자치사무에 대한 감독수단 ························ 112

3. 시사점 ·· 120

Ⅳ. 지방자치단체의 사무에 대한 감독의 문제점과 개선방안 ·············· 121

1. 사무구분에 따른 감독원칙 규정 ·· 121

2. 자치사무수행에 대한 자료제출요구권 ····································· 122

3. 자치사무의 부작위에 대한 이행확보 ······································· 123

4. 지방자치단체의 결정에 대한 이의제기권 ································· 123

5. 지방자치행정의 위기에 대한 대응수단 부재 ··························· 124

Ⅴ. 맺음말 ··· 124

건축허가의 법적 성질에 관한 소고 ··· **128**

Ⅰ. 머리말 ··· 128

Ⅱ. 건축허가의 법적 성질에 관한 논의 ··· 130

1. 재량행위에 대한 이해 ··· 130

2. 종래의 견해 ·· 131

3. 새로운 견해 ·· 132

Ⅲ. 관련판례 ·· 135

1. 종래의 판례입장 ·· 135

2. 새로운 경향의 판례 ·· 135

Ⅳ. 건축허가의 법적 문제 ·· 137

　　1. 건축의 자유와 제한 ·· 137

　　2. 건축허가의 법적 성질 ·· 140

　　3. 새로운 견해에 대한 평가 ·· 142

　　4. 판례의 평가 ·· 145

　　5. 관련 규정의 문제점 ·· 148

Ⅴ. 맺음말 ·· 149

법규명령에 대한 항고소송의 문제점 ·· 152

－ 행정소송법개정안을 중심으로 －

Ⅰ. 머리말 ·· 152

Ⅱ. 행정소송법개정안의 주요 내용 ·· 154

　　1. 새로운 소송유형의 신설 ·· 154

　　2. 항고소송의 대상 확대 ·· 157

　　3. 항고소송의 원고적격 확대 ·· 159

　　4. 기타 ·· 159

Ⅲ. 법규명령에 대한 항고소송의 법적 문제 ·· 160

　　1. 개정안의 관련규정 ·· 160

　　2. 법규명령에 대한 항고소송의 문제 ·· 163

Ⅳ. 맺음말 ·· 177

행정법상 신고의 법리 ··· 181

- 이론과 판례의 문제점과 개선방향 -

I. 머리말 ·· 181

II. 행정법상 신고에 관한 일반론과 문제점 ···························· 182

    1. 신고에 관한 일반적인 논의 ··· 182
    2. 신고의 문제점 ··· 184

III. 수리를 요하지 않는 신고에서의 처분성 관련 문제 ········ 185

    1. 수리를 요하는 신고와의 구별 ····································· 185
    2. 양자를 구별하는 경우에 있어서의 구별기준 ············· 190
    3. 신고거부행위의 처분성에 대한 사견 ························· 191

IV. 수리를 요하는 신고와 허가 등과의 구별 문제 ··············· 193

    1. 구별에 관한 논의 ··· 194
    2. 학설 및 판례에 대한 검토 ··· 197
    3. 소결 ··· 200

V. 맺음말 ·· 200

행정심판과 행정절차제도와의 조화방안 ··················· 203

- 특히 이의신청절차와 행정심판과의 조화방안 모색을 중심으로 -

I. 서론 ··· 203

II. 행정절차와 행정심판의 관계 개관 ····································· 205

    1. 행정절차의 관념 ··· 205
    2. 행정절차와 행정심판의 관계에 관한 비교법적 검토 ············· 207
    3. 소결: 행정절차와 행정심판절차와의 통합 또는 연계 방안 모색의 필요 ···· 209

Ⅲ. 행정심판에 영향을 미치는 행정절차제도 개관 ·················· 211

    1. 처분절차 ··········· 211

    2. 민원처리절차 ············ 212

    3. 조정 등의 대체적 분쟁해결절차 ········· 213

    4. 이의신청 ············ 214

Ⅳ. 이의신청과 행정심판과의 관계에 관한 일반론 ············· 214

    1. 이의신청과 행정심판과의 관계 ··········· 214

    2. 이의신청 이후의 불복절차에 관한 입법례 ········· 216

Ⅴ. 이의신청제도의 문제점과 개선방안 ················· 219

    1. 이의신청제도의 문제점 ············· 219

    2. 이의신청제도의 개선방안 ··········· 223

Ⅵ. 결론 ············· 226

행정법 판례형성에 있어서의 행정법학의 기여 ············· **228**

Ⅰ. 머리말 ············ 228

Ⅱ. 주요 행정법이론과 판례 ················· 230

    1. 행정법 서론 ············ 231

    2. 행정작용: 행정행위 ············ 233

    3. 그 밖의 행정작용 ············ 236

    4. 행정구제 ············ 239

    5. 행정법각론 ············ 244

Ⅲ. 행정법학과 판례의 상호 발전을 위한 과제 ················· 248

    1. 행정법학의 연구 심화와 연구방법 다양화 ············· 248

2. 행정법학의 외연 확장 ·· 249

3. 판례와의 교류 활성화 ·· 250

4. 행정판례의 전문화 ·· 250

Ⅳ. 맺음말 ··· 251

사회국가원리의 구체화로서 '사회행정의 원칙' 구축 시론 ·················· 253

Ⅰ. 머리말 ··· 253

1. 사회환경의 변화와 국가의 '사회적' 역할 부각 ················ 253

2. 독일의 사회국가 ·· 255

3. 사회문제 해결의 논거로서 사회국가원리와 그 행정법적 구체화의 필 요성 ···· 256

Ⅱ. 사회국가원리 ·· 258

1. 사회국가 개념의 유래와 사회국가에 대한 이해 ··············· 258

2. 사회국가원리의 헌법적 반영 ·································· 260

3. 헌법의 사회국가조항의 법적 성격 ····························· 261

4. 사회국가의 내용과 한계 ······································ 262

Ⅲ. 사회문제해결을 위한 행정법의 역할 변화 필요 ················· 268

1. 사회환경의 변화와 행정법적 대응 필요 ······················· 268

2. 보장국가론, 재국영화·사회화 논의와 사회국가원리를 구체화한 행정
   법원칙의 필요성 ··· 269

Ⅳ. 사회행정원칙의 정립 시론 ··· 272

1. 사회국가원리의 구체화로서 사회행정의 원칙 ·················· 272

2. 사회행정원칙과 개별행정법영역에서의 원칙 정립 및 적용 ········ 274

Ⅴ. 맺음말 ··· 278

김남철 교수의 행정법학*

임 현 종**

Ⅰ. 시작하며
Ⅱ. 지방자치법 연구
  1. 지방자치권의 보장과 지방자치단체
     친화의 원칙
  2. 국가와 지방자치단체 간 사무 및
     권한배분
  3. 지방자치단체의 국정참여 및 국가와
     지방자치단체 간 협의
  4. 지방자치단체에 대한 감사 및
     감독
  5. 지방자치법 전부개정과 헌법개정
Ⅲ. 행정법 일반
  1. 행정작용법
  2. 행정구제법
Ⅳ. 맺으며

Ⅰ. 시작하며

　김남철 교수님의 행정법에 대한 사랑은 교수님의 저서 「행정법강론」 서문에 언급된 바와 같이 학부 시절 행정법 강의를 듣고 공부하던 때부터 시작되었다.[1] 학부 졸업 후에는 본격적으로 학문으로서의 행정법 연구를 위해 연세대학교 대학원에 진학하여 석사과정을 마치셨고,[2] 1997년 독일 튀빙엔(Tübingen)대학교 법과대학에서 수학하여 박사학위를 받으셨다.[3] 박사학위 취득 이후 27년의 시간 동안 교수님께서는 행정법학자로서 그야말로 쉼 없는 연구로 동료와 후학들에게 모범이 되셨으며, 저서와 약 100편의 방대한 연구업적을 남기셨다. 김남철 교수님의 행정법 연구는 우리 사회가 처한 문제의 행정법적 쟁점에 대한 관심과 대안의 모색에 중점이 있었다고 할 수 있다. 교수님의 논문에서 법이론적 검토와 함께 입법론적 제언이나 비교법 연구를 상당수 볼 수 있는 점은 현실에 직접적으로 기여하는 행정법 연구를 지향하셨다는 것을 나타내준다.

---

* 이 글은 「법학연구」 제34권 제3호(2024.9.)에 수록된 논문임을 밝힙니다.
** 명지대학교 법무행정학과 조교수, 법학박사

1) 김남철, 「행정법강론」, 2014, 머리말 iii면.
2) 「독일의 주상호간 재정조정에 관한 연구」라는 논문으로 1991년 2월 석사학위를 취득하였다.
3) 「Gemeindliche Planungshoheit und überörtliche Planungen(지방자치단체의 계획고권과 국가계획)」이라는 논문으로 1997년 7월 박사학위를 취득하였다.

실제 교수님께서는 우리 행정법 역사에 있어 괄목할 성과인 「행정기본법」의 제정과 교수님의 주된 연구분야인 「지방자치법」의 전부개정에 직접 참여하시고 많은 기여를 하셨다.

교수님께서는 또한 행정법학자로서 행정법 교육과 후학 양성에도 많은 노력을 기울이셨다. 부산대학교에 재직하시는 동안 대학원에서 지도하신 행정법 전공 제자들과의 연구활동을 계속해서 이어오셨으며, 2017년 연세대학교에 부임하신 이후 법학전문대학원뿐만 아니라 매 학기 예비법조인이나 공직자를 꿈꾸는 수백명의 학부 학생들이 교수님의 강의를 수강하였다. 항상 밝고 넓은 마음으로 모든 사람을 대하는 교수님이셨지만, 제자와 학생에 대한 애정은 특히 크셨으며, 학생의 입장에서 읽기 쉽고 간결하게 교과서를 저술하려고 하셨다는[4] 점에서도 교수님의 이러한 마음을 확인할 수 있다. 교수님의 빈소에 정말 많은 학생들이 찾아와 교수님을 추모했던 것은 평소 교수님의 생각과 마음이 학생들에게도 전해졌기 때문이라 생각한다.

김남철 교수님은 연구와 교육 이외에도 교수님의 행정법학자로서의 지식과 전문성을 필요로 하는 곳에는 기꺼이 도움을 주셨다. 앞서 언급한 입법활동 외에도 행정심판위원으로서 시민의 권리구제와 행정의 적법성 확보에 기여하셨으며,[5] 법령해석심의위원회,[6] 토지수용위원회[7] 등 다양한 정부와 지방자치단체의 위원회 활동을 하셨다. 특히 교수님의 주된 연구분야인 지방자치와 관련해서는 오랫동안 국가와 지방자치단체의 사무배분 및 이양을 위한 작업에 참여하셨으며,[8] 중앙분쟁조정위원회 위원으로 활동하셨다.[9] 또한 한국비교공법학회, 한국지방자치법학회 및 연세법학회의 회장을 역임하시는 등[10] 학계에 대해서도 많은 봉사를 하셨다.

이처럼 행정법에 대한 사랑을 삶 자체로 보여주신 김남철 교수님께서 2024년 5월 28일 소천하셨다. 이 글에서는 그동안의 연구들을 되돌아보며 연구성과를 알림과 동시에 교수님을 기리고자 한다. 이하에서는 김남철 교수님(이하에서는 '김남철 교수'라 함)의

---

4) 김남철, 『행정법강론』, 2014, 머리말 iii~iv면.
5) 부산광역시행정심판위원회 위원(2008년~2014년), 울산광역시행정심판위원회 위원(2009년~2015년), 국무총리행정심판위원회 위원(2010년~2012년), 중앙행정심판위원회 위원(2012년~2016년) 등 역임.
6) 법제처 법령해석심의위원회 위원(2021년~2023년) 역임.
7) 부산광역시토지수용위원회 위원(2012년~2015년), 울산광역시토지수용위원회 위원(2015년~2018년) 역임.
8) 대통령 소속 지방분권촉진위원회 제1실무위원회 위원(2011년~2013년), 대통령 소속 지방자치발전위원회 제1실무위원회 위원(2013년~2016년), 대통령 소속 자치분권위원회 제1전문위원회 위원장(2018년~2022년) 등 역임.
9) 중앙분쟁조정위원회 위원(2022년~2024년) 역임.
10) 한국비교공법학회 회장(2017년~2018년), 한국지방자치법학회 회장(2020년), 연세법학회 회장(2022년~2023년) 역임.

연구업적을 박사학위논문 주제이자 주된 연구분야인 지방자치법과 행정법 일반으로 나누어 살펴보겠다.

II. 지방자치법 연구

1. 지방자치권의 보장과 지방자치단체 친화의 원칙

김남철 교수는 1984년 연세대학교 법학과에 입학하여 법학공부를 시작하였으며, 연세대학교 대학원 법학과에서 행정법을 전공하였다. 양승두 교수의 지도로 「독일의 주 상호간의 재정조정에 관한 연구」라는 주제로 석사학위를 취득하였다. 1991년에는 독일 유학을 시작하여 독일 튀빙엔대학교(Eberhard Karls Universität Tübingen)에서 Günter Püttner 교수의 지도로 지방자치단체의 계획고권과 국가계획(Gemeindliche Planungshoheit und überörtliche Planungen)이라는 주제로 박사학위를 취득하였다.

박사학위논문은 지방자치법과 건축법(계획법) 분야를 중심으로, 지방자치단체가 계획 권한을 행사함에 있어 국가와 지방자치단체 간 권한충돌의 문제를 어떻게 해결하는지에 대한 법원리를 주요하게 검토하였다. 국가는 지방자치단체의 권한행사가 잘 이루어질 수 있도록 보장하는 역할을 하되, 지방자치단체의 계획은 국가계획과의 조화를 이루어야 한다는 상호간의 조화로운 관계의 형성이 주된 내용이다. 이러한 내용을 바탕으로, 김남철 교수는 국가와 지방자치단체의 관계를 어떻게 형성해야 할지에 대한 문제를 평생의 연구주제로 삼고 연구를 진행하였다. 특히 초기 연구는 독일에서 공부한 내용을 바탕으로, 지방자치권의 보장, 국가와 지방자치단체의 관계, 국가와 지방자치단체의 권한배분, 지방자치단체 간의 갈등완화 등을 중요한 연구주제로 삼았다.[11]

시대적으로 살펴보아도 1997년 박사학위를 취득하고 한국으로 귀국했을 당시, 우리나라는 1995년 제1회 전국동시지방선거를 통해 완전한 민선자치제도가 시행됨과 동시에 본격적으로 지방자치제도가 발전해가는 시기였다.[12] 하지만 30여 년간 중단되었던 지방자치제도의 재시행에 있어서 큰 걸림돌이 있었는데, 그것은 국가와 지방자치단체가

---

11) 김남철, "독일에서의 지방자치단체의 계획고권의 헌법상의 보장", 『사법행정』, 1998, 8면 이하; 김남철, "지방자치권의 제한에 대한 한계", 『연세법학연구』 제5집 제1권, 1998, 131면 이하; 김남철, "지방자치단체의 계획고권과 국가의 공간계획", 『토지공법연구』 제6집, 1998, 295면 이하; 김남철, "지방자치단체 간의 권한갈등과 그 조정원칙", 『성운 허경교수 화갑기념논문집』, 법학서당, 1999, 357면 이하 등.

12) 우리나라의 지방자치는 1952년 도입된 이후 60년대~80년대에는 실시가 유보되었기 때문에, 실질적인 지방자치는 1990년대에 들어 본격적으로 시작되었고, 많은 연구와 법제도 발전이 이루어졌다.

권한상의 갈등문제가 빈번하게 일어나는 것이었다. 당시 지방자치제도에 대한 이해가 부족한 측면이 있어, 국가나 지방자치단체 모두 정당한 권한을 행사하고 있는 것임에도 불구하고 지방자치단체의 권한행사는 종종 '지역이기주의'로 치부되는 문제가 있었으며, 중앙집권적인 관행이 남아있어 자치권이 제대로 보장되지 못하는 한계가 종종 발생하였다.13) 이에 김남철 교수의 초기 논문들에서는 지방자치권에 대한 제도적 보장이론을 중심으로 그 의미, 핵심영역의 보호, 자치권의 제한가능성과 한계 등을 상세하게 논증하였다.14) 이러한 연구들은 당시 지방자치제도가 본격적으로 부활한 지 얼마 되지 않은 현실 속에서 지방자치의 문제는 지방자치권의 제도적 보장의 의미와 한계를 명확히 하는 것에서부터 해결될 수 있다는 인식에서 시작된 것으로 보인다.15)

초기 논문들에서는 지방자치에 관한 핵심영역의 보장, 자치권의 입법적 제한과 한계에 관한 내용을 독일의 이론을 바탕으로 상세하게 다루었다. 당시의 논문이 우리나라의 행정법학에 기여한 대표적인 부분은 바로 제도적 보장론의 해석방식과 국가와 지방자치단체 간 권한충돌의 해결방안을 헌법원리적으로 모색한 부분이라고 할 수 있다. 이는 향후 김남철 교수의 많은 저서와 논문에서도 소개가 되고 학문적 방향성이 되어 준 중요한 내용이라고 할 수 있다. 이는 현재 지방자치법 연구논문이나 행정법 교과서에서 자주 소개되는 내용이며, 지방자치법을 연구함에 있어 가장 기초가 되는 부분을 탄탄하게 다지는 데 기여하였다고 본다.

또한 행정주체 상호간의 갈등해결을 위한 법원칙도 이 시기의 중요한 관심사였다. 특정한 시설의 유치나 기피과정에서 지방자치단체는 공간계획을 수립하게 되는데, 계획권한의 행사 과정에서 국가와 지방, 지방 상호간의 갈등관계가 빈번하게 발생하였다. 이러한 문제점을 해결하기 위해, 지방자치단체가 계획권한을 행사함에 있어 어떠한 원칙을 가지고 행사할 것인지에 대한 연구를 진행하였다. 특히 계획수립시에 발생할 수 있는 갈등요인을 사전적으로 조정하기 위해 지방자치단체의 계획고권의 보장을 상세히 검토하고, 계획재량의 행사에 있어서 다른 지방자치단체의 계획권한과의 관계에 비추어 어떠한 한계를 가지는지 살펴보았다. 또한 갈등을 완화할 수 있는 계획법상의 원칙으로 권한보호의 원칙, 지방자치단체 간의 합의의무, 절차적 참여권 보장 등을 제시하였다.16)

이 시기 논문들의 밑바탕이 되는 생각은, 국가에 의한 자치권의 제한 문제는 단순한

---

13) 김남철, "지방자치단체의 계획고권과 국가의 공간계획", 『토지공법연구』 제6집, 1998, 295 - 296면.
14) 김남철, "지방자치단체의 계획고권과 국가의 공간계획", 『토지공법연구』 제6집, 1998, 297면 이하.
15) 김남철, "지방자치단체의 계획고권과 국가의 공간계획", 『토지공법연구』 제6집, 1998, 297면 참조.
16) 김남철, "지방자치단체 간의 갈등완화를 위한 계획법상의 원칙", 『공법연구』 제29집 제4호, 2001, 347 - 349면.

이익형량을 통해 한쪽을 우선시킴으로써 해결되는 것이 아니라 헌법의 테두리 안에서 양 권한간의 일정한 타협점을 찾는 방향으로 해결하여야 한다는 '헌법적 조화의 원칙 (Das Prinzip praktischer Konkordanz)'에 따라 해결하여야 한다는 것이다.17) 즉, 지방자치단체의 자치권은 어떤 우월한 공익이 존재한다고 자치권의 제한이 곧바로 정당화되는 것이 아니라, 당해 지방자치단체의 권한이 충분히 고려된 후 자치권을 제한하는 것이 합리적으로 요구될 때에만 허용되며, 이때에도 지방자치단체의 권한이 존중되는 가운데 타협점을 찾아가는 것이 필요하다는 것이다.18) 더 나아가, 국가와 지방자치단체의 관계는 지방자치단체는 국가이익을 존중하고 신뢰하며, 국가는 지방자치단체의 권한을 존중하고 배려하여 상호간의 권한의 존중과 협력을 통해 이루어진다는 '지방자치단체 친화의 원칙(Das Prinzip des gemeinde freundlichen Verhaltens)'으로 이어진다. 이는 기존에 소개된 제도적 보장이론이 단지 지방자치단체가 폐지되지 않는다는 소극적인 이론에 그쳤던 문제점을 극복하고, 지방자치제도의 보장에 있어 적극적인 규범적 역할을 제시하는 데 기여한 측면이 있다고 할 수 있다.19) 헌법적 조화의 원칙은 향후 저술에서도 근본적인 아이디어로서 다양한 논문에서 인용되고, 반영되었다는 점에서 큰 의의가 있다.

이후 지방자치제도의 보장에 관한 연구는 지방자치단체의 국가의 입법과 정책결정 과정에의 참여와 관련된 내용들과 이에 관한 독일과의 비교법적 검토를 통해 발전하게 되며, 단순하게 지방자치제도를 선언적으로 보장하는 것이 아닌, 자치권 침해시 이를 구제할 수 있는 쟁송수단인 '지방자치단체 헌법소원'의 도입에 관한 연구로 이어지게 된다.20)

2. 국가와 지방자치단체 간 사무 및 권한배분

2010년대 김남철 교수의 논문에서는 국가와 지방자치단체 간 사무 및 권한배분의 문제를 다루고 있는 논문들을 다수 찾아볼 수 있다. 중앙권한을 지방으로 이양하기 위한 정부의 노력은 그 이전에도 있었으나, 1990년대 이전에는 지속적이지 못하고 체계적이지 못한 한계가 있었다.21) 하지만 1999년에 대통령소속 하에 심의·의결기능을 가진

---

17) 김남철, "지방자치단체의 계획고권과 국가의 공간계획", 『토지공법연구』 제6집, 1998, 303면 참조.
18) 김남철, "지방자치단체 간의 갈등완화를 위한 계획법상의 원칙", 『공법연구』 제29집 제4호, 2001, 358－359면.
19) 김남철, "지방자치단체 국정참여의 공법적 과제 －상원 또는 지방원 도입에 관한 논의를 중심으로－", 『지방자치법연구』 제10권 제3호, 2010, 5－6면.
20) 지방자치단체 헌법소원과 관련하여서는 김남철, "헌법상 지방자치권의 제도적 보장을 위한 수단으로서 '지방자치단체 헌법소원'", 『지방자치법연구』 제20권 제4호, 2020을 참조.

위원회 형태의 기구인 '대통령소속 지방이양추진위원회'가 설치되어 상시적이고 지속적인 국가와 지방자치단체 간 사무 및 권한의 배분이 추진될 수 있는 기반이 마련되었다.

이러한 배경 속에 2011년부터 대통령소속 지방분권촉진위원회에서 실무위원으로 활동하면서 본격적으로 국가와 지방자치단체 간 사무배분 문제결정과정에 참여하게 되었고, 해당 주제에 큰 관심을 가지게 되었다. 이후 이를 계승한 대통령소속 지방자치발전위원회에서도 실무위원으로 활동하였으며, 문재인정부에서는 대통령소속 자치분권위원회 제1전문위원회의 위원장을 역임하면서 해당 분야의 이론연구과 실무를 지속적으로 수행하였다.[22]

김남철 교수는 지방이양의 목적을 비판적으로 검토하며, 지방이양의 목적이 중앙행정기관의 권한을 지방자치단체에게 나누어 주는 것이 아닌, 본래 지방자치단체가 가지고 있는 권한을 되찾는 것으로 보면서 지방자치를 실현하기 위한 것임을 분명히 하였다.[23] 또한 지방이양의 일관적·지속적 추진의 필요성을 조직법적 측면에서 검토하였으며[24], 이는 향후에도 지방이양 심의기구가 대통령소속으로 독립된 추진체계를 통해 이루어지는 데 기여한 측면이 있다.

국가와 지방자치단체 간 사무배분기준은 당시의 헌법이나 지방자치법의 규정만으로는 구체적이지 않은 한계가 있었다. 이에 사무배분기준의 구체성 및 명확성을 확보하여야 함을 검토하였다.[25] 우리 헌법 제117조 제1항에서는 "지방자치단체는 주민의 복리에 관한 사무를 처리하고 재산을 관리하며, 법령의 범위 안에서 자치에 관한 규정을 제정할 수 있다."고 규정하여, 지방자치단체의 사무배분 기준에 대하여 명확하게 규정하고 있지 않는 문제가 있었다. 이후 이에 관한 논의들이 구체화되어 중복배제의 원칙,[26] 현지성 또는 보충성의 원칙,[27] 포괄적 배분의 원칙[28]이 법률에 규정되었다. 이

---

21) 김남철, "국가와 지방자치단체 간 사무배분개혁추진의 평가와 과제", 『국가법연구』 제9집 2호, 2013, 5-6면.

22) 이 시기의 논문으로는 김남철, "국가와 지방자치단체 간 사무배분개혁추진의 평가와 과제", 『국가법연구』 제9집 2호, 2013; 김남철, "중앙권한의 지방이양에 있어서 위임규정의 문제와 개선방안", 『지방자치법연구』 제14권 제3호, 2014; 김남철, "국가와 지방자치단체 간의 공동사무", 『지방자치법연구』 제17권 제2호, 2017 등이 있다.

23) 김남철, "국가와 지방자치단체 간 사무배분개혁추진의 평가와 과제", 『국가법연구』 제9집 2호, 2013, 29-30면.

24) 김남철, "국가와 지방자치단체 간 사무배분개혁추진의 평가와 과제", 『국가법연구』 제9집 2호, 2013, 30면 이하.

25) 김남철, "국가와 지방자치단체 간 사무배분개혁추진의 평가와 과제", 『국가법연구』 제9집 2호, 2013, 31면 이하.

26) 국가는 지방자치단체가 사무를 종합적·자율적으로 수행할 수 있도록 국가와 지방자치단체 간 또는 지방자치단체 상호 간의 사무를 주민의 편익증진, 집행의 효과 등을 고려하여 서로 중복되지 아니하도록 배분하여야 한다는 원칙(지방자치법 제11조 제1항).

27) 지역주민생활과 밀접한 관련이 있는 사무는 원칙적으로 시·군 및 자치구의 사무로, 시·군 및 자치구가

는 종래 「지방분권 촉진에 관한 특별법」의 사무배분에 관한 제6조에 규정되어 있었는데, 이 규정은 「지방분권 및 지방행정체제개편에 관한 특별법」 제9조에 그대로 승계되었으며, 이는 현행 「지방자치법」 제11조로 이어지고 있다.

또한 사무재배분 및 중앙권한의 지방이양이 지속적으로 이루어지기 위해서는 기준이 구체화되고 명확하게 정해질 필요가 있음을 지적하였다. 「지방자치법」 제11조에서 원칙을 규정하더라도 실제 사무의 배분에 있어서는 주어진 상황에 따라서 다양한 사항들이 추가로 고려되는 것이 현실임을 고려하여, 실제 권한이양의 검토 과정에서 고려되는 기준들이 법령에 규정되거나, 적어도 정부의 지침으로 정해질 수 있도록 구체화되는 것이 필요함을 검토하였다.29) 이에 더하여 사무이양 결정에 있어 가장 걸림돌이 되는 현실적인 행정적·재정적 문제를 해결하기 위해, 사무이양결정의 후속조치로 사무이양에 따른 행정적·재정적 지원이 이루어질 것을 검토하였다. 이에 대한 문제점은 지방자치단체가 사무이양에 대하여 소극적인 큰 문제점이었는데, 그에 대한 문제가 추후 일괄이양법30) 제정 과정에서는 상당수 보완되었다.31)

이외에도 사무이양의 실제에 있어서 문제점과 법제 개선방안들을 다양하게 제시하였는데, 대표적으로 사무집행기준의 법령상 규정형식에 관한 개선을 들 수 있다. 권한이양 또는 사무배분과 관련하여, 사무주체를 중앙행정부장관에서 지방자치단체의 장으로 변경하면서도 그 사무의 집행은 여전히 국가법령인 대통령령이나 부령이 정하는 바에 따라 하도록 하는 경우가 상당 수 있었다. 이 경우, 사무권한이 지방자치단체의 장에게 이양되었음에도 불구하고, 지방자치단체의 장은 사실상 국가법령의 집행자에 불과하게 된다는 문제가 발생하게 되어 자치권 확대에 기여하지 못하는 비판이 있었다. 이를 해결하기 위해서는 법률에서 사무의 집행기준을 대통령령이나 부령이 아닌 조례로 위임함과 동시에, 사무의 이양도 단순집행사무만이 아닌 사무처리 전반에 관한 포괄적 이양이 필요함을 지적하였다.32)

처리하기 어려운 사무는 시·도의 사무로, 시·도가 처리하기 어려운 사무는 국가의 사무로 각각 배분하여야 한다는 원칙(지방자치법 제11조 제2항).

28) 국가가 지방자치단체에 사무를 배분하거나 지방자치단체가 사무를 다른 지방자치단체에 재배분할 때에는 사무를 배분받거나 재배분받는 지방자치단체가 그 사무를 자기의 책임하에 종합적으로 처리할 수 있도록 관련 사무를 포괄적으로 배분하여야 한다는 원칙(지방자치법 제11조 제3항).

29) 김남철, "국가와 지방자치단체 간 사무배분개혁추진의 평가와 과제", 『국가법연구』 제9집 2호, 2013, 3면 이하 참조.

30) (지방)일괄이양법이란, 하나의 법률에 다양한 개별법률에서 규정한 사무권한을 조정하는 법률을 말한다.

31) 자치분권위원회 시기부터 비용평가실무위원회 등을 통해 사무이양에 따른 행·재정적 지원사항이 보완적으로 검토되었다.

32) 김남철, "중앙권한의 지방이양에 있어서 위임규정의 문제와 개선방안", 『지방자치법연구』 제14권 제3호, 2014, 549면 이하.

기존의 초기 논문들이 규범적이고 이론적인 측면에서 주로 검토가 이루어진 반면, 이 시기의 논문들은 지방자치제도의 실제 운영과정에서 발생한 문제점을 해결하기 위한 다양한 제도적 개선방안들을 담고 있는 특징을 가지고 있다. 따라서 이론과 실제의 조화가 잘 이루어진 논문들이 많으며, 법제 개선에도 상당수 반영되어 이 시기의 논문에서 다룬 내용들의 상당부분이 현행 지방자치법제에 반영되어 있는 특징을 가지고 있다.[33]

3. 지방자치단체의 국정참여 및 국가와 지방자치단체 간 협의

지방자치(地方自治)제도의 본질은 지방이 자기 지역의 일을 스스로 결정하는 것을 말한다. 따라서 자치제도의 특성상 지방자치단체는 자신과 관련된 중요한 사항들을 결정함에 있어서 스스로 결정하거나, 그 과정에 참여할 수 있는 절차가 보장되어야 한다. 하지만 우리나라의 지방자치제도는 시행 이후 법령과 조례와의 관계, 위임사무의 수행, 국가의 지도·감독권한, 재정의 의존성 등 다양한 이유로 자치권의 보장이 충분하지 않다는 평가가 주를 이루었다.[34]

법령에 위반되는 행위에 대한 통제수단은 필요하지만, 기존의 중앙행정 우위의 관행에 따라 국가와 지방자치단체 간의 관계는 수평적인 관계를 형성하지 못한 비판이 있었다. 해당 주제의 김남철 교수의 논문들은 국가와 지방자치단체가 목표달성을 위해 서로 대등한 관계에서 협력하는 관계로의 개선이 필요함을 제안하였다. 이러한 논의는 특히 2000년대 이후 우리 행정에 있어서 거버넌스(Governance) 논의가 중요하게 대두되면서, 국가와 지방자치단체 간의 권한배분 문제에 있어서도 당사자인 국가와 지방자치단체가 대등하게 참여하여야 한다는 논의로 이어졌다.

헌법이 보장하는 지방자치단체의 자치권에는 지방자치단체의 국정참여권이나 국정협력권도 포함된다고 해석하는 것이 합리적이지만,[35] 지방자치단체가 직접 참여하여 중앙-지방 간 소통이나 이해관계를 조정하는 시스템이 존재하지 않는 문제점이 있었다.[36] 지방자치제도의 본질에 비추어, 지방의 국정참여가 매우 미흡하다는 것에 문제

---

33) 지방이양기구의 상설화, 전문위원제도 확대, 비용평가위원회 신설 등 논문에서 검토된 다양한 내용들이 현재 시행되고 있다.
34) 김남철외, "지방자치법 전부개정에 따른 자치입법권의 범위 및 확대방안", 2021, 3면 이하 참조.
35) 김남철, "독일에서의 연방참사원과 주지사협의회를 통한 국정참여 -특히 지방자치단체의 국정참여권 실현방법의 관점에서-", 『지방자치법연구』 제18권 제1호, 2018, 282면.
36) 김남철, "지방자치단체 국정참여의 공법적 과제 -상원 또는 지방원 도입에 관한 논의를 중심으로-", 『지방자치법연구』 제10권 제3호, 2010, 113면.

의식을 가지고, 지방자치단체의 참여 및 협력이 지방의 이해관계를 보장함과 동시에 권력분립의 관점에서 중앙의 견제수단이 된다는 점에서 이를 강화하는 방안을 검토하였다.

연구의 주요 내용들은 주로 독일의 제도와의 비교법적 검토를 통해 이루어졌다.[37] 독일의 경우, 연방주가 연방의 의사결정에 참여하거나, 지방자치단체가 연방주나 연방의 의사결정에 참여할 수 있는 제도가 잘 보장되어 있음에 착안하여, 우리나라에의 시사점을 찾고자 하였다.

독일의 경우 연방국가 안에서 주 상호간 또는 주와 연방 사이의 협력의 필요성은 이미 연방주의 또는 연방국가원리에 내재되어 있다고 할 수 있는데, 이러한 연방과 연방주, 주 상호간의 협력은 이른바 '협력적 연방주의(Kooperativer Föderalismus)'로, 연방국가적 구조 속에서 주 상호간 또는 주와 연방 간에는 상호간의 사무수행을 돕거나, 협상을 하거나 또는 경우에 따라서는 합의를 하여야 할 필요성이 상시적으로 존재한다는 것이다. 이러한 관점에서, 자신들의 이해관계와 관련되는 사항의 의사결정에 참여하고, 연방과 협의·협력·조정 등을 할 수 있도록 참여권을 정당하게 보장하는 것이 지방의 발전과 사회통합을 위하여 중요한 의의를 가진다고 보았다.[38]

김남철 교수는 연방국가인 독일의 시스템이 단일국가인 우리나라에서도 시사점이 크다고 보았다. 국가와 지방자치단체는 상호 존중 및 협력적 자세에서, 지방자치단체는 국가의 이익을 존중하고 신뢰하며, 국가는 지방자치단체의 권한을 존중하고 배려할 수 있도록, 지방자치단체의 대표들이 국가입법과 행정에 참여하는 제도가 필요하다고 보았다.

독일의 경우 지역을 대표하는 연방참사원에게 지방과 관련된 법률안제안권, 법률안동의권, 법규명령동의권 등을 부여하여 입법과정에 참여할 수 있다는 점, 특히 지방에 영향을 미치는 중요한 사항에 대한 입법은 연방참사원의 동의권을 행사해야 가능하다는 점, 이것이 헌법으로 구체적으로 규정되어 있다는 점 등을 참고할 수 있다. 특히, 협의체를 순환원칙, 평등원칙, 합의원칙에 기반하여 설립하고 지방 간 그리고 국가와 지방 간에 이해관계가 서로 소통되게 하는 방식을 취하고 있는 것을 시사점으로 들 수 있다.[39] 이러한 논의는 이후 '자치분권 사전협의제도'[40] 및 '중앙지방협력회의'[41]의 설

---

37) 대표적으로 김남철, "지방자치단체 국정참여의 공법적 과제 −상원 또는 지방원 도입에 관한 논의를 중심으로−", 『지방자치법연구』 제10권 제3호, 2010; 김남철, "독일에서의 연방참사원과 주지사협의회를 통한 국정참여 −특히 지방자치단체의 국정참여권 실현방법의 관점에서−", 『지방자치법연구』 제18권 제1호, 2018.

38) 김남철, "독일에서의 연방참사원과 주지사협의회를 통한 국정참여 −특히 지방자치단체의 국정참여권 실현방법의 관점에서−", 『지방자치법연구』 제18권 제1호, 2018, 303면.

39) 김남철, "독일에서의 연방참사원과 주지사협의회를 통한 국정참여 −특히 지방자치단체의 국정참여권 실

치를 통해 상당부분 실현되었으며 현재 활발하게 논의되고 있는 지역대표형상원제와도 많은 관련성을 가지고 있다.

또한 지방자치단체의 입법 및 정책결정과정에서 자치권의 보장을 위해 국가와 지방자치단체 간 사전협의제도에 대한 연구를 진행하였다.[42] 지방자치단체는 특히 중앙정부와 계획의 수립이나 사무의 신설 및 수행에 있어서 법령의 규정에 따라 협의절차를 거치는 경우가 상당수 존재한다. 중앙정부가 지방자치단체의 의견수렴을 위해 사전협의를 진행하는 것은 자치권의 보장에 기여할 수 있으나, 자치사무에 대하여 중앙정부와 협의를 진행하는 것은 자치권의 제한에 해당할 수 있으므로, 사전협의는 중앙정부의 지방자치단체에 대한 통제수단임과 동시에 협력수단으로서의 성격을 가진다.[43] 법령상 '협의'는 해당 절차의 구속력이 인정되는지가 주요한 쟁점이 되는데, 법령에서 이를 명확하게 밝히지 않고 있다고 하더라도 해당 사무의 성격이나 귀속주체에 따라 구속력이 달라질 수 있음을 검토하였다.[44] 사무의 성격에 따라 법령에 따른 협의대상사무를 조정하거나, 차등적인 협의기준을 적용한다면 통제수단과 협력수단이라는 양면성을 잘 실현할 수 있을 것으로 보고, 이에 대한 적용범위 및 기준에 대한 검토가 필요함을 지적하였다.

4. 지방자치단체에 대한 감사 및 감독

지방자치단체에 대한 감사는 감사원의 감사, 중앙행정기관 및 광역지방자치단체의 감사, 국회 국정감사 및 지방의회의 감사 등 다양한 유형이 존재한다. 국가는 전체로서의 법질서를 유지하기 위하여 지방자치단체의 행정이 법에 따라 이루어지는지를 감독하여야 하는데, 감사는 지방자치단체에 대한 지도·감독수단이자 적법성 통제수단의 기능을 실현하는 주요한 수단이다.

하지만 다양한 주체가 빈번하게 지방자치단체에 대한 감사를 실시하고 있어 자치권

현방법의 관점에서 —", 『지방자치법연구』 제18권 제1호, 2018, 303-304면.
40) 「지방자치법 시행령」 제11조(구 「지방자치법 시행령」 제10조의2, 2019. 3. 12. 신설).
41) 「중앙지방협력회의의 구성 및 운영에 관한 법률」(2021. 7. 13. 제정).
42) 대표적으로 김남철, "중앙정부와의 사전협의제도의 개선방안 —제주특별자치도 설치 및 국제자유도시 조성을 위한 특별법을 중심으로—", 『지방자치법연구』 제7권 제3호, 2007; 임현종·김남철, "국가와 지방자치단체 간 협력수단으로서의 사전협의제도—사회보장제도 신설·변경 협의제도를 중심으로", 『지방자치법연구』 제21권 제3호, 2021.
43) 김남철, "중앙정부와의 사전협의제도 개선방안", 『지방자치법연구』 제7권 제3호, 2007, 203-204면.
44) 임현종·김남철, "국가와 지방자치단체 간 협력수단으로서의 사전협의제도—사회보장제도 신설·변경 협의제도를 중심으로", 『지방자치법연구』 제21권 제3호, 2021, 410면.

을 침해문제 및 행정력 낭비의 문제가 발생하고 있었다. 이에 김남철 교수는 지방자치단체에 대한 감사 및 감독권한의 행사에 대한 한계를 중심으로 상당수의 연구를 진행하였다.[45] 헌법상 지방자치권의 보장 취지를 고려할 때, 지방자치단체에 대한 국가의 관여는 무제한적으로 허용된다고는 볼 수 없고 지방자치단체가 수행하는 사무유형에 따라 달리 취급되어야 하는 것으로 이해되어야 한다. 이에 따라 자치사무에 대한 국가의 감독은 합법성 통제에 그쳐야 하고, 위임사무에 대하여는 합법성 통제 외에도 합목적성 통제가 가능하다고 이해되지만, 이러한 이론적인 경계구분만으로는 국가의 감독권의 범위가 명확하지 않게 되고, 자치권 침해를 이유로 하는 분쟁으로 연결되는 문제가 발생할 수 있음을 지적하며 자치권의 제한과 보장을 위한 구체적인 법제 개선방안에 대한 연구를 진행하였다.

지방자치단체에 대한 감사와 관련된 초기 논문에서는 국가의 지도·감독권한 행사의 원칙과 한계를 밝히는 것에 중점을 두고 있었다. 당시에는 「공공감사에 관한 법률」[46]이 제정되기 이전이었고, 감사의 중복성이나 감사권의 남용문제가 존재하였다. 독일의 입법례와 비교하여 볼 때, 일반적으로 자치사무와 위임사무 또는 지시로부터 자유로운 사무와 지시에 의한 사무의 경우 국가의 감독권의 범위를 명확하게 구분하는 규정을 두고 있다는 점을 고려하여 우리나라의 법제도 감독권행사의 명확한 범위와 기준을 제시하고, 이를 통해 국가와 지방자치단체의 마찰을 방지하는 기능을 수행하여야 한다고 보았다.[47]

또한 감사에 있어서도 비례원칙과 더불어 지방자치단체 친화적 자세의 원칙이 적용될 것을 검토하며, 지방자치단체에 대한 감독은 원칙적으로 자치권보장의 취지와 한계 안에서 이루어져야 하며, 그 궁극적인 목적은 지방자치제도를 보호하고 장려하여야 한다는 원칙하에, 현행 국가의 감독수단, 특히 자치사무에 대한 감독수단의 문제점과 개선방안을 제시하였다.

먼저, 우리 지방자치법은 사무구분에 따라 자치사무에 대하여는 시정명령, 위임사무

---

45) 이와 관련된 논문으로는 김남철, "지방자치단체에 대한 감사의 법적 문제", 『지방자치법연구』, 제5권 제2호, 2005; 김남철, "지방자치단체 감사에 대한 권한쟁의", 『윤명선교수 정년기념논문집』, 2006; 김남철, "지방자치감사제도와 주민의 역할", 『지방자치법연구』 제8권 제2호, 2008; 김남철, "지방자치단체 감사체계 개선을 위한 법적 과제 −자치감사제도 확립을 중심으로−", 『공법연구』 제38집 제1호 제1권, 2009; 김남철, "국가기관의 지방자치단체에 대한 감독·감사 권한", 『행정판례연구 XV−1』, 2010; 김남철, "공공감사에 관한 법률의 발전적 시행을 위한 공법적 과제", 『감사논집』 2010(제15호), 2010; 김남철, "지방자치단체에 대한 행정적 감독의 공법적 문제와 개선방안, −독일 지방자치법상 자치사무에 대한 감독수단을 중심으로−", 『공법연구』 제47집 제2호, 2018.

46) 2010. 3. 22. 제정되어 2010. 7. 1. 시행된 법으로, 중앙행정기관, 지방자치단체 및 공공기관의 자체감사기구의 구성 및 운영 등에 관한 기본적인 사항과 효율적인 감사체계의 확립에 필요한 사항을 정하였다(공공감사에 관한 법률 제1조).

47) 김남철, "지방자치단체에 대한 감사의 법적 문제", 『지방자치법연구』, 제5권 제2호, 2005, 28−29면.

에 대하여는 이행명령을 감독수단으로 두고 있는데, 사무구분에 따른 감독의 기본원칙을 따른다면, 사무유형에 따라 감독의 정도가 다를 뿐, 감독수단을 제한적으로 규정할 필요는 없다고 보았다. 이러한 차원에서 자치사무의 부작위로 인하여 주민들의 권리가 명백한 경우, 감독수단으로 이행명령이나 대집행 등의 수단이 보완될 필요가 있다고 보았다.[48]

이러한 연구내용을 종합하면, 김남철 교수는 지방자치법을 주로 연구하였지만, 지역 주민의 입장에서 보면 국가 전체차원에서 적법성이 확보되는 것은 반드시 필요하므로, 자치권이 무제한적으로 인정되는 것이 아니라 적정수준의 국가의 통제는 필요하다고 보는 균형적인 시각을 가지고 있었다는 것을 알 수 있다. 이에 더하여 자체감사로 해결되지 못하는 부분을 주민의 역할을 통해 보완하는 등 감사를 통하여 지방자치행정을 촉진하고, 주민의 권리를 보호하는 역할을 수행하는 것을 고려하는 등, 형식이나 수단을 엄격하게 제한하기보다는, 그것의 적절한 행사를 통해 궁극적으로 자치권보장에 기여할 수 있는 제도를 형성해 나가고자 하였다.

5. 지방자치법 전부개정과 헌법개정

김남철 교수의 지방자치법 연구논문은 지방분권개헌논의와 지방자치법 전부개정논의와 더불어 기존의 논의를 종합하는 성격을 가지게 되었다.[49] 앞서 논의했던 지방자치단체의 국정참여수단인 자치분권 사전협의제도, 중앙지방협력회의가 이 시기에 제도화되었으며, 기존에 연구했던 내용들이 우리나라 법제도로 자리매김하는 것에 관여할 수 있었던 시기라고 할 수 있다. 대외적으로도 2018년부터는 대통령소속 자치분권위원회 제1전문위원회 위원장을 맡으면서 지방자치에 대한 전반적인 틀을 변화하는 데 많은 기여를 하였으며, 2020년에는 지방자치법학회 회장을 역임하면서 정부의 지방자치 정책에 많은 참여기회가 있었다. 이렇게 지방자치제도가 큰 폭으로 변화하는 과정에 직접 참여하면서 후기 논문들에서는 지방자치제도 전반을 재설계하는 것에 대한 구상이 잘 드러나는 것을 확인할 수 있다.

우리나라 지방자치제도의 문제점에 대한 해결방안으로는, 2018년 제안된 대통령 개

---

48) 김남철, "지방자치단체에 대한 행정적 감독의 공법적 문제와 개선방안", 『공법연구』 제47집 제2호, 2018, 289 – 292면.

49) 이 시기의 주요 논문으로는, 김남철, "실질적인 자치권 확대 및 책임성 확보를 위한 지방자치법 개정과 공법적 평가", 『지방자치법연구』 제19권 제3호, 2019; 김남철, "지방분권개헌안에 대한 평가와 과제", 『법학연구』 제29권 제3호, 2019; 김남철, "지방자치법 전부개정에 대한 평가와 과제", 『국가법연구』 제17집 1호, 2021.

헌안[50])에서 제시되었던 '연방제 수준의 지방분권'이 실현되어야 하며, 특히 국가의 국가권력의 구조를 잘 배분하는 것이 필요하다고 보았다. 논문에서는 독일의 연방제에 유사하게 국가의 구조를, 국가ー(가칭)광역자치체ー지방자치단체로 재구성하고, 국가권력을 광역단위의 자치공동체(현재의 시·도)에 권한을 명확하게 배분하는 것이 필요하다고 보았다.[51]) 이처럼 김남철 교수의 후기 글에서는 우리나라 행정구조에 있어 국가ー광역자치단체ー기초자치단체의 관계를 재설정하는 논의가 자주 등장하는데,[52]) 중요한 것은 중앙ー광역ー기초 간의 권한배분이 명확해지도록 헌법에서 이를 규정하는 것 뿐만 아니라, 그것이 실질적으로 작동되기 위하여 입법권, 행정권, 재정분담에 관한 구체적인 내용이 규정되는 것이 바람직하다고 보았다.[53])

또한 종래 지방자치단체의 국정참여가 매우 제한되어 있다는 문제제기가 꾸준히 있어왔고, 이를 해결하기 위한 국가와 지방의 소통 시스템으로 이른바 중앙지방협력회의가 지방자치법 전부개정을 통해 도입된 것은 긍정적으로 평가하였다. 하지만, 이보다 더 강력한 수단으로 독일의 연방참사원을 참조하여, 국가와 소속 기초지방자치단체를 매개하는 '광역자치체'의 대표들로 구성되는 가칭 지방원을 구성하여 지방과 관련된 국가의 입법이나 행정정책결정에 대한 동의권을 통하여 국가의 정책결정을 견제하기도 하고, 이를 통해 국가와 지방자치단체가 입법과정에 있어 서로 협력할 수 있는 제도가 함께 마련되어야 한다고 보았다.[54])

---

50) 정부발의개헌안(2018. 3.)
51) 김남철, "실질적인 자치권 확대 및 책임성 확보를 위한 지방자치법 개정과 공법적 평가", 『지방자치법연구』 제19권 제3호, 2019, 73ー74면.
52) 이와 관련하여서는 김남철, "지방자치법 전부개정에 대한 평가와 과제", 『국가법연구』 제17집 1호, 2021, 146면 이하; 김남철·방동희, "재정혁신을 위한 공동사무의 재정책임에 관한 연구", 한국법제연구원, 2021, 125면 이하 참조.
53) 김남철·방동희, "재정혁신을 위한 공동사무의 재정책임에 관한 연구", 한국법제연구원, 2021, 126ー129면 참조.
54) 김남철·방동희, "재정혁신을 위한 공동사무의 재정책임에 관한 연구", 한국법제연구원, 2021, 129면.

III. 행정법 일반

1. 행정작용법

1) 건축허가의 법적 성질

김남철 교수는 행정작용 전반에 걸쳐 다양한 주제를 대상으로 활발한 연구를 수행하였으며, 이러한 연구성과는 교과서인 「행정법강론」에도 반영되어 있다. 김남철 교수의 대표 연구분야55) 중 하나인 건축법 분야에서 학계의 많은 논의가 있었던 건축허가의 법적 성질에 대해 '건축허가의 법적 성질에 관한 소고'라는 논문에서 이에 관한 상세한 논의를 전개하고 있다.56)

건축허가는 전통적으로 기속행위로 이해되었으나, 건축과 관련된 공익을 보호하기 위하여 허가를 거부하거나, 토지형질변경 등 재량행위와 결합하여 재량행위로서의 성질이 인정될 수 있다는 판례 및 학계의 견해들이 새롭게 제시되고 있는 시기였다. 이 논문에서는 기존의 판례와는 다르게 인근 주민들의 생활권 등의 고려가 법령에서 직접 건축 제한사유로 규정되어 있지 않더라도 이를 고려하여 건축허가를 할 수 없다는 판례의 태도로 인해 향후 건축허가를 재량행위로 보아야 하는지에 관한 사항을 검토하고 있다.

허가를 기속행위로 볼 경우, 허가요건의 판단에 있어서 전면적인 사법심사가 가능하지만, 재량행위로 본다면 재량권의 한계를 벗어났는지 여부만을 제한적으로 심사할 수 있다는 점에서 그 법적 성질을 밝히는 것은 중요한 의의를 지닌다.57)

당시 건축법 제8조 제5항에서 "허가권자는 위락시설 또는 숙박시설에 해당하는 건축물의 건축을 허가 하는 경우 당해 대지에 건축하고자 하는 건축물의 용도·규모 또는 형태가 주거환경 또는 교육환경 등 주변환경을 감안할 때 부적합하다고 인정하는 경우에는 이 법 또는 다른 법률의 규정에 불구하고 건축위원회의 심의를 거쳐 건축허가를 하지 아니할 수 있다."고 규정하여 규정의 표현방식만을 고려하면 일차적으로 재량행위로 볼 수도 있겠으나, 만약 이 규정을 재량행위로 이해한다면, 이를 통해 공익이 보호되는 경우도 있겠지만, 반대로, 재량권의 일탈·남용이 없는 한, 교육환경 등 주변

---

55) 평소 김남철 교수는 건축법, 지방자치법 전공으로 소개하였다.
56) 김남철, "건축허가의 법적 성질에 관한 소고", 『공법학연구』, 제5권 제2호, 2004, 413－440면; 이후 해당 주제에 대한 판례 평석논문으로는 김남철, "건축허가의 법적 성질에 대한 판례의 검토", 『행정판례연구 XIII』, 2008, 67－104면.
57) 김남철, "건축허가의 법적 성질에 관한 소고", 『공법학연구』, 제5권 제2호, 2004, 414－415면.

환경에 부적합한 건축물의 경우에도 건축허가를 할 수 있다고 해석될 수도 있기 때문
에 문제가 있음을 지적하였다. 따라서 규정의 취지를 고려해 보면, 주변환경상 적합지
못한 건축물은 허가를 하지 않는 것이 공익보호의 관점에서도 당연히 요구되는 것이
며, 본 규정이 건축허가에 있어 행정청에게 재량권을 부여한 것이라고 해석되어서는
안 될 것이라고 주장하였다.[58]

이러한 문제는 건축허가의 성질을 기속행위로만 파악해서는 인근 주민들의 법적 이
익이 보호될 수 없었다는 점에 기초하고 있다는 점에서 재량행위성 인정 문제는 가치
있는 논의이나, 건축허가는 자연적 자유의 회복이라는 본래적인 기능도 무시할 수 없
고, 이로 인한 타 법익의 침해도 좌시할 수 없는 문제이므로, 건축허가의 문제는 건축
의 자유와 이에 대한 제한의 문제를 조화시키는 방향으로 해결하는 것이 타당하다는
입장을 취하였다. 우리나라와 같이 좁은 면적에 높은 인구밀도를 가지고 있는 사회에
서는 허가요건에 법령 및 주변환경에의 적합성을 요건으로 규정하여 합리적인 해결방
안을 모색하고자 하였다. 즉 재산권 보장의 한 내용으로서의 '건축의 자유'는 건축이
가지는 사회적 의미를 고려할 때 강한 사회적 기속 하에서 보장되는 것이라고 할 수
있고, 이러한 사회적 기속이 바로 건축허가요건에서 허가요건규정을 강화하는 것으로
환경권의 보호목적도 충분히 달성할 수 있을 것으로 보았다.[59]

이후의 건축허가에 대한 판례평석 논문에서도 동일한 관점에서 건축허가는 허가유
보부 예방적 금지를 전제로 하는 '규제허가'이므로, 기속행위라고 보더라도 건축허가의
발급여부를 단순히 관련법령에서 규정된 허가요건에만 의존할 것이 아니라, 법치국가원
리로부터 요구되는 하나의 불문법상 허가요건이라고 할 수 있는 주변환경이나 기타 중
대한 공익에 적합하여야 한다는 요건을 고려하여 할 수 있다고 보았다.[60]

2) 신고의 법적 성질

종래 행정법상 신고와 관련하여서는 일반적인 학설 및 판례의 입장은 수리를 요하
지 않는 신고와 수리를 요하는 신고로 구분하고 있다. 하지만 신고는 사인이 행정청에
어떠한 행위를 알려주는 것이므로 금지가 전제될 필요가 없음에도 불구하고, 1980년대
이후 규제개혁 과정에서 종래 허가의 대상이었던 것을 신고나 등록으로 완화하면서 신
고의 법적 성질에 대한 논란이 발생하였다.[61] 특히 규제완화로 신고로 전환된 경우에

---

58) 김남철, "건축허가의 법적 성질에 관한 소고", 『공법학연구』, 제5권 제2호, 2004, 431면.
59) 김남철, "건축허가의 법적 성질에 관한 소고", 『공법학연구』, 제5권 제2호, 2004, 437-438면.
60) 김남철, "건축허가의 법적 성질에 대한 판례의 검토", 『행정판례연구 XIII』, 2008, 86-88면.
61) 김남철, "행정법상 신고의 법리 -이론과 판례의 문제점 및 개선방향-", 『경원법학』제3권 제3호, 2010.

는 행정실무상에서는 허가와 구별이 잘 이루어지지 않아서, 신고의 법리의 명확화를 통해 이를 개선하고자 하였다.[62]

수리를 요하지 않는 신고라고 하더라도, 신고요건에 관한 형식적인 심사는 이루어진다는 점에서 요건심사의 관점에서 보면 모두 심사를 하고 있으며, 수리를 요하는지 여부와 결부하여 수리 거부의 처분성을 결정하는 것은 합리적이지 않다고 보았다. 즉, 모든 신고는 수리개념이 필요하며, 신고의 법리도 모든 신고는 수리를 함으로써 신고의 효과가 발생하는 것으로 이론을 단순화할 수 있을 것이라는 견해를 제시하였다.[63] 종래에는 수리개념을 동반하느냐에 따라 처분성의 인정이 결정되고 행정소송 가능성 여부가 결정되었는데, 모든 신고가 수리가 필요하다는 것으로 정리한다면 이론적으로도 단순해지고, 다툼이 있는 경우 행정소송을 제기할 수 있으므로 정책적인 관점에서도 타당하다고 보았다.

3) 처분시 적용법령의 문제

이 주제에 대하여 연구할 당시, 김남철 교수는 「행정기본법」 제정 과정에 참여하고 있었는데, 그동안 학설과 판례에 맡겨져왔던 '행정법령이 개정된 경우 처분시 구법 또는 신법의 적용 여부에 대한 기준'을 정립하고자 기존의 논의를 검토하였다. 현재는 이러한 내용이 「행정기본법」 제14조에 규정되어 신청에 따른 처분(수익적 처분)의 경우 원칙적으로 처분 당시의 법령을, 법령위반행위의 성립과 제재처분의 경우 특별한 규정이 있는 경우를 제외하고는 행위시의 법령이 적용된다. 하지만 이렇게 처분의 성질에 따라 구분할 것이 아니라, 법령의 소급적용에 관한 원칙을 세우고, 이 원칙이 적용되는 것이 타당하다고 보았다.[64]

4) 행정계획

김남철 교수는 행정계획과 관련하여서도 다수의 논문을 저술하였다.[65] 특히 일반적

---

62) 김남철, "행정법상 신고의 법리 이론과 판례의 문제점 및 개선방향", 『경원법학』 제3권 제3호, 2010, 115면.
63) 김남철, "행정법상 신고의 법리 이론과 판례의 문제점 및 개선방향", 『경원법학』 제3권 제3호, 2010, 133면.
64) 김남철, 『행정법강론』 2024, 6667면.
65) 김남철, "독일에서의 지방자치단체의 계획고권의 헌법상의 보장", 『사법행정』 제39권 제2호, 1998; 김남철, "지방자치단체의 계획고권과 국가의 공간계획", 『토지공법연구』 제6집, 1998; 김남철, "개편된 공간계획체계의 법적 문제점", 『공법연구』 제30집 제4호, 2002; 김남철, "국토계획과 지방자치의 법적 문제", 『토

인 행정계획이 아닌 공간계획에 관한 논의가 주를 이루었는데, 계획재량의 행사에 있어서 다른 지방자치단체의 계획권한에 비추어 어떠한 한계를 가지는지, 갈등을 완화할 수 있는 계획법상의 원칙으로 권한보호의 원칙, 지방자치단체 간의 합의의무, 절차적 참여권 보장 등이 이루어져야 할 필요성을 제시하였다.[66]

또한 2001년 우리나라의 공간계획법제의 변화에 따라 그러한 법체계의 법적 문제점을 독일의 법제와의 비교법적 검토를 통해 분석하였는데 ① 지방자치단체의 계획고권이 충분히 보장되지 못한 점, ② 계획간의 효력순위에 관한 규정은 있지만 조화나 조정을 유도하지 못하여 계획주체간의 권한이 조화를 이루지 못한다는 점, ③ 계획체계가 복잡하고 중첩되어 계획간의 관계가 명확하지 않다는 점, ④ 계획이 중앙집권적이라는 점, ⑤ 하위 계획주체로서 지방자치단체의 참여권이 보장되지 못한 점 등의 문제를 지적하였다.[67]

2. 행정구제법

1) 행정쟁송과 손해전보

김남철 교수는 법이론과 실무의 상호 이해와 교류를 중시하였고, 이러한 소신에 따라 준사법절차인 행정심판에 오랫동안 참여하였다.[68] 또한 행정소송에 비해 상대적으로 학계의 연구가 적은 행정심판에 관한 논문을 다수 남겼다.[69] 2012년에 발표한 논문에서는 개별법상 이의신청절차와 행정심판과의 관계 정립과 입법적 정비의 필요성을 강조한 바 있는데,[70] 2021년 제정된 「행정기본법」에 이의신청에 대한 일반법적 근거가 마련됨으로써(제36조) 김남철 교수가 주장한 입법적 개선이 이루어지게 되었다. 같은 해 발표한 행정심판에 관한 다른 논문에서는 행정심판 재결의 실효성 확보를 위해 직접처분제도의 개선과 간접강제의 도입을 주장하였고,[71] 이후 2017년 「행정심판법」의 개정

지공법연구』 제20집, 2003.

66) 김남철, "지방자치단체 간의 갈등완화를 위한 계획법상의 원칙", 『공법연구』 제29집 제4호, 2001, 347－349면.
67) 김남철, "개편된 공간계획체계의 법적 문제점", 『공법연구』, 제30집 제4호, 2002, 470－474면.
68) 김남철, "행정법 판례형성에 있어서의 행정법학의 기여", 『공법연구』 제44집 제4호, 2016, 43면.
69) 김남철, "행정심판과 행정절차제도와의 조화방안－특히 이의신청절차와 행정심판과의 조화방안 모색을 중심으로－", 『법학연구』 제53권 제4호, 2012; 김남철, "행정심판 재결의 실효성 강화방안－직접처분과 간접강제를 중심으로－", 『공법연구』 제41집 제2호, 2012; 김남철, "우리나라 행정심판의 위상과 발전방향", 『행정법학』 제14호, 2018.
70) 김남철, 행정심판과 행정절차제도와의 조화방안－특히 이의신청절차와 행정심판과의 조화방안 모색을 중심으로－, 『법학연구』 제53권 제4호, 2012, 22－25면.
71) 김남철, "행정심판 재결의 실효성 강화방안－직접처분과 간접강제를 중심으로－", 『공법연구』 제41집 제2

을 통해 간접강제에 대한 규정이 신설된 바 있다(제50조의2). 이처럼 「행정기본법」의 내용이나 「행정심판법」 개정의 근거가 되는 연구들이 있으며, 2018년에는 행정심판에 대한 비교법적 검토 및 행정심판기구의 독립성과 전문성 강화 등 전반적인 발전방향을 내용으로 하는 연구를 수행한 바 있다.72)

행정소송과 관련하여서는 2005년 당시의 대법원 산하 행정소송법개정위원회의 행정소송법 개정안의 내용 중 특히 학자들의 견해 차이가 컸던 법규명령에 대한 항고소송의 문제를 비판적으로 검토하였다. 김남철 교수는 법규명령을 취소소송을 포함한 항고소송의 대상으로 하는 획기적인 변화보다는 재판의 전제성을 기대하기 어려운 경우 또는 법규명령이 직접·구체적으로 개인의 법적 지위에 영향을 미치는 경우 등 특정한 사유가 있을 때에 한하여 직접 행정소송의 대상이 될 수 있도록 별도의 규범통제수단을 마련하는 것이 바람직하며, 법규명령의 위법성 여부를 넘어서 기본권 침해가 문제되는 경우에는 헌법소원을 통해 권리구제를 강구하는 것이 바람직하다는 의견을 제시하였다.73)

공법상 조정제도에 관해서도 연구를 수행한 바 있는데, "조정은 헌법상의 조화의 원칙과 협조적 법치국가의 원리를 구체화하는 것으로서 궁극적으로 법치국가원리를 보완하는 기능을 수행한다는 점에서 조정의 내용이 법령에 저촉되거나 또는 행정청의 고유한 결정권한을 침해하는 것이 아닌 한 공법분야에서도 허용"되며, 분쟁조정위원회나 행정쟁송에서의 조정과 같은 사후적 조정보다는 갈등의 예방이라는 관점에서 행정결정과정에서의 사전적 조정제도의 중요성이 크다는 점을 강조하였다.74)

국가배상에 관한 연구에서는 공무원의 지도·감독 등의 소홀, 즉 부작위로 인한 인명피해 발생이 있는 경우 국가배상책임의 성립 문제에 대해 이를 판례의 「국가배상법」해석에만 맡길 것이 아니라 입법적 정비를 통해 명확성을 확보하고 국민의 안전을 보장하는 것이 필요함을 주장하였다.75)

호, 2012, 459면.

72) 김남철, "우리나라 행정심판의 위상과 발전방향", 『행정법학』 제14호, 2018.

73) 김남철, "법규명령에 대한 항고소송의 문제점 – 행정소송법개정안을 중심으로 –", 『공법학연구』 제6권 제1호, 2005, 242–243면.

74) 김남철, "갈등관리수단으로서의 공법상의 조정 – 독일과 한국의 공법상 조정제도의 비교를 중심으로 –", 『공법연구』, 제34집 제4권 제2호, 2006, 230면.

75) 김남철, "국가의 직무감독소홀로 인한 국가배상책임", 『연세법학연구』 제6집 제2권, 1999, 129–131면.

2) 판례 연구

김남철 교수는 평소 행정법 이론과 판례 및 입법의 환류가 행정법 발전을 위해 중요하다고 생각하였고,[76] 행정판례 연구에 정진하였다. 2015년부터 2021년까지 대한변호사협회에서 발간하는 학술지에 매해의 행정법 중요 판례를 소개하고 평가하였고,[77] 교과서 개정작업에 있어서도 중요 판례와 최신 판례의 반영을 중요한 작업으로 여겼다.

2016년 '한국공법학회 60년과 사법(司法)'을 대주제로 하는 학술대회에서 김남철 교수는 "행정법 판례형성에 있어서의 행정법학의 기여"라는 주제로 발표를 하였는데, "행정법학과 행정재판은 이론을 바탕으로 재판을 하고 또한 재판의 결과가 다시 이론에 반영되는 과정을 수도 없이 반복하면서 서로 견고하게 얽히고 붙어 있다. 사실 판례를 연구하면서 이론은 실무를 위해서 존재하는 것이어야 되고 실무는 이론을 바탕으로 수행될 수 있을 때 문제해결의 설득력이나 효과가 높아진다."[78]는 글에서 김남철 교수의 생각을 잘 읽을 수 있다. 본 논문에서 행정법 전반에 걸쳐, 구체적으로는 행정법 서론, 행정작용, 행정구제 및 행정법 각론의 각 영역에서 이론과 판례가 상호 영향을 준 경우를 설명하고, 행정법학과 판례의 상호 발전을 위한 과제를 제시하였다. 행정법학의 연구 심화와 연구방법 다양화, 행정법학의 외연 확장, 판례와의 교류 활성화, 행정판례의 전문화가 그 내용이다.[79]

IV. 맺으며

먼저 김남철 교수의 지방자치법 연구를 정리해 보면, 초기 연구는 독일에서의 공부를 바탕으로 지방자치권의 보장, 국가와 지방자치단체의 관계, 국가와 지방자치단체의 권한배분, 지방자치단체 간의 갈등 완화 등을 중요한 연구주제로 다루었다. 국가와 지방자치단체의 관계에 있어 상호간 존중 및 조화, 지방자치단체에 대한 친화적 자세를 통해 해결점을 찾아가는 것은 새로운 패러다임을 제시한 것으로, 양자간 관계를 보다

---

76) 김남철, "행정법 판례형성에 있어서의 행정법학의 기여", 『공법연구』 제44집 제4호, 2016, 42-43면.
77) 김남철, "2015년 행정법 중요 판례", 『인권과 정의』 제456호, 2016; 김남철, "2016년 행정법 중요 판례", 『인권과 정의』 제464호, 2017; 김남철, "2017년 행정법(II) 중요 판례", 『인권과 정의』 제472호, 2018; 김남철, "2018년 행정법(II) 중요판례평석", 『인권과 정의』 제480호, 2019; 김남철, "2019년 행정법(II) 중요판례평석", 『인권과 정의』 제488호, 2020; 김남철, "2020년 행정법(II) 중요판례평석", 『인권과 정의』 제496호, 2021.
78) 김남철, "행정법 판례형성에 있어서의 행정법학의 기여", 『공법연구』 제44집 제4호, 2016, 43면.
79) 김남철, "행정법 판례형성에 있어서의 행정법학의 기여", 『공법연구』 제44집 제4호, 2016, 61-64면.

수평적으로 변화시키는 데 일정부분 기여하였다. 이러한 연구 방향성은 추후의 연구에서도 지속적으로 나타났는데, 국가와 지방자치단체 간 권한 및 사무배분, 지방자치단체에 대한 감사, 지방자치단체의 계획고권 등에 관한 논문에서 초기 연구의 이론적 토대와 방향성이 발전적으로 전개되었다.

행정법 일반 영역에서도 김남철 교수는 활발한 연구를 진행하였다. 처분의 법적 성질 위주의 행정작용법 연구뿐만 아니라 행정소송에 비해 법학계의 연구가 많지 않은 행정심판에 대한 관심을 통해 실질적인 입법 개선으로 이어지는 연구를 수행한 바 있으며, 법이론과 판례 및 입법 상호간의 연계와 환류를 강조한 점 또한 연구의 특징으로 꼽을 수 있다.

이러한 김남철 교수의 연구 경향은 평소 모든 사람들에게 친절하였던 성품과도 닮은 점이 많다고 느껴진다. 균형적인 시각을 가진 법학자로서 바람직한 방향성을 제시하고 따뜻한 방향으로의 사회 변화에 기여하고자 하셨던 김남철 교수의 바람이 후학들에게도 이어지기를 기대해본다.

마지막으로, 본문에서 자세히 다루지는 못했지만 김남철 교수는 최근 "사회국가원리의 구체화로서 '사회행정의 원리' 구축 시론"이라는 논문을 발표한 바 있다.[80] 이는 기존 연구에서는 다루지 않았던 새로운 주제인데, 이 논문을 구상하고 작성하면서 제자들의 의견을 들어보시는 등 많은 애정과 노력을 기울인 연구이다. 또한 기후위기 대응을 위한 환경정책에 대한 관심으로 두 편의 논문을 남겼는데,[81] 독일의 에너지 전환정책에 대한 논문은 마지막 연구업적이 되었다. 사회행정의 원리와 환경정책이라는 새로운 관심은 모두 현재 우리 사회에서 가장 시급하면서 또한 지속적인 논의가 필요한 분야라고 할 수 있다. 이와 같은 김남철 교수의 실용적인 행정법학에 대한 끊임없는 노력을 이제 후학들이 이어갈 때라고 생각된다.

---

80) 김남철, "사회국가원리의 구체화로서 '사회행정의 원리' 구축 시론", 『연세법학』 제41호, 2023.
81) 김남철, "에너지법제의 평가와 과제-독일 법제와의 비교를 중심으로-", 『법학논총』 제39권 제3호, 2019, 임현종·김남철, 친환경 에너지 전환정책 추진의 입법적 과제-독일 에너지전환정책 추진사례의 시사점을 중심으로-, 환경법연구 제46권 제1호, 2024.

참고문헌

김남철, 『행정법 강론』 제1판, 박영사, 2014.

_____, 『행정법 강론』 제10판, 박영사, 2024.

_____, "독일에서의 지방자치단체의 계획고권의 헌법상의 보장", 『사법행정』 제39권 제2호, 한국사법행정학회, 1998.

_____, "지방자치권의 제한에 대한 한계", 『연세법학연구』 제5집 제1권, 연세법학연구회, 1998.

_____, "지방자치단체의 계획고권과 국가의 공간계획", 『토지공법연구』 제6집, 한국토지공법학회, 1998.

_____, "지방자치단체 간의 권한갈등과 그 조정원칙", 『성운 허경교수 화갑기념논문집』, 법학서당, 1999.

_____, "국가와 지방자치단체 간의 권한쟁의", 『헌법판례연구 I』, 헌법판례연구회, 1999.

_____, "국가의 직무감독소홀로 인한 국가배상책임", 『연세법학연구』 제6집 제2권, 연세법학연구회, 1999.

_____, "지방자치단체 간의 갈등완화를 위한 계획법상의 원칙", 『공법연구』 제29집 제4호, 한국공법학회, 2001.

_____, "개편된 공간계획체계의 법적 문제점", 『공법연구』 제30집 제4호, 한국공법학회, 2002.

_____, "국토계획과 지방자치의 법적 문제", 『토지공법연구』 제20집, 한국토지공법학회, 2003.

_____, "건축허가의 법적 성질에 관한 소고", 『공법학연구』 제5권 제2호, 한국비교공법학회, 2004.

_____, "법규명령에 대한 항고소송의 문제점-행정소송법개정안을 중심으로-", 『공법학연구』 제6권 제1호, 한국비교공법학회, 2005.

_____, "지방자치단체에 대한 감사의 법적 문제", 『지방자치법연구』, 제5권 제2호, 한국지방자치법학회, 2005.

_____, "갈등관리수단으로서의 공법상의 조정-독일과 한국의 공법상 조정제도의 비교를 중심으로-", 『공법연구』, 제34집 제4권 제2호, 한국공법학회, 2006.

_____, "지방자치단체 감사에 대한 권한쟁의", 윤명선교수 정년기념논문집 간행위원회(편), 『윤명선교수 정년기념논문집』, 유스북, 2006.

_____, "중앙정부와의 사전협의제도의 개선방안-제주특별자치도 설치 및 국제자유도시 조성을 위한 특별법을 중심으로-", 『지방자치법연구』 제7권 제3호, 한국지방자치법학회, 2007.

_____, "지방자치감사제도와 주민의 역할", 『지방자치법연구』 제8권 제2호, 한국지방자치법학회, 2008.

_____, "건축허가의 법적 성질에 대한 판례의 검토", 『행정판례연구 XIII』, 한국행정판례연구회, 2008.

_____, "지방자치단체 감사체계 개선을 위한 법적 과제-자치감사제도 확립을 중심으로-", 『공법연구』 제38집 제1호 제1권, 한국공법학회, 2009.

_____, "국가기관의 지방자치단체에 대한 감독감사 권한", 『행정판례연구 XV-1』, 한국행정판례연구회, 2010.

_____, "지방자치단체 국정참여의 공법적 과제-상원 또는 지방원 도입에 관한 논의를 중심으로-", 『지방자치법연구』 제10권 제3호, 한국지방자치법학회, 2010.

_____, "공공감사에 관한 법률의 발전적 시행을 위한 공법적 과제", 『감사논집』 제15호, 감사원, 2010.

_____, "행정법상 신고의 법리-이론과 판례의 문제점 및 개선방향-", 『경원법학』 제3권 제3호, 경원대학교 법학연구소, 2010.

_____, "행정심판과 행정절차제도와의 조화방안-특히 이의신청절차와 행정심판과의 조화방안 모색을 중심으로-", 『법학연구』 제53권 제4호, 부산대학교 법학연구소 2012.

_____, "행정심판 재결의 실효성 강화방안-직접처분과 간접강제를 중심으로-", 『공법연구』 제41집 제2호, 한국공법학회, 2012.

_____, "국가와 지방자치단체 간 사무배분개혁추진의 평가와 과제", 『국가법연구』 제9집 2호, 한국국가법학회, 2013.

_____, "중앙권한의 지방이양에 있어서 위임규정의 문제와 개선방안", 『지방자치법연구』 제14권 제3호, 한국지방자치법학회, 2014.

_____, "2015년 행정법 중요 판례", 『인권과 정의』 제456호, 대한변호사협회, 2016.

_____, "행정법 판례형성에 있어서의 행정법학의 기여", 『공법연구』 제44집 제4호, 한국공법학회, 2016.

_____, "2016년 행정법 중요 판례", 『인권과 정의』 제464호, 대한변호사협회, 2017.

_____, "국가와 지방자치단체 간의 공동사무", 『지방자치법연구』 제17권 제2호, 한국지방자치법학회, 2017.

_____, "탈원전을 위한 공론화위원회의 공법적 과제-독일법제를 중심으로 참여와 숙의의 법제화의 관점에서-", 『공법연구』 제46집 제3호, 한국공법학회, 2018.

_____, "2017년 행정법(II) 중요 판례", 『인권과 정의』 제472호, 대한변호사협회, 2018.

_____, "독일에서의 연방참사원과 주지사협의회를 통한 국정참여-특히 지방자치단체의 국정참여권 실현방법의 관점에서-", 『지방자치법연구』 제18권 제1호, 한국지방자치법학회, 2018.

_____, "독일 연방주의와 연방주의개혁의 우리나라 지방분권개헌에의 시사점-지방분권과 지방자치의 관점에서-", 『공법학연구』 제19권 제3호, 한국비교공법학회, 2018.

_____, "우리나라 행정심판의 위상과 발전방향", 『행정법학』 제14호, 한국행정법학회, 2018.

_____, "지방자치단체에 대한 행정적 감독의 공법적 문제와 개선방안 -독일 지방자치법상 자치사무에 대한 감독수단을 중심으로-", 『공법연구』 제47집 제2호, 한국공법학회, 2018.

_____, "2018년 행정법(II) 중요판례평석", 『인권과 정의』 제480호, 2019.

_____, "에너지법제의 평가와 과제 —독일 법제와의 비교를 중심으로—", 『법학논총』 제39권 제3호, 전남대학교 법학연구소, 2019.

_____, "처분시 적용법령(행위시법·처분시법)의 문제", 『공법학연구』 제20권 제3호, 한국비교공법학회, 2019.

_____, "실질적인 자치권 확대 및 책임성 확보를 위한 지방자치법 개정과 공법적 평가", 『지방자치법연구』 제19권 제3호, 한국지방자치법학회, 2019.

_____, "지방분권개헌안에 대한 평가와 과제", 『법학연구』 제29권 제3호, 연세대학교 법학연구원, 2019.

_____, "2019년 행정법(II) 중요판례평석", 『인권과 정의』 제488호, 대한변호사협회, 2020.

_____, "헌법상 지방자치권의 제도적 보장을 위한 수단으로서 '지방자치단체 헌법소원'", 『지방자치법연구』 제20권 제4호, 한국지방자치법학회, 2020.

_____, "지방자치법 전부개정에 대한 평가와 과제", 『국가법연구』 제17집 1호, 한국국가법학회, 2021.

_____, "2020년 행정법(II) 중요판례평석", 『인권과 정의』 제496호, 대한변호사협회, 2021.

_____, "2021년 행정법(II) 중요판례평석", 『인권과 정의』 제504호, 대한변호사협회, 2022.

_____, "사회국가원리의 구체화로서 '사회행정의 원리' 구축 시론", 『연세법학』 제41호, 연세법학회, 2023.

김남철·방동희, "재정혁신을 위한 공동사무의 재정책임에 관한 연구", 한국법제연구원, 2021.

김남철·임현·노기현·임현종, "지방자치법 전부개정에 따른 자치입법권의 범위 및 확대방안", 대통령소속 자치분권위원회, 2021.

임현종·김남철, "국가와 지방자치단체 간 협력수단으로서의 사전협의제도—사회보장제도 신설·변경 협의제도를 중심으로", 『지방자치법연구』 제21권 제3호, 한국지방자치법학회, 2021.

_____, "친환경 에너지 전환정책 추진의 입법적 과제—독일 에너지전환정책 추진사례의 시사점을 중심으로—", 『환경법연구』 제46권 제1호, 한국환경법학회, 2024.

Kim, Nam−Cheol, Gemeindliche Planungshoheit und überörtliche Planungen: Ein Beitrag zur gemeindlichen Planungshoheit nach dem deutschen und koreanischen Recht (Tübingen Universität Dissertation, 1997), Europäische Hochsculschriften Bd. 2359, Peter Lang, Frankfurt am Main 1998.

地方自治團體의 計劃高權과 國家의 空間計劃*

김 남 철

Ⅰ. 머리말
Ⅱ. 地方自治權에 대한 憲法上의 保障
  1. 憲法上의 自治權保障의 內容
  2. 自治權의 制限과 그 限界
Ⅲ. 地方自治團體의 計劃高權
  1. 計劃高權의 槪念
  2. 독일 地方自治團體의 計劃高權
  3. 우리나라 地方自治團體의 計劃權限
Ⅳ. 國家計劃의 基本體系
  1. 國家의 綜合計劃

  2. 專門計劃
Ⅴ. 國家計劃과 地方自治團體計劃間의 갈
  등과 그 調整原則
  1. 國家計劃에 의한 地方自治團體
    計劃高權制限의 問題
  2. 空間計劃間의 調整을 위한 計劃上의
    原則
  3. 空間計劃體系再構成을 통한 問題의
    解決
Ⅵ. 맺음말

Ⅰ. 머리말

오늘날의 社會的 法治國家에서 社會國家로서의 國家의 기능이 강조됨에 따라 이러한 기능을 실현하는 空間計劃(Raumplanung)은 오늘날 중요한 국가의 행위수단이 되었다. 한편 우리나라에 지방자치제도가 본격적으로 도입되면서부터 이 空間計劃에 대한 權限은 소위 수직적 권력분립의 원칙에 따라 中央과 地方으로 나누어지게 되었다. 그런데 문제는 지방자치가 시행된지 얼마되지 않아 아직도 중앙집권적 사고구조가 여전히 지배적인 現狀況에서, 지방자치단체와 국가가 일정 計劃을 둘러싸고 서로 權限上의 갈등을 빚고 있는 경우에, 여기에서 국가나 지방자치단체 모두 기본적으로는 정당한 '權限'을 행사하고 있는 것임에도 불구하고, 유독 지방자치단체의 權限行使에 대해서만 이를 종종 '지역이기주의'로 치부하는 경향이 있다는 것이다. 이는 아직 우리나라에 지방자치에 대한 인식이 부족함을 명백히 보여주고 있는 것이라 하겠다.

국가나 지방자치단체는 憲法에 근거하여 각각 일정한 計劃權限을 갖는다. 즉 지방자치단체는 憲法上의 自治權保障에 근거하여 해당지역의 計劃에 대하여 우선적인 管轄

---

* 이 글은 『토지공법연구』 제6집(1988.10.)에 수록된 논문임을 밝힙니다.

權을 갖지만, 다른 한편 국가 역시 憲法上의 國家行政權에 근거하여 지방자치단체의
관할지역을 포함한 국가의 全地域에 대하여 計劃權限을 갖는다. 여기에서 地方自治團體
의 領域만을 대상으로 놓고보면 국가와 지방자치단체는 같은 영역을 놓고 각기 다른
視角에서 계획을 하게 되는 것이다. 따라서 空間計劃의 경우에 국가와 지방자치단체의
計劃事務는 상호 관련되어 있는 경우가 많고, 또 상호 보충적으로 작용하기도 하지만,
그러나 그만큼 서로 충돌될 가능성도 높은 것이다. 다시 말해서 이러한 수직적 권한배
분에 따른 공간계획의 체계속에는 이미 국가와 지방자치단체 사이의 갈등관계가 內在
되어 있다고 할 수 있는 것이다.[1] 따라서 이러한 문제는 단순히 '지역이기주의'의 문제
가 아니라, 오히려 兩者가 서로 상대방의 權限을 존중하는 가운데 어떻게 합리적인 조
화점을 찾을 것인가 하는 문제로 초점이 모아져야 하는 것이다.

　　그러나 이러한 문제도 근본적으로는 兩者 모두의 計劃權限이 인정되고 있는 상태에
서 權限行使上의 갈등이 문제되는 경우를 前提로 하고 있는 것이기 때문에, 예컨대 지
방자치단체의 計劃高權이 인정되고 있지 않는 경우에는 조화의 문제가 거론될 수 없는
것이다. 따라서 조화의 문제를 풀어나가는 데에는 우선 憲法上의 自治權保障에 대한
이해를 바탕으로 해서 地方自治團體에게 自治權의 하나로서 計劃高權이 인정되어야 하
겠다. 즉 먼저 地方自治團體에 計劃高權이 인정되고 난 다음에 이를 바탕으로 國家의
計劃權限과의 갈등문제를 논하여야 한다는 것이다. 우리나라 現行 憲法 제117조 제1항
은 地方自治團體에게 주민의 福利에 관한 모든 사무를 自己責任下에서 처리할 수 있는
自治權을 보장해 주고 있다. 여기에서 憲法上 保障되어야 할 지방자치단체의 權限으로
서는 통상 計劃高權도 거론되고 있지만, 그러나 現行 都市計劃法은 地方自治團體의 計
劃權限을 매우 심각하게 제한하여 실제로는 우리 나라 地方自治團體의 計劃高權이 인
정되고 있다고 말하기 어렵다. 즉 지방자치가 실시된 지 얼마되지 않은 우리 나라의
자치현실에서는 計劃權限間의 갈등조정문제에 대한 논의보다는 오히려 地方自治團體의
計劃高權 그 자체에 대한 논의가 더 시급한 것이다.

　　다만 우리나라에서는 이러한 문제에 대하여 구체적으로 논의가 성숙되어 있지 못한
상태인데, 우리의 지방자치제도에 관한 이론과 실제가 독일의 경우를 많이 참고한 것

---

1)　Vgl. dazu Brohm, Die Planung der Bodennutzung, JuS 1986, S.780; ders., Verwirklichung
　　überörtlicher Planungsziele durch Bauleitplanung, DVBl. 1980, S.654; Hendler, Grenzen der
　　überörtlichen Planung aus der Sicht der gemeindlichen Planungshoheit, in: Regionale Raumordnung
　　und　gemeindliche　Planungshoheit　im　Konflikt?,　Schriftenreihe　des　Niedersächsischen
　　Städteverbandes, Heft 10, 1982, S.18 (zit.: Hendler, Grenzen der überörtlichen Planung); Paßlick,
　　Ziele der Raumordnung und Landesplanung, Beiträge zum Siedlungs－ und Wohnungswesen und
　　zur Raumordnung, Bd. 105, Münster 1986, S.71.

이라고 할 때, 이러한 의미에서 독일에서 여기에 관하여 논의되고 있는 것을 살펴보는 것은 우리의 자치현실에 시사하는 바가 크다고 하겠다. 따라서 以下에서는 독일에서의 논의를 중심으로 우선적으로 國家計劃과 地方自治團體의 計劃間의 문제에 대한 憲法的인 基礎로서 地方自治團體의 計劃高權에 대한 憲法上의 保障에 관하여 살펴보고, 그 다음에 計劃間의 갈등문제에 대한 이해를 돕기 위하여 國家計劃의 기본체계를 槪觀해본다. 이를 바탕으로 전체 공간계획체계안에서 특히 國家計劃을 통한 地方自治團體의 計劃高權의 제한문제를 보고, 끝으로 이러한 문제를 조화롭게 해결하기 위한 몇 가지의 計劃上의 原則들을 제시해 보기로 한다.

II. 地方自治權에 대한 憲法上의 保障

1. 憲法上의 自治權保障의 內容

독일 基本法 제28조 제2항 제1문은 "지방자치단체(Gemeinde)[2]에게는 그 지역공동체의 모든 사무를 法令의 범위안에서 자기책임으로 규율할 수 있는 權限이 보장되어야 한다."라고 규정하고 있다. 오늘날 이 憲法上의 自治權保障에 관한 규정은 일반적으로 지방자치에 관한 制度的 保障으로 이해되고 있다.[3] 한편 우리나라 憲法 제117조 제1항은 "지방자치단체는 주민의 福利에 관한 사무를 처리하고 재산을 관리하며, 法令의 범위안에서 자치에 관한 규정을 제정할 수 있다."라고 규정하고 있는데, 이러한 自治權에 관한 규정에 대해서는 일반적으로 독일에서와 마찬가지로 制度的 保障으로 이해하고 있다.[4]

---

2) 여기에서 게마인데(Gemeinde)는 소위 基礎的 地方自治團體 全部를 포괄하는 法律上의 槪念으로서, 우리나라의 市·邑·面에 해당하는 개념이다. 우리나라의 경우는 憲法 제117조 제2항이 地方自治團體의 種類를 法律로써 정하도록 하고 있고, 이에 따라 地方自治法 제2조 제1항은 市·郡·自治區를 基礎的 地方自治團體로 규정하고 있으므로, 우리나라에서 邑·面은 단지 郡의 일부를 구성하는 단위일 뿐, 그 자체가 地方自治團體는 아니지만, 독일에서는 이에 해당하는 게마인데가 基礎的 地方自治團體로서 基本法에 의해 보장되고 있다. 이하에서는 특별히 언급이 없는 한, 독일의 地方自治團體라 함은 이 게마인데를 가리킨다.

3) Vgl. dazu Maunz/Dürig/Herzog/Scholz, Grundgesetz Kommentar, München, Stand: Juni 1996, Art.28 RN 45 (zit.: Maunz/Dürig/Herzog, GG); Blümel, Wesensgehalt und Schranken des kommunalen Selbstverwaltungsrechts, in: v. Mutius, Selbstverwaltung im Staat der Industriegesellschaft, Festgabe zum 70. Geburtstag von G. C. v. Unruh, Heidelberg 1983, S.266 m.w.N. (zit.: Blümel, in: FG v. Unruh); Stern, in: Kommentar zum Bonner Grundgesetz, Heidelberg, Stand: November 1996, Art.28 RN 65 (zit.: Stern, BK); Pagenkopf, Kommunalrecht, Bd. I, 2. Aufl., Köln u.a. 1975, S.57 ff. m.w.N. (zit.: Pagenkopf, Kommunalrecht I).

4) 독일의 地方自治에 대한 制度的 保障理論은 우리나라에서도 일반적으로 受容되고 있다. 이에 관하여는 예컨대 허영, 憲法理論과 憲法 (下), 博英社, 1988, 348면 이하(이하 憲法理論과 憲法 (下)); 이기우, 地方自

슈미트(Carl Schmitt)[5]와 클라인(Friedrich Klein)[6]에 의해 전개된 制度的 保障理論은 기본적으로, 憲法上 우리사회의 중요한 가치를 지니고 있는 제도는 憲法이 제도 그 자체를 보장함으로써 立法作用을 통하여서도 이를 폐지하지 못하도록 하는 것으로, 즉 恣意的인 立法權行使로 인하여 지방자치제도가 형해화되는 것을 방지하려는 취지를 담고 있는 것이다. 이러한 制度的 保障의 내용으로는 오늘날 일반적으로 地方自治團體의 存立保障, 客觀的 法制度保障 그리고 主觀的 法的 地位의 保障을 들고 있다.[7]

우선 制度的 保障은 지방자치단체의 存立을 보장하는 것이므로, 國家組織內에 法制度로서의 지방자치단체라고 하는 일정형태의 행정유형이 반드시 존재하여야 한다. 따라서 지방자치제도를 폐지하는 法律은 허용되지 않는다. 그리고 制度的 保障의 두 번째 내용인 客觀的 法制度保障에 따라 지방자치단체에게는 원칙적으로 자기지역내의 모든 사무를 (全權限性), 자기책임으로 (自己責任性) 처리할 수 있는 權限이 보장된다. 즉 지방자치단체는 따로 法律에 규정되지 않더라도 주민의 福利에 관한 그 지역의 모든 사무에 대하여 自治事務로서 우선적인 管轄權을 갖으며, 또 그것이 自治事務인 限은 원칙적으로 국가의 어떠한 지시에도 羈束되지 않고 스스로 合目的的이라고 판단되는 바에 따라 사무를 처리할 수 있는 것이다. 오늘날의 通說에 따르면 지방자치단체가 자기책임으로 처리할 수 있는 권한으로는 보통 地域高權, 人事高權, 財政高權, 組織高權, 計劃高權, 租稅高權 그리고 條例高權 등이 거론되고 있다.[8] 한편 지방자치단체에게는 以上에서 언급한 憲法上의 自治權保障을 주장할 수 있는 主觀的 法的 地位가 인정된다.[9] 이를 위하여는 行政訴訟, 違憲法律審査 그리고 權限爭議審判이 있다.

治行政法, 法文社, 1991, 35면 이하(이하 地方自治行政法); 홍정선, 地方自治法論, 法英社, 1991, 57면 이하 (이하 地方自治法論); 유지태, "地方自治의 制度的 保障論 小考," 『고려대학교 법학논집』 제29집 (1993), 433면 이하 참조.

5) C. Schmitt, Verfassungslehre, München/Leipzig 1928 (＝5. unveränderte Aufl., 1970), 170, 171, 173; ders., Freiheitsrechte und institutionelle Garantien der Reichsverfassung (1931), in: Verfassungsrechtliche Aufsätze aus den Jahren 1924−54, Materialien zu einer Verfassungslehre, 2. Aufl., Berlin 1973, S.143, 149, 171 (zit.: C. Schmitt, Aufsätze).

6) F. Klein, Institutionelle Garantien und Rechtsinstitutionsgarantien, Breslau 1934.

7) Vgl. Stern, Das Staatsrecht der Bundesrepublik Deutschland, Bd. I, 2. Aufl., München 1984, S.409 (zit.: Stern, Staatsrecht, Bd. I).

8) 이에 대하여 개별적으로는 Stern, Staatsrecht, Bd, I, S.413 ff. 참조. 아울러 이기우, 地方自治行政法, 66면 이하; 홍정선, 地方自治法, 96면 이하 참조.

9) Vgl. Stern, BK, Art.28 RN 174 ff.; Pagenkopf, Kommunalrecht I, S.57 m.w.N.; Stüer, Funktionalreform und kommunale Selbstverwaltung, Göttingen 1980, S.66 (zit.: Stüer, Funktionalreform).

2. 自治權의 制限과 그 限界

1) 自治權의 制限

한편 憲法이 保障하는 지방자치단체의 自治權은 "法令의 범위안에서"만 보장된다. 이러한 法律留保는 通說에 따르면 지방자치단체의 全權限性과 自己責任性 모두에 관련된다.10) 즉 立法權者는 法律을 통하여 지방자치단체에게 일정한 사무를 委任하거나 또는 이를 다른 지방자치단체나 국가에 귀속시킬 수도 있고, 그 밖에도 지방자치단체가 수행하여야 할 업무의 종류나 그 수행방법 등에 관한 규정을 둘 수 있다는 것이다. 그 밖에도 國家의 監督權, 承認留保, 同意條項 등을 法律로써 규정할 수 있다.

2) 自治權制限의 限界

(1) 核心領域의 侵害禁止

立法者의 自治權制限은 無限하게 인정되는 것은 아니고 制度的 保障理論上의 '核心領域侵害禁止'라는 限界가 있는데, 이에 따르면 法律을 통한 立法權者의 自治權制限은 원칙적으로 허용되지만, 어떠한 경우에도 自治權의 核心領域(Kernbereich) 혹은 本質的 內容(Wesensgehalt)11)을 침해하는 것이어서는 안 된다.12) 따라서 어떤 사무가 自治權의 核心領域에 해당되면, 立法權者는 法律로써도 이를 제한할 수 없게 된다.

다만 문제는 핵심영역이라고 하는 不確定槪念을 어떻게 명확하게 정의하느냐 하는 것이다. 이에 대하여 독일의 學說과 判例는 다양한 解釋基準을 발전시켰다. 먼저 독일 聯邦憲法裁判所는 지방자치의 歷史的 發展過程이나 그 發現形態(historische Erscheinungs formen)를 고려하여 무엇이 지방자치의 본질, 더 나아가서는 침해할 수 없는 自治權保障의 核心領域에 속하는가 하는 것을 결정한다고 한다.13) 즉 구체적인 事案의 경우에

---

10) Vgl. z.B. BVerfGE 23, 353 (365); 56, 298 (312); 79, 127 (143); Stern, Staatsrecht, Bd. I, S.415; Maunz/Dürig/Herzog, Art.28 RN 51 f.; Blümel, in: FG v. Unruh, S.298 ff.; Brohm, Gemeindliche Selbstverwaltung und staatliche Raumplanung, DÖV 1989, S.431.

11) '核心領域(Kernbereich)'은 경우에 따라서는 '本質的 內容(Wesensgehalt)' 또는 '不可侵의 最小限(unantast bares Minimum)' 등으로 불리기도 하지만 그 의미하는 바는 같다. 이에 관하여는 예컨대 Schmidt−Jortzig, Kommunale Organisationshoheit, Göttingen 1979, S.85; Stüer, Funktionalreform, S.85 f.; Stern, BK, Art.28 RN 120; Burmeister, Verfassungstheoretische Neukonzeption der kommunalen Selbstverwaltungsgarantie, München 1977, S.28.

12) Vgl. BVerfGE 1, 167 (174 ff.); 23, 353 (367); 38, 258 (278 f.); 56, 298 (312); 59, 216 (226); 76, 107 (118); 79, 127 (146).

13) Vgl. z.B. BVerfGE 1, 167 (178); 38, 258 (278 f.); 79, 127 (146); st. Rspr.

그것이 핵심영역에 속하기 위하여는 지방자치와 관련하여 일정한 歷史性을 가져야 하고 또 이것이 傳統的인 自治像에 合致하여야 한다는 것이다(歷史的 解釋方法論). 한편 독일 聯邦行政裁判所의 控除方法論(Substraktionsmethode)에 따르면 구체적인 경우에 立法에 의한 自治權의 侵害가 허용되는가의 문제는 法律에 의한 自治權의 침해 이후에도 남아 있는 지방자치적인 요소가 지방자치의 실현을 위해 여전히 충분하다고 인정될 수 있겠는가의 여부에 따라 결정된다고 한다.[14] Stern은 이러한 독일 聯邦行政裁判所의 量的인 判斷보다는 質的인 審査를 내세우면서 어떤 제도의 本質的인 眞髓(Essentiale)에 따라 地方自治權의 핵심영역을 정하려 한다. 여기에서 본질적인 진수라고 하는 것은 어떤 제도로부터 이것을 빼면 그 제도의 구조나 형태가 변화될 수밖에 없는, 그 제도의 핵심적인 요소를 말한다. 따라서 이러한 지방자치를 근본적이고도 실체적으로 결정하는 요소들이 自治權의 核心領域으로 보호된다는 것이다. 그러나 이러한 요소들을 어떻게 정할 것이냐에 대하여는 聯邦憲法裁判所와 마찬가지로 歷史的, 傳統的 考察方式에 의한다고 한다.[15]

그러나 이러한 다양한 해석방법론에도 불구하고 오늘날 핵심영역에 대하여는 기본적으로 두 가지 비판이 제기되는데, 즉 핵심영역의 내용이 무엇인지에 대해 명확하게 定義내리는 것은 사실상 불가능하다는 核心領域의 不確定性(Unbestimmtheit des Kernbereichs)의 문제와 이러한 문제로 말미암아 公益의 原則이나 比例原則이 적용되는 결과 핵심영역이 갖는 '絶對的 不可侵性'이 이들 원칙의 적용이라는 의미로 '相對化'되고 만다는 것이 그것이다.[16] 따라서 이러한 핵심영역의 不確定性 및 相對性이라는 문제를 가지고는 이 원칙이 自治權制限의 效果的인 限界理論이 될 수 없다는 현실적인 인식아래 문제의 重點은 核心領域侵害禁止原則以外에 다른 憲法上의 一般原則, 즉 公益의 原則이나 比例原則의 援用을 통하여 핵심영역이론의 문제점을 극복하는 방향으로 이동되었다.

---

14) Vgl. z.B. BVerwGE 6, 19 (25); 6, 342 (345); 321 (322).

15) Vgl. Stern, BK, Art.28, RN 123 f.; ders., Staatsrecht, Bd. I, S.416.

16) Vgl. dazu Blümel, Das verfassungsrechtliche Verhältnis von Gemeinden und Landkreisen, Hannover 1979, S.24; ders., in: FG v. Unruh, S.277; v. Mutius, Sind weitere rechtliche Maßnahmen zu empfehlen, um den notwendigen Handlungs— und Entfaltungsspielraum der kommunalen Selbstverwaltung zu gewährleisten?, Gutachten E für den 53. Deutschen Juristentag, München 1980, S.44 (zit.: v. Mutius, Gutachten E für den 53. DJT); Schink, Kommunale Selbstverwaltung im kreisangehörigen Raum, VerwArch 81 (1990), S.397; Püttner, Kommunale Selbstverwaltung, in: Isensee/Kirchhof, Handbuch des Staatsrechts der Bundesrepublik Deutschland, Bd. IV, Heidelberg 1990, S.1179; Stüer, Funktionalreform, S.279.

(2) 公益·比例原則

自治權의 전체 보장영역 중에서 핵심영역을 제외한 나머지 영역을 통상 周邊領域 (Randbereich)이라 부르는데, 學說과 判例에서도 절대적으로 보호되는 핵심영역 이외에 이러한 주변영역의 존재가 일반적으로 인정되고 있다. 이러한 自治權의 주변영역은 핵심영역처럼 절대적으로 보장되는 것이 아니라 필요에 따라서는 얼마든지 立法的인 制限이 가능한데, 그러나 그 제한이 정당화되기 위해서는 일반적으로 公益 및 比例原則을 준수하여야 한다는 것이다.17)

이에 따라 自治權을 法律을 통해 제한하는 경우에는 해당 지방자치단체의 自治權保護利益과 이를 제한함으로써 얻어지는 超地域的인 公共의 利益을 比較衡量해서 後者가 우월한 경우에는 自治權制限이 정당화될 수 있고,18) 또 그 외에도 比例原則을 준수하여야 하는데, 예컨대 自治權侵害가 문제되는 경우에 公益의 原則에 의한 심사 이외에도 구체적인 事案이 적절하게 조사되었는지 그리고 이것이 본 문제의 기초로 제대로 활용되었는지, 또 體系正當性의 原則(Der Prinzip der Systemgerechtigkeit)이 준수되었는지, 그리고 事前에 해당 지방자치단체에 聽聞의 기회를 주었는지 등의 여부를 심사해 보아야 한다.19)

그러나 이러한 경우에도 公益의 原則이나 比例原則의 적용에는 일정한 문제점이 내포되어 있다. 즉 兩原則은 본래 基本權制限의 限界로서 논의되는 것이기 때문에 이들 원칙의 적용을 통해 지방자치단체의 自治權이 마치 基本權처럼 다루어지게 된다는 것이다. 오늘날 自治權은 國家組織原理에 따라 憲法上 保障된 權限(Kompetenz)으로서20) 國家와 地方間의 다툼은 그것을 權限間의 갈등관계로 보아야 하는 것인데, 예컨대 比例原則의 적용은 國家의 權限과 憲法이 보장하는 地方自治團體의 權限間의 다툼문제를 자칫 國家의 侵害와 이에 대항하는 地域社會의 防禦的 權利의 문제로 잘못 인식되게

17) Vgl. etwa BVerfGE 26, 228 (241); 56, 298 (341); 76, 107 (119 f.); VerfGH NW, OVGE 33, 318; v. Mutius, Gutachten E für den 53. DJT, S.42 ff.; ders., in: FG v. Unruh, S.252; Blümel, in: FG v. Unruh, S.283 ff.; Brohm, Die Selbstverwaltung der Gemeinden im Verwaltungssystem der Bundesrepublik, DVBl. 1984, S.296, 298; ders., DÖV 1989, S.431; Schmidt-Jortzig, Kommunalrecht, Stutgart u.a. 1982, RN 517; Stüer, Funktionalreform, S.294 ff.; Schoch, Die Situation der kommunalen Selbstverwaltung nach der Rastede-Entscheidung des Bundesverfassungsgerichts, VerwArch 81 (1990), S.31; Schink, VerwArch 81 (1990), S.399 ff.
18) Vgl. Brohm, DÖV 1989, S.431; Widera, Zur verfassungsrechtlichen Gewährleistung gemeindlicher Planungshoheit, Berlin 1985, S.55 (zit.: Widera, Planungshoheit).
19) Vgl. BVerfGE 50, 50 (51); 56, 298 (319 f.); 86, 90 (107 f.).
20) Vgl. dazu Stern, Staatsrecht, Bd. I, S.405; Hendler, Selbstverwaltung als Ordnungsprinzip, Köln u.a. 1984, S.108 ff., 271 ff.

할 우려가 있다.21) 따라서 구체적인 문제해결을 위해 불가피한 경우라면 比例原則을 단지 기술적으로 援用할 수는 있겠으나, 그 적용으로 말미암아 지방자치단체의 權限이 마치 基本權과 같이 인식되는 계기가 주어져서는 안 된다 하겠다.

(3) 實踐的 調和의 原則

결국 지방자치단체는 바로 自治權에 근거하여, 그리고 國家는 主權에 근거하여 각자 自主的인 法的 地位를 갖는 것이고,22) 따라서 國家에 의한 自治權制限의 문제는 결국 각각 憲法에 의해 주어진 自主的인 法的 地位間의 마찰관계를 말하는 것이므로, 이러한 문제는 단순한 利益衡量을 통해 어느 한 쪽을 우선시킴으로써 해결되는 것이 아니라 오히려 憲法의 테두리안에서 兩 權限間의 일정한 타협점을 찾는 방향으로 해결되는 것이 바람직한 것이라고 할 때 實踐的 調和의 原則(Das Prinzip praktischer Konkordanz)은 自治權制限의 한계에 대하여 문제해결의 실마리를 제공할 수 있다.

實踐的 調和의 原則은 憲法의 調和的 解釋原則으로서 이에 따르면 憲法上 보호되는 兩法益은 서로 충돌되더라도 각자가 모두 효력을 발휘할 수 있도록 상호조정되어야 한다는 것이다. 즉 法益間의 충돌이 생기는 경우에도 성급한 法益衡量(Güterabwägung)이나 抽象的인 價値衡量(Wertabwägung)을 통해 他法益을 희생하여 어느 하나의 法益만이 실현되어서는 안 되고, 오히려 일정한 限界를 설정함으로써 그 안에서 兩法益이 最上으로 실현될 수 있도록 하여야 한다는 것이다. 이 경우에 兩者가 最適으로 실현될 수 있는 이러한 限界는 구체적인 事例에 있어서 比例原則에 따라 설정될 수 있다.23) 다만 比例原則은 단지 소극적으로 어떤 處分이 比例原則에 反하는지만을 심사한다는 점에서 調和原則과 완전히 구별된다. 즉 '사용된 수단이 추구하는 목적에 적합치 않으므로 比例原則에 反한다'라고 하는 比例原則適用에는 '목적·수단간의 관계가 최상의 조화상태를 실현하고 있는가'에 관한 판단이 없다는 것이다. 다시 말해서 實踐的 調和가 이루어진 상태에서는 항상 比例關係가 형성되어 있지만, 거꾸로 比例關係가 이루어진 상태가 반드시 實踐的 調和가 실현된 상태는 아니라는 것이다.24) 따라서 實踐的 調和原則에 따르면 어떠한 우월한 公益이 존재한다고 해서 바로 自治權의 侵害가 정당화되는 것이

---

21) Vgl. Langer, Gemeindliches Selbstverwaltungsrecht und überörtliche Raumplanung, VerwArch 80 (1989), S.356.

22) Vgl. Brohm, DÖV 1989, S.438.

23) Vgl. Hesse, Grundzüge des Verfassungsrecht der Bundesrepublik Deutschland, 20. Aufl., Heidelberg 1995, RN 72 m.w.N.

24) Vgl. Grabitz, Der Grundsatz der Verhältnismäßigkeit in der Rechtsprechung des Bundesverfassungsgerichts, AöR 98 (1973), S.576; Jakobs, Der Grundsatz der Verhältnismäßigkeit, Köln u.a. 1985, S.84.

아니라, 당해 地方自治團體의 權限을 충분히 고려한 후에도 自治權을 侵害할 수밖에 없는 超地域的 公益이 합리적으로 요구될 때 그 침해가 정당화될 수 있는 것이다.[25] 그러나 이러한 경우에도 지방자치단체의 權限이 완전히 배제되어서는 안 되고, 지방자치단체에게는 어쨌든 전체 憲法體系안에서 주어진 기능을 실현할 수 있는 최소한의 여지가 남아있어야 한다.

(4) 小結

이상에서 살펴본 바와 같이 制度的 保障의 핵심적인 내용으로서의 核心領域의 侵害禁止原則이 갖는 문제로 인하여 다른 여러 가지 憲法原則들이 원용되고는 있지만, 그렇다고 해서 핵심영역의 존재를 완전히 도외시할 수는 없는 것이다. 憲法上의 制度的 保障의 특징은 그 제도의 보장을 위하여 최소한도 그 제도의 핵심은 立法權者도 制限할 수 없다는 데에 있다.[26] 다시 말해서 憲法이 일정한 제도의 存立을 보장함으로 인해 지방자치단체는 그 제도를 폐지하거나 그 본질을 침해하는 것으로부터 憲法上의 保護를 받는다는 것이다.[27] 따라서 이러한 의미에서 核心領域이라고 하는 絶對的인 不可侵基準은 필요한 것이다. 다만 自治權의 核心領域을 정하는 문제는 이에 대한 여러 가지 해석기준들이 있음에도 불구하고 이 중 어느 하나의 기준에만 의존할 수는 없고, 결국 여러 관점들을 종합적으로 고찰하여 판단되어야 할 것이다. 즉 憲法이 보장하는 제도는 기본적으로는 역사적으로 구체화된 제도를 말하는 것이라 한다면 이런 점에서 核心領域에 포함되는 自治權을 정하는 데는 역사적인 발전과정 내지 전통적인 自治像이 마땅히 고려되어야 하겠지만, 다른 한편으로 憲法은 자치제도의 意義나 그것이 갖는 오늘날의 民主主義的, 法治國家的, 社會國家的 機能을 고려하여 지방자치제도의 보장을 규정하고 있는 것이라 한다면 핵심영역에의 귀속여부를 결정하는 데에는 역사성 못지 않게 오늘날 자치의 실현을 위한 실제적 의미 또한 함께 고려되어야 할 것이다.[28]

다만 이미 살펴본 것처럼 핵심영역이 가지고 있는 문제 때문에 이것만으로는 自治權을 효과적으로 보장할 수 없는 것이므로 이러한 문제를 극복하기 위하여 公益이나 比例原則이 援用될 수 있는 것이다. 그러나 이 경우에도 국가와 지방자치단체의 權限間의 갈등관계를 풀어가기 위해서는 어느 한 쪽의 權限을 완전히 축출하는 것이 아니

---

25) Vgl. Langer, VerwArch 80 (1989), S.372; vgl. auch Brohm, DÖV 1989, S.438 m.w.N.
26) Vgl. C. Schmitt, Aufsätze, S.170; Stern/Burmeister, Die Verfassungsmäßigkeit eines landesrechtlichen Planungsgebots für Gemeinden, in: Landesentwicklung, Schriftenreihe des Ministerpräsidenten des Landes Nordrhein-Westfalen, Heft 37, Düsseldorf 1975, S.27 (zit.: Stern/Burmeister, Planungsgebot).
27) Vgl. C. Schmitt, Aufsätze, S.161.
28) Vgl. Stern, Staatsrecht, Bd. I, S.416; Brohm, DVBl. 1984, S.298; Widera, Planungshoheit, S.73 ff.

라 兩者 모두가 그들의 기능을 最上으로 實現할 수 있는 限界를 찾는다는 점에서 實踐
的 調和의 原則으로부터 문제해결의 단서를 찾아야 할 것이다. 이에 따라 충돌하는 兩
權限 모두가 실현되고 있는지를 적극적으로 심사함으로써 단지 權限侵害與否만을 소극
적으로 판단하는 比例原則適用의 문제점도 해소될 수 있다. 따라서 이러한 점에서 볼
때 實踐的 調和의 原則은 自治權制限에 대한 효과적인 限界가 될 수 있고, 또 이를 통
하여 自治權의 保障이 한층 더 강화된다고 하겠다.

　　이상을 종합해 볼 때 결국 法律을 통한 自治權의 制限의 경우에는 우선 이러한 制
限이 自治權의 核心領域을 침해하였는지의 여부를 심사해 보고 그 다음에 여기에 自治
權을 制限해야 할 우월한 超地域的인 公益이 존재하는지의 여부 그리고 이 制限이 比
例原則에 反하지는 않는지의 여부를 심사해 보아야 한다. 다만 利益衡量의 결과 우월
한 公共의 利益이 있다고 해서 바로 自治權의 制限이 허용되는 것이 아니라 지방자치
단체의 해당 權限을 충분히 고려한 후에도 이러한 超地域的 公益에 따른 自治權의 制
限이 합리적으로 인정되는 경우여야 비로소 이를 制限하는 立法이 허용되는 것이다.
그러나 어떠한 경우에도 지방자치단체의 權限이 利益衡量의 결과로 말미암아 완전히
제외되어서는 안 되고, 자치기능을 실현시킬 수 있는 충분한 여지가 지방자치단체의
손에 남아 있어야 한다.

　　이상에서 지방자치에 대한 憲法上의 保障은 制度的 保障으로서 첫째, 지역사무를 자기
책임으로 처리할 수 있는 權限을 보장하는 것으로서 여기에는 지방자치단체의 計劃高權이
포함되고, 둘째로는 이러한 自治權에 대한 立法的 制限은 가능하지만, 절대로 自治權의
核心領域을 침해할 수는 없다는 것을 살펴보았다. 그렇다면 以下에서는 지방자치단체의
計劃高權이 憲法上의 制度的 保障下에서 어느 정도 보장되는지를 알아 보기로 한다.

III. 地方自治團體의 計劃高權

1. 計劃高權의 槪念

　　지방자치단체의 計劃高權이라 함은 지방자치단체가 國家의 指示에 엄격하게 구속되
지 않으면서 고유의 政治的·行政的 形成權 내지 決定權에 따라 자기지역의 建設을 合
自治的으로 행하거나 土地利用에 관하여 劃定할 수 있는 權限을 말한다.[29] 따라서 計

---

29) Vgl. grundlegend BVerwGE 34, 301 (304); Stern/Burmeister, Planungsgebot, S.28 f. ; Hoppe/Grotefels,
　　Öffentliches Baurecht, München 1995, S.40 (zit.: Hoppe/Grotefels, Baurecht).

劃高權은 지방자치단체가 자기지역의 全體的 空間秩序를 적극적으로 형성·발전시키고 이를 拘束的으로 劃定하는 權限인 것이다.[30]

독일 지방자치단체가 갖는 計劃高權의 경우 그 중심적인 요소는 지방자치단체의 建設基本計劃(Bauleitplan)樹立權限이다. 이 建設基本計劃은 다시 예비적·지침적인 土地利用計劃(Flächennutzungsplan)과 拘束的 性質을 띤 地區詳細計劃(Bebauungsplan)으로 나뉘는데, 이렇게 본다면 計劃高權은 지방자치단체가 이 土地利用計劃과 地區詳細計劃을 자기 책임으로 수립할 수 있는 權限을 말하는 것이다.[31] 이러한 建設基本計劃을 자기책임으로 수립할 수 있는 지방자치단체의 計劃高權은 독일 建築法典(Baugesetzbuch) 제2조 제1항에 규정되어 있다.[32]

한편 우리나라의 경우 독일의 建設基本計劃에 해당하는 것은 지방자치단체가 행하는 都市計劃이다. 이렇게 볼 때 計劃高權의 핵심적 요소는 지방자치단체의 都市計劃樹立權限이다. 우리나라 都市計劃의 체계는 독일과 같이 都市基本計劃과 都市計劃의 2단계로 구성되어 있다. 都市基本計劃은 지방자치단체인 市 또는 郡이 수립하는 장기적이고도 都市計劃의 지침이 되는 기본적인 계획이고(도시계획법 제10조의2), 都市計劃은 基本計劃을 구체화하여 건축의 종류와 정도 기타 건축의 구체적인 내용에 관하여 拘束的으로 確定하는 계획을 말한다. 이 都市計劃은 원칙적으로 자치단체기관인 市長 또는 郡守가 立案한다(동법 제11조 제1항).

그렇다면 이러한 지방자치단체의 計劃權限들은 지방자치에 대한 憲法上의 保障下에서 어느 정도로 보호되는 것인지, 특히 이 權限이 自治權限으로 인정되는지, 그리고 더 나아가서 自治權의 核心領域으로 보호되는지를 살펴보기로 한다.

2. 독일 地方自治團體의 計劃高權

독일의 경우 우선 지방자치단체가 수립하는 建設基本計劃의 첫 번째 단계인 土地利用計劃(Flächennutzungsplan)은 자치단체 全地域에 대하여 예상되는 需要에 대비하여 그 지역전체의 발전을 위하여 土地利用의 用途에 대한 大綱을 정하는 것으로서(建築法典 제5조 제1항) 자치단체 전체의 聚落構造나 經濟構造와 깊이 연관되어 있다. 이러한

---

30) Vgl. Widera, Planungshoheit, S.80; Schlichter/Stich, Berliner Kommentar zum BauGB, 2. Aufl., Köln u.a. 1995, § 2 RN 3; Stern, Staatsrecht, Bd. I, S.414.

31) Vgl. Hoppe/Grotefels, Baurecht, S.40; Finkelnburg/Ortloff, Öffentliches Baurecht, Bd. I: Bauplanung srecht, 3. Aufl., München 1995, S.131; Stern/Burmeister, a.a.O., S.19.

32) 독일 建設法典 제2조 제1항: "建設基本計劃은 게마인데(Gemeinde)가 자기책임으로 樹立한다. 建設基本計劃의 樹立決定은 그 지역에 公告되어야 한다."

土地利用計劃은 해당 지방자치단체가 의도하는 지역발전의 청사진이고, 또 그 지역과 지역주민의 예상되는 수요에 대비하여 수립되는 것이다. 이러한 점에서 볼 때 土地利用計劃은 그 지역의 특수성을 반영하는 것으로서 해당 자치단체의 광범한 형성을 위한 주요한 조정장치라 할 수 있다. 한편 地區詳細計劃(Bebauungsplan)은 지역의 空間秩序에 대한 拘束的인 計劃으로서(建築法典 제8조 제1항) 그보다 앞서 수립된 지침적 성격의 土地利用計劃을 구체화하는 것이다(同法 제8조 제2항). 이러한 地區詳細計劃은 지방자치단체의 관할지역내부에 있는 구체적인 지역에 대하여 實體法上의 拘束的인 確定을 내용으로 한다. 이러한 土地利用計劃과 地區詳細計劃은 오늘날 일반적으로 基本法 제28조 제2항 제1문에서 말하는 "지역공동체의 사무"로 인정되고 있으므로, 이에 대한 權限은 지방자치단체의 自治權限에 속한다. 이것이 오늘날 독일의 判例와 支配的 見解이기도 하다.[33]

그러나 더 나아가서 建設基本計劃이 自治權의 核心領域에 포함되는가는 독일에서도 아직까지 未解決의 問題로 남아있다.[34] 이미 언급한 바와 같이 무엇이 自治權의 核心領域인가에 대하여 지방자치의 역사적 발전과 發現形態뿐 아니라 오늘날의 실제적 의미 또한 핵심영역에의 귀속여부를 가리는 중요한 잣대가 되어야 한다. 다만 計劃高權의 역사적 발전과정에 대해서는 독일에서도 평가가 엇갈리고 있고, 또 聯邦憲法裁判所도 이에 대해 평가를 留保하고 있기 때문에[35] 오히려 計劃高權이 오늘날 자치실현을 위해 갖는 실질적인 의미에 따라 핵심영역에의 귀속여부를 가리는 것이 보다 중요하다 하겠다.

오늘날 建設基本計劃은 지방자치단체의 형성과 발전을 위하여 매우 중요한 역할을 담당하고 있다. 우선 土地利用計劃은 자치단체 全地域에 대하여 土地利用用途에 대한 大綱을 確定하는 것으로서, 예컨대 土地利用計劃에서 工業地域, 住居地域, 商業地域, 綠地地域 등의 윤곽이 확정되면, 이러한 결정은 즉각 그 지역의 財政, 人口, 環境 등 지역주민의 生活全般에 걸쳐 영향을 미치게 되고, 나아가서는 그 지역구조의 基礎를 형성하게 된다. 이러한 점에서 지방자치단체가 土地利用計劃을 수립하는 權限은 자기책임으로 자기지역을 형성하고, 또 이로써 궁극적으로는 지방자치를 실현하는 결정적인 기

33) BVerfGE 76, 107 (117); Widera, Planungshoheit, S.83 ff.; Hoppe/Grotefels, Baurecht, S.40; Birk, Kommunale Selbstverwaltungshoheit und überörtliche Planung, NVwZ 1989, S.909; Broß, Ausgewählte Probleme des Kommunalrechts, VerwArch 80 (1989), S.145 f.; Erbguth, Bauplanungsrecht, München 1989, S.6; Ernst/Hoppe, Das öffentliche Bau— und Bodenrecht, Raumplanungsrecht, 2. Aufl., München 1981, S.97. 이에 대하여 土地利用計劃을 지역공동체의 사무로만 보기 어렵다는 견해로는 Schmidt—Aßmann, Grundfragen des Städtebaurechts, Göttingen 1972, S.135 (zit.: Schmidt—Aßmann, Grundfragen).

34) Vgl. z.B. BVerfGE 56, 298 (312 f.).
35) Vgl. dazu BVerfGE 56, 298 (312 f.).

초를 형성하는 것이라 할 수 있다. 따라서 土地利用計劃은 자치권의 핵심영역에 속하는 것이라 하겠다.36) 建設基本計劃의 두 번째 단계로서 地區詳細計劃은 一段階인 土地利用計劃에서 정해진 것을 보다 구체화하여 자치단체의 一部地域에 대하여 土地利用을 拘束的으로 確定하는 것을 내용으로 한다. 지방자치단체는 地區詳細計劃을 條例로써 결정한다(建築法典 제10조). 이러한 매우 구체적이고 상세하면서 對外的 拘束力을 갖는 地區詳細計劃은 그 지역의 모든 건축질서의 기초를 이루고 있는 것이므로, 따라서 地區詳細計劃의 樹立權限없이는 지방자치단체는 더 이상 그 지역의 총체적 생활관계를 주체적으로 형성할 수 없게 된다. 이러한 점에서 地區詳細計劃도 당연히 自治權의 核心領域에 포함된다고 하겠다.37) 따라서 自治權의 核心領域으로 보장되는 지방자치단체의 建設基本計劃樹立權限은 어떠한 경우에도 지방자치단체에게 주어져야 하며 다른 上位의 計劃主體에게 移讓될 수 없는 것이고, 또 이 권한을 制限하는 경우에도 지방자치단체가 計劃上의 형성의 여지를 전혀 가지지 못하고 단지 上位의 國家計劃을 집행하는데 그친다면 이것은 計劃權限의 核心的인 領域을 侵害하는 것이어서 憲法上의 自治權保障에 反하게 된다.

3. 우리나라 地方自治團體의 計劃權限

우리나라 憲法 제117조 제1항은 이미 언급한 바와 같이 지방자치를 독일에서와 마찬가지로 制度的으로 保障하고 있고, 또 여기에는 지방자치단체의 計劃高權도 포함되는 것으로 설명되고 있다.38) 한편 우리나라에서도 오늘날 우리나라의 計劃法制上 독일의 建設基本計劃에 해당하는 都市計劃이 지방자치단체의 사무라고 하는데에는 異論이 없으므로,39) 計劃高權의 핵심적 요소인 都市計劃의 樹立權限은 지방자치단체의 自治權限

36) So auch Brohm, DÖV 1989, S.431; Widera, Planungshoheit, S.123 f.; Püttner/Schneider, Stadtentwicklungsplanung und Kreisentwicklungsplanung im Gefüge öffentlicher Planung, 2. Aufl., Berlin 1975, S.19 ff.; Broß, VerwArch 80 (1989), S.145 f.; Stern/Burmeister, Planungsgebot, S.28 f.; 반대견해로는 Schmidt−Aßmann, Grundfragen, S.125 ff.; Köstering, Kommunale Selbstverwaltung und staatliche Planung, DÖV 1981, S.691; Heinemann, Rechtsfragen zur Übertragung der Flächennutzungsplanung auf die Kreis− oder Stadtverbandsebene.,DÖV 1982, S.190 f.
37) 土地利用計劃이 核心領域에 포함되지 않는다는 입장, 예컨대 Schmidt−Aßmann, Fortentwicklung des Rechts im Grenzbereich zwischen Raumordnung und Städtebau, Hannover 1977, S.38; Köstering, DÖV 1981, S.691; Heinemann, DÖV 1982, S.190 f. 도 地區詳細計劃에 대하여는 核心領域에 포함되는 것으로 보고 있다.
38) 이기우, 地方自治行政法, 70면 이하; 홍정선, 地方自治法, 99면 이하 참조.
39) 홍정선, 地方自治法, 256면; 이기우, 地方自治行政法, 70면; Shin, Bong−Ki, Planungsermessen, Abwägungsgebot einschließlich der Prognose im Bauplanungsrecht der Bundesrepublik Deutschland im Vergleich

이라 할 수 있다.

다만 이것이 自治權의 핵심영역으로 보호되는 것인가에 대하여는 이렇다 하게 논의
된 바 없다. 하지만 지방자치단체의 都市計劃은 오늘날 地方自治團體의 自主性과 自治
를 실현하는데 매우 중요한 수단이므로, 독일에서와 마찬가지로 自治權의 핵심영역으로
보호된다고 할 수 있겠다. 따라서 都市計劃權限은 어떠한 경우에도 지방자치단체에 주
어져야 하고, 경우에 따라서 그 權限이 制限될 수는 있어도, 지방자치단체의 都市計劃
이 단지 국가의 계획을 집행하는 것인 정도의 本質的인 內容의 侵害는 禁止된다.

이러한 憲法上의 計劃高權保障에 대한 이해를 전제로 해서 볼 때 現行 都市計劃法
이 지방자치단체에게 충분한 計劃上의 형성의 여지를 인정하고 있는지가 문제시 된
다.[40] 특히 都市計劃法 제11조 제1항은 都市計劃을 원칙적으로 지방자치단체기관인 市
長 또는 郡守가 立案하도록 하면서, 國家計劃과 관련되는 경우에는 예외적으로 국가기
관인 建設交通部長官이 立案하도록 규정하여, 국가의 例外的인 都市計劃樹立權을 인정
하고 있고, 또 同法 제12조 제1항은 지방자치단체에 의해 立案된 都市計劃을 建設交通
部長官이 決定하도록 하고 있다. 그러나 計劃高權은 지방자치단체의 고유한 權限으로서
核心領域侵害禁止原則에 따라 어떠한 경우에도 上位의 計劃主體에게 주어질 수는 없는
것이고, 또 이미 살펴본 것처럼 計劃高權이라고 하는 것은 지방자치단체가 자기지역의
全體空間秩序를 적극적으로 형성시키고 이를 拘束的으로 확정하는 權限이므로, 이렇게
정의되는 지방자치단체의 計劃高權에는 計劃樹立權뿐만 아니라 그에 대한 決定權도 포
함된다 할 것이다. 따라서 國家의 都市計劃立案權과 都市計劃決定權을 규정하고 있는
都市計劃法規程은 自治權에 대한 本質的 內容의 侵害로서 憲法의 自治權保障에 어긋나
는 것이라 할 수 있다. 그 밖에도 都市計劃法에 따르면 建設交通部長官은 都市計劃區
域안에서 일정한 地域·地區 및 區域을 都市計劃으로 決定할 수 있도록 되어 있는데(同
法 제17조-제22조), 그러나 이렇게 지방자치단체가 지정해야 할 自己地域의 用途를 국가
가 정하고, 지방자치단체는 오히려 반드시 국가가 지정한 용도에 따라 都市計劃을 한
다고 하는 것은, 지방자치단체가 자기 고유의 計劃上의 形成의 餘地를 전혀 가지지 못
하고 단지 국가의 결정을 집행하는데 불과한 것이 되므로, 이것은 憲法上 保障되는 計
劃高權의 核心領域을 侵害하는 것이 되어 憲法上의 自治權保障에 反하는 것이 된다.
이렇게 볼 때 이상에서 언급한 國家의 都市計劃立案權 및 決定權 그리고 地域·地區

zum entsprechenden Recht in der Republik Korea, Diss. Münster 1989, S.145 ff. (zit.: Shin,
Bong-Ki, Planungsermessen) 참조.

40) 이에 대하여 상세는 이기우, "都市計劃樹立에 있어서 自治權의 制限과 限界", 『地方行政研究』 제7권 제1호
(1992.2), 94면 이하 참조.

및 區域의 指定權은 우리憲法의 計劃高權保障趣旨에 맞게 法改正을 통하여 속히 地方
自治團體에 移讓되어야 할 것이다.

한편 都市計劃法上의 규정 이외에도 국가가 행하는 國家計劃도 지방자치단체의 計
劃高權을 제한하는 것일 수 있다. 이에 대한 이해를 돕기 위해 먼저 우리나라 國家計
劃의 基本的인 體系를 간략하게 보기로 한다.

IV. 國家計劃의 基本體系

공간계획은 크게는 공간전체의 구조나 형성에 관계하는 綜合計劃(Gesamtplanung)과
어느 한정된 부분에만 관계하는 專門計劃(Fachplanung) 내지 部門計劃으로 大別할 수 있
다. 국가가 권한을 가지고 있는 공간계획도 이에 따라 綜合計劃과 專門計劃으로 나누
어 볼 수 있다.

1. 國家의 綜合計劃

國家의 綜合計劃이란 일반적으로 국가가 행하는 上位의 超地域的 綜合計劃을 말한
다. 여기에서 上位計劃이라 함은 국가의 綜合計劃이 지방자치단체의 계획이나 전문계획
에 대하여 계획의 목표나 범위를 설정할 수 있는 上位의 地位에 있다는 것을 말한다.
한편 超地域的 計劃이란 어느 한 지역에 국한되는 것이 아니라 이를 포함한 보다 광범
한 지역을 대상으로 하는 계획을 의미하는데, 이러한 의미에서 國家의 綜合計劃은 超
地域的 計劃目標를 추구하는 것이여야 하고, 어떠한 경우에도 지방자치단체이 계획을
대체하거나 이를 지나치게 제한해서는 안 되는 것이다. 그리고 이러한 國家計劃은 綜
合計劃으로서 다양한 專門計劃들을 종합하고 서로 조정하는 역할을 수행한다.[41]

이러한 國家計劃의 憲法的 根據로서 憲法 제120조 제2항은 국가는 국토와 자원의
균형있는 개발과 이용을 위하여 필요한 계획을 수립한다고 규정하고 있고, 憲法 제122
조에서는 국가로 하여금 국토의 이용·개발·보전을 위하여 法律이 정하는 바에 따라
필요한 제한과 의무를 課할 수 있도록 하고 있다. 국가의 綜合計劃에 대한 法的 根據
로서는 기본적으로 國土建設綜合計劃法과 國土利用管理法이 있다.

우선 國土建設綜合計劃法은 우리나라 공간계획에 대한 最上位의 法律로서 이 法에서

---

41) Vgl. Erbguth/Schoeneberg, Raumordnungs—und Landesplanungsrecht, 2. Aufl., Köln u.a. 1992, S.52 ff.

규정하는 國土建設綜合計劃은 다른 法에 따른 계획에 우선하며 이들의 기초를 형성한다 (同法 제5조). 이러한 國土建設綜合計劃法은 일종의 공간계획의 대강만을 정하는 것으로서 여기에서 정하는 공간계획에 대한 기본은 다른 下位法律에서 정하는 계획에 의해 구체화된다.[42] 國土建設綜合計劃法은 國土建設綜合計劃을 全國計劃, 特定地域計劃, 道計劃, 郡計劃으로 나눈다(同法 제3조 제1항). 여기에서 全國計劃은 特定地域計劃과 道計劃의 기본이 되며, 道計劃은 다시 郡計劃의 기본이 된다. 이렇게 볼 때 道計劃과 郡計劃은 全國土를 대상으로 하는 全國計劃을 일정한 지역에서 보다 구체화하는 기능을 담당하는 것으로 볼 수 있다. 그러나 全國計劃上의 계획원칙이나 목표 등은 보통 國土利用管理法上의 國土利用計劃에 의해 구체화되므로 道計劃이나 郡計劃에게는 거의 계획상의 형성의 여지가 없다고 할 수 있다. 따라서 이들은 실제에 있어서 별로 의미를 갖지 못한다.[43]

오히려 실제로 의미가 있는 것은 國土利用管理法에 따른 國土利用計劃이다. 이미 언급한 것처럼 國土利用計劃은 國土建設綜合計劃을 보다 구체화하는 계획이기 때문이다. 우선 國土利用計劃은 국토를 그 기능과 적성에 따라 가장 적합하게 이용·관리하기 위한 계획으로서(同法 제2조) 國土建設綜合計劃의 효과적인 집행을 위하여 다른 法令에 의한 토지이용에 관한 계획에 기본이 되는 계획(同法 제13조의2)을 말한다. 國土利用計劃은 建設交通部長官이 立案하며, 이때에 관계도지사·시장·군수·구청장·지방산림관리청장의 의견을 들은 후 관계행정기관의 長과 협의를 하여야 한다(同法 제7조). 이렇게 立案된 國土利用計劃은 國土利用計劃審議會의 審議를 거쳐 建設交通部長官이 考試함으로써 결정된다(同法 제8조 제1항). 國土利用計劃은 전국을 都市地域, 準都市地域, 農林地域, 準農林지역, 자연환경보전지역 등 5개의 用途地域으로 나누는데, 이를 통해 國土利用計劃은 일정지역의 토지이용에 대한 구체적인 용도를 拘束的으로 확정하게 된다. 이러한 國土利用計劃은 국민에 대해서도 拘束力을 갖는데, 同法 제14조 제1항에 따르면 용도지역안의 토지소유자는 그 토지를 당해 지역의 지정목적에 적합하도록 이용하여야 할 의무를 부담한다. 이로써 國土利用計劃은 적극적인 토지이용의무의 부과뿐만 아니라 일정용도 이외의 토지이용을 금지하는 利用制限의 의미도 포함하고 있다.[44]

---

42) 이에 관하여는 Seok, Jong-Hyun, Raumordnung in der Bundesrepublik Deutschland und der Republik Korea, Diss. Speyer 1978, S.106 ff., 149 ff.; Oh, Jun-Gen, Vertrauensschutz im Raum- und Stadtplanungsrecht, Diss. Konstanz 1990, S.45 (zit.: Oh, Jun-Gen, Vertrauensschutz); Shin, Bong-Ki, Planungsermessen, S.122 참조.

43) Oh, Jun-Gen, Vertrauensschutz, S.58 ff. 참조.

44) 이태일, 國土利用計劃制度의 改善方案, 국토개발연구원, 1992. 8, 29면 이하 참조(이하 이태일, 國土利用計劃制度의 改善方案).

2. 專門計劃

專門計劃(Fachplanung)이라 함은 綜合計劃과는 달리, 예컨대 도로, 철도, 공항, 항만 등의 건설과 같은 특정한 전문분야의 관점에서 공간을 형성하는 계획을 말한다. 專門計劃에 대해서 憲法에 특별히 명문규정은 없으나, 위에서 언급한 憲法 제120조 제2항과 제122조가 專門計劃에 대해서도 憲法的 根據가 될 수 있다고 본다. 이러한 專門計劃 내지 部門計劃은 통상 특정시설에 관계된 계획이기 때문에, 이에 대한 통일적인 규정은 없고, 오히려 그 法的 根據는 專門計劃과 관련된 法律에 散在해 있다. 이러한 法律로는 예컨대 道路法, 河川法, 自然公園法, 水道法 등이 있다. 專門計劃은 그 형태가 다양하고 심지어는 서로 異質的인 경우가 많기 때문에 이를 일률적으로 파악하기가 대단히 어렵다. 하지만 그 형식이나 효과에 따라 다음과 같이 분류해 볼 수 있겠다.[45]

먼저 專門計劃 中에는 法律에 규정도 없고, 대외적인 拘束力도 없는 경우가 있다. 이들은 단지 행정수행을 용이하게 하기 위하여 수립되는 경우가 많은데, 통상은 法的 拘束力을 갖는 계획이나 處分 등을 위한 단순한 事前準備作業으로 행하여 진다. 그러나 이에 비해 그 수립절차는 法으로 규정되어 있으나 法的 拘束力이 없는 專門計劃도 있다. 이러한 例로는 交通安全法 제3조와 제14조에 따른 계획이 있다. 이는 교통안전을 위한 종합적인 장기계획으로서 장래의 교통상황을 예견하고 일정한 교통정책을 제시하는 계획이다. 이 계획은 行政規則으로 발하여지고, 따라서 행정내부적인 의미만을 갖는다. 이와 유사한 계획으로서 法的인 根據規程은 있으나 對國民的 拘束力은 없고, 다만 다른 계획의 수립시에 반드시 고려되어야 하는 계획이 있다. 예컨대 山林法 제6조에 따르면 山林廳長는 우리 나라 전체 산림에 대한 기본계획을 수립하여야 하는데, 이러한 기본계획은 국민에 대해서는 法的 拘束力을 갖지 못하지만 다른 計劃權者들에 대해서는 이들을 직접적으로 기속하는 효력을 갖는다. 따라서 이들이 계획을 수립하는 경우에 이러한 기본계획을 반드시 참고하여야 한다. 한편 道路나 原子力發電所 등의 설치계획과 같이 그 형식이나 수립절차가 法律에 정하여져 있고, 또 對外的인 拘束力도 갖는 專門計劃도 있다. 이들은 法規命令[46]이나 行政行爲[47]의 형식으로 확정된다. 一定地域의 指定과 같은 專門計劃도 이와 같은 유형에 속한다. 예컨대 上水源保護地域(水道法 제5조), 自然公園(自然公園法 제4조) 등은 통상 각각의 計劃權者에 의해 行政行爲로서 指定되고, 이러한 指定은 이로써 對外的 效力을 갖게 된다.

---

45) 이에 관하여는 Oh, Jun-Gen, Vertrauensschutz, S.105 ff. 참조.
46) 道路法 제13조에 의하면 一般國道나 高速國道의 路線은 大統領令으로 指定된다.
47) 예컨대 原子力發電所(原子力法 제11조)는 行政行爲로 확정된다.

V. 國家計劃과 地方自治團體計劃間의 갈등과 그 調整原則

1. 國家計劃에 의한 地方自治團體 計劃高權制限의 問題

이미 살펴본 대로 독일의 경우에는 지방자치단체의 計劃高權이 인정되고 있고, 또한 독일이 聯邦國家인 관계로 공간계획의 결정체계가 聯邦, 支邦 그리고 地方自治團體에 걸쳐 매우 分權的으로 형성되어 있다. 따라서 국가의 계획과 지방자치단체의 계획간에는 일정한 긴장관계가 존재하게 되고, 전체 계획체계속에서 이러한 긴장 내지는 갈등관계를 조화롭게 풀어나가는 計劃原則들을 찾아나가는 것은 매우 중요한 현실문제로서 아직도 연구의 대상이 되고 있다.[48]

한편 우리나라의 공간계획결정체계는, 지방자치제도가 완전히 도입되어 시행되고 있고 現行憲法上 制度的으로 保障되고 있는 현재에 있어서도 과거와 같이 매우 中央集權的인 모습을 띠고 있다.[49] 따라서 우리의 공간계획체계는 憲法上의 地方自治制度保障의 의미에 아직 상응하지 못하고 있는 실정이다.[50] 이 점에 관해서 구체적으로 보면 다음과 같다.

우선 國家의 綜合計劃은, 이미 살펴본 바와 같이, 國土建設綜合計劃과 國土利用計劃의 二元的 體系로 구성되어 있는데, 이 중 國土建設綜合計劃은 다른 法에 따른 계획에 우선하는 것으로서 구체적으로는 全國計劃, 道計劃, 郡計劃으로 나뉜다. 그러나 여기에서 全國計劃은 보통 國土利用管理法上의 國土利用計劃에 의해 구체화되므로 道計劃이나 郡計劃은 計劃上의 형성의 여지가 거의 없고, 따라서 이들은 실제에 있어서 별 효과가 없는 것이다.

한편 國土建設綜合計劃을 보다 구체화하는 國土利用計劃은 國土建設綜合計劃의 효과적인 집행을 위하여 다른 法令에 의한 토지이용에 관한 계획에 기본이 된다(國土利用管理法 제13조의2). 이 國土利用計劃은 시·읍·면에 이르기 까지 전국을 5개의 용도지역

---

48) Vgl. z.B. Birk, NVwZ 1989, S.905 ff.; Brohm, DÖV 1989, S.429 ff.; Hendler, Grenzen der überörtlichen Planung; Langer, VerwArch 80 (1989), S.325 ff.

49) 예컨대 국토개발연구원, 地方自治化에 대비한 都市計劃運營方案硏究, 1989, 99면 이하(이하 국토개발연구원, 都市計劃運營方案)에 따르면 都市計劃業務의 權限配分에 관한 설문조사결과 權限配分이 "지나치게 중앙집권적이다"라는 의견이 30.5%, "다소 중앙집권적이다"라는 의견이 53.7%에 달하는 것으로 나타났다. 한편 위 論文에서 中央에서 地方으로 移讓되어야 할 都市計劃業務로 제시되고 있는 것들이 지금도 대부분 移讓되지 않고 있는 실정이고 보면, 이 설문조사의 결과는 거의 10년이 지난 지금에 있어서도 여전히 타당하다고 할 수 있겠다.

50) 국토개발연구원, 都市計劃法制에 대한 比較法的 硏究, 국토개발연구원, 1990, 128면 이하, 131면(이하 국토개발연구원, 都市計劃法制); 이태일, 國土利用計劃制度의 改善方案, 37면 이하 참조.

으로 나누어 지정하는데, 1991년까지 전국토의 99%가량이 國土利用計劃을 통해 용도가 지정되어 있다.[51] 이를 통해 國土利用計劃은 일정지역의 토지이용에 대한 구체적인 용도를 구속적으로 확정한다. 다른 法令에 의한 계획주체들은 同法 제13조의2에 따라 이러한 國土利用計劃上의 用途指定을 존중해야 한다. 예컨대 지방자치단체는 國土利用計劃에서 지정된 都市地域內에서만 都市計劃을 수립할 수 있게 된다. 더 나아가서 同法 제13조의3 제3항에 따르면 國土利用計劃上의 都市地域의 決定·告示는 都市計劃法上의 都市計劃區域의 決定·告示로 간주된다. 결국 이러한 國土利用管理法上의 규정들을 통하여 국가는 공간계획에 관한 거의 모든 중요한 사항들을 확정하는 것이 되고, 지방자치단체는 이러한 용도지정을 단순히 집행하는 정도의 형성의 여지만을 갖게 된다. 더욱이 建設交通部長官에게는, 이미 지적한 바와 같이, 例外的 都市計劃樹立權(都市計劃法 제11조 제1항), 都市計劃決定權(同法 12조 제1항), 都市計劃區域안에서의 地域·地區·區域決定權(同法 제17–22조)이 인정되는 것까지 생각해 보면, 국가는 國土建設綜合計劃과 國土利用計劃에서부터 都市計劃에 이르기까지 광범한 計劃決定權을 소유하게 되는 것이고, 또 이를 통해 지방자치단체는 사실상 이러한 國家計劃의 단순한 집행자에 불과한 것이 된다. 따라서 이러한 중앙집권적인 국가의 계획권한은 지방자치단체의 計劃高權을 심각하게 제한하는 것이라 하겠다.

한편 專門計劃과 都市計劃間에는 상대적으로 갈등의 소지가 적다고 볼 수 있겠다. 왜냐하면 專門計劃이나 都市計劃모두 國土利用計劃에 의해 지정된 용도지역안에서만 행하여 질 수 있기 때문이다. 즉 國土利用管理法 제13조의3에 의하여 일정한 專門計劃은 同法에 의해 지정된 都市地域以外의 用途地域안에서만 하여야 하고, 都市計劃法에 의한 都市計劃區域의 指定은 同法에 의해 용도지정된 都市地域안에서만 하여야 하기 때문에, 專門計劃과 都市計劃間에 갈등이 발생하는 경우는 매우 드물다 하겠다.

2. 空間計劃間의 調整을 위한 計劃上의 原則

이상에서 憲法上 保障되는 지방자치단체의 計劃高權의 관점에서 국가의 공간계획권한, 특히 國土利用計劃權限 및 都市計劃에 관한 일정한 權限에 의해 지방자치단체의 計劃權限이 심각히 제한되고 있음을 살펴보았다. 따라서 아래에서는 이러한 문제점을 시정할 수 있는 몇 가지 계획원칙들로서 독일에서 논의되고 있는 것들을 중심으로 간략히 살펴보기로 한다.

---

51) 이태일, 國土利用計劃制度의 改善方案, 28면 이하 참조.

1) 計劃主體의 自主性 및 權限保護의 原則

憲法上의 지방자치가 制度的으로 保障되어 있고, 이러한 制度保障의 내용으로서 지방자치단체의 計劃高權이 인정된다고 할 때, 바로 이에 근거해서 지방자치단체는 최소한 자기지역에 있어서는 독립적인 계획주체인 것이다. 한편 國家 또한 憲法 제120조 제2항, 제122조에 근거하여 국가계획의 독립적인 주체가 된다. 이렇게 볼 때 지방분권적인 행정조직에 있어서는 지방자치단체나 국가 모두 憲法에 의해 독자적 계획권한을 갖는 것이다. 따라서 무엇보다도 이러한 계획주체로서의 독립성, 즉 國家의 計劃權限과 地方自治團體의 計劃高權이 우선적으로 보장되어야 한다.

이러한 계획주체의 자주성을 바탕으로 이해할 때 국가계획에 의한 지방자치단체의 계획권한의 제한문제는 같은 지역을 대상으로 하는 兩權限主體間의 불가피한 權限重複과 이로부터 발생하는 權限間의 갈등문제로 이해된다.52) 따라서 이에 대한 조정이 문제되는 것이다. 이러한 권한갈등에 대하여는, 利益衡量을 통해 단순히 어느 한 쪽의 이해관계만을 우선시키는 것이 아니라 충돌하는 兩權限間의 합리적인 조화점을 찾는 것이 바람직하다는 점에서, 앞서 언급한 實踐的 調和의 原則으로 부터 문제해결의 실마리를 찾을 수 있다.53) 이에 따르면 計劃權限이 서로 충돌하는 경우에 어느 한 쪽의 權限을 완전히 배제하는 것이 아니라 兩權限이 전체적으로 보아 모두 자기의 기능을 실현시킬 수 있도록 실천적인 조화를 꾀해야 한다.

이를 보다 구체화하면 다음과 같다. 먼저 공간계획은, 끊임없는 상황변화에 적응하여 보다 나은 결정을 하는 것을 목적으로 하므로, 지속적이고도 반복적인 피드백(feedback, Rückkoppelung)과정을 전제로 한다.54) 이러한 계획의 특성으로부터 국가와 지방자치단체의 綜合計劃間의 權限行使의 原則을 발전시킬 수 있다. 즉 input차원에서 지방자치단체는 독립한 계획주체로서 독자적인 계획상의 형성의 여지를 가지고 있어야 하고, 어떠한 경우에도 국가계획을 단지 집행하는 기관이 되어서는 안 된다. 이러한 형성의 여지를 통해 발전된 지방자치단체의 계획목표나 목적들은 당해 지방자치단체와 관련된 국가의 계획목표와 더불어 지방자치단체의 계획에 반영되고, output차원에서 이렇게 형성된 지방자치단체의 계획은, 그것이 독자적으로 형성된 국가의 계획목표 내지 목적과 관련되면, 이와 더불어 국가계획에 반영되어야 한다는 것이다.55) 이렇게 볼 때 결국

---

52) Vgl. Brohm, Kompetenzüberschneidungen im Bundesstaat, DÖV 1983, S.524 ff.
53) 이에 관하여는 앞 II. 2. (2). 2) 참조.
54) Vgl. Stern, Das Staatsrecht der Bundesrepublik Deutschland, Bd. II., München 1980, S.704; Thieme, Verwaltungslehre, 4. Aufl., Köln u.a., 1984, S.312, 316.
55) Vgl. Langer, VerwArch 80 (1989), S.372.

지방자치단체의 계획권한의 보호는 독자적으로 계획목표를 설정하고 이를 관련된 국가의 계획목표와 조정할 수 있는 計劃上의 形成의 可能性을 保護하는 것이다. 지방자치단체가 이러한 가능성을 잃게 되면, feed back system안에서의 국가와 지방자치단체 간의 교류는 중단되는데, 따라서 이러한 의미에서 지방자치단체로부터 계획상의 형성의 가능성을 잃게 하는 모든 조치는 計劃高權의 침해가 된다 하겠다.

한편 특정시설의 설치에 관계되는 專門計劃의 경우는 −비록 現行法制下에서는 지방자치단체의 都市計劃과의 충돌가능성은 적지만− 綜合計劃과는 달리 계획의 단계적인 체계와는 관련이 없으므로, 위의 원칙이 그대로 적용되기는 어렵고, 따라서 이 경우 實踐的 調和의 原則은 다음과 같이 구체화될 수 있다. 즉 당해 지방자치단체의 지역안에 특정시설을 설치하는 경우에 그 '설치여부'에 대해서는 당해 專門計劃의 主體가 최종적으로 결정하는 것으로서, 이러한 설치결정이 比例原則에 反하는가만을 살필 것이 아니라, 그에 앞서 당해 지방자치단체의 계획권한 및 설정되어 있는 계획목적 등을 고려하여 '어떻게' 설치할 것인가에 논의의 초점이 맞추어져야 한다는 것이다.[56] 즉 比例原則에 따라 특정시설의 설치여부가 그 根據法上의 설치목적에 부합하는지의 여부만을 판단하는 것이 아니라, 이러한 설치여부결정의 前提로서 당해 지방자치단체의 計劃高權이 먼저 고려되어야 한다는 것이다. 이에 따라 專門計劃上의 특정시설의 설치는, 이미 설정되어 있는 지방자치단체의 계획목표 등을 충분히 고려한 후에도 이러한 시설의 설치가 합리적으로 요구된다고 판단되는 경우에만 가능하게 된다.[57]

2) 骨格計劃(Rahmenplanung)의 原則

그 밖에도 以上에서 언급한 조화원칙을 보충하는 實體法的인 計劃原則으로서 骨格計劃(Rahmenplanung)의 原則이 있다. 즉 國家計劃은 어디까지나 기본골격만을 설정하는 계획이어야 한다는 것이다. 이에 따라 국가는 계획의 기본적인 골격만을 형성하고, 이를 점차 구체적으로 형성하는 것은 下位의 計劃主體에게 맡겨져야 한다.[58] 이 원칙은 독일 空間計劃法(Raumordnungsgesetz)에 규정되어 있는 逆流原則(Gegenstromprinzip)[59]과

---

56) Vgl. Brohm, Staatliche Straßenplanung und gemeindliche Bauleitplanung, Hamburg 1979, S.37.

57) Vgl. Langer, VerwArch 80 (1989), S.371 f. 한편 Brohm은 이를 "考慮의 原則(Der Grundsatz der Rücksichtnahme)"이라 한다. 이에 관하여는 Brohm, DÖV 1983, S.528 f.; ders., DÖV 1989, S.438 참조.

58) Vgl. Wahl, Rechtsfragen der Landesplanung und Landesentwicklungsplanung, Bd. I: Das Planungssystem der Landesplanung, Berlin 1978, S.147 ff. (zit.: Wahl, Rechtsfragen, Bd. I); Brohm, JuS 1986, S.780.

59) 독일 空間計劃法(Raumordnungsgesetz) 제1조 제4항은 "個別空間秩序는 全體空間秩序에 적합해야 한다. 全體空間을 規制함에는 그 부분을 이루는 個別空間의 여건과 필요성을 고려하여야 한다."라고 규정하고

더불어 계획결정과정에서 정보의 흐름을 가시화하고, 또한 결정을 용이하게 할 뿐만 아니라 결정과정의 민주화에도 기여한다.[60] 이러한 원칙에 따라 특히 國家의 綜合計劃 은 원칙적으로 이러한 계획의 골격만을 설정하는 것으로 제한되므로, 국가는 지방자치 단체에 대하여 그 계획의 외곽만을 설정해 주고, 지방자치단체는 이렇게 주어진 범위 내에서 이를 자기책임으로 구체화시킬 수 있어야 한다.[61] 다만 예외적으로 國家計劃이 골격만을 설정하는 것을 넘어서 지방자치단체의 지역에 대해서 구체적으로 劃定하는 것도 경우에 따라서는 인정될 수 있을 것이다. 그러나 이 경우에도 國家計劃을 구체화 하는 지방자치단체가 이를 구체적으로 형성하는 과정에서 고유한 計劃上의 형성의 여 지를 전혀 갖을 수 없다면, 이러한 國家計劃은 지방자치단체의 計劃高權을 침해하는 것이라 하겠다.[62]

3. 空間計劃體系再構成을 통한 問題의 解決

이상에서 언급한 計劃原則을 토대로 하여 판단해 보면, 우선 우리나라의 경우에는 지방자치단체에게 독립한 계획주체로서의 지위가 인정되지 않고 있다는 것이 문제라 할 수 있겠다. 즉 지방자치단체는 都市計劃法 제11조 제1항에 따라 都市計劃을 立案하 지만, 그 決定은 國家가 하도록 되어 있고(同法 제12조 제1항), 그나마 예외적인 경우에는 國家가 都市計劃을 立案할 수도 있으며, 더 나아가서 國家는 都市計劃區域안에서 일정 한 地域·地區 및 區域을 都市計劃으로 決定할 수 있도록 되어 있는데(同法 제17조-제22 조), 이렇게 되면 지방자치단체가 스스로 지정해야 할 自己地域의 用途를 국가가 정하 고, 지방자치단체는 오히려 국가가 지정한 용도에 따라 都市計劃을 하는 것이 된다. 여 기에다가 지방자치단체는 국가의 國土利用計劃에서 지정된 都市地域안에서만 都市計劃 을 수립할 수 있고, 또 國土利用計劃上의 都市地域의 決定·告示는 都市計劃法上의 都

있는데, 이를 통상 逆流原則(Gegenstromprinzip)이라고 한다. 逆流原則에 관하여 상세는 Wahl, Rechtsfragen, Bd. I, S.70 m.w.N., 122 ff., 170; Kühling, Fachplanungsrecht, Düsseldorf, 1988, S.37 RN 82 m.w.N.; Braese, Das Gegenstromverfahren in der Raumordnung zum Abstimmungsverfahren bei der Planung, Würzburg 1982 참조.

60) Vgl. Püttner/Riffel, Örtliche und Überörtliche Planung in Baden–Württemberg, Gutachten für den Städtetag Baden–Württemberg, Speyer 1978, S.98.

61) Vgl. Brosche, Voraussetzungen und Umfang der Anpassungspflicht der Bauleitplanung an die Ziele der Raumordnung und Landesplanung sowie die Abstimmung der Bauleitpläne benachbarter Gemeinden, DVBl. 1980, S.214; Brohm, DVBl. 1980, S.658 f.; ders., JuS 1986, S.780; ders., DÖV 1989, S.439 f.; Wahl, Aktuelle Probleme im Verhältnis der Landesplanung zu den Gemeinden, DÖV 1981, S.603

62) So auch Hendler, Grenzen der überörtlichen Planung, S.22; Langer, VerwArch 80 (1989), S.372; Widera, Planungshoheit, S.116.

市計劃區域의 決定·告示로 간주되는 것(國土利用管理法 제13조의3 제3항)을 생각해 보면, 결국 국가는 여전히 공간계획에 관하여 주도권을 가지고 있고, 이러한 광범한 계획권한을 통해 공간계획에 관한 거의 모든 중요한 사항들을 확정하게 되어 지방자치단체는 이러한 국가의 계획을 단순히 집행하는 것에 불과하게 된다. 이렇게 볼 때 現行法制上 지방자치단체가 갖는 計劃上의 형성의 여지는 매우 적은 것이므로, 독립한 계획주체라 할 수 없고, 따라서 지방자치단체에게 計劃高權이 인정된다고 하기 어렵다.

따라서 우리나라의 당면과제는 憲法上의 地方自治制度保障의 취지에 맞게 계획권한을 국가와 지방자치단체에게 分擔시키고, 國家計劃을 궁극적으로는 기본적인 지침계획이 되도록 하고 이를 지방차원에서 지방자치단체가 구체화하도록 공간계획의 체계를 재구성하는 것이라 하겠다.63) 이러한 法制의 改編을 통해 국가는 거시적인 차원에서 계획의 기본을 형성하고, 지방자치단체는 자기책임과 자기권한으로 이를 구체적으로 형성하는 방향으로 도시계획을 수립하면서, 이러한 각자의 고유한 계획권한을 바탕으로 국가와 지방자치단체가 전체 공간계획체계안에서 지속적인 feed back을 통해 상호 영향을 주고 서로 협력적으로 기능하는 가운데 兩者間의 조화를 꾀하는 것이 바람직하다고 생각한다.

VI. 맺음말

이상에서 살펴본 바와 같이 地方自治團體의 計劃高權은 중요한 自治事務 중의 하나로서 憲法上 自治權의 核心領域으로 保障되는 것이다. 이에 따르면 都市計劃權限은 어떠한 경우에도 지방자치단체에게 주어져야 하며 다른 上位의 計劃主體에게 移讓될 수 없는 것이고, 또 都市計劃權限을 制限하는 경우에도 지방자치단체가 計劃上의 형성의 여지를 전혀 가지지 못하고 단지 上位의 國家計劃을 집행하는데 그친다면 이것은 計劃權限의 核心的인 領域을 侵害하는 것이어서 憲法上의 自治權保障에 反하는 것이다.

그러나 現行計劃法制를 보면 국가가 아직도 계획권한을 주도적으로 행사하고 있음으로 인하여 자치단체의 계획권한이 상당히 제한되고 있는 실정이다. 이렇게 볼 때 우리나라에서는 지방자치단체의 計劃高權이 인정된다고 보기 어렵다. 이는 어떻게 보면 우리나라에 지방자치가 도입된 지 얼마되지 않았기 때문에 생기는 理論과 現實의 괴리

---

63) 이에 관하여는 국토개발연구원, 都市計劃法制, 134면 이하; 동 연구원, 都市計劃運營方案, 105면 이하; 이태일, 國土利用計劃制度의 改善方案, 65면 이하 참조.

라고도 할 수 있겠으나, 앞으로 지방자치단체의 계획권한을 强化하는 방향으로 法改正을 함으로써 그 간격을 극복해야 한다고 생각한다.

요컨대 이상의 논의를 통해 도출된 지방자치단체의 自治權, 특히 計劃高權에 대한 이해와 이를 바탕으로 한 국가계획과 지방자치단체의 계획간의 관계를 토대로 해서 볼 때 지방자치단체의 計劃高權의 보장문제가 앞으로 있게 될 '中央權限의 地方移讓'의 問題에 적극적으로 반영되기를 바라는 바이다.

국가와 지방자치단체 간의 공동사무*

김 남 철

Ⅰ. 서 론
Ⅱ. 공동사무에 관한 일반적 논의와 현황
　1. 공동사무의 개념에 관한 논의
　2. 공동사무에 관한 독일의 입법례와
　　논의
　3. 공동사무에 관한 문제와 논의
Ⅲ. 공동사무의 개념과 유형의 정립

1. 논의의 기초로서 헌법상 지방자치권
　보장에 대한 이해
2. 공동사무의 허용성과 필요성
3. 공동사무의 개념정립과
　유사개념과의 구별
4. 공동사무의 인정 방향
Ⅳ. 결 론

Ⅰ. 서 론

지방자치란 국가로부터 독립한 공법상의 공공단체인 지방자치단체가 자기의 지역사무를 그 구성원의 의사결정에 따라 자기책임 하에서 수행하도록 함으로써 정치적 다원주의를 추구하는 정치이념이다.[1] 우리나라에 지방자치제도가 도입되면서 이와 같은 지방자치의 이념에 따라 중앙정부가 가지고 있던 권한을 지방자치단체에 이양하는 작업이 꾸준히 진행되어 왔고, 지방자치제도가 도입된 지 20년이 넘어가고 있는 현 시점에도 이러한 노력들은 여전히 지속되고 있다.[2] 이러한 노력에도 불구하고, 그동안 여러 차례에 걸쳐 지방자치제도의 시행 성과를 평가하는 연구들은 대체로 지방자치단체의 자치권이 지금보다 더 확대·강화되어야 한다는 견해를 보이고 있어,[3] 권한이양을 위한 노력

---

* 이 글은 『지방자치법연구』 제17권 제2호(2017.6.)에 수록된 논문임을 밝힙니다.
1) 졸저, 『행정법강론』, 제3판, 박영사, 2016, 934면.
2) 이에 관하여는 지방분권촉진위원회, 제2기 지방분권촉진위원회 지방분권 백서(http://clad.go.kr/ section/ board/bbs_view.html?PID=expert&seq=2753, 최종방문 2017.3.8.) 참조.
3) 국가권한의 지방이양이나 사무배분에 관한 선행연구에 대해서는 졸고, "국가와 지방자치단체 간 사무배분 개혁추진의 평가와 과제", 『국가법연구』 제9집 2호(2013.9), 한국국가법학회, 4면 각주 2) 참조. 지방자치제도에 대한 평가로는, 예컨대 김순은, "지방자치 20년의 평가", 『입법과 정책』 제7권 제1호(2015.6), 국회입법조사처, 57면 이하; 동인, "지방의정 25년의 평가와 과제", 『자치의정』 제18권 제4호(통권 제103호) (2015.7/8), 지방의회발전연구원, 8면 이하; 손희준, "민선자치 20년 지방재정의 성과와 과제", 『자치발전』 21권 5호(통권 241호) (2015.5), 한국자치발전연구원, 31면 이하; 육동일, "민선자치와 분권 20년의 성과

은 앞으로도 중단 없이 지속되어야 할 국가의 과제임에 틀림이 없다고 생각된다.

중앙권한의 지방이양은 정부에 설치된 지방자치발전위원회(구 지방분권촉진위원회)에서 이양결정을 한 것을 토대로 정부나 국회의원의 입법발의를 통하여 최종적으로 법률이 개정됨으로써 사무가 이양되는 절차를 통하여 이루어지고 있다.[4] 현재까지 진행된 국가와 지방자치단체 사이에 사무 (재)배분, 다시 말해서 중앙행정권한의 지방이양[5]의 결과 국가사무와 자치사무의 비율은, 2009년도 기준으로 법령에 규정된 약 42,000여 개의 전체 사무 중 국가사무가 30,000여 개로 약 72%, 자치사무가 11,000여 개로 약 28% 정도인 것으로 나타나고 있다.[6] 지난 박근혜 정부 들어 발족한 지방자치발전위원회에서는 향후 국가사무 대 자치사무의 비율을 선진국 수준인 60% 대 40% 정도로 끌어올리겠다는 계획을 가지고 있었지만,[7] 실제로는 2014년 국가총사무 재배분 조사를 통하여 발굴된 1,737개의 지방이양 대상사무에 대하여 2017년 3월까지 1,403개 사무를 심의하여 118개에 대하여 이양을 결정하는 데 그쳐 그 이전의 다른 정부에 비하면 이양 결정 수가 상당히 미미한 편이다.[8] 지방자치는 주민들의 생활수준을 높이고 동시에 국가경쟁력을 강화하는 지름길이라는 점에서 새 정부에서는 앞으로 보다 강력한 의지를 가지고 지방분권에 박차를 가하여야 하는데, 지방자치발전위원회의 이양심의과정에

평가와 발전과제", 『자치발전』 21권 5호(통권 241호) (2015.5), 한국자치발전연구원, 22면 이하; 이기우, "지방자치입법 20년 평가", 『지방행정』 통권746호(2015.12), 행정공제회, 24면 이하; 조성규, "지방자치 20년을 통한 자치입법권 보장의 평가와 과제", 『지방자치법연구』 제15권 제2호 (통권 제46호) (2015.6), 한국지방자치법학회, 137면 이하; 행정자치부, 한국지방행정연구원 [편], 『지방자치 20년 평가』, 행정자치부·한국지방행정연구원, 2015 등이 있다. 지방자치법을 연구하는 한국지방자치법학회에서도 민선4기 지방자치의 발전과제(제13회 학술대회), 제주특별자치도법 시행1주년의 경험과 과제(제17회 학술대회), 참여정부에서의 지방자치와 지방재정법제에 대한 평가 및 과제(제18회 학술대회), 미래 지방자치발전을 위한 새로운 거버넌스와 리더십 형성 세미나(지방자치정부 20년 기념 공동세미나) 등을 개최한 바 있다.

4) 지방분권촉진위원회, 전게 백서, 108면 이하 참조.
5) 지방분권 및 지방행정체제개편에 관한 특별법은 제11조 제1항에서 '국가는 제9조에 따른 사무배분의 원칙에 따라 그 권한 및 사무를 적극적으로 지방자치단체에 이양하여야 한다'고만 규정할 뿐 별도의 권한이양에 대한 정의 규정이 없다. 연혁적으로는 그 이전 법률인 구 중앙행정권한의 지방이양촉진 등에 관한 법률 제2조 제1호에서 "중앙행정권한의 지방이양이라 함은 … 중앙행정기관이 법령에 규정된 자기의 권한을 지방자치단체에 이양함으로써 중앙행정기관의 권한에 속하는 사무를 지방자치단체의 사무로 하고 지방자치단체로 하여금 자기의 권한과 책임아래 그 사무를 처리하도록 하는 것을 말한다."고 규정하고 있었다.
6) 지방분권촉진위원회, 전게 백서, 105면. 이는 1994년에 조사된 국가사무 약 87%, 자치사무 약 13%(이기우/홍준현/권영주/이종원, 지방자치단체 수행사무 구분체계의 개편방향, 한국공공관리학보 제18권 제1호 (2004.6), 한국공공관리학회, 55면)에 비하면 크게 나아진 것이다. 2013년을 기준으로 한 최근의 한 보고서에 따르면 국가사무가 67.73%, 지방사무가 32.27%로 조사되어 있다(한국지방행정연구원, 새로운 판별기준에 따른 국가 총사무 재배분 조사표 작성(2014.1), 21면).
7) 지방자치발전 종합계획(http://clad.go.kr/section/content/content.html?PID=planaim, 최종방문 2017.3.8), 15면.
8) 최승범, 2016년 지방분권의 성과와 과제, 지방자치발전위원회 전문가 기고(http://clad.go.kr/ section/board/bbs_view.html?PID=data&seq=5442, 최종방문 2017.3.16.) 및 지방자치발전위원회 내부자료 참조.

서 선결되어야 할 문제 중 하나가 공동사무에 관한 것이다.

중앙권한의 지방이양은 국가사무가 지방으로 이양되는 것이 가장 전형적인 형태이겠으나, 현재 중앙정부 위주로 구성되어 있는 국법체계에서 국가사무를 지방에 이양하기 애매한 경우에는 국가와 지방자치단체가 공동으로 수행하도록 이양 결정을 하는 경우가 꽤 많았다. 그런데 ① 이와 같은 '공동수행사무' 자체에 대해서 부정적인 인식을 가지고 있는 경우도 있고, ② 국가사무를 국가와 지방자치단체가 공동을 수행하도록 하거나, 시·도의 사무를 시·도와 시·군·구가 공동으로 수행하도록 하는 경우를 '지방이양'이라 할 수 있는지, 그리고 ② 이러한 사무수행 유형을 인정한다 하더라도 이와 같은 공동사무의 유형이 허용되는지, 그리고 우리 자치현실에서 필요한지, 나아가 근본적으로는 공동사무의 개념을 어떻게 정의할 것인지 등의 문제가 제기되었다.

부연하면, 「지방분권 및 지방행정체제개편에 관한 특별법(이하 "지방분권법")」제11조는 "국가는 제9조에 따른 사무배분의 원칙에 따라 그 권한 및 사무를 적극적으로 지방자치단체에 이양하여야 하며, 그 과정에서 국가사무 또는 시·도의 사무로서 시·도 또는 시·군·구의 장에게 위임된 사무는 원칙적으로 폐지하고 자치사무와 국가사무로 이분화하여야 한다."고 규정하고 있는데, 특히 '자치사무와 국가사무의 이분화'라는 점에서 '공동사무'라는 유형을 인정하는 것이 바람직한가, 이 경우를 지방이양으로 볼 수 있는가 하는 점이 문제가 된 것이고, 나아가 국가와 지방자치단체 간에 사무를 공동으로 수행하는 경우에도, 예컨대 사무주체만 공동으로 규정되어 있을 뿐 수행사무는 각각 다른 경우,[9] 사무주체들이 하나의 사무를 공동으로 수행하는 경우,[10] 사무주체들이 각자의 영역에서 동종의 사무를 수행하는 경우[11] 등과 같이 다양한 유형들이 존재하는데, 그럼에도 이들을 모두 '공동사무'라 부를 수 있는지, 지방자치발전위원회의 이양 심의과정에서는 공동사무, 중첩사무, 공통사무 등의 유사한 개념들이 마구 혼용되고 있는데, 이들에 대한 나름대로의 개념 정의가 필요한 것은 아닌가 하는 것이 논란의 대상이 된 것이다. 지방이양과 관련된 작업이 앞으로도 계속되어야 하는 상황에서 이와 같이 '공동사무'에 관한 논란들이 지속되는 것은 결코 바람직하지 않으므로, 차제에 이러한 문제에 대한 논란을 정리해 볼 필요가 있다고 생각된다.[12]

---

9) 예컨대, 일정 면적 이상은 중앙행정기관의 장이, 일정 면적 이하는 지방자치단체의 장이 허가권을 가지는 경우를 들 수 있다.
10) 예컨대, 중앙행정기관의 장과 지방자치단체의 장이 동일한 대상에 대하여 각각 규제권한을 가지는 경우를 들 수 있다.
11) 예컨대, 국가와 지방자치단체가 문화행정이라는 공통의 행정작용을 하되 국가는 국립문화회관을 건립·관리하고 도는 도립문화회관을 건립·관리하는 경우와 같이 공통된 행정사무를 각자의 고유의 영역에서 각각 수행하는 경우를 들 수 있다.

이상의 문제제기에 따라 본 연구에서는 먼저, 국가와 지방자치단체 또는 지방자치단체 간의 '공동사무'를 어떻게 정의할 것인지, '국가사무와 자치사무로의 이원화' 이외에 이와 같은 공동으로 수행하는 사무 유형이 우리 지방자치현실에 필요한 것인지, 중첩사무·공통사무 등의 용어와 혼용되어 사용되고 있는 문제는 어떻게 해결할 것인지로 논의를 압축해 보고자 한다. 이를 위하여 이하에서는 공동사무와 관련된 문제제기, 공동사무에 관한 논의 및 현황 등을 살펴보고(II), 헌법상의 지방자치권 보장을 논의의 기초로 삼아, 국가사무와 지역사무의 구별 문제, 지방자치권 보장의 관점에서 공동사무가 필요한지 여부, 필요하다면 자치권 보장 취지에 부합하는 개념 정립 및 타 개념과의 구별, 그리고 이와 같은 개념 정립에 부합하는, 공동사무에 대한 향후의 입법방향 등을 다루어 보기로 한다(III).

II. 공동사무에 관한 일반적 논의와 현황

1. 공동사무의 개념에 관한 논의

우리나라의 경우 공동사무에 관한 명문의 법규정은 없다. 따라서 공동사무는 법적으로 확립된 용어가 아닌, 강학상의 용어인데, 이론적으로도 이에 대한 정의가 제대로 논의되거나 정립되어 있지는 않다. 다만 입법의 실제에서는 사무의 주체를 공동으로 규정하고 있는 법규정들을 흔히 볼 수 있는데,[13] 이처럼 '복수의 행정주체로 하여금 동일한 사무를 대상으로 하여 공동으로 사무를 수행하게 하는 경우'를 일반적으로 '공동사무'로 이해하고 있다.

공동사무는 특히 지방자치법 영역에서는 일반적으로 '국가와 지방자치단체가 공동으로 수행하는 사무'로 이해되고 있다.[14] 하지만, 우리나라의 경우 지방자치행정단위가 광역과 기초로 나누어져 있기 때문에, 공동사무의 유형 가운데에는, 예컨대 '시·도지사와 시장·군수·구청장'의 공동사무도 존재할 수 있다. 따라서 '국가와 지방자치단체가

---

12) 이에 대한 기존의 논의로는 홍정선, 『신 지방자치법』 제3판, 박영사, 2015, 494면 이하; 김원중, "지방자치상 공동사무의 인정여부에 관한 검토", 『지방자치법연구』 제14권 3호(통권 제43호) (2014.9), 한국지방자치법학회, 389면 이하가 있다.

13) 예컨대, 「가정폭력방지 및 피해자보호 등에 관한 법률」 제11조(감독) 제1항은 "여성가족부장관 또는 시장·군수·구청장은 상담소·보호시설 또는 교육훈련시설의 장에게 그 시설에 관하여 필요한 보고를 하게 할 수 있으며, 관계 공무원으로 하여금 그 시설의 운영 상황을 조사하게 하거나 장부나 그 밖의 서류를 검사하게 할 수 있다."고 규정하고 있다.

14) 졸저, 전게서, 10261면; 홍정선, 전게 신 지방자치법, 494면; 김원중, 전게논문, 391면.

공동으로 수행하는 사무'에는 '지방자치단체 사이의 공동사무'도 포함된다고 이해하면
될 것이다.15)

한편 한 보고서는 공동사무를 '법령의 표현에 의하여 국가사무임이 분명한데, 그 처
리를 위하여 위임이 아닌 시도 혹은 시군구 아니면 시도지사 혹은 시장군수구청장과
함께 처리하는 것으로 규정하고 있는 사무'로 정의하기도 하는데,16) 이는 국가사무를 지
방이양하는 것에 대한 보고서라는 점에서 국가사무인 경우만을 전제로 하고 있는 것이
라고 판단된다. 그렇기는 하지만 아무튼 공동사무에는 '국가사무를 공동사무로 하는 경
우'와 '지방자치단체 사무를 공동사무로 하는 경우'가 모두 포함될 수 있기 때문에, 공동
사무의 정의에 '국가사무임이 전제'될 이유는 없다.

이상의 논의를 정리해 보면, 우리나라의 경우 공동사무란 대체로 '국가와 지방자치단
체 간 또는 지방자치단체 간에 공동으로 수행하는 사무'를 일컫는 것으로, 사무주체를
기준으로 구분하면 ① 국가와 시·도지사, ② 국가와 시장·군수·구청장, ③ 국가, 시·
도지사, 시장·군수·구청장, ④ 시·도지사와 시장·군수·구청장의 공동사무가 있다.

2. 공동사무에 관한 독일의 입법례와 논의

우리나라에는 공동사무에 관한 명문의 규정이 없지만, 독일의 경우에는 독일 기본
법에서 연방(聯邦)과 주(지방(支邦)국가) 사이의 공동사무(Gemeinschaftsaufgaben)에 관한 규
정을 두고 있다.17)18)

이 규정은 1969년 기본법 개정으로 기본법 제IIIa장(공동사무, 행정협력)으로 신설된
것인데, 독일의 경우는 그 이전에도 연방과 주가 일정 영역에서 공동으로 사무를 수행
해 왔으나, 기본법에서 연방과 주의 공동사무로 지역 경제구조나 농업구조의 개선, 학
술·연구·교육의 장려 등을 규정함으로써 공동사무가 법적으로 정당화되었다. 그러나
다른 한편으로는 기본법 규정으로 인하여 여기에 규정된 사무로 공동사무가 한정된다
는 의미도 가지게 되었다.19)

---

15) 특별히 '국가와 지방자치단체 사이'로 국한하지 않는 한, 이하의 경우도 마찬가지이다.
16) 한국지방행정연구원, 전게 보고서, 25면.
17) 이는 독일은 지방국가들로 구성된 연방국가라는 점에서, 헌법에서 '연방법률을 주가 자기의 사무로 수행
한다(독일 기본법 제83조: Die Länder führen die Bundesgesetze als eigene Angelegenheit aus, soweit
dieses Grundgesetz nichts anderes bestimmt oder zuläßt)'는 것을 원칙으로 하면서도, 제VIIIa장에서 연
방과 주의 협업이라는 관점에서 연방과 주의 공동사무를 규정하고 있는 것으로 이해된다. 독일의 경우에
도 지방자치법 차원에서는 공동사무에 관한 명문의 규정은 없다.
18) 이에 관한 문헌으로는 이기우 등, 전게논문, 61면 이하 참조.
19) 이기우 등, 상게논문, 61면.

공동사무에 관한 기본법 규정은 다음과 같다.

독일 기본법

제91a조
(1) 연방은 주의 다음 각호의 사무수행에 있어 이 사무가 전체를 위하여 중요하고 연방의 공동수행이 생활관계(Lebensverhältnis)의 개선에 필요한 경우에는 이를 같이 수행한다(공동사무, Gemeinschaftsaufgaben):
  1. 지역 경제구조의 개선
  2. 농업구조와 해안보호의 개선
(2) 공동사무와 그 구체적인 조정에 관한 세부적인 사항은 연방참사원의 동의를 얻어[20] 연방법률로 정한다.
(3) 연방은 제1항 제1호의 경우 각 주의 지출의 50%를 부담한다. 제1항 제2호의 경우에는 연방이 최소한 50%를 부담한다; 분배(율)는 모든 주에 대하여 일률적으로 정하여져야 한다. 상세는 법률로 정한다. 재원의 조달은 연방과 주의 예산계획에 유보되어 있어야 한다.

제91b조
(1) 연방과 주는 초지역적(überregional)인 의미를 가지는 경우 합의에 기초하여 학술, 연구, 교육의 장려를 함께 수행(zusammenwirken)할 수 있다. 특히 고등교육기관(대학)에 대한 합의에는 모든 주의 동의를 요한다. 이는 대형장비를 포함한 연구구조물에 대한 합의에는 적용하지 아니한다.
(2) 연방과 주는 합의에 기초하여 국제적 비교에 있어서의 교육제도의 수행능력 확인 그리고 이에 관한 보고 및 추천을 함께 수행할 수 있다.
(3) 비용부담은 합의에서 정한다.

이와 같은 공동사무 규정은 ① 헌법에서 공동사무라는 용어를 직접 사용하고 있는 점, ② 헌법에서 공동사무의 대상이 되는 사무를 정하고 있다는 점, ③ 헌법에 비용부담에 관한 내용도 규정하고 있다는 점이 특징적이라고 할 수 있다. 다만 유의할 점은 이 헌법규정은 "연방과 주"의 관계에 관한 것이지 국가와 지방자치단체와의 관계에 관한 것은 아니라는 점이다.

그러나 헌법상 연방과 주 사이의 공동사무에 관한 규정이 법률로써 지방자치행정에

---

20) 연방참사원은 연방공무원과 각 주의 대표들로 구성되어 있다. 이는 주와 이해관계가 있는 연방법률은 연방참사원의 동의를 얻도록 함으로써 주의 이익이 법률에 반영되도록 하는 제도이다. 이에 관하여는 졸고, "지방자치단체 국정참여의 공법적 과제 −상원 또는 지방원 도입에 관한 논의를 중심으로−", 『지방자치법연구』 제10권 제3호(통권 제27호) (2010.9), 한국지방자치법학회, 127면 이하 참조.

서 국가와 지방자치단체 사이의 공동사무를 규정하는 것을 방해하는 것은 아니다. 따라서 헌법상 공동사무에 관한 규정을 차용하면, 지방행정 차원에서도 국가와 지방자치단체 사이에 공동사무가 원칙적으로는 허용될 수 있을 것이다. 독일에서는 이러한 공동사무는 특히 사무수행에서의 재정적 담보를 위해서 국가(연방과 주)와 지방자치단체가 공동으로 사무를 수행하도록 하는 것이라고 이해하고 있다. 이러한 의미에서 공동사무는 사회기반시설이나 국가 전체의 경제적 이익에 기여하는 것이어야 한다고 할 수 있겠다. 공동사무는 그 지역과의 관련성 때문에 자치사무와 국가사무의 사이에 위치하고 있다고 볼 수 있다(예: 지역경제구조의 개선, 농업구조의 개선, 병원제도, 도시개발, 사회주택건설 등).[21]

독일에서는 이와 같은 공동사무가 가지는 지방자치단체의 재정의존성과 혼합적 사무배분의 헌법적 문제 등의 관점에서 공동사무와 기본법 제104a조[22]에 따른 연방의 재정지원에 대하여 많은 비판들이 제기되었다.[23] 그러나 이와 같은 비판에도 기본법상 공동사무는 현재까지 그대로 유지되고 있다.

3. 공동사무에 관한 문제와 논의

1) 공동사무에 대한 문제 상황

현재 사무이양시 공동사무의 문제는 「지방분권법」 제11조의 해석에서 비롯되었다. 즉 동조는 중앙권한의 적극적 이양을 규정하면서 가급적 위임사무를 폐지하고 자치사무와 국가사무로 이분화하도록 하고 있는데, 이 규정의 의미가 법령상 사무를 국가사무와 자치사무로만 이분화하도록 의무화하는 것으로서 이에 따라 중앙권한의 지방이양시 가급적 사무주체를 일원화하고 공동사무를 지양하여야 하는 것인가 하는 문제가 제기되었던 것이다.

이에 따라 정부에서는 기 조사된 현행 법령상의 공동사무들을 대상으로 사무의 처리권자 일원화 대상사무 101건을 발굴하여 단일사무화하는 작업을 진행하고 있다. 그리고 정부에서 사무이양 심의 시에도 가급적이면 공동사무 형태의 이양의결을 억제한다는 방침이다. 참고로 이전 정부까지는 이양의결된 총 3,101건 중 107건이 공동사무 형태로 의결되었는데, 박근혜 정부 들어서는 2017년 3월 현재 이양의결된 118개 사무

21) Stober, Kommunalrecht in der Bundesrepublik Deutschland, 3.Aufl., Stuttgart u.a., 1996, S.38.
22) 본 조문은 재정(Finanzwesen)에 관한 것으로 연방과 주의 사무분장에 따르는 비용부담, 연방의 비용지원 등에 관한 내용을 규정하고 있다.
23) 이에 관하여는 이기우 등, 전게논문, 61면 이하 참조.

중 14건을 공동사무 형태로 의결하였다.[24] 단순히 수치로만 비교하는 것은 별로 의미가 없겠지만, 분명한 점은 박근혜 정부 들어서는 지방분권법 제11조의 해석상 가급적이면 공동사무 형태의 이양 의결을 억제하려고 노력하였다는 점이다. 예를 들면, 국가와 지방자치단체의 공동사무는 결국 '하나의 사무'를 공동으로 하는 것인데, 공동사무 억제 방침에 따라 이를 국가도 수행하고 지방자치단체도 수행하는 '공통사무'로 인식하여 두 개의 사무(국가사무 1개와 지방사무 1개)로 보는 것이다. 이렇게 되면 공동사무와 공통사무가 무엇인지 매우 혼란스럽게 된다. 또 다른 예는 정부와 지방자치단체의 합동단속이 필요하여 이 단속사무를 공동사무로 규정하고 있는 경우와 같이 국가와 지방자치단체가 공동으로 수행하는 것이 불가피한 경우에는 —공동사무를 억제하기 위해서— 이를 위임사무로 처리하도록 한다는 것이다.[25] 그런데 현재 정부가 추진하는 지방이양은 가급적이면 기관위임사무를 지방으로 이양한다는 것이 대전제인데, 이와 같은 이양의 기본방향에 거스르면서까지 공동사무를 억제하여야 할 이유가 무엇인지 궁금해진다.

우선 「지방분권법」 제11조가 공동사무를 금지하거나 억제하려는 취지의 조항인지 의문이다. 아울러 공동사무가 지방자치의 발전을 위하여 불요한 것인지, 자치권을 침탈하는 수단으로만 이해하여야 할 것인지도 의문이다. 현재 우리나라의 지방자치제도는 아직 완성형이라고 보기에는 이르다는 것이 학계나 행정실무의 일반적인 판단이다. 따라서 지방자치단체의 인력이나 재정이 부족한 상황에서는 경우에 따라서는 국가가 수행하고 있는 사무를 국가와 지방자치단체가 공동으로 수행하게 하는 것이 지방자치단체에 이로운 경우도 있다. 이러한 점에서 공동사무를 억제적으로만 이해할 것이 아니라 오히려 이를 잘 활용하여 지방의 발전에 도움이 되도록 하는 것이 바람직한 것 아닌가 생각된다.

2) 공동사무 현황

우리나라는 독일과 같은 공동사무에 관한 명문의 규정은 없지만, 수많은 법률에서 중앙행정기관의 장과 지방자치단체의 장들을 사무의 공동주체로 규정하고 있어, 실정법상으로 수많은 공동사무가 존재하고 있다.

과거의 지방이양합동심의회나 지방이양추진위원회에서도 행정실무상 공동사무를 현실적으로 인정하여 왔다. 실정법상으로나 강학상 또는 실무상으로 공동사무에 관한 뚜

---

24) 지방자치발전위원회 내부자료.
25) 한국지방행정연구원, 전게 보고서, 27면 이하 참조.

렷한 정의는 없었지만, 대체로 사무의 주체가 복수인 형태를 공동사무로 인정해 왔다.

한국지방행정연구원이 수행한 사무 총조사 및 지방자치발전위원회의 내부자료에 따르면, 2013년 기준으로 현행 법령상의 총 46,005건의 사무 가운데 공동사무가 2,884건으로 전체 사무의 0.6% 정도를 차지하고 있다. 위에서 언급한 바와 같이 가급적 공동사무를 억제한다는 지난 정부의 방침에 따라 2009년도에는 3,034건이었던 공동사무가 그동안의 억제노력으로 2,884건으로 줄었다는 설명이다.

▼ 표 공동사무 현황[26]

구 분	계	국가사무	지방사무	공동사무
2013년	46,005건	31,290 (68%)	14,715 (32%)	2,884
2009년	42,316건	33,864 (80%)	8,452 (20%)	3,034

사무총계 (2013년)	공동사무 합계	국가-광역-기초	국가-광역	국가-기초	광역-기초
46,005	2,884 (0.6%)	1,572	631	141	540

3) 공동사무로 지방이양을 의결한 사례

한편 지방자치발전위원회에서는 사무이양을 심의하는 과정에서 단일주체의 사무를 공동의 사무로 이양 의결한 예[27]들이 있는데, 공동사무에 관한 논의에 이해를 돕고자, 몇 가지 사례를 소개하고자 한다.

동 위원회는, 이미 언급한 지방분권법 제11조의 해석상, 가급적 공동사무의 형태로 이양 의결을 하는 것을 자제하고자 하는 분위기였다. 다만 대체로 ① 국가와 지방자치단체 모두 이해관계가 있는 경우이거나, ② 국가와 지방자치단체의 협력이 필요한 경우 또는 ③ 국가와 지방자치단체의 공동의 지원이나 후원이 필요한 경우에는 '예외적으로' 공동사무 형태의 이양 의결을 한 바 있다.

---

26) 한국지방행정연구원, 상게 보고서, 28면 및 지방자치발전위원회 내부자료의 표를 바탕으로 이를 일부 수정하였다.
27) 지방자치발전위원회에서는 지방이양 대상사무 1,737건 중 1,403건에 대한 심의를 완료한 결과, 118개의 사무를 이양하기로 의결하였고, 이 가운데 14건이 공동사무의 형태로 지방이양이 의결되었다. 지방자치발전위원회 내부자료 참조.

(1) 국가와 지방자치단체 모두 이해관계가 있는 경우: 유아숲체험원의 등록사무

「산림교육의 활성화에 관한 법률」 제12조는 유아숲체험원의 등록사무를 국가사무와 시·도사무로 규정하고 있는데, 권한위임규정에 의하여 이 사무는 각각 특별지방행정기관인 지방산림청장과 시장·군수·구청장에게 위임되어 수행되고 있다.[28]

그런데 현실적으로도 유아숲체험원의 등록은 시장·군수·구청장이 하고 있고, 또한 지방자치단체의 실정과 아동정책을 고려하면 유아숲체험원 관리업무는, 예컨대 국립의 경우는 국가가, 시·도 단위의 공립의 경우에는 시·도지사가, 나머지의 경우는 시장·군수·구청장이 수행하도록 하는 것이 타당하다는 점에서, 현행 국가 또는 시·도의 사무를 국가, 시·도, 시·군·구가 각각 사무를 수행하는 것으로 이양하도록 결정한 것이다.

위 사무의 경우 '유아숲체험원의 등록'에 관한 사무는 산림교육에 관한 것인데, 산림의 경우는 국가와 지방자치단체 모두 이해관계를 가지는 경우에 해당된다는 점에서 국가와 광역 및 기초지방자치단체 모두를 공동의 사무주체로 하여 이양의결을 한 것이다. 다만 이 경우 사무주체들은 각각 각자의 관리영역에서 등록을 받는 것이기 때문에 유아숲체험원의 등록이라는 사무는 공통되지만, 등록의 대상은 각각 다르므로, 엄밀히 말하면 공동사무라 할 수 없다.

(2) 국가지자체의 협력이 필요한 경우: 식품 이물에 대한 원인조사

「식품위생법」은 식품에서 이물(異物)이 발견되어 통보된 경우 이에 대한 원인조사 권한을 국가(식약청장)에 부여하고 있고, 이 원인조사 권한은 식약청에서 발령한 고시에 의하여 일정 항목은 국가로, 나머지 항목은 지방자치단체로 나누는 방식으로 규정되어 있다.[29] 이 고시는 법적 근거가 없는 것으로 그 성질은 행정규칙이고, 행정규칙에 따

---

28) 산림교육의 활성화에 관한 법률
　제12조(유아숲체험원의 등록 등)
　　② 제1항에 따라 유아숲체험원을 조성하려는 자는 유아숲체험원의 명칭·소재지, 그 밖에 대통령령으로 정하는 사항을 다음 각 호의 구분에 따라 등록하여야 한다.
　　1. 지방자치단체의 장이 조성하는 유아숲체험원: 산림청장
　　2. 법인 또는 개인이 조성하는 유아숲체험원: 시·도지사
　동법 시행령
　제18조(권한·업무의 위임·위탁) ① 법 제22조제1항에 따라 다음 각 호의 권한을 산림청장은 지방산림청장에게, 시·도지사는 시장·군수·구청장에게 각각 위임한다.
　　1. 법 제12조제2항 및 제3항에 따른 유아숲체험원의 등록 및 변경등록
29) 식품위생법
　제46조(식품등의 이물 발견보고 등)
　　④ 식품의약품안전처장은 제1항부터 제3항까지의 규정에 따라 이물 발견의 신고를 통보받은 경우 이물 혼입 원인 조사를 위하여 필요한 조치를 취하여야 한다.
　보고 대상 이물의 범위와 조사·절차 등에 관한 규정[식품의약품안전처고시 제2016-138호]

라 법령상의 권한을 편의상 지방자치단체에 나누어 준 것이기 때문에, 이 사무는 형식적으로는 여전히 국가사무이다.

그런데 식품위생문제는 국민의 생명·신체와 직결되는 중요한 문제로서 국가와 지방자치단체를 가릴 것 없이 서로 협력하여 수행하여야 할 문제라는 점에서 원인조사의 경우에도 항목에 따라 권한주체를 달리 할 것이 아니라 이를 합동으로 처리하는 것이 국민안전에 기여하는 것이라는 판단으로 이를 국가와 시·도, 시·군·구 모두의 공동사무 형태로 이양 의결을 한 것이다.

(3) 국가와 지자체 공동의 지원이나 후원 등이 필요한 경우: 이러닝 산업 전문인력 양성기관 지정 등

「이러닝(전자학습)산업 발전 및 이러닝 활용 촉진에 관한 법률」은 이러닝(E-Learning) 산업의 발전을 촉진하고자 하는 취지에서 전문인력 양성, 기술개발, 창업, 이러닝센터 운영 등을 지원할 수 있도록 규정하고 있다.[30] 그런데 이러닝 산업의 발전이 반드시 국가의 이익에만 기여하는 것이라 할 수 없고, 오히려 지방자치단체 차원에서도 지역의 자원을 활용하여 다양한 교육자료를 개발하는 등 이러닝 사업 발전에 적극 참여하는 것이 바람직하다고 할 수 있다. 따라서 이러닝 산업의 발전을 지원하고 후원하는 사무는 국가뿐 아니라 지방자치단체도 병행하여 수행할 수 있도록 공동사무의 형태로 지방이양을 의결

제6조(이물 원인조사 실시 등) ① 조사기관은 제5조에 따라 보고된 이물 신고 내용에 대하여 다음 각 호의 구분에 따라 원인조사를 실시하여야 한다.
  1. 제3조제1호 및 제2호가목에 해당하는 이물 : <u>식품의약품안전처장, 지방식품의약품안전청장</u>
  2. 제3조제1호 및 제2호가목 외의 이물 : <u>시·도지사, 시장·군수·구청장</u>
30) 이러닝(전자학습)산업 발전 및 이러닝 활용 촉진에 관한 법률
  제9조(전문인력의 양성) ① <u>정부</u>는 이러닝산업 발전 및 이러닝 활용 촉진을 위하여 필요한 전문인력을 양성하는 데에 노력하여야 한다.
  ② <u>정부</u>는 이러닝산업 발전 및 이러닝 활용 촉진을 위한 전문인력을 양성하기 위하여 「고등교육법」 제2조에 따른 학교, 「평생교육법」 제33조제3항에 따라 설립된 원격대학형태의 평생교육시설 및 대통령령으로 정하는 이러닝 관련 연구소·기관 또는 단체를 전문인력 양성기관으로 지정하여 교육 및 훈련을 실시하게 할 수 있으며 이에 필요한 비용을 지원할 수 있다.
  제10조(기술 개발 등의 지원) <u>정부</u>는 이러닝산업 발전 및 이러닝 활용 촉진을 위하여 다음 각 호의 사업을 하는 자에게 필요한 자금의 전부 또는 일부를 지원할 수 있다.
  제12조(창업의 활성화) ① <u>산업통상자원부장관</u>은 이러닝사업의 창업과 발전을 위하여 창업지원계획을 수립하여야 한다.
  ② <u>정부</u>는 제1항의 창업지원계획에 따라 투자하는 등 필요한 지원을 할 수 있다
  제20조(이러닝센터) ① <u>정부</u>는 제15조부터 제17조까지 및 제17조의2에 따른 이러닝 지원을 효율적으로 하기 위하여 이러닝센터를 지정하여 운영하게 할 수 있다.
  ③ <u>정부</u>는 이러닝센터에 대하여 제2항 각 호의 기능 수행에 필요한 경비의 일부를 지원할 수 있다.
  ④ <u>정부</u>는 제1항에 따라 지정된 이러닝센터가 제2항에 따른 기능을 충실히 수행하지 못하거나 제5항에 따른 지정요건을 충족하지 못하는 경우에는 지정을 취소할 수 있다. 이 경우 청문을 하여야 한다.

한 사례이다.

또 다른 예로 「청년고용촉진 특별법」은 국가로 하여금 취업에 어려움을 겪는 청년에 대한 고용지원서비스 제공을 위하여 노력할 것과 이에 필요한 지원을 할 수 있도록 규정하고 있다.[31] 그런데 청년고용과 관련된 사무는 지방자치단체에서도 지역특화 사업을 통하여 실업을 해소하도록 할 필요가 있으며, 나아가 현행 청년고용촉진 특별법상으로도 고용촉진정책의 주체는 '정부'에 한정되어 있기는 하지만 실제로는 예산범위 안에서 국가와 지방자치단체 모두가 정책을 수립하여 추진하고 있는 현황을 고려해서, 위 사무를 국가와 지방자치단체가 공동으로 노력하고 지원하여야 하는 사무의 형태로 지방이양을 의결한 것이다.

4) 공동사무의 필요성에 관한 논의

이상에서 살펴본 바와 같이, 공동사무에 관한 명문의 규정은 없지만, 실제로 사무의 주체를 공동으로 규정하고 있는 입법례도 많이 있고, 또한 행정실무상으로도 정부에서 지방이양 여부를 심의하는 과정에서 국가사무를 국가와 지방자치단체의 공동사무로 이양하는 의결을 하는 예도 꽤 있다.

이와 같은 현상에 대하여 이론적으로 특별히 논의된 바는 없었고, 현재에도 이에 대한 학문적인 논란이나 논의는 거의 없는 상태이다. 다만 지방자치단체의 자치권이라는 원론적인 관점에서, 지방자치단체가 수행하는 국가와의 공동사무에 대해서는 부정적인 견해가 제시되고 있다.

부정적인 견해는 주로 지방자치권에 대한 국가의 침해라는 관점에서, 예컨대 지방자치단체가 수행하여야 할 사무를 국가와 공동으로 수행하는 경우에는 자치행정에 대한 국가의 침해가 될 수 있고, 또 경우에 따라서 공동사무에서 국가가 실제로 일방적인 사무주체로의 지위를 가지면서 지방자치단체는 단순한 협력자에 불과할 수 있다는 점 등을 들어 공동사무라는 개념을 인정하기 어렵다고 한다.[32]

또한 공동사무를 인정함으로써 국가와 지방자치단체 간에 동일한 기능을 중복적

---

31) 청년고용촉진 특별법
   제8조의4(취업에 어려움을 겪는 청년에 대한 고용지원서비스 제공) ① 정부는 저학력, 경력 및 직업기술의 부족 등을 이유로 취업에 어려움을 겪는 청년에게 개인별 심층상담을 통한 직업경로 설계, 직장체험·직업능력개발훈련을 통한 취업의욕과 능력 증진, 취업 알선 등의 고용지원서비스를 제공하도록 노력하여야 한다.
   ② 정부는 제1항에 따른 고용지원서비스를 제공하는 경우 취업에 어려움을 겪는 청년의 참여를 유도하고 취업을 촉진하기 위하여 필요한 지원을 할 수 있다.
32) 홍정선, 전게 신 지방자치법, 495면.

으로 수행하는 결과를 초래하거나 책임회피의 우려가 있다는 점, 지방자치단체와 국가가 형식적으로만 공동으로 되어 있을 뿐 실제로는 지방자치단체가 실행계획을 수립하여 국가로부터 보조금을 지원받는 경우는 사실상 공동사무로 부를 수 없다는 점 등에서 공동사무라는 유형을 인정하는 것에 부정적인 견해를 제시하기도 한다. 이 견해는 특히 사무배분의 명확화라는 관점에서 국가사무와 자치사무로만 구분하고, 우리나라에서 말하는 공동사무는 폐지되어야 한다고 주장한다.33)

　　한편 지방분권법 제11조가 "권한이양 및 사무구분체계의 정비 등"이라는 제목으로 "국가는 제9조에 따른 사무배분의 원칙에 따라 그 권한 및 사무를 적극적으로 지방자치단체에 이양하여야 하며, 그 과정에서 국가사무 또는 시·도의 사무로서 시·도 또는 시·군·구의 장에게 위임된 사무는 원칙적으로 폐지하고 자치사무와 국가사무로 이분화하여야 한다."고 규정한 것을 '국가사무와 자치사무의 이원화'에 대해서 규정한 것으로 보는 견해도 있다. 즉 이 규정이 법령상 사무를 국가사무와 자치사무로 이원화하도록 그 사무의 귀속주체를 명확히 규정하고 있다고 보고 있는 것이다.34) 이와 같은 해석을 바탕으로 이러한 규정상 공동사무 인정에 소극적일 수밖에 없고, 따라서 인정을 하더라도 최소한으로, 예컨대 협력사무에 대해서만 인정할 필요가 있다고 한다.35)

　　이상의 부정적인 견해와는 달리, 현재로서는 공동사무를 적극적으로 긍정하는 견해는 없어 보인다. 다만 지방분권법은 법령상의 사무를 국가사무와 자치사무로 구분하라고 규정하고는 있지만 사무의 내면적인 성격을 보면 현실적으로는 공동으로 수행할 사무가 존재할 수밖에 없다는 점에서 공동사무의 현실적 인정 가능성을 언급하기도 한다. 주로 이와 같은 공동사무로는 국가의 협력이 필요한 경우나 국가와 지방자치단체가 공동으로 이해관계를 가지는 경우를 들고 있다.36) 그러나 이 견해들도 적극적으로 공동사무를 인정하자는 입장은 아니고, 원칙적으로는 공동사무에 부정적이나, 현실적인 관점에서 사무의 효율적 수행이나 협력 필요성 등의 제한적인 범위 내에서만 소극적으로 인정하여야 한다는 입장이다.

5) 소결

　　이상에서 우리나라의 자치현실에서, 특히 중앙정부의 권한을 지방으로 이양하는 과정에서 「지방분권법」의 해석을 둘러싸고 공동사무의 인정 여부가 논의의 대상이 되었

33) 이기우 외, 전게논문, 58면, 62면.
34) 김원중, 전게논문, 304면 이하.
35) 김원중, 상게논문, 397면 이하.
36) 홍정선, 『행정법원론(하)』제23판, 박영사, 224면 이하; 김원중, 상게논문, 396면 이하.

고, 이를 바탕으로 지난 정부에서는 가급적이면 공동사무화를 지양하려는 입장이었다는
점, 그럼에도 현실적으로는 국가와 지방자치단체의 공동의 이해관계가 있거나 상호간의
협력이 필요한 경우에는 공동사무의 형태로 지방이양이 의결되고 있는 사례가 있었다
는 점, 그러나 이론적으로는 공동사무에 대해서 부정적인 견해들이 더 많다는 점을 살
펴보았다.

이하에서는 헌법상 지방자치권 보장에 관한 이해를 바탕으로 공동사무 필요성, 유
사개념과의 구분, 어떠한 경우에 공동사무가 허용되는 것이 바람직한지에 대하여 보다
구체적으로 살펴보기로 한다.

III. 공동사무의 개념과 유형의 정립

1. 논의의 기초로서 헌법상 지방자치권 보장에 대한 이해

1) 제도적 보장

헌법 제117조 제1항은 "지방자치단체는 주민의 복리에 관한 사무를 처리하고 재산
을 관리하며, 법령의 범위안에서 자치에 관한 규정을 제정할 수 있다."고 규정하고 있
는데, 이를 지방자치권에 대한 헌법상의 제도적 보장으로 이해하는 것이 일반적이다.
제도적 보장이란 지방자치제도가 자의적인 입법권행사로 인하여 그 제도 자체가 완전
히 폐지되거나 형해화(形骸化)되지 않도록 헌법상 보장된다는 것을 의미한다. 제도적 보
장의 내용으로는 지방자치단체의 존립보장, 객관적 법제도보장 그리고 주관적 법적 지
위의 보장을 드는 것이 일반적이다.

존립보장은 지방자치단체의 존립을 보장하는 것이므로, 국가조직내에 법제도로서의
지방자치단체라고 하는 일정형태의 행정유형이 반드시 존재하는 것이 보장되어야 함을
의미한다. 그리고 객관적 법제도보장은 원칙적으로 자기지역내의 모든 사무를(전권한성),
자기책임으로(자기책임성) 처리할 수 있는 권한이 보장되어야 함을 의미한다. 한편 지방
자치단체에게는 헌법상 자치권보장을 주장할 수 있는 주관적 법적 지위가 인정되어야
하는데, 그 수단으로는 행정소송, 위헌법률심사 그리고 권한쟁의심판이 있다.[37]

---

37) 이하 졸저, 전게서, 939면 이하 참조. 제도적 보장에 관하여 상세는 Kim, Nam-Cheol, Gemeindliche
   Planungshoheit und überörtliche Planungen, Frakfurt a.M. u.a., 1998, S.35 ff.; 졸저, "독일에서의 지방자
   치단체의 계획고권의 헌법상의 보장", 『사법행정』 1998. 2, 8면 이하; 졸저, "지방자치권의 제한에 대한 한
   계", 『연세법학연구』 제5집 제1권, 연세법학연구회, 1998. 5, 131면 이하, 졸저, "지방자치단체의 계획고권과

2) 지방자치권 보장에 대한 해석

위에서 설명한 제도적 보장 가운데, 특히 객관적 법제도보장에 따라 지방자치단체는 따로 법률에 규정되지 않더라도 '주민의 복리에 관한 그 지역의 모든 사무'에 대하여 자치사무로서 우선적인 관할권을 가지며, 또 그것이 자치사무인 한 원칙적으로 국가의 어떠한 지시에도 기속되지 않고 스스로 합목적적이라고 판단되는 바에 따라 사무를 처리할 수 있어야 한다.

여기에서 특히 문제가 되는 것은 과연 어떠한 사무가 '객관적 법제도보장'이 되는 지방자치단체의 사무인가 하는 것이다. 이와 관련하여 독일 기본법 제28조 제2항 제1문은 "지역공동체의 모든 사무(alle Angelegenheiten der örtlichen Gemeinschaft)"라고 규정하고 있고, 우리 헌법 제117조 제1항은 "주민의 복리에 관한 사무"라고 규정하고 있는데, 독일에서는 헌법상 보장되는 자치사무로서, 이와 같은 '지역공동체의 사무'가 구체적으로 무엇을 의미하는지에 대하여 논란이 있었다.

먼저 전통적인 견해로서 독일 연방헌법재판소는 '지역공동체에 뿌리를 두거나, 지역공동체에 특별한 관계를 가지고 당해 지역에서 자기책임 하에 수행될 사무'를 지역사무로 이해한다. 이와 같이 지역사무를 '지역적(örtlich)' 요소로만 판단하려는 전통적인 견해에 대해서는 여러 비판적인 견해가 있었다.

여기에는 국가와 지방자치단체 간의 공동사무관리영역("res mixtae", staatliches-und kommunales Kondominium)[38]을 인정하고 그 대신 지방자치단체에게는 국가의 결정과정에서 다양한 협력권(Mitwirkungsrecht)을 보장하자는 '공관(共管)적 자치론', 헌법은 더 이상 자기책임성을 보장하는 것이 아니라 전체 국가에서 국가와 지방자치단체가 기능상 분업적으로 업무수행을 하는 것을 전제로 지방자치단체에게 이 기능상의 협력권을 보장하는 것으로 이해하는 '기능적 자치론', 국가의 지방자치단체에 대한 제한이 불가피하다는 점을 들어 지방자치단체에게 각종 참여권이나 협력권을 보장하여 자치권침해를 보상하자는 보상모델(Kompensationsmodell), 지방자치단체는 국가행정구조의 최하위의 단위로서 특별한 행정유형에 불과하고 헌법상 보장에 따라 자신의 정치적 형성재량이 지나치게 제

국가의 공간계획", 『토지공법연구』 제6집, 한국토지공법학회, 1998. 10, 295면 이하; 이기우, 『지방자치행정법』, 법문사, 1991, 35면 이하; 이기우, 『지방자치이론』, 학현사, 1996, 119면 이하; 이기우/하승수, 『지방자치법』, 대영문화사, 2007, 46면 이하 등 참조.

38) Seewald, Kommunalrecht, in: Udo Steiner(Hrsg.), Besonderes Verwaltungsrecht, 7.Aufl., Heidelberg 2003, S.44. 이와 같이 공관사무는 지방자치권에 대한 제도적 보장이론에 대한 반론으로 제기된 비판론이 주장하는 개념이다. 즉 국가와 지방사무에 대한 명확한 구별이 어려운 영역에 있는 사무를 국가와 지방자치단체의 공관사무로 이해하고 공관사무에 있어 지방자치단체의 관여권을 보장하는 것을 자치권 보장으로 이해하는 것이다(이기우, 지방자치이론, 학현사, 1996, 138면 참조).

한받지 않을 것을 요구할 수 있다고 이해하는 '특별행정유형론' 등의 비판적인 견해들이 있으나, 오늘날까지 이 견해들은 전통적인 제도적 보장이론에 대한 대안이 되지는 못하고 있다. 특히 지방자치단체의 자치권은 단순히 자치권에 대한 침해에 대한 각종 참여권의 보장으로 보상되는 것은 아니라는 점에서 특히 그러하다.[39]

3) 소결

결론적으로 말하자면, 헌법은 지방자치권 보장을 통하여 '지역성(Örtlichkeit)'이라는 관점에서 '그 지역과의 관련이 높은 사무'에 대한 자기책임적인 수행을 보장한다고 할 수 있다. 이러한 관점에서 보면, 공관적 자치론에서 말하는 공관사무는 애초에 자치사무의 영역에 속하는 사무이지만 그 사무의 성격이 애매한 영역을 공동관리영역으로 하자는 것이어서 지방자치권의 침해가 문제되는 것이라고 할 수 있다. 다시 말해서 국가와 지방자치단체 사이의 공관영역의 존재가 불가하다는 의미라기보다는, 자치사무를 공관사무로 하는 것이 지방자치권의 침해, 그것도 본질적인 부분에 대한 침해가 되는 경우가 특히 문제되는 것이다.

이러한 의미에서 보면 그 반대의 경우, 즉 국가사무의 영역에 속하였던 사무를 ―시대 및 국가와 지방자치단체의 역할의 변화 등에 따라― 국가와 지방자치단체의 공동사무로 하는 것은 오히려 지방자치단체의 자치권의 확장을 가져온다는 점에서 지방자치권 침해와는 무관하다고 볼 것이다.

2. 공동사무의 허용성과 필요성

이상과 같이 공동사무가 자치권을 침해하는 경우라면 헌법상 지방자치권 보장에 반하는지 여부가 문제될 수 있으나, 지방자치의 관점에서 국가사무를 국가와 지방자치단체의 공동사무로 하거나 광역지방자치단체의 사무를 광역과 기초지방자치단체의 공동사무로 하는 것은 자치권의 확대를 가져온다는 점에서 헌법상 문제되지 않는다고 생각한다. 독일 기본법과 같은 공동사무에 관한 명문의 규정이 없더라도, 지방자치를 실현하기 위한 목적이고, 또한 지방자치권의 침해가 아닌 한, 헌법상 공동사무는 허용될 수 있다고 생각한다.

그렇다면 우리나라의 경우 법률상 공동사무가 금지되는지가 문제될 수 있는데, 이

---

39) Kim, Nam–Cheol, a.a.O., S.38ff.; 이기우, 전게 지방자치이론, 133면 이하 참조.

미 언급한 바와 같이, 일각에서는 「지방분권법」 제11조의 해석상 법령상 사무를 국가
사무와 자치사무로만 이분화하여야 한다고 이해하기도 하지만, 이 조문의 입법취지는
가급적이면 기관위임사무를 줄이고 이를 국가사무나 자치사무로 전환하라는 것이지, 공
동사무를 금지하거나 억제하라는 취지는 아니라고 이해된다. 따라서 이 조문을 공동사
무를 금지하거나 억제하는 근거로 들 수는 없다고 생각한다. 그렇다면 현재로서는 공
동사무를 금지하는 법률상의 명문의 규정이 없는 한 공동사무는 입법적으로 허용된다
고 할 수 있다. 따라서 법적 허용성에 대해서도 문제될 것은 없다고 생각된다.

그 다음으로 문헌에서는 공동사무에 대하여 부정적인 견해가 일반적인데, 일단 사
무수행권자가 복수이면 사무수행의 책임소재가 불분명하고 중복행정과 책임 회피의 우
려가 있고, 국가 또는 광역지방자치단체의 지방자치단체 또는 기초지방자치단체에 대한
지도·감독 권한의 강화로 이어질 수 있으며, 국가 또는 광역지방자치단체의 권한이양
회피 수단으로 활용될 수 있다는 점 등이 그 이유이다.[40]

이와 같은 지적들은 지방자치권의 보장이라는 관점에서 지극히 타당하다. 특히 마
땅히 지방자치단체가 수행하여야 할 사무가 법령상 국가사무로 규정되어 있는 경우라
면 공동사무가 아니라 지방자치단체의 사무로 사무이양을 하는 것이 순리이다. 다만
현재의 재정이나 인력 등의 여건상 지방자치단체가 수행하면 권한보다는 오히려 의무
또는 재정적인 부담만 떠안게 되는 사무라든지, 전국 공통의 원칙이나 기준으로 국가
가 이끌어야 할 필요가 있는 사무같은 경우에는 이를 공동사무로 할 경우 지방자치단
체의 부담이 오히려 줄어든다거나 또는 국가가 수행하는 사무를 국가의 지원을 받아
지방자치단체에서도 실시할 수도 있게 된다는 점에서 이를 꼭 부정적으로 볼 것만은
아니다. 따라서 공동사무가 기존의 지방자치단체의 사무를 국가와 공동으로 수행하게
함으로써 명백하게 지방자치단체의 자치권 침해가 문제되는 경우라든지 또는 아무런
원칙이나 기준·범위 등을 정함이 없이 국가나 지방자치단체가 동일한 사무에 대해서
동일한 권한을 중복적으로 수행하도록 하는 경우에는 공동사무를 인정하면 안 되겠지
만, 그렇지 않은 경우라면, 필요에 따라 공동사무를 인정할 수도 있을 것이다.

---

40) 한국지방행정연구원, 전게 보고서, 26면 이하 참조.

3. 공동사무의 개념정립과 유사개념과의 구별

1) 국가 또는 지방자치단체의 '사무'와 관련된 입법례

위에서 살펴본 바와 같이, 독일의 경우 기본법에 공동사무에 관한 규정이 있지만, 이는 연방국가에서 연방과 주 사이에서의 사무에 관한 규정이고, 독일의 경우에도 국가와 지방자치단체 간의 공동사무에 관한 입법례는 없다.

우리나라의 경우에도 헌법은 물론이고, 지방자치법을 포함한 법률상으로도 공동사무 자체에 관한 명문의 규정은 없다.

우리나라에서 '사무' 자체에 관한 명문의 규정을 두고 있는 경우로는 「지방자치법」과 「지방분특별법」이 있는데, 구체적으로는 아래와 같이 '국가사무', '자치사무', '법령에 따라 지방자치단체에 속하는 사무', '위임된 사무', '공통된 사무'라고 표현되어 있다.

지방자치법

제9조(지방자치단체의 사무범위) ① 지방자치단체는 관할 구역의 자치사무와 법령에 따라 지방자치단체에 속하는 사무를 처리한다.

제10조(지방자치단체의 종류별 사무배분기준) ① 제9조에 따른 지방자치단체의 사무를 지방자치단체의 종류별로 배분하는 기준은 다음 각 호와 같다. 다만, 제9조제2항제1호의 사무는 각 지방자치단체에 공통된 사무로 한다.

제11조(국가사무의 처리제한) 지방자치단체는 다음 각 호에 해당하는 국가사무를 처리할 수 없다. 다만, 법률에 이와 다른 규정이 있는 경우에는 국가사무를 처리할 수 있다.

제102조(국가사무의 위임) 시·도와 시·군 및 자치구에서 시행하는 국가사무는 법령에 다른 규정이 없으면 시·도지사와 시장·군수 및 자치구의 구청장에게 위임하여 행한다.

지방분권 및 지방행정체제개편에 관한 특별법

제11조(권한이양 및 사무구분체계의 정비 등) ① 국가는 제9조에 따른 사무배분의 원칙에 따라 그 권한 및 사무를 적극적으로 지방자치단체에 이양하여야 하며, 그 과정에서 국가사무 또는 시·도의 사무로서 시·도 또는 시·군·구의 장에게 위임된 사무는 원칙적으로 폐지하고 자치사무와 국가사무로 이분화하여야 한다.[41]

---

41) 이 조문은, 이미 언급한 바와 같이, 기관위임사무를 원칙적으로 폐지하고 가급적이면 이를 지방에 이양하라는 취지이므로, 공동사무 형태로 법령을 개정하는 것이 여기에 저촉되어 위법하다고 할 수 없다.

이 가운데 '국가사무', '자치사무', '위임된 사무', '법령에 따라 지방자치단체에 속하는 사무'는 그 의미하는 바가 분명하다.[42]

한편 지방자치법 제10조에 따른 '공통된 사무'란 지방자치법 제9조 제2항 제1호의 '지방자치단체의 구역, 조직, 행정관리 등에 관한 사무'를 말하는데, 이 사무는 광역지방자치단체와 기초지방자치단체에 공통된 사무이지만 그 수행의 대상이 서로 다르다. 따라서 여기에서 '공통사무'란 '사무의 내용은 공통되지만 그 수행대상은 서로 다른 사무'를 일컫는 것이라는 점을 유추해 볼 수 있겠다.

그 외에 공동사무에 관하여는 해당 입법례도, 이론적으로 정립된 개념도 없지만, 위 입법례에 비추어 보면, 적어도 공동사무는 '공동의 사무수행'을 본질로 하는 것으로 이해하는 것이 합리적이라고 판단된다. 그리고 이 점이 결국 공통사무와는 구별되는 것이라고 보아야 할 것이다. 이렇게 보면 공동사무는 '복수의 행정주체가 동일한 사무를 공동으로 수행하는 경우'를 대상으로 하는 것으로 이해할 수 있겠다.

2) 공동사무 개념의 정립

현재 우리나라 법령상 약 2,800여 건에 달하는 공동사무는 실로 그 유형이 매우 다양하다. 이들을 유형별로 구분해 보면, 대체로 ① 국가와 지방자치단체[43]가 동일한 사무에 대하여 수행권을 공동으로 가지는 경우(예: 동일한 사항에 대하여 관리·감독권 또는 시정조치권 등의 권한을 공동으로 가지는 경우),[44] ② 국가와 지방자치단체가 공동으로 사무수행권을 가지되 일정 기준에 따라 수행권의 행사범위가 다른 경우(예: 구역지정권을 공동으로 행사하되 일정 면적 이상의 지정권은 국가가, 그 이하의 지정권은 지방자치단체가 가지는 경우),[45] ③ 국가와 지방자치단체가 공동으로 지원하는 경우(예: 국가와 지방자치단체 모두 동일

---

42) 예컨대, 홍정선, 전게 신 지방자치법, 340면 참조.

43) 엄격하게는 중앙행정기관의 장, 시·도지사, 시장·군수·구청장을 의미한다. 다만 공동사무를 설명하면서는 편의상 국가, 지방자치단체로도 표기하기로 한다.

44) 지방자치단체에 대한 행정감사규정
　제3조(감사의 종류) 주무부장관, 행정자치부장관 또는 시·도지사가 실시하는 감사는 다음 각 호와 같이 구분한다.
　　3. 특정감사: 주무부장관, 행정자치부장관 또는 시·도지사가 지방자치단체의 감사대상사무 중 특정한 분야에 대하여 실시하는 감사
　　4. 복무감사: 행정자치부장관 또는 시·도지사가 법 제167조, 제171조 및 제171조의2에 따른 감사대상 지방자치단체에 소속된 사람이 감사대상 사무와 관련하여 법령과 직무상 명령을 준수하는지 여부 등 그 복무에 대하여 실시하는 감사

45) 어촌·어항법
　제16조(어항의 지정권자) 해양수산부장관, 시·도지사 또는 시장·군수·구청장(이하 "지정권자"라 한다)은 다음 각 호의 구분에 따라 어항을 지정한다.

사무에 대하여 일정한 지원을 할 수 있도록 하는 경우)⁴⁶⁾로 나누어 볼 수 있다.

이 가운데 ②유형의 경우는 사무의 내용은 공통되지만 일정한 면적이나 단위 등의 기준에 따라 권한이 나누어지므로, 결국은 국가나 지방자치단체는 동종의 사무이지만 서로 다른 사무에 대한 권한을 행사하는 것이 되어 '공동으로 사무를 수행하는 경우'에 해당한다고 할 수 없다. 따라서 공동사무를 인정할 것인가가 문제가 되는 경우는 ①과 ③유형이라고 할 수 있겠다.

공동사무를 이렇게 이해하는 한, '공동사무'는 대체로 '국가와 지방자치단체, 지방자치단체 상호간에 동일한 사무에 대하여 동일한 권한이나 의무를 가지고 공동으로 수행하는 사무'로 정의할 수 있다.⁴⁷⁾ 따라서 법령상 공동의 사무주체로 규정되어 있더라도 그 대상사무가 서로 다른 경우에는 공동사무라 할 수 없다.

3) 유사개념과의 구별

공동사무와 유사하게 사용되고 있는 개념들로는 중첩사무, 공관사무(Kondominium), 공통사무, 경합사무 등이 있는데, 공동사무를 비롯한 이러한 개념들은 법령상 확립된 개념이 아니라 모두 강학상의 용어에 불과하다.

먼저 '중첩사무'는 '사무를 독자적으로 수행하는 기관이 다수인 사무'로 이해되는 경향이 있다. 이는, 결국, 예컨대 법령에서 국가와 시·도가 공동으로 사무주체로 규정되어 있더라도 그 사무에 관하여 국가와 시·도가 각각 국가사무와 시·도사무로서 각자

---

　　1. 국가어항: 해양수산부장관
　　2. 지방어항: 시·도지사
　　3. 어촌정주어항 및 마을공동어항: 시장·군수·구청장
　산업입지 및 개발에 관한 법률
　제7조(일반산업단지의 지정) ① 일반산업단지는 <u>시·도지사</u> 또는 대통령령으로 정하는 시장이 지정한다. 다만, 대통령령으로 정하는 면적 미만의 산업단지의 경우에는 <u>시장·군수 또는 구청장</u>이 지정할 수 있다.
　산업입지 및 개발에 관한 법률 시행령
　제8조(일반산업단지의 지정 등) ② 법 제7조제1항 단서에서 "대통령령으로 정하는 면적"이란 30만 제곱미터를 말한다.
46) 환경정책기본법
　제57조(조사·연구 및 기술개발에 대한 재정지원) <u>국가 및 지방자치단체</u>는 환경보전에 관련되는 학술 조사·연구 및 기술개발에 필요한 재정지원을 할 수 있다.
47) 종래 지방자치발전위원회의 통계에는 공동사무와 공동사무를 구분하지 않고 이를 모두 공동사무로 본 결과 공동사무의 수가 더 많은 것으로 파악되는 문제가 있었다. 특히 법령상 사무 개수를 파악함에 있어서도, 예컨대 국가와 지방자치단체의 공동사무는 사무를 기준으로 하면 1개의 사무인데도 사무주체를 기준으로 국가, 광역 및 기초자치단체의 3개의 사무로 파악하였다. 위와 같이 공동사무를 정의하게 되면 현행 법령상의 공동사무의 수가 상당히 줄어들게 될 것이다.

독자적인 권한과 책임으로 수행하는 사무를 의미하는 것으로 이해된다. 예컨대 공공의료서비스를 국가와 시·도가 공동으로 수행하지만 국가는 국가차원에서, 시·도는 지역차원에서 각각 다른 서비스를 제공하는 경우 국가와 지방자치단체의 '사무영역'이 중첩되어 있다고 보는 것이다.

그 다음으로 공관사무(Kondominium)라는 용어는 행정의 실제에서는 거의 사용되고 있지는 않지만, 이미 살펴본 바와 같이, 예컨대 국가와 지방자치단체가 공동으로 폐기물처리를 한다든지, 공동으로 공공시설에 대한 안전점검이나 감독권을 행사하는 경우와 같이 '국가와 지방자치단체가 공동의 관할로 하는 사무'를 의미한다. 공관사무를 이와 같이 이해하면, 이는 사실상 공동사무의 같은 의미를 가지는 것으로 이해할 수 있다.

한편 '공통사무'는 −이미 살펴본 바와 같이− '국가와 지방자치단체가 공통된 사무를 각기 다른 영역을 대상으로 수행하는 사무'를 의미한다. 예컨대 '문화회관의 설치 및 운영'이라는 '공통된 사무'를 국가 차원(예: 국립문화회관)과 지방자치단체 차원(예: 도립문화회관)에서 각각 수행하는 경우가 이에 해당한다.

이와 같은 유사한 개념들 이외에 경합사무라는 용어가 사용되는 경우도 있는데, 이는 광역지방자치단체와 기초지방자치단체 사이의 사무배분에 관한 것[48]이라는 점에서 다른 개념들과는 차이가 있다. 경합사무는 '국가 또는 지방자치단체가 각각 수행할 수 있는 '공통된 사무'로서 이 가운데 어느 누구가 먼저 수행하게 되면 타 주체는 수행할 수 없게 되는 사무'를 말한다. 예를 들면, 광역지방자치단체나 기초지방자치단체 모두 지방자치법 제9조와 제10조에 따라 '중복적으로 규정된 지방자치단체의 사무'를 수행할 수 있는데, 예컨대 '생활이 곤궁한 자에 대한 지원'과 같은 단순 지원사무는 광역이나 기초지방자치단체가 각각 수행하더라도 문제가 없지만, '오물의 수거 및 처리'는 처리권자의 지정이나 시정명령·지정취소와 같은 규제권한과 관련된 것으로서 동법 제10조 제3항(불경합의 원칙)에 따라 기초지방자치단체에서 먼저 처리하면 광역지방자치단체는 이를 수행할 수 없게 하는 것이 바람직한데, 이 경우 '오물의 수거 및 처리'사무는 경합사무가 된다.

요컨대 이상과 같이 용례를 정리해보면, 결국 공동사무는 동일한 사무를 복수의 행정주체가 공동으로 수행한다는 점에서 공관사무(Kondominium)와 같은 의미로 이해된다. 한편 중첩사무는 동일한 사무를 대상으로 하는 것이 아니라 동일한 '사무영역'을 국가도, 지방자치단체도 중복적으로 수행하는 것이라는 점(예: 국립공원·도립공원·군립공원)에서

---

48) 지방자치법 제10조(지방자치단체의 종류별 사무배분기준)

③ 시·도와 시·군 및 자치구는 사무를 처리할 때 서로 경합하지 아니하도록 하여야 하며, 사무가 서로 경합하면 시·군 및 자치구에서 먼저 처리한다.

공통사무와 같은 의미로 이해되고, '사무영역의 공통'이지 '동일사무를 대상으로 하는 것이 아니라는 점'에서 공동사무와는 구별된다. 그리고 경합사무도 '공통사무를 복수의 행정주체가 경합적으로 수행'하는 것이라는 점에서 공동사무와 구별된다.

4. 공동사무의 인정 방향

이상에서 공동사무의 허용성과 현실적인 필요성, 공동사무를 '동일한 사무를 공동으로 수행하는 경우'로 정의를 할 필요가 있다는 점을 설명하였다.

그런데 공동사무가 법적으로 허용된다 할지라도 우선은 지방자치단체의 자치권이 본질적으로 침해되어서는 안 된다는 한계는 분명히 존재한다. 따라서 국가와 지방자치단체 간에 사무영역의 구분이 애매하다고 해서 모두 공동사무가 될 수 있는 것으로 이해해서는 안 되고, 또한 자치사무를 공동사무로 하는 경우에는 이와 같은 한계가 보다 엄격히 준수되어야 한다.

그 다음으로는 행정권한의 명확한 배분·상호 권한존중·책임 소재의 명확화·국민의 기본권보호 등의 측면에서 가급적이면 단일 주체에게 행정권한을 부여하는 것이 원칙이 되어야 한다는 것이다. 예컨대 지원사무의 경우는, 국가와 지방자치단체가 공동으로 지원하도록 하는 경우로서 지원대상자인 국민이나 주민의 입장에서는 수익적인 내용이기 때문에 공동사무를 특별히 제한적으로 볼 이유는 없겠지만, 규제사무인 경우에는 원칙적으로 공동사무를 허용하지 않되, 다만 합동단속반을 운영하여 공동단속을 할 필요성이 있다든지, 아니면 기술의 발전으로 인하여 국가가 보유한 기술을 이용할 필요가 있다든지, 예산 및 인력 사정상 국가의 지원이 필요한 경우와 같이 예외적인 경우에 한하여 공동사무를 허용되는 것으로 하여야 할 것이다. 따라서 국가사무라 하더라도 지방자치권의 확대라는 점에서 무조건 공동사무가 허용된다고 하기 보다는 사무영역과 권한을 명확하게 하려는 노력이 우선되어야 하고, 그러한 노력에도 불구하고 현실적으로 공동수행의 필요성이 현저한 경우에 한하여 공동사무가 인정된다고 하여야 한다.

이상의 내용을 조금 더 구체화해서 정리해 보면, 가급적 법령상 사무는 국가사무와 자치사무로 이분화하는 것을 원칙으로 하면서, 예외적으로 ① 국가사무를 자치사무로만 하기에는 곤란한 경우로서 국가사무의 공동사무화로 궁극적으로 지방자치단체의 자치권이 확대되는 경우, ② 국가와 지방자치단체, 지방자치단체 상호간에 공동협력이 요구되는 경우,[49] ③ 복지와 고용지원 등을 포함한 급부행정영역에서 지원주체의 역할을 지방자치단체로 확대함으로써 주민들의 복리가 증진되는 경우, ④ 지방자치단체의 입장

에서 사무이양에 따른 행·재정이관이 현실적으로 잘 이루어지지 않는 상황에서 국가
사무를 자치사무로 하는 것보다는 공동사무로 하면서 국가의 재정·인력·기술 등의
지원을 받는 것이 현실적으로 요구되는 경우, ⑤ 그밖에 국가와 지방자치단체 모두 공
동의 이해관계가 있거나 국가와 지방자치단체 모두의 지원이 필요한 경우 등에는 공동
사무를 인정할 수 있다고 할 수 있겠다.[50]

Ⅳ. 결 론

이상에서 지방자치법상 공동사무에 관한 논의와 실무현황 등을 바탕으로 이론상 공
동사무의 허용 여부, 공동사무의 개념정의 그리고 공동사무의 허용 방향 등에 대해서
살펴보았다.

공동사무의 문제는 이론적인 검토도 필요하겠지만, 우선은 정부에서 지방이양을 논의
하는 과정에서 그 인정 여부를 둘러싸고 논란이 되었던 것이 본 연구의 동기가 되었다.

특히 「지방분권법」 제11조가 공동사무를 금지 또는 억제하라는 취지의 조항인가 하
는 것이 문제가 되었고, 또한 −독일도 마찬가지이지만− 학자들은 대체로 공동사무라
는 개념에 부정적인 것이 사실이다.

그러나 「지방분권법」 제11조는 지방이양에 관한 규정이지 공동사무에 관한 규정은
아니라고 생각된다. 동조의 가장 큰 입법취지는 가급적이면 위임사무를 폐지하라는 것
이다. 따라서 동조 때문에 공동사무가 허용되지 않는 것으로 이해하는 데에는 동의하
기 어렵다.

다른 한편으로 우리의 자치현실을 돌아보면, 우리나라는 오랜 동안 중앙집권국가였
고, 또한 단일국가여서 정치현실에서 '분권'을 경험하지 못했었고, 지방자치 역사가 20
년이 넘어가고 있는 현 시점에서도 여전히 국가법령체계는 온통 국가가 모든 행정을
주도하도록 시스템화되어 있다. 국가가 법령을 제정하지만 일차적으로는 이 법령을 지
방자치단체가 집행하도록 시스템을 전환시키는 것이 지방자치이다. 그러나 오랜 동안의
노력에도 불구하고 이와 같은 시스템 전환은 현재로서도 요원한 얘기이다. 이러한 점

---

49) 예컨대 '프로젝트와 관련한 사무공동수행(projektbezogene Zusammenwirken)'이라는 유형도 생각해 볼
수 있는데, 그 예로 올림픽이나 월드컵 행사준비 및 운영 등을 국가와 해당 지방자치단체가 협력하여 공
동으로 수행하는 경우를 들 수 있겠다(Seewald, a.a.O., S.45). 이와 같은 유형들도 적극적인 협업형태로
국가와 지방자치단체 모두에게 도움이 된다는 점에서 긍정적으로 볼 수 있다고 생각한다.
50) 지방자치발전위원회 내부자료 참조.

에서는 국가사무를 국가와 지방자치단체의 공동사무로 전환하는 것도 지방이양의 한 형태로 이해할 필요가 있다. 이 문제는 헌법이 보장한 자치권을 그만큼 확대시킨다는 점에서도 의의가 있다고 생각한다. 자치발전에 따라 이러한 공동사무가 궁극적으로는 자치사무로 정착되어야 하겠지만 현재는 과도기라고 생각된다.

이러한 점에서 현실적으로 공동사무를 인정하되 중첩사무나 공통사무는 공동사무에서 제외하는 것으로 하여 공동사무의 개념을 명확히 하고, 또한 법령상의 사무는 가급적이면 국가사무와 자치사무 형태의 단일사무를 원칙하면서, 공동사무는 공통의 이해관계, 협력 필요성, 국가의 지원 필요성 등이 있는 경우에만 예외적으로 인정하도록 하는 기준은 필요하다고 생각한다. 다만 이 경우에도 지방자치단체의 자치권은 최대한 존중되어야 하고 여하한 경우에도 자치권의 본질을 침해하는 경우에는 허용되지 않는다는 점은 분명히 하여야 할 것이다.

이와 같은 원칙이나 방향들이 향후 지방이양과 관련된 논의과정이나 입법과정에서 하나의 방향을 제시하는 것이 되기 바라고, 아울러 이에 대한 깊이 있는 논의도 이어지기를 바란다.

참고문헌

김남철, 행정법강론, 제3판, 박영사, 2016.

이기우, 지방자치행정법, 법문사, 1991.

＿＿＿＿, 지방자치이론, 학현사, 1996.

이기우/하승수, 지방자치법, 대영문화사, 2007.

홍정선, 신 지방자치법, 제3판, 박영사, 2015.

＿＿＿＿, 행정법원론(하), 제23판, 박영사, 2015.

김남철, 독일에서의 지방자치단체의 계획고권의 헌법상의 보장, 사법행정 제39권 제2호, 1998.2, 8면 이하.

＿＿＿＿, 지방자치권의 제한에 대한 한계, 연세법학연구 제5집 제1권, 연세법학연구회, 1998. 5, 131면 이하.

＿＿＿＿, 지방자치단체의 계획고권과 국가의 공간계획, 토지공법연구 제6집, 한국토지공법학회, 1998. 10, 295면 이하.

＿＿＿＿, 지방자치단체 국정참여의 공법적 과제 ‒상원 또는 지방원 도입에 관한 논의를 중심으로‒, 지방자치법연구 제10권 제3호(통권 제27호) (2010.9), 한국지방자치법학회, 113면 이하.

＿＿＿＿, 국가와 지방자치단체 간 사무배분개혁추진의 평가와 과제, 국가법연구 제9집 2호 (2013.9), 한국국가법학회, 3면 이하.

김순은, 지방자치 20년의 평가, 입법과 정책 제7권 제1호 (2015.6), 국회입법조사처, 57면 이하.

＿＿＿＿, 지방의정 25년의 평가와 과제, 자치.의정 제18권 제4호(통권 제103호) (2015.7/8),지방의회발전연구원, 8면 이하.

김원중, 지방자치상 공동사무의 인정여부에 관한 검토, 지방자치법연구 제14권 3호(통권 제43호) (2014.9), 한국지방자치법학회, 389면 이하.

손희준, 민선자치 20년 지방재정의 성과와 과제, 자치발전 21권 5호(통권 241호) (2015.5), 한국자치발전연구원, 31면 이하.

육동일, 민선자치와 분권 20년의 성과평가와 발전과제, 자치발전 21권 5호(통권 241호) (2015.5), 한국자치발전연구원, 22면 이하.

이기우, 지방자치입법 20년 평가, 지방행정 통권746호(2015.12), 행정공제회, 24면 이하.

이기우/홍준현/권영주/이종원, 지방자치단체 수행사무 구분체계의 개편방향, 한국공공관리학보 제18권 제1호(2004.6), 한국공공관리학회, 53면 이하.

조성규, 지방자치 20년을 통한 자치입법권 보장의 평가와 과제, 지방자치법연구 제15권 제2호(통권 제46호) (2015.6), 한국지방자치법학회, 137면 이하.

최승범, 2016년 지방분권의 성과와 과제, 지방자치발전위원회 전문가 기고(http://clad.go.kr/

section/board/bbs_view.html?PID=data&seq=5442).

지방분권촉진위원회, 제2기 지방분권촉진위원회 지방분권 백서

지방자치발전위원회, 지방자치발전 종합계획.

한국지방행정연구원, 새로운 판별기준에 따른 국가 총사무 재배분 조사표 작성(2014.1).

행정자치부, 한국지방행정연구원 [편], 지방자치 20년 평가, 행정자치부·한국지방행정연구원, 2015.

Kim, Nam−Cheol, Gemeindliche Planungshoheit und überörtliche Planungen, Frakfurt a.M. u.a., 1998.

Stober, Kommunalrecht in der Bundesrepublik Deutschland, 3.Aufl., Stuttgart u.a., 1996.

독일 연방주의와 연방주의개혁의
우리나라 지방분권개헌에의 시사점*
- 지방분권과 지방자치의 관점에서 -

김 남 철

Ⅰ. 머리말
Ⅱ. 독일 연방주의
　　1. 연방주의(Föderalismus)의 관념
　　2. 독일의 연방국가원리와 연방의 구성
Ⅲ. 독일에서의 연방주의 개혁
　　1. 연방주의개혁 Ⅰ의 주요 내용
　　2. 연방주의개혁 Ⅱ의 주요 내용
Ⅳ. 개헌안의 지방분권 및 지방자치 관련
　　주요 내용
　　1. 국회 개헌보고서 지방분권 관련

주요내용
　　2. 대통령 발의 개헌안 지방분권 관련
　　　주요 내용
　　3. 개헌보고서 및 개헌안의 문제점
Ⅴ. 독일 연방주의와 연방주의 개혁의 시
　　사점 및 지방분권개헌의 방향
　　1. 독일 연방주의의 시사점
　　2. 연방제 수준의 지방분권개헌의 방향
Ⅵ. 맺음말

Ⅰ. 머리말

　　지난 지방선거에 즈음한 6월 개헌이 성사되지 않아 당분간 개헌은 어렵게 되었지만, 지난 번 현출된 국회의 개헌보고서[1]나 정부의 개헌안[2]의 내용은 향후에도 다시 논의될 가능성이 매우 높다는 점에서 자세히 살펴볼 필요가 있다. 특히 여기에는 지방정부, 국가자치분권회의, 주민의 자치참여권, 자치세 조례주의 등과 같은 상당히 혁신적인 내용들이 포함되어 있는데, 지방분권강화 차원에서는 이해가 되나, 헌법에 규정되기 이전에 학문적으로나 사회적으로 더 논의되고 검토될 필요가 있는 내용들이라고 생각된다.

　　우리나라는 단일국가로서 국가와 지방자치단체의 2원적 행정체계로 구성되어 있고, 이 가운데 보통지방자치단체를 다시 광역과 기초로 나누고 있어서 3단계의 행정체계로 구성되어 있다. 이러한 점에서 지난 개헌논의에 등장했던 '지방정부'라는 구상은 광역지

---

*　이 글은 『공법학연구』 제19권 제3호(2018.8.)에 수록된 논문임을 밝힙니다.
1)　국회 국민과 함께하는 개헌/헌법개정 주요의제/지방분권(http://www.n-opinion.kr/?page_id=146, 2018. 8.2. 최종방문) 참조.
2)　청와대/국민소통광장/국민 개헌안(http://www1.president.go.kr/Amendment, 2018.8.2. 최종방문), 대한민국 헌법 개정안 발의안.

방자치단체와 관련된 것이지, 기초지방자치단체와는 잘 부합되지 않는다고 생각한다. 사실 지방분권개헌과 관련하여 그동안 준연방주의 또는 연방제 수준이라는 표현이 여러 차례 등장하기도 하였는데,[3] 이는 결국 국가－광역－기초의 3단계 가운데, 광역의 권한을 연방국가에서의 지방국가에 준하는 정도로 강화하겠다는 취지라고 생각된다. 그렇다면 결국 지방분권구조와 관련된 개헌안 등의 핵심적인 구상은 국가와 광역지방자치단체를 연방국가에서의 연방과 지방의 관계에 준하도록 재설정할 것인가 하는 문제였다고 생각된다.

본 연구는 이와 같이 지난 분권개헌논의의 핵심적인 문제가 '연방제 수준의 국가와 광역 사이의 관계설정'이었다고 보고, 이 문제에 관한 향후의 심화된 법적 논의를 위한 기초자료로서, 독일에서의 연방주의와 최근의 연방주의 개혁에 관한 내용을 살피면서 우리나라 지방분권 개헌에 대한 시사점을 제시하는 것을 목적으로 한다.

이에 따라 이하에서는 독일 연방주의(II)와 연방주의개혁의 내용을 개관하고(III), 개헌안의 지방분권구조와 관련된 주요내용과 문제점을 살펴보면서(IV), 독일 연방주의의 시사점과 우리나라의 지방분권과 지방자치제도의 발전을 위한 향후의 논의점들을 제시해 보기로 한다(V).

II. 독일 연방주의

1. 연방주의(Föderalismus)의 관념

연방주의는 여러 개의 국가들이 하나의 연방국가를 구성하는 정치이념을 말한다.[4]

---

3) 예컨대, "연방제 수준의 지방분권 보장하라", 한겨레, 2018.3.22, (http://www.hani.co.kr/arti/ society/ area/837266.html, 2018.7.16. 최종방문); 연방제 버금가는 지방분권… 김부겸, 제2국무회의 검토, 경향신문, 2017.7.12., (http://news.khan.co.kr/kh_news/khan_art_view.html?artid=201 707122311015&code= 620100, 2018.7.16. 최종방문) 등 참조.
4) 연방주의에 관하여는, 예컨대 김영일, 알투시우스(Johannes Althusius)의 연방주의 연구: 지방자치의 이념적 기초로서의 연방적 사회구성, 지방정부연구 제6권 제4호(2003.2), 275면 이하; 김영일, 연방주의 비교연구: '보조성의 원리(Subsidiaritaetsprinzip)'에 기초한 새로운 공동생활의 패러다임 모색, 국제정치논총 제44집 제3호(2004.8), 217면 이하; 김영일, 유럽통합에 나타난 연방주의 이념, 한국정치학회보 제39집 제2호(2005.6), 85면 이하; 김영일, 유럽통합에 나타난 연방주의 이념, 한국정치학회보 제39집 제2호(2005.6), 85면 이하; 문재완, 미국 헌법상 연방주의 발전사 연구, 유럽헌법연구 제4호(2008.12), 유럽헌법학회, 63면 이하; 변진석, 미국의 수직적 연방주의의 헌법적 구조, 안암법학 37권(2012.1), 91면 이하; 원준호, 독일 연방주의의 원리와 구조, 그리고 개혁, 한국국제지역학회보 제4집(2005.2), 한국국제지역학회, 3면 이하; 이기우, 지방분권적 국가권력구조와 연방제도, 공법연구 제37집 제1－1호(2008.10), 139면 이하; 최유, 연방체제의 헌법적 전개 －미국, 독일, 유럽연합을 중심으로－, 중앙대학교 박사학위논문,

그런데 연방주의의 의미에 대해서는, 예컨대 연방주의를 분리주의에 대응하는 측면에서 중앙집권주의를 의미하는 경우도 있고(예: 영국이나 미국), 반대로 중앙집권주의에 대응하는 측면에서 지방분권주의를 의미(예: 독일)하는 경우도 있다.5) 그리고 이미 존재하고 있는 국가들이 연방국가를 형성하는 경우도 있고, 단일국가가 지방으로 권력을 분산하면서 연방국가를 형성하는 경우도 있다.6) 이처럼 연방주의는 지방국가들이 하나의 연방국가를 구성하는 원리이기는 하지만 그 발현형태나 의미하는 바는 각 나라마다 상이하다.

한편 연방국가의 관념과 관련하여 연방국가(Bundesataat)인지 여부를 국가형태의 문제로 보는 입장에서는 연방국가(聯邦)와 지방(支邦)국가 사이의 주권(Souveränität) 관계가 중요한 문제였고, 이에 따라 연방 또는 지방국가만이 주권을 가지는지, 연방과 지방이 주권을 총유(總有)하는지, 연방과 지방 모두 주권을 가지는지 등이 논란이 되었지만,7) 연방국가를 국가의 구성원리로 이해하는 입장에서는 주권의 소재나 분할보다는 연방과 지방 사이의 기능배분이나 협력 등이 중요한 문제가 된다.8)

본 논문은 우리나라에서 논의되고 있는 연방제 수준의 지방분권개헌과 관련하여 연방국가에서의 국가와 지방 사이의 적절한 권한배분과 협력방안 등에서 시사점을 얻고자 하는 것이므로, 연방주의를 중앙집권화 경향에 대응하기 위한 국가의 구성원리로서 국가권력의 분산을 통한 자치와 협치를 구현하는 이념으로 이해하기로 한다. 이러한 이해를 전제로 하면 연방국가가 단일국가보다 지방분권적이라고 할 수 있다.9) 이러한 이해를 바탕으로 이하에서는 독일의 협력적 연방국가10)에 관하여 살펴보기로 한다.

2009.8; 한종수, 독일 연방주의와 시사점, 유럽연구 7권(1998.7), 한국유럽학회, 371면 이하; 홍기준, 벨기에의 정치통합: 협의적 연방주의 사례연구, 유럽연구 23권(2006), 115면 이하 등 참조.

5) 예컨대, 김영일, 상게논문, 국제정치논총, 220면; 김영일, 상게논문, 지역정부연구, 286면 이하는 연방주의를 지방자치의 이념적 기초로서 보충성의 원리를 바탕으로 하는 사회구성원리로, '중앙집권적 특성을 가지는 근대사회의 국가'라는 틀과는 이념적 특성을 달리한다고 보고 있다. 허영, 전게서, 340면도 연방국가는 사회관계의 다양성을 조성해 주는 구조로서 여기에는 보충성의 원리가 정신적 기초를 이루고 있다고 보고 있다. 그 밖에 박응격, 한국의 분권화와 국가화합을 위한 Federalism, 한국유럽행정학회보 제3권 제1호 (2006.2), 한국유럽행정학회, 4면 이하도 같은 입장이다.

6) 이기우, 전게논문, 공법연구, 146면 이하. 한편 이기우, 상게논문, 공법연구, 145면 이하는 집권과 분권의 관점에서 단일국가와 연방국가를 중앙집권적 단일국가 - 지방분권적 단일국가, 중앙집권적 연방국가 - 협력적 연방국가 - 지방분권적 연방국가로 분류하기도 한다. 최유, 전게논문, 26면 이하도 연방국가 중에도 분권화에 차이가 있음을 보여주고 있다.

7) 예컨대, 김철수, 헌법학신론, 제14전정신판, 2004, 박영사, 91면; 김학성, 헌법학원론, 전정2판, 2018, 피씨앤미디어, 93면 참조.

8) 허영, 헌법이론과 헌법, 제6판, 2013, 박영사, 323면 이하.

9) 허영, 상게서, 335면 이하 참조.

10) 이에 관하여는 허영, 상게서, 341면 이하; 이기우, 전게논문, 공법연구, 149면; 한종수, 전게논문, 378면 참조.

2. 독일의 연방국가원리와 연방의 구성

1) 연방국가원리

독일 기본법 제20조 제1항은 "독일연방공화국은 민주적, 사회적 연방국가이다."라고 하여 연방주의를 헌법원리로 규정하고 있다. 여기에서 연방국가원리란 국가권력을 연방과 지방 사이에 수평적·수직적으로 분산시킴으로써 현대국가에서의 국가과제를 능률적으로 수행하고 또한 국민의 자유를 보다 효과적으로 보호하기 위한 국가의 구성원리를 말한다.11)

연방국가란 여러 지방국가(Gliedstaaten)들이 헌법적으로 결합하여 하나의 전체국가(Gesamtstaat)를 형성하지만 전체국가를 구성하는 지방국가들이 계속해서 국가적 성격을 가지는 국가형태를 말한다. 이와 같이 연방국가는 헌법적으로 결합하여 하나의 국가를 형성하는 것이라는 점에서 국가동맹이나 국가연합과 구별된다. 그리고 지방국가들이 국가성(Staatlichkeit)을 가진다는 의미에서 자치권을 가지나 국가성을 가지지 않는 지방분권적 단일국가에서의 지방조직과도 다르다.12) 특히 이 경우 연방국가와 단일국가에서의 권력배분의 원리가 달리 적용되는데, 즉 연방국가에서의 연방과 지방 사이의 권력배분은 국가 간의 국가권력의 배분이 문제되는 것으로서 이 문제는 헌법 차원의 문제인데 비하여 단일국가에서의 지방자치의 문제는 법률 차원에서의 지방자치권의 보장이 문제되는 것이라는 점에서 차이가 있다.13)

한편 연방국가에서 연방과 지방이 모두 국가성을 가진다는 의미에서 연방과 지방 사이의 법적 관계가 문제되는데, 이에 관한 통설이라 할 수 있는 2원적 구조론에 따르면 연방국가에서 연방이나 지방 모두 국가성을 가지지만 연방이 곧 전체국가이므로 연방헌법의 범위 내에서 연방이 지방국가보다 상위에 있게 된다. 다시 말해서 연방국가에서 지역적·역사적·문화적으로 결합되어 있는 지방국가들은 각각 국가성을 가지면서 자기 지역의 행정사무를 자주적으로 처리할 수 있는 고유한 주권이 보장되지만, 지방국가가 결합된 전체국가가 곧 연방이므로 연방은 연방의 헌법과 법률을 통하여 지방국가들의 권력행사에 한계를 정할 수 있다. 그러나 연방국가는 국가적 과제를 효과적으로 수행하기 위하여 입법·사법·행정의 국가권력을 지방에 분산시키는 것이기 때문에, 주권의 소재나 연방과 지방 사이의 위계가 문제가 아니라, 연방국가로서의 동질성

---

11) 예컨대, 허영, 상게서, 323면.
12) 김철수, 전게서, 91면 이하; 허영, 상게서, 324면 이하; 원준호, 전게논문, 4면 참조.
13) 김학성, 전게서, 94면 참조.

(Homogenität)과 이질성(Heterogenität)을 동시에 보장하면서 연방－지방 사이의 상호 협력관계를 통하여, 궁극적으로는 국가적 과제가 효과적으로 수행될 수 있도록 하는 조정적·통제적·협력적 제도적 장치를 마련하는 것이 중요하다.14) 이와 같이 연방과 지방의 관계를 엄격한 단절관계가 아닌, 대등·대립·협조적 관계로 이해하는 독일의 연방주의를 협동적 또는 협력적 연방주의(kooperativer Föderalismus)라 부른다.15)

협력적 연방주의에서는 연방과 지방국가의 권한 및 권한배분, 연방과 지방의 권한행사, 특히 지방국가들이 연방의 의사결정에 참여하고 영향을 미치는 방법 등이 매우 중요하고, 아울러 연방으로서의 동질성 및 연방신의(信義)(Bundestreue)가 요구되면서도 동시에 지방국가들의 어느 정도의 이질성도 보장되어야 하는데, 이와 같이 연방주의 안에는 연방의 특성상 권력의 분산이 내재되어 있고, 이러한 점에서 연방주의는 권력분립원칙을 보완하는 원리로 설명되기도 한다.16)

이어서 아래에서는 독일 기본법 규정을 중심으로 －특히 우리나라에서의 연방제 수준의 지방분권과 관련하여 의미 있는－ 연방과 주 사이의 입법권 및 행정권의 배분, 행정권한의 배분에 따른 독일의 행정유형을 살피는데, 이에 관해서는 이미 국내에 자세히 소개되어 있으므로 여기에서는 논의에 필요한 정도로 개관하는 데 그친다.

2) 연방의 구성

(1) 독일 연방국가의 구성과 연방참사원

독일은 연방(Bund)와 16개의 주(Länder)로 구성되어 있는데, 여기에서 주(州)는 하나의 단일국가로서의 국가성을 가진다. 따라서 지방국가들마다 헌법이 따로 있고, 별도의 입법권(주 의회)과 사법권을 가진다. 다만 지방국가들이 모여서 하나의 강력한 연방국가를 구성하고 있기 때문에 지방국가의 주권이 연방국가의 주권만큼 강하지는 않다.

한편 주들은 연방의 구성국가이지만, 연방에 대하여 주의 이익을 대변하고 이를 통하여 연방에 대한 적절한 견제와 통제를 가하기 위하여 주의 대표들로 연방참사원(Bundesrat)을 구성한다. 연방참사원은 지방국가들로 구성된 연방국가라는 특성에서 비롯된 것으로, 엄격한 의미에서 양원제에서의 상원은 아니다.17) 연방참사원은 연방행정

---

14) 허영, 전게서, 327면 이하.

15) 허영, 상게서, 341면; 이규영, 독일연방주의와 지방자치: 연방－지방 관계 및 지방자치개혁을 중심으로, 유럽연구 16권(2002.12), 한국유럽학회, 5면 이하; 원준호, 전게논문, 5면 이하.

16) 한종수, 전게논문, 373면 이하; 허영, 상게서, 335면 이하 참조.

17) 이에 관하여 상세는 졸고, 독일에서의 연방참사원과 주지사협의회를 통한 국정참여－특히 지방자치단체의 국정참여권 실현방법의 관점에서－, 지방자치법연구 제18권 제1호(2018.3), 한국지방자치법학회, 281면 이하 참

부의 법규명령에 대한 동의권, 연방의회가 제정하는 일부법률에 대한 동의권 기타 연방정부 구성에 대한 일부의 권한행사 등을 통하여 연방의 입법과 행정에 강력하게 참여하는데(기본법 제50조 이하), 이러한 참여를 통하여 연방과 주의 이해관계가 적절히 조정되고 균형을 이루게 된다.

(2) 연방과 주

독일 기본법은 연방의 헌법기관으로서 연방의회, 연방참사원, 연방대통령, 연방정부 등을 규정하고 있는 이외에 연방과 주 사이의 입법권, 행정권, 사법권의 배분에 관한 규정들을 두고 있다. 이는 국가로서의 주권을 가지는 연방과 주 사이에서 주권보장을 위하여 국가 간의 권력을 나누는 것은 "분권"의 문제로서 헌법에서 규정하여야 하는 문제라는 점을 보여주는 것이다.

연방의 경우 연방의 최고수반은 연방대통령(Bundespräsident)이다. 그러나 의원내각제가 중심인 독일에서 연방대통령의 지위는 강하지 않다. 연방대통령은 국제법상 연방을 대표하고 연방의 이름으로 조약을 체결하며, 연방수상 지명권, 연방행정부장관의 임명권, 법률공포권 등의 권한을 가지지만 그 권한은 상징적인 것에 불과하다(기본법 제54조 이하).

연방에서 가장 중요한 헌법기관은 연방입법부를 구성하는 연방의회(Bundestag)이다. 연방의회는 국민에 의하여 직접 선출된 의원들로 구성된다. 연방의회는 국민의 대표기관으로서 법률을 제정하고 연방수상을 선출하는 등 매우 중요한 국가기능을 수행한다(기본법 제38조 이하).

연방행정부를 구성하는 연방정부(Bundesregierung)는 연방수상(Bundeskanzler), 연방행정부장관들(Bundesminister)로 구성된다. 연방행정부장관은 연방수상의 제청에 따라 연방대통령이 임명한다. 연방수상은 연방행정의 수반으로서 이에 대한 강력한 권한을 가지고 책임을 진다(기본법 제62조 이하).

한편 연방의 각 주들도 국가성을 가지므로, 각자 고유한 헌법을 제정하여 시행하고 있다. 그리고 각 주의 헌법에 따라 입법기관으로서 주의회(Landtag), 행정기관으로서 주정부(Landesregierung), 사법기관으로서 주법원(Landesgericht)에 관하여 규정하고 있다.

조. 그 밖에도 이규영, 전게논문, 6면 이하; 한종수, 상게논문, 374면 참조.

(3) 지방자치(Kommunale Selbstverwaltung)[18]

원칙적으로 연방국가는 연방과 지방국가와의 관계이지만, 독일에서의 지방자치는 연방국가의 분권적 성격과 밀접한 관련이 있다. 독일 기본법은 단체자치의 개념에 근간하여 지방자치의 기본단위인 게마인데(Gemeinde)의 자치권이 보장된다고 규정하고 있다. 게마인데는 우리나라와 비교하면 작은 규모의 도시나 농어촌지역의 읍·면 정도인데, 경우에 따라서는 우리나라의 군에 해당하는 크라이스(Landkreis)가 지방자치의 수행주체인 경우도 있다. 중요한 점은 헌법에서 직접 지방자치단체의 종류를 규정하고 있다는 점, 그리고 지방자치단체의 기본단위는 '생활공동체'인 게마인데라는 것이다.

게마인데나 크라이스는 주의 한 구성부분이다. 여기에서 중요한 점은 기본적으로 지방자치는 주와 지방자치단체 간의 관계와 관련이 있다는 점이다. 물론 연방법률에 의하여 연방사무가 위임되거나 자치권 침해가 문제되는 경우도 있겠으나, 지방자치법관계의 중심은 주(국가)와 지방자치단체 사이의 문제이다. 이 점이 국가구조가 다른 우리나라와 큰 차이를 보이는 점이다. 즉 우리나라에서는 광역이나 기초 모두 지방자치단체로서 동등한 자치권을 가지고 있는 것으로 설정되어 있기 때문에, 여기에서는 국가와 광역, 광역과 기초, 국가와 기초 간의 문제가 혼재될 수밖에 없다.

지방자치단체에 의하여 수행되는 사무는 국가 전체로 볼 때 연방이나 주가 수행하는 것과 동일한 행정사무에 해당하며, 독일은 이를 연방주의, 지방분권, 지방자치의 이념에 따라 연방행정, 주행정, 지방자치행정으로 나누어 각자 자기의 사무를 수행하게 하고 있는 것이다. 이러한 의미에서 독일에서는 지방자치단체를 연방, 주에 이어서 국가의 제3의 기둥(Dritte Säule)이라고 부른다.[19]

지방자치는 국가권력의 수평적 권력분립 가운데 행정권을 다시 중앙과 지방으로 나누는 것이므로 행정권의 수직적 권력분립이라 할 수 있고, 지방자치단체에 일정한 자치권을 부여함으로써 정치적 다원주의를 추구하는 정치이념이다.

---

18) 예컨대 Burgi, Kommunalrecht, 5.Aufl., München, 2015, S.12ff.; Geis, Kommunalrecht, 4.Aufl., München, 2016, S.21ff.; Gern, Deutsches Kommunalrecht, 2.Auf., Baden-Baden, 1997, S.65ff.; Lange, Kommunalrecht, Tübingen, 2013, S.2ff.; Stober, Kommunalrecht in der Bundesrepublik Deutschland, 3.Aufl., Suttgart u.a. 1992, S.46ff. 참조.
19) 장지호, 서독지방자치론, 1987, 대왕사, 18면.

3) 연방과 주 사이의 입법권한의 배분[20]

연방국가에서는 연방과 주가 국가권력을 어떻게 나눌 것인가 하는 것이 중요한 문제인데, 큰 틀에서 보자면 독일의 경우는 연방법률의 입법이나 정책결정은 주로 연방이 담당하고 연방법이나 연방정책의 집행은 주가 담당하도록 하고 있다.

기본법은 기본법이 연방에 입법권을 부여하지 않는 범위에서 주가 입법권을 가진다고 규정하면서(기본법 제70조 제1항), 기본법에서 전속적 입법권한과 경합적 입법권한을 규정하는 방식으로 연방과 주 사이에 입법권을 배분한다고 하고 있다(동법 제70조 제2항).

주는 연방의 전속적 입법사항에 대해서는 연방법률이 입법권을 수권하는 경우에만 입법권을 가질 수 있지만(동법 제71조), 경합적 입법사항에 대해서는 연방이 자신의 입법권을 행사하지 않는 한 입법권을 가질 수 있다(동법 제72조 제1항). 외국인체류, 생활배려, 경제법, 교육보조 및 학술연구진흥, 토지·천연자원·생산수단의 공유화, 병원의 경제적 안전, 생필품법, 교통, 국가책임, 인간에 대한 인공의료[21]에 관한 사항으로 연방 차원에서의 동등한 생활관계나 법적·경제적 통일성이 필요한 경우에는 이에 대해서 연방이 입법권을 가진다(동법 제72조 제2항). 그렇지만 이와 같은 필요성이 없을 경우에는 연방법률로 이에 관한 연방법을 주법이 대체한다고 정할 수 있다(동법 제72조 제4항).

기본법 제73조 제1항에서는 연방의 전속적 입법사항에 관하여 규정하고 있다. 즉 외교·국방, 국적, 출입국·범죄인도, 통화·화폐·도량형, 관세·통상, 문화재 국외반출보호, 항공교통, 연방철도, 우편·장거리통신, 연방 및 연방직할 공법상 단체에 근무하는 자의 법률관계, 영업권·저작권·출판권, 국제테러방어,[22] 형사경찰·연방과 주의 안전수호 등에 관한 연방과 주의 협력, 연방통계, 총포·화약법, 전사·상자 유족부양 및 전쟁포로 구호, 평화적 목적을 위한 핵에너지 생산 및 이용 등에 관하여는 연방이 배타적으로 입법권을 가진다.

기본법 제74조 제1항은 연방과 주의 경합적 입법사항에 관하여 규정하고 있는데, 즉 민·형법·법원조직·재판절차·변호사제도 등, 가족관계증명제도, 결사법, 외국인 체류법, 난민 및 추방자, 공적 구호, 전쟁피해·복구, 전몰자 및 희생자 묘지, 경제법, 노동법 및 사회보험, 교육보조 및 학술연구진흥, 공용수용, 토지·천연자원·생산수단의 공유화, 경제적 권력남용 방지, 농업 및 임업·원양어업·연안어업·연안보호, 토지법, 의료법, 병원의 경제적 안전, 식품·필수품·종자나 묘목·동식물보호, 항로, 교통, 연방

20) 예컨대, 원준호, 전게논문, 10면 이하; 최유, 전게논문, 169면 이하; 한종수, 전게논문, 375면 이하 참조.
21) 기본법 제74조 제1항 제4호, 제7호, 제11호, 제13호, 제15호, 제19a호, 제20호, 제22호, 제25호, 제26호.
22) 이에 대해서는 연방참사원의 동의가 필요하다(기본법 제74조 제2항).

철도 외의 궤도, 오물제거·공기정화·소음방지, 국가배상, 인간에 대한 인공의료, 주와 지자체 등의 공무원 및 법관의 지위에 따른 권리와 의무, 수렵제도, 자연보호 및 자연 경관 보호, 토지분배, 지역개발계획, 수자원 관리, 대학 입학허가 및 졸업[23]은 연방과 주가 경합적으로 입법권을 행사할 수 있다.

4) 연방법률의 집행과 독일연방의 행정유형[24]

독일 연방제는 연방이 입법권(기본법 제70조 이하)을, 주가 행정권(기본법 제83조 이하)을 각각 우선적으로 가진다는 점이 특징적이다. 연방은 비교적 좁은 범위로 한정된 영역에서 한정된 업무를 수행하고, 연방법률의 집행은 원칙적으로 주가 행한다.

먼저 기본법 제30조는 기본법에 별도의 규정이 없으면 국가권한의 행사와 국가사무의 수행은 주의 소관사항으로 규정하고 있고, 제83조는 연방법률의 집행이 주의 고유사무임을 규정하고 있다. '연방은 연방법률을 제정하지만, 이 연방법률의 집행은 원칙적으로 주가 한다'는 분권의 기본원칙 또는 기준이 헌법에서부터 규정되고 있는 것이다.

기본법은 제8장(제83조-제91조)에서 연방행정에 관하여 규정하고 있는데, 기본적으로는 주의 연방법률 집행권한(제83조), 주 고유사무로서 연방법률집행과 연방의 집행감독권(제84조), 주 위임사무로서 연방법률집행과 연방의 집행감독권(제85조), 연방고유행정·연방직속의 공법상 단체 또는 영조물(제86조-제91조)로 구성되어 있다. 이와 같은 연방과 주 사이의 행정권한의 배분에 관한 기본법 규정에 따라 연방과 주의 행정은 아래의 5가지 유형으로 구분해 볼 수 있고, 그 밖에 연방과 주의 공동사무와 지방자치행정도 참고로 살펴본다.

(1) 연방고유행정(bundeseigene Verwaltung)

외교·연방재무행정·연방수로와 해운행정은 연방이 고유행정으로 수행하고, 연방국경수비·경찰행정·헌법수호를 위한 연방청을 연방법률로 설치할 수 있다(제87조 제1항). 다만 이와 같은 연방고유행정의 범위는 한정적이고 협소한 편이다. 이를 직접연방행정(unmittelbare Bundesverwaltung)이라고도 하는데, 연방법률을 연방행정부가 직접 집행하는 경우이다. 기본법은 연방고유행정에 관하여 별도로 군대(제87a조), 방위(제87b조), 항공교통(제87d조), 연방철도(제87e조), 연방우편 및 원거리 통신(제87f조), 연방은행(제88조), 연방수로(제89조), 연방도로(제90조), 국경수비대(제91조)에 관한 별도의 규정을 두고 있다.

---

23) 이 가운데 국가배상(제25호)와 주와 지자체 등의 공무원 및 법관의 지위에 따른 권리와 의무(제27호)는 연방참사원의 동의가 필요하다(기본법 제74조 제2항).
24) 예컨대, 원준호, 전게논문, 13면 이하; 장지호, 전게서, 19면 이하; 최유, 전게논문, 220면 이하 참조.

(2) 간접연방행정(mittelbare Bundesverwaltung)

사회보험사무와 같이, 관할범위가 한 주의 지역을 초월하는 사무의 경우에는 연방의 감독을 받는 공법상의 기관이나 시설을 설치하여 연방행정을 수행하게 하는데 이를 간접연방행정이라 한다(제87조 제2항). 이는 연방법률을 연방의 감독을 받는 공법상 사단이나 영조물이 집행하는 경우이다.

(3) 연방위임행정(Bundesauftragsverwaltung)

연방정부가 주정부에 연방사무를 위임하여 수행하게 하는 경우이다(기본법 제85조). 이 경우는 주가 연방의 위임에 따라 연방법률을 집행하는 것이 된다. 위임사무는 자기사무와는 달리 합법성(Gesetzmäßigkeit)에 대한 감독뿐 아니라 합목적성(Zweckmäßigkeit)에 대한 감독도 가능하다. 주가 연방위임사무를 다시 지방자치단체에 위임하는 경우에는 반드시 위임사무의 형식으로 하여야 한다. 연방법률에 의하여 연방의 사무가 지방자치단체에 위임될 수는 없다(기본법 제85조 제1항).[25]

(4) 주고유행정(landeseigene Verwaltung)으로서 연방법률의 집행

기본법은, 연방이 직·간접적으로 수행하는 행정사무를 제외하고는, 주의 고유사무로서 연방법률을 집행하도록 규정하고 있다(기본법 제84조). 이에 따라 연방법률을 주가 고유한 행정사무로 수행하는 것을 주고유행정이라 한다. 사실상 연방법률의 대부분은 주가 집행하고 있다. 이 경우 연방의 주에 대한 감독은 합법성 감독에 한정된다. 주는 이 사무를 직접 수행하여도 되고, 지방자치단체에 위임하여 수행하여도 된다.

행정실무적으로는 이 사무의 상당부분이 지방자치단체에 위임되어 수행되고 있다. 이 경우 연방-주-지방자치단체 간의 관계에 있어서 기본법 제84조 제5항은 연방은 긴급한 경우를 제외하고는 주에 대해서만 개별명령을 할 수 있다고 규정하고 있다. 결국 지방자치단체가 위임행정을 수행하는 경우라 하더라도 연방은 주에 대해서만 명령을 하고, 이를 다시 주가 지방자치단체에 하여야 하는 것이다.

(5) 주고유행정으로서 주법률의 집행

이 경우는 주법률을 주행정부가 고유한 사무로서 수행하는 경우이다. 이 경우는 연방이 주에 대하여 간여할 수 없다. 이 경우 주는 자신의 고유사무로 이를 수행하여도 되고, 지방자치단체의 자치사무로 수행하도록 하여도 되며, 위임사무로 수행하도록 할 수도 있다.

---

25) 이 조항은 2006년 기본법 개정으로 신설된 것이다.

(6) 공동사무(Gemeinschaftsaufgaben)

한편 기본법은 제8a장에서 지역경제구조의 개선이나 농업구조와 해안보호의 개선(제91a조) 또는 학술·연구·교육의 장려(제91b조)에 있어 필요한 경우에는 연방과 주가 공동으로 사무를 수행할 수 있도록 규정하고 있다.[26] 기본법은 이 경우 연방의 재정부담률을 직접 규정하거나 또는 연방과 주가 합의하여 정하도록 규정하고 있다.

(7) 지방자치행정[27]

지방자치행정은 주행정에 속하며, 간접 주행정(Mittelbare landesverwaltung)을 수행한다. 각 주는 지방자치법을 제정하여 지방자치단체의 자치권, 기관, 사무, 기타 활동 등을 규율하고 있다. 지방자치행정은 국가권력 가운데 그 지역에 관한 행정권을 자치권의 형식으로 지방자치단체에 부여한 결과이며, 이는 일종의 행정권의 지방분권이라고 할 수 있다. 이로써 지방자치단체는 연방법률과 주법률의 대부분의 집행을 담당하게 되는데, 이 가운데는 연방이나 주의 사무가 위임되어 수행되는 위임사무도 있고, 지방자치단체의 사무로서 자기책임하에 수행되는 자치사무가 있다. 자치사무에는 다시 의무적 자치사무와 임의적 자치사무가 있는데, 연방법률이나 주법률에서 자치사무의 형식으로 사무의 집행을 규율하는 경우 이 사무는 의무적 자치사무이다.

III. 독일에서의 연방주의 개혁

국가운영의 실제에서 발생하는 중앙집권화 현상, 신자유주의적 경쟁체제로의 변화, 독일의 통일, 유럽연합의 탄생과 같은 변화는 독일 내에서는 주간 재정적 불균형 문제, 특히 유럽에서는 타국과의 경쟁 심화라는 문제를 낳게 되었고, 이에 따라 독일에서는 이른바 연방주의 개혁을 단행하게 되었다.[28] 그동안 독일에서는 수차례에 걸쳐 기본법을 개정했는데, 특히 2006년의 기본법개정을 연방주의개혁 I(Föderalismusreform I)이라

26) 이에 관하여는 졸고, 국가와 지방자치단체 간의 공동사무, 지방자치법연구 제17권 제2호(2017.6), 한국지방자치법학회, 84면 이하 참조.
27) Burgi, a.a.O., S.39ff., 83ff.; Geis, a.a.O., S.21ff.; Gern, a.a.O., S.53ff., 65ff., 155ff.; Lange, a.a.O., S.2ff., 686ff.; Stober, a.a.O., S.32ff., 46ff. 참조.
28) 유진숙, 연방주의 부활과 내적 동력: 2006년 독일 기본법 개정과 연방구조의 이완, 한국정치학회보 제42집 제2호(2008.6), 308면 이하; 윤석진/이준서, 2006년 개정 독일기본법의 주요내용 연구, 한국법제연구원, 2008.10., 38면 이하; 원준호, 전게논문, 16면 이하; 이기우, 전게논문, 공법연구, 154면 이하; 이기우, 독일 연방주의개혁 2006, 유럽헌법연구 제3호(2008.6), 유럽헌법학회, 89면 이하; 한종수, 전게논문, 379면 이하 참조.

하고, 2008년의 개정을 연방주의개혁 II(Föderalismusreform II)라 부른다.[29]

1. 연방주의개혁 I의 주요 내용[30]

연방주의개혁 I은 연방의 입법권 명확화, 주 입법권 확대, 연방참사원의 동의권 축소, 혼합재정(Mischfinanzierungen)의 폐지, 기본법의 유럽적합성 강화[31]를 목적으로 하였다.

1) 연방의 대강입법권 폐지

구 기본법은 제75조에서 7개 사항에 대하여 연방의 대강입법(Rahmengesetz) 권한[32]을 규정하고 있었다. 이 영역에서는 연방법률로 그 기본이 되는 골격을 정하면 주는 연방법이 정하는 기간 안에 주법을 제정할 의무를 부담하게 되는데, 법개정으로 이 조항이 삭제되면서 연방의 대강입법은 폐지되었다. 이로써 연방의 대강입법사항 중 문화재보호는 연방의 전속적 입법에 편입되었지만, 나머지 대부분은 경합적 입법으로 편입되면서 이 영역에서의 주의 독자적 입법권(제72조 제3항)이 인정되게 되었다.

2) 연방의 전속적 입법권 명확화와 입법권 제한

기본법이 연방의 입법권을 전속적 입법과 경합적 입법으로 분리하고 있음에도 연방의 입법권이 지속적으로 확대되어 왔다는 비판이 있었다. 이에 법개정을 통하여 연방의 경합적 입법사항(제74조)과 법개정으로 삭제된 연방의 대강입법(제75조) 중 일부 사항들, 즉 신고 및 신분증명, 문화재 국외반출 보호, 국제테러리즘에 대한 방위, 총포·화약법, 전사·상자 유족부양 및 전쟁포로 구호, 평화적 목적을 위한 핵에너지 생산 및 이용이 연방의 전속적 입법사항에 편입되면서, 연방입법의 대상이 보다 구체화되고 연

---

29) 연방주의개혁 I은 특히 연방과 주의 입법권의 정비에 관한 것이고, 개혁 II는 연방과 주의 재정문제에 관한 것이다. 이에 관하여는 예컨대, Häde, Zur Föderalismusreform in Deutschland, JuristenZeitung 61(19) (2006), S.930ff.; Häde, Die Ergebnisse der zweiten Stufe der Föderalismusreform, Archiv des öffentlichen Rechts 135(4) (2010), S.541ff.; Härtel, Föderalismusreform II—Bund—Länder—Finanzbeziehungen im Lichte aktueller Ordnungsanforderungen, Juristen Zeitung 63(9) (2008), 437ff. 참조.

30) 윤석진/이준서, 전게서, 47면 이하; 이기우, 전게논문, 유럽헌법연구, 104면 이하; 최봉석, 독일 연방주의개혁과 지방분권의 강화, 공법학연구 제17권 제1호(2016.2), 한국비교공법학회, 83면 이하 참조.

31) 유럽연합이라는 환경변화에 유연하게 대처하기 위하여 기본법 제23조 제6항의 일부를 개정하고, 제72조 제3항을 신설하여 주의 독자적 입법권을 규정한 것을 의미한다.

32) 골격법 또는 윤곽법이라고도 한다. 우리나라에서는 보통 '기본법'이라는 용어로 사용된다.

방의 입법권 확대 여지도 명확히 제한되었다.

또한 연방의 경합적 입법권 행사(제72조 제2항)와 관련하여, 그 영역을 "외국인체류, 생활배려, 경제법, 교육보조 및 학술연구진흥, 토지·천연자원·생산수단의 공유화, 병원의 경제적 안전, 생필품법, 교통, 국가책임, 인간에 대한 인공의료"에 관한 사항으로 제한하였고, 또 연방 차원에서의 동등한 생활관계나 법적·경제적 통일성이 '요구되는 경우(Bedürfnis)'를 '필요한 경우(Erforderlichkeit)'로 개정하여 연방의 입법권 행사 요건을 더 강화하였다.

3) 주의 입법권 확대

대강입법이 폐지되고 연방입법권이 명확해지면서, 결과적으로 경합적 입법에 있어 주의 입법권이 강화되었다. 즉 기본법은 제72조 제3항을 신설하여, 경합적 입법에서 연방이 필요한 입법권을 행사한 경우라면, 주는 수렵·자연 및 경관보호·토지분배·지역개발계획·수자원 관리·대학입학허가 및 졸업[33]에 있어 연방법과 달리 정할 수 있도록 하고 있다. 이를 주의 독자적 입법(Abweichungsgesetzgebung)[34]이라고 한다. 그리고 주의 입법권을 보호하기 위하여 이 영역에서의 연방법률은, 연방참사원의 동의를 얻어 별도로 규정하지 않는 한, 빨라도 공포 후 6개월이 지나야 효력을 발생하도록 하였다.

대강입법(제75조)의 폐지로 그 대부분의 대강입법사항이 연방의 경합적 입법사항(제74조 제1항)으로 편입되면서 그만큼 주의 입법권도 확대되었다고 할 수 있겠다.

4) 연방참사원의 동의권 축소

종래 기본법 제84조 제1항은 "주가 고유사무로서 연방 법률을 집행하는 경우, 연방 법률이 연방참사원의 동의로 달리 규정하지 않는 한, 주는 행정기관의 설치 및 행정절차를 정한다."고 규정하고 있었는데, 법개정을 통하여 '연방법률이 연방참사원의 동의로 달리 규정하지 않는 한'이라는 문언을 삭제하여 연방참사원의 동의를 요하는 법률의 수가 증가하는 현실적인 문제를 해결하고자 하였다. 그 대신 동 조항은 이어서 "연방 법률이 달리 규정하면, 주는 그와 다른 규정을 할 수 있다. 주가 제2문에 따라 달리 규정하는 경우 이 주에는 행정기관 설치 및 행정절차에 관하여 규정하는 연방법률은, 연방참의원의 동의로 달리 정하지 않는 한, 공포 후 6개월이 지나야 효력을 발생한다. 제

---

33) 기존에 연방의 대강입법권이 인정되던 영역이다.
34) 이를 이탈적 입법으로 부르기도 한다. 임현, 독일의 토지계획법제, 토지공법연구 제50집(2010.8), 한국토지공법학회, 26면 각주1).

72조 제3항 제3문을 준용한다. 예외적으로 통일적 규정이 특히 필요한 경우 연방은 주의 독자적 입법이 허용되지 않는 행정절차를 정할 수 있다. 이 법률은 연방참사원의 동의를 요한다. 연방법률에 의해서는 지방자치단체 및 지방자치단체 연합체에 사무가 위임될 수 없다."라고 규정하여 여전히 연방법 제정에 대한 연방참사원의 참여와 통제를 보장하고 있다.

5) 공동사무 규정의 개정

기본법은 공동사무를 제8a장에서 제91a조와 91b조의 두 조문으로 규정하고 있었는데, 제91a조 제1항에서 공동사무의 영역 중 대학에 관한 부분, 제3항과 제5항은 삭제하였고, 제91b조에서 학술·연구·교육의 장려를 연방과 주가 합의에 기초하여 함께 수행할 수 있도록 하였다. 이 조문은 그 이후에도 개정이 되면서, 장의 제목이 '공동사무와 행정협력'으로 개정되었고, 공동사무에 관한 두 조문 이외에 정보기술(제91c조), 행정능력 비교연구(제91d조), 구직자를 위한 기본적 보호(제91e조)를 위한 연방과 주의 협력규정이 신설되었다.

공동사무에 관한 개정의 의미는 제91a조에서 연방이 재정을 부담하는 분야가 일부축소되었고, 제91b조의 경우 교육이나 연구분야에서의 연방과 주의 사무수행방식이 '합의'에 기초한다고 규정한 점에 있다. 아울러 연방과 주의 행정협력에 관한 세 분야를 기본법에서 규정한 것도, 행정협력 영역을 명확히, 그리고 제한적으로 규정하고, 주를 연방의 협력파트너로 이해하며, 국가경쟁력 강화를 위하여 이 분야에서의 연방의 역할과 협조를 강조한 것이라는 점에서 의의를 찾을 수 있다.[35]

6) 혼합재정(Mischfinanzierung)의 폐지[36]

연방과 주가 공동으로 비용을 부담하여 사무를 수행하는 경우를 혼합재정이라 한다. 혼합재정에서의 문제는 연방이 일방적 지원결정에 따라 주가 재정부담을 하게 되는 점이다. 연방은 기본법 제104a조를 근거로 주에 대한 재정지원을 하는데, 문제는 기본법에 명문으로 규정되지 아니한 사무, 특히 주의 권한에 속하는 사무에 대해서까지 연방의 재정지원이 확대되는 경향을 보여 왔다는 것이다. 이에 따라 종전의 제104a조

---

35) 윤석진/이준서, 전게서, 96면 이하; 최봉석, 전게논문, 86면 이하 참조.

36) 이에 관하여 상세는 문병효, 독일에서의 경쟁적 연방주의의 대두와 재정헌법의 개혁논의, 중앙법학 제8집 제1호(2006.4), 중앙법학회, 120면 이하; 박진완, 독일 기본법 제104b조의 연방의 주에 대한 재정지원에 대한 검토, 헌법학연구 제19권 제2호(2013.6), 한국헌법학회, 361면 이하 참조.

제4항에 규정되었던 내용을 제104b조를 신설하여 옮기면서 기본법이 입법권을 수여하는 한도, 기간의 한정, 재정규모의 연차적 감소 등 주에 대한 재정지원의 요건을 강화하였다.

이와 더불어 종전에는 동조 제3항 제3문이 "어떤 법률이 비용의 4분의 1 또는 그 이상을 주가 부담하도록 규정하는 경우에는 연방참사원의 동의를 요한다."고 하여 연방이 전혀 재정부담을 하지 않고 오로지 주가 전부를 부담하는 경우 이 법률이 연방참사원의 동의를 요하는지 논란이 있었는데, 제104a조 제4항을 신설하여 "제3자에 대하여 금전급부, 금전적 가치가 있는 현물급여 또는 이에 상응하는 서비스의 제공을 주의 의무로 하고, 주가 자기의 사무로 수행하거나 또는 제3항 제2문에 따라 연방의 위임으로 수행하는 연방법률은, 이로 인하여 발생하는 지출을 주가 부담하는 경우에는 연방참사원의 동의를 요한다."고 규정하여 이 문제를 해결하였다.[37]

2. 연방주의개혁 II의 주요 내용[38]

2단계 연방주의개혁은 연방과 주 간의 재정관계에 관한 것이다. (i) 주와 자치단체의 투자에 대한 연방의 재정지원을 규정하고 있는 제104b조 제1항에 제2문을 추가하여 자연재난 또는 국가의 통제를 벗어나 재정상태를 현저히 훼손하는 비정상적인 긴급상황의 경우에는 입법권한이 없는 경우라도 재정지원을 할 수 있도록 하였고, (ii) 연방과 주의 예산운용에 관한 제109조에서는 "정상상황에서 일탈한 경기추이의 영향을 호황 및 불황의 어느 경우에도 균등하게 고려하기 위한 규정과 자연재해 또는 국가통제를 벗어나 국가의 재정상태를 현저히 손상시키는 이상긴급상황의 경우를 위한 예외를 정할 수 있다."고 규정하여 연방의 주에 대한 적극적 재정조정정책과 재정지원의 확대를 위한 헌법적 기반을 확충하였다. 이와 같은 최근의 재정헌법분야에서의 연방주의개혁은 주와 지방자치단체의 재정기초를 보장하면서 동시에 연방의 지방에 대한 적극적인 재정개입가능성을 헌법에 명문화하였다는 데 의의가 있다고 하겠다.

---

37) Häde, a.a.O., 2006, S.934f.
38) 이에 관하여 상세는 박영도, 최근 독일의 기본법개정 동향, 법학논문집 제35집 제1호(2011), 중앙대학교 법학연구원, 46면 이하; 최봉석, 전게논문, 90면 이하 참조.

Ⅳ. 개헌안의 지방분권 및 지방자치 관련 주요 내용

현 정부는 '획기적인 자치분권 추진'을 국정과제로 추진하고 있는데,[39] 이는 '연방제 수준의 분권과 자치 실현'을 내포하고 있다. 여기에서 '연방제에 준하는 수준'의 의미가 무엇인지 확립된 바는 없으나, 개헌보고서와 개헌안의 관련 내용을 살피면서, 독일의 협력적 연방주의의 관점에 준하여 이를 검토해 보기로 한다.

1. 국회 개헌보고서 지방분권 관련 주요 내용[40]

보고서는 지방분권의 내용을 ① 지방자치의 확대 여부 및 수준, ② 지방자치단체의 자치입법권 확대 여부, ③ 지방세조례주의 도입 여부, ④ 중앙－지방간 사무배분의 보충성의 원칙 규정 여부, ⑤ 총강에 지방분권국가 선언 여부, ⑥ 지방자치단체의 종류 명시 여부, ⑦ 기본권으로서의 주민자치권 신설 여부로 구분하고 있다.

지방분권의 수준과 관련하여서는 분권수준을 강화하는 경우 이를 헌법에 규정할 것인지, 지방자치단체 대신에 지방정부라는 표현을 사용할 것인지를 쟁점사항으로 하여 ① 지방자치강화형, ② 광역지방정부형, ③ 연방정부형이 제시되었다.

자치입법권 확대에 관해서는 입법권 확대의 구체적인 수준과 내용을 쟁점으로 하여 ① 연방제 수준의 독자적인 입법권을 인정하자는 의견, ② '법령의 범위 안에서'를 '법령에 저촉되지 않는 범위 안에서'로 개정하자는 의견, ③ 조례로 주민의 권리제한·의무부과 등을 하는 데에는 신중히 접근하자는 의견 등이 제시되었다.

지방세에 대해서는 예외를 인정하여 지방세조례주의를 도입하는 문제에 대해서는 이를 인정하자는 의견과 조세법률주의를 유지하자는 의견 등이 제시되었다.

중앙－지방간 사무배분의 보충성의 원칙 규정에 대해서는 헌법 전문이나 지방분권의 장에 보충성의 원리를 명문화할 필요가 있다는 의견이 개진되었다.

총강에 지방분권국가 선언 여부에 대해서는 필요하다는 의견이 다수였고, 이 경우 "대한민국은 지방분권국가이다." 또는 "대한민국은 분권형 국가를 지향한다."는 제안이 있었다.

지방자치단체의 종류 명시 여부에 대해서는 지방자치단체 종류 문제는 지방행정체제 개편과 연관된 문제이므로, ① 신중하게 접근하여야 한다는 의견과 ② 광역자치정

---

39) 청와대 홈페이지(http://www1.president.go.kr/government－projects, 2018.8.2. 최종방문) 참조.
40) 국회 국민과 함께하는 개헌/헌법개정 주요의제/지방분권(http://www.n－opinion.kr/?page_id=146, 2018.8.2. 최종방문) 참조.

부와 기초자치정부로 둔다는 식으로 규정하자는 의견 등이 개진되었다.

기본권으로서의 주민자치권 신설 여부에 대해서는 지방자치를 강화하기 위하여 주민자치권을 개인의 기본권으로 규정하여야 한다는 의견이 있었다.

2. 대통령 발의 개헌안 지방분권 관련 주요 내용[41)]

제1장 총강에서 제1조 제3항을 신설하여 "대한민국은 지방분권국가를 지향한다."고 규정하고 있다.

제3장 국회에서 법률안제출에 관한 제55조 제3항을 신설하여 '지방자치 관련 법률안에 대한 해당 지방정부의 의견제시권'을 규정하고 있는데, 중요한 점은 '지방정부'라는 표현을 사용하고 있다는 것이다. 여기에서 지방정부는 기존의 '지방자치단체'를 바꾸어 표현한 것으로 보인다.

제4장 정부의 제3절을 종전의 국무회의에서 '국무회의와 국가자치분권회의'로 변경하고, 제97조를 신설하여 국가자치분권회의를 헌법기관으로 규정하고 있는데, 중요한 점은 제1항에서는 '정부'와 '지방정부'라고 표현하면서, 제2항에서는 '지방행정부'라고 표현하고 있다는 것이다.

지방자치에 관한 장은 제8장에서 제9장으로 변경되었고 조문 수도 종래 2개에서 4개로 늘었다. 먼저 제121조 제1항에서는 "지방정부의 자치권은 주민으로부터 나온다. 주민은 지방정부를 조직하고 운영하는 데 참여할 권리를 가진다."고 규정하는데, 제1문은 아마도 국민주권에 대응하여 '주민주권'을 규정한 것으로 보이고, 제2문은 지방자치의 일환으로 주민의 참여권을 규정한 것으로 보인다. 이어서 제2항에서는 지방정부의 종류 등에 관하여 법률로 정하도록 하고, 제3항에서는 직접민주주의적 주민참여제도인 주민발안, 주민투표, 주민소환은 법률로 정하되, 구체적인 내용은 조례로 정하도록 하고 있다. 제4항에서는 사무배분의 원칙으로 주민 근거리성을 규정하고 있다. 그 다음으로 제122조는 지방의회에 관한 규정으로 지방정부 안에 지방의회를 둔다고 표현되어 있다. 제2항에서는 지방의회와 지방행정부의 구성에 관하여 기본적으로는 법률이, 구체적으로는 조례가 정하도록 규정하고 있다. 제123조 제1항은 '법률에 위반되지 않는 범위 내에서'의 의결기관의 조례제정권을, 제2항에서는 집행기관의 자치규칙제정권을 규정하고 있다. 제124조 제1항은 사무수행 경비부담에 관하여, 제2항은 '법률에 위반되지 않는 범위 내에서'의 자치

---

41) 청와대/국민소통광장/국민 개헌안(http://www1.president.go.kr/Amendment, 2018.8.2. 최종방문), 대한민국 헌법 개정안 발의안 참조.

세 조례제정권을, 제3항은 사무부담범위에 부합하는 국가와 지방정부 사이의 재원배분을, 제4항은 재정조정을 규정하고 있다.

3. 개헌보고서 및 개헌안의 문제점

(i) 먼저 '연방제 수준의 지방분권 강화'라는 방향은 타당하나, 지방자치단체의 지위는 그대로 유지하면서 단지 자치권을 더 강화하는 것인지, 아니면 연방제에 준하는 수준으로 새로운 형태의 분권을 추진하겠다는 것인지를 알 수 없다. 적어도 이에 관한 합의가 선결되는 것이 가장 중요한 문제라고 생각된다.

(ii) 그 다음으로는 지방분권과 지방자치에 대한 개념정리가 필요하다. 일반적으로 지방자치도 행정권한의 분권이라는 점에서 지방분권에 포함되지만, ―적어도 연방제적 관점에서 보면― 지방분권은 '생활공동체의 자치(자치권의 보장)'를 넘어서 국가권력을 연방국가와 지방국가 사이에 배분하는 것으로 이해할 필요가 있다. 따라서 연방제 수준에서는 분권은 국가와 광역단위에서의 국가권력의 분산의 문제로, 자치는 기초단위에서의 지역자치의 문제로 이해하여야 한다. 이에 따라 연방제 수준의 분권 차원에서 현재의 광역지방자치단체의 법적 지위를 어떻게 재설정할 것인가, 연방국가에서의 주에 준하는 지위를 부여할 것인가 하는 점이 먼저 논의되어야 한다.[42] 그리고 더 나아가 국가와 광역 간에 구체적으로 국가권력을 어떻게 나눌 것인가에 대한 논의도 필요하다.

(iii) 한편 개헌안에서는 '지방자치단체'를 '지방정부'로 표현하고 있는데, 일단 위에서 언급한 분권과 자치를 달리 이해하여야 한다는 입장에서, 지방자치단체를 모두 지방정부로 칭하는 데에는 문제가 있다. 여기에서 말하는 지방정부는 광역에 국한된 것이어야 한다. 나아가 지방정부라는 용어도 문제가 있다. 정치적으로는 몰라도, 적어도 법적으로는 지방에는 정부가 존재하는 것이 아니기 때문이다. 일반적으로 법령에서 사용하는 '정부'라는 용어는 국가권력이 입법·사법·행정으로 나뉘어 있을 때 행정부를 지칭하는 용어이다. 만약 지방정부라는 용어를 사용하려면 적어도 입법권이나 사법권 중 일부라도 광역으로 분권되어 있어야 하므로 이에 대해서도 논의가 필요하다.

(iv) 그 밖에 개헌안의 주요 조항들을 보면, 먼저 그동안 헌법 총강에 지방분권국가임을 천명하고 기본권으로서 주민자치권을 규정하자는 주장들이 있었고[43] 개헌안에서

---

42) 일단 국회 개헌보고서가 제시하는 지방분권수준의 유형 가운데에서는 광역지방정부형이 연방제 수준의 분권에는 적절한 유형이라고 판단된다. 그러나 그 세부적인 내용들은 더 논의가 필요함은 물론이다.
43) 예컨대, 김석태, 알투지우스(J. Althusius)의 정치사상과 지방분권형 헌법개정, 지방정부연구 제21권 제1호 (2017.5), 331면.

는 이를 반영하고 있는데, 문제는 '지방분권국가'만 천명하는 것은 별 의미가 없다는 점이다. 이를 헌법에 규정하려면 헌법에서 국가권력을 적어도 광역과 분권하는 내용이 함께 규정되어야 한다. 아울러 자치권이 주민의 기본권인가 하는 점에서 상당히 의문이 있었는데, 개헌안에서 지방자치편에서 주민의 참여권으로 규정하고 있다. 그런데 주민참여제도를 헌법에서 직접 언급하고 있는데도 참여권을 따로 규정하는 것이 의미 있는지 생각해 볼 문제이다.

그 다음에 지방자치단체를 '지방정부'로 칭하면서 지방정부의 집행기관을 '지방행정부의 장'으로 규정하고 있는데, 지방정부도 분명치 않은 용어인데, 지방에 사법부와 입법부가 따로 있다면 몰라도, 그렇지 않은 상황에서 이러한 용어사용은 매우 혼란스럽고, 부적절하다.

그리고 행정부 안에 국가자치분권회의를 두는 것도 더 논의가 필요하다. 연방제 수준의 분권이라면 독일의 연방참사원처럼 국민주권원리에 충실하게 입법부에 두는 방안을 고민해 보아야 한다. 그리고 '자치분권'이라는 확립되지 않은 용어[44]를 '헌법'에서 사용하는 것도 고민해 볼 필요가 있다.

그 밖에도 지방자치와 관련하여 제121조에서 자치권보장 규정 대신에 주민주권을 규정한 것도, 지방자치단체는 법률이 부여한 일정한 자치권이 보장되는, 국가로부터 법적으로 독립한 공법상 법인일 뿐[45] 주권을 가진 국가로 보기 어렵다는 점에서, 쉽게 수긍하기 어렵다. 그리고 종래의 '법률의 범위 내에서'라는 표현을 대체한 '법률에 위반되지 않는 범위 내에서'라는 표현으로 실제로 자치입법에 어떠한 점에서 자유가 확대되는지도 논의가 필요하고, 법률유보와 관련하여 기본적인 사항은 법률로 정하고, '구체적인 사항은 조례로 정한다'와 같은 표현을 헌법에서 직접 규정하는 것이나 자치세를 조례로 정하는 것이 바람직한 것인지도 검토를 요한다. 요컨대 이러한 문제는 국가와 광역 사이의 국가권력의 분권이라는 문제와 지방자치단체의 자치권보장이라는 문제

---

44) 현 정부 들어「구 지방분권 및 지방행정체제개편에 관한 특별법」이「지방자치분권 및 지방행정체제개편에 관한 특별법(지방분권법)」으로 개정되었는데, 동법 제2조 제1호는 종전의 "지방분권"이라는 용어를 "지방자치분권"으로 확대하여 정의하고 있다.
   구 지방분권법 제2조
   1. "지방분권"이란 국가 및 지방자치단체의 권한과 책임을 합리적으로 배분함으로써 국가 및 지방자치단체의 기능이 서로 조화를 이루도록 하는 것을 말한다.
   현 지방분권법 제2조
   1. "지방자치분권"(이하 "자치분권"이라 한다)이란 국가 및 지방자치단체의 권한과 책임을 합리적으로 배분함으로써 국가 및 지방자치단체의 기능이 서로 조화를 이루도록 하고, 지방자치단체의 정책결정 및 집행과정에 주민의 직접적 참여를 확대하는 것을 말한다.
45) 예컨대, 졸저, 행정법강론, 제4판, 2018, 박영사, 988면 이하, 998면 이하; 홍정선, 신 지방자치법, 제3판, 2017, 박영사, 3면, 91면 이하 참조.

로 나누어 접근하여야 할 문제를 하나의 문제로 인식하고 접근하기 때문에 생기는 논란이다. 결론적으로 말하자면, 헌법에서는 국가와 광역의 관계를 어떻게 설정하고, 이 경우 국가권력을 어떻게 나눌 것인지, 국가와 광역 간의 재정부담은 어떻게 할 것인지를 정하는 것이 지방분권개헌의 핵심이다.

V. 독일 연방주의와 연방주의 개혁의 시사점 및 지방분권개헌의 방향

1. 독일 연방주의의 시사점

(i) 독일 연방주의가 우리 사회에 주는 가장 큰 시사점은 '국가권력의 수직적 분권'이다. 독일의 연방주의는 기본적으로 국가권력의 분산을 통한 자치와 협치를 구현하는 협력적 연방주의이다. 특히 지방국가의 주권이 연방국가만큼 강하지는 않아서, 지방분권을 하더라도 연방으로의 동화적 통합이 잘 이루어지고 있다,

(ii) 연방국가에서 연방과 주 사이에는 국가권력의 분권이 문제이고, 주와 지방자치단체 사이에서 지방자치단체의 자치권 보장이 문제된다. 연방과 주 사이의 국가권력배분은 헌법 차원의 문제이므로 기본법에서 이를 직접 규정하고, 자치권 보장의 문제는 기본적으로는 법률에 의하여 이루어진다.

(iii) 독일 연방주의의 큰 특징인 연방참사원 제도는 주의 대표로 구성된 연방의 헌법기관을 통하여 법률안제안권이나 법률안 및 행정입법에 대한 동의권을 가지고 연방의회 및 정부에 대한 강력한 견제기능을 수행하면서 또한 이를 통하여 주의 이익을 실현할 수 있는 제도적 장치이다.[46) 이는 연방제 수준의 분권국가에서는 이와 같은 수준의 제도가 정치적 안정에 기여한다는 점을 시사한다.

(iv) 독일에서는 연방법률의 입법이나 정책결정은 주로 연방이 담당하고 연방법률이나 연방정책의 집행은 주가 담당하도록 역할분담을 하고 있다는 점도 주목할 점이다. 구체적으로 연방의 전속적 입법과 경합적 입법을 규정하면서 연방과 주가 입법권을 나누고 있고, 국가권한의 행사와 국가사무의 수행을 원칙적으로 주의 소관사항으로 하고 있고 연방법률의 집행을 주의 고유사무로 하고 있다. '연방은 연방법률을 제정하지만, 이 연방법률의 집행은 원칙적으로 주가 한다'는 분권의 기본원칙 또는 기준이 헌법에서부터 규정되고 있는 것이다.

---

46) 졸고, 전게논문, 지방자치법연구(2018), 286면 이하 참조.

(v) 최근 독일에서의 연방주의개혁은 ① 연방의 입법권 명확화와 주의 입법권 확대, ② 공동사무의 개정으로 연방과 주의 협력 강화(연방의 재정분담 규정), ③ 혼합재정의 폐지로 주의 재정부담에 연방참사원의 동의 필요, ④ 연방의 주에 대한 적극적 재정조정 정책과 재정지원 확대로 요약될 수 있는데, 한마디로 요약하면, 대내외적 경쟁이 가속화되는 정세변화에서 진행되어 온 연방으로의 권력집중 현상에 대한 반성과 오랜 논의 끝에 국민의 삶의 질과 국가경쟁력을 보장하기 위해서 연방주의 개혁으로 지방에 더 많은 권한을 인정했다는 것이다.[47] 이 점이 시사하는 바는 국가가 건전하고 튼튼하게 지속되려면 권력이 어느 한 곳에 집중되는 것보다는 각 지역에 고르게 분산되어야 한다는 점일 것이다. 유난히 수도권 집중이 문제되고 있는 우리나라에서 이 문제를 풀어갈 최적의 기회가, 개헌이 논의되고 있는 현재가 아닐까 생각해 본다. 이 점에서 개헌 문제는 우리나라 국민들이 앞으로 어떻게, 어떤 모습으로 살 것인가에 관한 근본적인 문제이다.

2. 연방제 수준의 지방분권개헌의 방향

1) '연방 – 주 관계'의 차용

우리나라에서도 연방주의 도입이 논의되고는 있으나,[48] 부정적인 시각이 더 많은 것 같다. 아무튼 우리는 연방국가가 아니므로 원칙적으로는 광역지방자치단체를 독일의 주와 동등하게 생각할 수는 없다. 하지만 독일의 경우 연방이 강력한 리더십을 가지고 독일을 이끌고 있는 나라로 주의 주권성이 연방만큼 강하지 않다. 이와 같은 주권성의 차이가 있을 수 있다는 점을 고려하면, 중앙과 지방 사이의 국가권력의 분권은 연방국가를 반드시 전제로 하는 것은 아니라고 할 수 있다. 스페인의 경우도 단일국가이지만 헌법에서 지역자치공동체(Autonomous Communities)를 인정하고 이 공동체가 행사할 수 있는 권한과 국가가 배타적으로 행사하는 권한을 직접 규정하고 있다.[49] 그렇다면 국가권력의 분권은 반드시 연방제를 전제를 하지 않고도 결정할 수 있는 헌법정책적 판단의 문제라고 할 수 있다. 따라서 연방국가가 아니더라도 독일의 연방제에 유사하게

---

47) 예컨대, Cassel/Thomas, Föderalismusreform—Mehr Autonomie für die Länder. List Forum für Wirtschafts— und Finanzpolitik(2016) 42, S.251ff. 참조. 분권의 기능과 지역갈등 극복에 관하여는 박응격, 전게논문, 5면 이하, 13면 이하 참조.
48) 이기우, 전게논문, 공법연구, 152면 이하 참조.
49) 안영훈, 이탈리아와 스페인의 헌법과 지방자치, 지방행정 65권 755호(2016.9), 대한지방행정공제회, 34면 이하 참조.

국가의 구조를, 예컨대 국가-(가칭)광역자치체-지방자치단체로 재구성하고, 국가권력을 광역단위의 자치공동체(현재의 시·도)에 분권하는 내용의 헌법규정을 두는 것이 가능하다는 결론에 도달할 수 있다.[50]

2) 중앙과 광역의 권한배분에 관한 헌법 차원에서의 규정

만약 위와 같은 재구성이 가능하다면, -매우 복잡한 논의를 요하겠지만- 독일 기본법을 참고하여 헌법에서 국가와 광역 사이의 입법권,[51] 행정권 행사에 관한 사항,[52] 재정분담에 관한 사항[53]을 직접 그리고 구체적으로 규정하는 것이 바람직하다. 왜냐하면 이 문제는 지방자치단체에게 자치권을 보장하는 문제가 아니라, 국가권력을 광역과 나누는 문제이기 때문이다.[54] 정부의 개헌안이 '연방제 수준'에 이르지 못한다고 평가할 수 있는 것은 바로 국가권력의 분권에 관한 사항이 헌법에 규정되어 있지 않기 때문이다.

이와 관련하여 -광역자치체가 주권국가는 아니라 하더라도- 연방제 수준의 분권을 고려한다면, 국가와 광역자치체 사이에 사법권도 분권할 것인지도 연구해 볼 필요는 있다고 생각한다. 이 문제는 사법정책과 밀접한 연관이 있으므로 별도의 논의를 요한다.

3) 지방의 법률집행권한 인정(행정조직과 규모의 전면적 개편)

독일 기본법은 일부 예외를 제외하고는 연방법률은 주가 집행하는 것을 원칙으로 규정하고 있다. 우리나라의 경우 헌법에 사무배분의 기준으로 보충성의 원칙만 규정해서는 부족하고, 독일과 같은 헌법정책적인 판단이 필요하다. 왜냐하면 현재 우리나라는 정부가 사실상 입법을 주도하고 있고 수많은 법규명령까지 제정하고 있어 법령에 규정

---

50) 김석태, 전게논문, 333면은 주권의 공유, 지방주권이라는 표현을 사용하고 있는데, 그 취지에는 공감하지만, 지방자치단체가 아닌 광역단위의 주권주체에 국한하여야 의미가 있을 것이다.

51) 입법권의 분권의 경우, 현재의 지방자치단체 안의 의결기관의 형태가 아닌, 광역 단위의 입법기관으로서 광역의회가 따로 존재하여야 할 것이다. 이와 관련하여 이기우, 전게논문, 156면 이하, 160면 이하는 헌법 차원에서의 국가와 광역 차원에서의 입법권의 배분이 분권의 핵심이라고 하고 있다.

52) 이와 관련하여서는, 예컨대 김석태, 전게논문, 332면 이하, 이기우, 상게논문, 공법연구, 156면 이하는 보충성의 원칙에 따른 행정사무의 배분이나 행정권한의 행사를 헌법에 규정하자는 견해이다. 이기우, 상게논문, 공법연구, 158면 이하는 더 나아가 규모가 크고 능력있는 지방자치단체에 더 많은 사무를, 그렇지 못한 지방자치단체에게는 더 적은 사무를 분배하는 비균등적 분권주의가 보다 지방분권 친화적이라고 하고 있다.

53) 이기우, 상게논문, 159면은 자기책임적 재정구조와 관련하여 견련성의 원칙(Konnexitätsprinzip)을 연방국가의 구성원리로 설명하고 있다.

54) 同旨: 원준호, 전게논문, 22면.

된 사무의 대부분을 국가가 수행하도록 규정하고 있는 실정이다. 게다가 특별지방행정기관이나 외부위탁기관 등을 통하여 사무를 수행하는 경우까지 포함하면 정부의 조직과 규모 및 사무권한은 실로 막대하지만, 상대적으로 광역, 기초로 내려갈수록 인력이나 사무권한은 매우 빈약하다. 행정의 일선은 주민의 근거리에 있다는 점을 기억하면, 국가는 국가의 배타적 사무(예: 국방, 외교, 통일적 사무 등)를 제외하고는 계획, 조정, 관리, 지원 등의 사무만 수행하고 원칙적으로 법령의 집행은 광역과 기초를 포함한 지방이 수행하도록 함으로써 지방의 행정조직과 규모가 지금보다는 훨씬 더 늘어나게 되는, 분권화에 걸맞은 행정시스템으로 변화하여야 한다.

4) 기초단위 중심의 지방자치제도 확립

지방자치는 본래 생활자치를 중심개념으로 한다. 즉 생활공동체를 단위로 공동의 관심사를 스스로 해결하도록 하는 것이 지방자치이다. 그런데 '행정구역의 광역화를 통한 행정의 규모와 능률성 제고'라고 하는 행정의 기능적 문제를 지방자치의 이념과 잘못 결합시킨 결과 과거 광역(시·도)에 속했던 기초(시·군·구)가 서로 동등한 지위의 지방자치단체가 되었다. 기초의 단위가 지방자치로서는 크다는 문제도 있지만, 더 큰 문제는 광역단위가 하나의 지방자치단체라는 점이다. 이 때문에 우리나라에서는 그 동안 지방자치에 대한 이해가 통일될 수 없었다. 그랬기 때문에 지방자치와 관련된 통일된 개념 없이 서로 모순되거나 근거 없는 논의들이 중구난방으로 주장되고 시행되어 온 것이다.

연방제 수준으로 분권을 강화하려는 시도는 분명히 국가경쟁력을 높이고 각 지역이 고르게 발전하는 원동력이 될 것이다. 아울러 권력의 분산으로 정치도 안정되고 국정운영이 더 투명해질 것이다. 차제에 헌법에서는 광역단위를 주권국가에 준하는 광역자치체로 하여 국가권력은 국가와 광역자치체가 일차적으로 나누도록 하고, 지방자치는 법률을 통하여 광역자치체 안의 기초지방자치단체의 자치권이 보장되는 것으로 규정하는, 본래적 의미의 지방자치제도가 확립될 수 있도록 하는 것이 논리적으로나 체계적으로나 바람직하겠다.

5) 국가의사결정에의 참여 강화(연방참사원과 유사한 제도의 도입)

연방제 수준의 지방분권을 채택하려면, 반드시 국가와 소속 기초지방자치단체를 매개하는 '광역자치체'의 대표들로 구성되는 가칭 지방원을 구성하여 지방과 관련된 국가의 입법이나 행정정책결정에 대한 동의권을 통하여 국가의 정책결정을 강력히 견제하

고 지방의 이익을 관철시킬 수 있는 제도가 함께 마련되어야 한다.[55]

    종래 지방자치단체의 국정참여가 매우 제한되어 있다는 문제제기가 꾸준히 있었고, 이에 따라 국가와 지방의 소통 시스템으로 이른바 중앙·지방협력회의[56] 또는 광역자 치단체평의회[57]를 헌법기관으로 설치하자는 주장들이 있었다. 문제는 이와 같은 광역 대표들을 중심으로 구성되는 기관이 단순한 회의나 협의를 위한 것이라면 이는 독일의 주지사협의회[58]와 같은 단순한 협의체에 불과할 것이다. 특히 행정부에 설치되는 경우 에는 회의 수준을 넘기가 어려울 것이다. 그렇게 때문에 지난 대선때 등장했던, 행정부 에 국무회의에 이어 제2국무회의(현 국정과제상 국가자치분권회의)를 설치하겠다는 공약[59] 이 실현이 되더라도 단순한 회의나 소통기능에 머무르게 될 것이라는 점이 문제이다. 이 기관을 연방참사원과 같이 설치하려면, 적어도 광역단위에 대한 지위 재설정이 선 결되어야 한다. 그렇지 않으면 광역의 대표들로만 지방자치단체들의 이익을 대변할 수 있는 법적인 논거나 정당성이 없기 때문이다.[60]

VI. 맺음말

    지방분권이나 지방자치에 대하여 확립된 정의나 이해가 존재하는 것은 아니지만, 적어도 분권과 자치가 추구하는 이념, 왜 이러한 제도가 우리 사회에 필요한가 하는 근본적인 물음에서부터 출발하여야 한다는 점은 분명하다. 이 점에서 지난 개헌보고서 나 개헌안을 보면, 우리 사회에는 분권이나 자치에 대한 기본적 또는 공통적인 이해나 출발점이 여전히 결여되어 있는 것이 아닌가 하는 생각이 들었다. 특히 이 개헌보고서 나 개헌안이 연방제 수준으로 분권을 강화하겠다는 취지를 담고 있었다는 점에서, 무 엇이 연방제 수준인지, 그러려면 무엇을 어떻게 바꾸어야 하는지와 같은 근본적인 문

---

55) 이에 관하여는 졸고, 김남철, 지방자치단체 국정참여의 공법적 과제－상원 또는 지방원 도입에 관한 논의 를 중심으로－, 지방자치법연구 제10권 제3호(2010.9), 한국지방자치법학회, 113면 이하; 이기우, 전게논 문, 공법연구, 159면 이하 참조.
56) 이에 관하여는 김수연, 중앙·지방 협력체계 구축을 위한 법적 과제, 지방자치법연구 제16권 제4호 (2016.12), 한국지방자치법학회, 3면 이하 참조.
57) 원준호, 전게논문, 22면 이하. 원준호 교수는 이 평의회가 미국의 양원제 방식보다는 독일의 연방참사원 방식으로 설치되는 것이 더 적절하다고 판단하고 있다.
58) 이에 관하여는 졸고, 지방자치법연구(2018), 295면 이하 참조.
59) 이에 관하여는 김수연, 새정부의 지방자치 관련 공약 내용과 그 실현을 위한 공법적 과제, 공법학연구 제 18권 제3호(2017.8), 한국비교공법학회, 117면 이하 참조.
60) 졸고, 전게논문, 지방자치법연구(2018), 305면 이하.

제가 먼저 해결되었어야 한다고 생각한다.

　　연방국가인 독일은 연방－주－지방자치단체의 국가구조를 가지고 있다. 우리가 연방제 수준이 되려면 적어도 이와 유사한 국가구조 재편이 먼저 논의되어야 한다. 그러면서 국가와 광역의 관계를 지방분권의 문제로, 국가·광역과 기초와의 관계를 지방자치의 문제로 나누어 접근하는 것이 바람직하다. 연방국가인 독일의 제도와 경험은 국가권력의 수직적 분권을 통한 협력적 연방주의의 구축이 민주적·사회적 법치국가이념에도 부합할 뿐 아니라, 국정안정에도, 국가경쟁력 강화에도 기여함을 시사하고 있다. 단지 선언적인 분권이 아니라, 기본법에서 직접 국가와 지방 사이의 입법권 분배, 지방의 원칙적인 행정권한(법률집행권한)의 행사, 국가와 지방 사이의 재정분담과 재정조정에 관한 내용을 규정하고 있다. 연방제 수준의 개헌은 적어도 이와 같은 수준의 헌법규정을 요한다. 그렇지 않으면 연방제 수준의 개헌이라 할 수 없을 것이다. 다만 이러한 규정들은 우리나라의 국가구조에 매우 커다란 변화를 가져오기 때문에, 이 문제는 성급히 서두르기 보다는 더 많은 학문적·사회적 논의과정을 통하여 대다수의 국민들이 납득할만한 수준의 합의를 도출하는 방식으로 해결하는 것이 바람직하겠다.

참고문헌

김남철, 행정법강론, 제4판, 2018, 박영사.

김철수, 헌법학신론, 제14전정신판, 2004, 박영사.

김학성, 헌법학원론, 전정2판, 2018, 피씨앤미디어.

윤석진/이준서, 2006년 개정 독일기본법의 주요 내용 연구, 한국법제연구원, 2008.10.

장지호, 서독 지방자치법론, 1987, 대왕사.

최유, 연방체제의 헌법적 전개―미국, 독일, 유럽연합을 중심으로―, 중앙대학교 박사학위논
문, 2009.8.

허영, 헌법이론과 헌법, 제6판, 2013, 박영사.

홍정선, 신 지방자치법, 제3판, 2017, 박영사.

김남철, 지방자치단체 국정참여의 공법적 과제―상원 또는 지방원 도입에 관한 논의를 중심
으로―, 지방자치법연구 제10권 제3호(2010.9), 한국지방자치법학회, 113면 이하.

_____, 국가와 지방자치단체 간의 공동사무, 지방자치법연구 제17권 제2호(2017.6), 한국지방
자치법학회, 79면 이하.

_____, 독일에서의 연방참사원과 주지사협의회를 통한 국정참여―특히 지방자치단체의 국정
참여권 실현방법의 관점에서―, 지방자치법연구 제18권 제1호(2018.3), 한국지방자치
법학회, 281면 이하.

김석태, 알투지우스(J. Althusius)의 정치사상과 지방분권형 헌법개정, 지방정부연구 제21권
제1호(2017.5), 315면 이하.

김수연, 중앙·지방 협력체계 구축을 위한 법적 과제, 지방자치법연구 제16권 제4호(2016.12),
한국지방자치법학회, 3면 이하.

_____, 새정부의 지방자치 관련 공약 내용과 그 실현을 위한 공법적 과제, 공법학연구 제18
권 제3호(2017.8), 한국비교공법학회, 111면 이하.

김영일, 알투시우스(Johannes Althusius)의 연방주의 연구: 지방자치의 이념적 기초로서의 연
방적 사회구성, 지방정부연구 제6권 제4호(2003.2), 275면 이하.

_____, 연방주의 비교연구: '보조성의 원리(Subsidiaritaetsprinzip)'에 기초한 새로운 공동생활
의 패러다임 모색, 국제정치논총 제44집 제3호(2004.8), 217면 이하.

_____, 유럽통합에 나타난 연방주의 이념, 한국정치학회보 제39집 제2호(2005.6), 85면 이하.

문재완, 미국 헌법상 연방주의 발전사 연구, 유럽헌법연구 제4호(2008.12), 유럽헌법학회, 63
면 이하.

문병효, 독일에서의 경쟁적 연방주의의 대두와 재정헌법의 개혁논의, 중앙법학 제8집 제1호
(2006.4), 중앙법학회, 103면 이하.

박진완, 독일 기본법 제104b조의 연방의 주에 대한 재정지원에 대한 검토, 헌법학연구 제19

권 제2호(2013.6), 한국헌법학회, 361면 이하.

박영도, 최근 독일의 기본법개정 동향, 법학논문집 제35집 제1호(2011), 중앙대학교 법학연구원, 31면 이하.

박응격, 한국의 분권화와 국가화합을 위한 Federalism, 한국유럽행정학회보 제3권 제1호(2006.2), 한국유럽행정학회, 4면 이하.

변진석, 미국의 수직적 연방주의의 헌법적 구조, 안암법학 37권(2012.1), 91면 이하.

안영훈, 이탈리아와 스페인의 헌법과 지방자치, 지방행정 65권 755호(2016.9), 대한지방행정공제회, 32면 이하.

원준호, 독일 연방주의의 원리와 구조, 그리고 개혁, 한국국제지역학회보 제4집(2005.2), 한국국제지역학회, 3면 이하.

유진숙, 연방주의 부활과 내적 동력: 2006년 독일 기본법 개정과 연방구조의 이완, 한국정치학회보 제42집 제2호(2008.6), 301면 이하.

이규영, 독일연방주의와 지방자치: 연방-지방 관계 및 지방자치개혁을 중심으로, 유럽연구 16권(2002.12), 한국유럽학회, 1면 이하.

이기우, 독일연방주의개혁 2006, 유럽헌법연구 제3호(2008.6), 유럽헌법학회, 87면 이하.

_____, 지방분권적 국가권력구조와 연방제도, 공법연구 제37집 제1-1호(2008.10), 139면 이하.

임현, 독일의 토지계획법제, 토지공법연구 제50집(2010.8), 한국토지공법학회, 23면 이하.

최봉석, 독일 연방주의개혁과 지방분권의 강화, 공법학연구 제17권 제1호(2016.2), 한국비교공법학회, 69면 이하.

한종수, 독일 연방주의와 시사점, 유럽연구 7권(1998.7), 한국유럽학회, 371면 이하.

홍기준, 벨기에의 정치통합: 협의적 연방주의 사례연구, 유럽연구 23권(2006), 115면 이하.

Burgi, Kommunalrecht, 5.Aufl., München, 2015.

Cassel/Thomas, Föderalismusreform—Mehr Autonomie für die Länder, List Forum für Wirtschafts—und Finanzpolitik(2016) 42, S.251ff.

Geis, Kommunalrecht, 4.Aufl., München, 2016.

Gern, Deutsches Kommunalrecht, 2.Auf., Baden—Baden, 1997.

Häde, Die Ergebnisse der zweiten Stufe der Föderalismusreform, Archiv des öffentlichen Rechts 135(4) (2010), S.541ff.

Häde, Zur Föderalismusreform in Deutschland, JuristenZeitung 61(19) (2006), S.930ff.

Härtel, Föderalismusreform II—Bund—Länder—Finanzbeziehungen im Lichte aktueller Ordnungsanforderungen, Juristen Zeitung 63(9) (2008), 437ff.

Lange, Kommunalrecht, Tübingen, 2013.

Stober, Kommunalrecht in der Bundesrepublik Deutschland, 3.Aufl., Suttgart u.a. 1992.

지방자치단체에 대한 행정적 감독의 공법적 문제와 개선방안
- 독일 지방자치법상 자치사무에 대한 감독수단을 중심으로 -*

김 남 철

Ⅰ. 머리말
Ⅱ. 지방자치단체에 대한 감독
  1. 지방자치단체에 대한 통제 개관
  2. 지방자치법상 감독기관의 감독수단
  3. 지방자치법 제169조에 관한 최근 판례
Ⅲ. 독일 지방자치법상 자치사무에 대한 행정적 통제
  1. 개관
  2. 독일 지방자치법상 자치사무에 대한 감독수단
  3. 시사점
Ⅳ. 지방자치단체의 사무에 대한 감독의 문제점과 개선방안
  1. 사무구분에 따른 감독원칙 규정
  2. 자치사무수행에 대한 자료제출요구권
  3. 자치사무의 부작위에 대한 이행확보
  4. 지방자치단체의 결정에 대한 이의제기권
  5. 지방자치행정의 위기에 대한 대응수단 부재
Ⅴ. 맺음말

Ⅰ. 머리말

지방자치가 실시된 지 20년이 넘는 지금에도 여전히 정부가 수행하는 국가사무가 우리나라 행정의 중심적인 지위를 차지하고 있다. 지방자치가 제대로 실현되려면, 지방자치법 또는 지방자치분권 및 지방행정체제개편에 관한 특별법(지방분권법)에 규정된 사무배분의 원칙과 기준에 따라 국가사무를 대폭 지방으로 이양하는 것이 필요하다.

현 정부는 '풀뿌리 민주주의를 실현하는 자치분권'의 전략으로 '획기적인 자치분권 추진과 주민참여의 실질화'를 국정과제로 삼아 추진하고 있는데, 그 주요 내용 중에는 '국가사무의 지방이양'이라는 제목으로 2018년부터 포괄적 사무이양을 위한 지방이양일괄법을 단계별로 제정하여 국가사무의 획기적인 지방이양을 추진하고, 파급효과가 큰 '기능중심'의 이양사무 발굴과 사무배분 사전협의제를 도입하겠다는 내용이 포함되어 있다.[1]

* 이 글은 『공법연구』 제47집 제2호(2018.12.)에 수록된 논문임을 밝힙니다.
1) 청와대/정책자료/국정과제/고르게 발전하는 지역/74 획기적인 자치분권 추진과 주민 참여의 실질화

이 가운데 특히 중앙권한의 지방이양과 관련하여, 과거 지방분권촉진위원회, 지방자치발전위원회에 이어 현재의 자치분권위원회에서 법령상의 사무 중 이양대상사무를 발굴·심의하여 왔고, 그 결과 2000년 이후 지난 2012년까지 13년간 약 3천여 개의 국가사무를 지방에 이양하는 것으로 확정하여, 이 가운데 64%에 달하는 약 2천 개 정도의 사무가 지방에 이양되었다. 그런데 문제는 위 위원회가 법개정을 통한 이양을 강제할 방법이 없다 보니, 36%에 달하는 약 1천여 개의 사무가 여전히 미이양 상태로 남아 있다는 점이다.2)

이 문제를 해결하기 위하여 현 정부의 자치분권위원회에서는 가칭 지방이양일괄법안3)을 마련하여 미이양 상태의 사무들을 하나의 법률로 일괄하여 지방으로의 이양을 추진하고 있는 동시에, 기존의 '단위사무 중심'의 사무이양만으로는 효과가 미약하다는 문제를 극복하기 위하여 앞으로는 '기능중심'의 포괄적 지방이양을 추진할 계획이다.4)

그런데 문제는 이와 같은 사무이양 과정에서, 특히 정부의 입장에서 지방자치단체에 대한 감독수단의 미비를 이유로 지방이양을 꺼리는 경우가 많다는 점이다. 즉 지방자치단체의 자치사무 수행에 대한 현황파악이나 자료제출에 지방자치단체들이 비협조적인 경우, 그리고 자치사무의 이행을 태만히 하는 경우 이를 강제할 방법이 없어 사무관리에 상당한 애로가 있다는 것이다. 이러한 이유에서 해당 사무를 지방으로 이양하더라도 개별적인 통제규정(승인, 동의, 협의, 보고, 자료제출, 기타 필요조치 등)을 따로 규정하는 경우가 허다한데, 이는 개별법상 지방자치단체에 대한 통제규정들이 증가하는 것이 되어 오히려 지방자치에 역행하는 입법이라는, 또 다른 문제를 야기하고 있다.

한편 지방자치단체에 대한 감독과 관련하여, 최근 대법원에서는 지방자치단체의 사무에 대한 감독기관의 시정명령, 취소·정지 및 제소를 규정한 지방자치법 제169조5)에

(http://www1.president.go.kr/government-projects#page4, 2018.11.12. 최종방문) 참조.

2) 이에 관하여는, 예컨대 졸고, 국가와 지방자치단체 간 사무배분개혁추진의 평가와 과제, 국가법연구 제9집 2호(2013.9), 한국국가법학회, 3면 이하 참조.

3) 현재 자치분권위원회에서는 이를 약칭으로 "지방이양일괄법안"이라 하고 있으나, 과거에서부터 "지방일괄이양법"으로 불러왔고, 또한 '미이양사무를 일괄하여 이양한다'는 의미에서 "일괄이양"이라는 용어가 더 적합해 보인다.

4) '단위별 사무'보다 포괄적인 의미에서 '사무의 기능을 중심으로 사무를 발굴'하겠다는 취지이다. 여기에서 '기능중심'이라는 용어는 국정과제에 등장하는 용어인데, 법적으로나 실무적으로나 아직 그 개념이 정해진 바 없다. 그런데 향후 이에 따라 사무발굴 및 이양심의가 이루어진다는 점에서 조속히 그 개념을 확립하는 것이 매우 중요하다. 개인적으로는, 행정은 법집행행위라는 점에서, '기능중심'이란 '중앙행정부의 조직상의 기능'이 아니라 '현행법령상의 기능(사무)'를 중심으로 하여야 한다고 생각한다.

5) 이에 관한 선행연구로는 이호용, 학교생활기록부 작성에 관한 사무의 법적 성질 대법원 2014.2.27. 선고 2012추183 판결, 법조 66권 1호(2017.2), 법조협회, 515면 이하; 정남철, 지방자치단체에 대한 감독수단으로서 직권취소의 대상 및 위법성 판단기준대법원 2017.3.30. 선고 2016추5087 판결, 법조 66권4호(2017.8), 법조협회, 493면 이하; 조성규, 지방자치단체에 대한 감독청의 직권취소의 범위와 한계대상판

관한 판결이 있었다.[6] 이 사건은 지방자치법 제169조에 감독기관의 시정명령에 대한 지방자치단체의 제소가 규정되어 있지 않다는 이유로 시정명령에 대한 지방자치단체의 제소를 각하한 것인데, 이 판례에서 다투어지지 않고는 있지만, 지방자치법상 자치사무의 부작위에 대한 통제가 가능한가 하는 관점에서 조금 더 깊이 검토해 볼 필요가 있었던 판례라고 생각한다.

결론적으로는 지방자치법에서 보고, 자료제출, 부작위통제에 관한 필요하고 적절한 감독수단을 보완할 필요가 있다고 생각하고, 이를 통하여 오히려 국가사무의 지방이양이 촉진되고, 나아가 '합리적인 국가―지방자치단체의 관계 설정'에도 도움이 된다고 생각한다.

이러한 문제제기에 따라 아래에서는 지방자치단체에 대한 감독제도와 관련 판례를 개관하고(II), 독일 지방자치법상 자치사무에 대한 국가의 감독수단을 살펴본 다음(III), 국가감독에 관한 우리나라 지방자치법의 문제점과 개선방안을 모색해보기로 한다(IV).

II. 지방자치단체에 대한 감독

1. 지방자치단체에 대한 통제 개관

지방자치단체에 대한 통제는 국회에 의한 통제, 법원 및 헌법재판소에 의한 통제, ③ 국가 및 광역지방자치단체에 의한 통제, 주민에 의한 통제로 구분하여 볼 수 있는데[7], 이 가운데 본 연구는 행정적 통제에 관한 것이다.

행정적 통제는 행정부 내에서 행하여지는 지방자치단체에 대한 통제를 의미하는데, 이를 통제기관에 따라 ① 국가에 의한 통제, ② 광역지방자치단체에 의한 통제, ③ 지방자치단체 내부적 통제(집행기관과 의결기관 간의 통제)로 구분할 수 있다. 한편 국가나 광역지방자치단체의 감독도 행정적 통제수단인데, 이에 관하여 우리 지방자치법은 제9장(국가의 지도·감독, 제166조―172조)에서 규정하고 있다. 감독권행사가 미치는 범위는 지

결: 대법원 2017.3.30. 선고 2016추5087 판결―, 행정판례연구 제22권 제2호(2017), 한국행정판례연구회, 305면 이하가 있는데, 제169조 제1항과 관련하여 대상사무가 자치사무인지 여부를 다투거나, 제169조 제3항의 감독기관의 직권취소에 대한 것이었다.

6) 대판 2017.10.12, 2016추5148.

7) 졸저, 행정법강론, 제4판, 1088면 이하; 박균성, 행정법강의, 제15판, 박영사, 2018, 1026면 이하; 정하중, 행정법개론, 제10판, 법문사, 2016, 1018면 이하; 홍정선, 행정법특강, 제17판, 박영사, 2018, 863면 이하; 홍정선, 신 지방자치법, 제3판, 박영사, 2015, 626면 이하 참조.

방자치단체가 수행하는 사무의 유형에 따라, 자치사무에 대해서는 합법성 감독(법적 감독)까지, 위임사무에 대해서는 합목적성의 감독(전문감독)까지 가능하다.

2. 지방자치법상 감독기관의 감독수단

지방자치법에 규정된 감독수단은 지방자치사무에 대한 지도와 지원(제166조), 위법·부당한 명령·처분의 시정(제169조), 지방자치단체의 장에 대한 직무이행명령(제170조), 자치사무에 대한 감사(제171조), 지방의회 의결의 재의와 제소(제172조)가 있다.

1) 지방자치사무에 대한 지도와 지원(제166조)

중앙행정기관의 장이나 시·도지사는 지방자치단체의 사무에 관하여 조언 또는 권고하거나 지도할 수 있으며, 이를 위하여 필요하면 지방자치단체에 자료의 제출을 요구할 수 있다(제1항).

여기에서는 특히 제166조 제1항이 자치사무에 대한 감독기관의 일반적 자료제출요구권을 규정한 것으로 볼 수 있는가 하는 것이 문제이다. 이와 관련하여 자료제출요구는 비구속적인 협력의 요청에 불과하여 지방자치단체를 구속하지 않는다는 견해[8]가 있고, 그 외의 문헌들은 지방자치법 제166조의 '지도와 지원'의 의미는 감독기관이 지방자치단체의 사무수행을 도와주는 의미라고만 설명하고 있다.[9] 생각건대 이 조항은 제1항의 '조언·권고·지도를 위하여 필요하면 자료제출을 요구할 수 있다'는 문언의 자구해석에서도 그러하거니와 —다수 문헌이 지적하고 있는 바처럼— 이 조항의 의미가 '후원'하는 데 있다는 점에서도 감독기관의 일반적인 자료제출요구권을 규정한 것으로 보기는 어렵다고 생각한다.

2) 위법·부당한 명령·처분의 시정(제169조)

(1) 감독기관의 시정명령

지방자치단체의 사무에 관한 그 장의 명령이나 처분이 법령에 위반되거나 현저히 부당하여 공익을 해친다고 인정되면 시·도에 대하여는 주무부장관이, 시·군 및 자치구에

---

8) 이기우, 지방자치단체에 대한 국가의 감독 방안, 한국지방행정연구원, 1990, 17면.
9) 예컨대, 김철용(대표집필자), 주석 지방자치법, 한국사법행정학회, 1997, 534면 이하; 한국지방자치법학회, 지방자치법 주해, 박영사, 2004, 693면 이하; 홍정선, 전게서, 신 지방자치법, 640면 이하 참조.

대하여는 시·도지사가 기간을 정하여 서면으로 시정할 것을 명할 수 있다(제1항 제1문).

시정명령은 '지방자치단체의 사무'에 대한 것으로 자치사무와 단체위임사무를 대상으로 한다. 따라서 기관위임사무는 시정명령의 대상이 아니다.[10]

시정명령은 자치사무에 대한 경우에는 합법성 감독의 관점에서 '위법한 명령이나 처분'만을 대상으로 하지만, 단체위임사무에 대한 경우에는 위법뿐만 아니라 부당통제도 가능하다.

시정명령은 '지방자치단체의 장의 명령이나 처분'과 같은 적극적 처분만을 대상으로 한다.[11] 따라서 지방자치단체의 장의 자치사무에 대한 부작위는 시정명령의 대상이 되지 않는다.[12]

(2) 감독기관의 취소·정지와 지방자치단체의 장의 제소

감독청은 지방자치단체가 시정명령을 정해진 기간에 이행하지 아니하면 시정명령의 대상이었던 명령이나 처분을 취소하거나 정지할 수 있다(제1항 제2문). 다만 이 경우 자치사무에 관한 명령이나 처분에 대하여는 법령을 위반하는 것에 한한다(제1항 제3문). 지방자치단체의 장은 자치사무에 관한 명령이나 처분의 취소 또는 정지에 대하여 이의가 있으면 그 취소처분 또는 정지처분을 통보받은 날부터 15일 이내에 대법원에 소를 제기할 수 있다(제2항).

여기에서 중요한 점은 지방자치단체의 장의 소송은 감독기관의 취소·정지에 대한 것이라는 점이다. 따라서 지방자치단체의 장은 제1항의 감독기관의 시정명령에 대하여 제2항을 근거로 제소할 수는 없다.

3) 지방자치단체의 장에 대한 직무이행명령(제170조)

(1) 직무이행명령

지방자치단체의 장이 법령의 규정에 따라 그 의무에 속하는 국가위임사무나 시·도

---

10) "교원능력개발평가 사무와 관련된 법령의 규정 내용과 취지, 그 사무의 내용 및 성격 등을 앞서 본 법리에 비추어 보면, 교원능력개발평가는 국가사무로서 각 시·도 교육감에게 위임된 기관위임사무라고 봄이 타당하다. 따라서 이 사건 시정명령은 기관위임사무에 관하여 행하여진 것이라 할 것이어서, 자치사무에 관한 명령이나 처분을 취소 또는 정지하는 것에 해당하지 아니한다. 결국 이 사건 시정명령은 지방자치법 제169조 제2항 소정의 소를 제기할 수 있는 대상에 해당하지 아니하므로, 이 사건 소 중 이 사건 시정명령에 대한 취소청구 부분은 지방자치법 제169조의 규정에 비추어 허용되지 아니한다 할 것이다. 이 부분 소는 부적법하다(대판 2013.5.23, 2011추56)."
11) 김철용, 전게서, 539면; 홍정선, 전게서, 신 지방자치법, 653면 참조.
12) 한국지방자치법학회, 전게서, 710면 이하.

위임사무의 관리와 집행을 명백히 게을리하고 있다고 인정되면 시·도에 대하여는 주무부장관이, 시·군 및 자치구에 대하여는 시·도지사가 기간을 정하여 서면으로 이행할 사항을 명령할 수 있다(제1항).

이행명령은 '법령의 규정에 따라 지방자치단체의 장의 의무에 속하는 국가위임사무나 시·도위임사무', 즉 기관위임사무를 대상으로 하는 것으로, 지방자치법 제170조는 자치사무나 단체위임사무에는 적용되지 않는다. 그리고 이행명령은 적극적 행위에 대한 시정이 아니라 소극적 행위에 대한 의무이행을 구하려는 것이라는 점에서 기관위임사무의 부작위를 대상으로 한다.[13] 지방자치법이 이와 같이 자치사무에 대해서는 시정명령만 인정하고 기관위임사무에 대해서는 이행명령도 가능하도록 한 것은 자치사무에 대한 이행명령이 자칫 자치권 침해의 문제를 야기할 수 있다는 문제 때문인 것으로 보인다. 그러나 이로써 자치사무에 대한 부작위의 경우 감독기관의 통제권 밖에 놓이게 된다는 문제도 있다.[14]

(2) 대집행 등과 지방자치단체의 장의 제소

주무부장관이나 시·도지사는 해당 지방자치단체의 장이 제1항의 기간에 이행명령을 이행하지 아니하면 그 지방자치단체의 비용부담으로 대집행하거나 행정상·재정상 필요한 조치를 할 수 있다(제2항). 이행명령은 사무수행의 부작위로부터 일정한 의무이행을 구하려 하는 것이라는 점에서 이행명령의 불이행은 자연스럽게 대집행 등의 조치로 연결될 수 있다. 한편 지방자치법은 자치사무에 대한 이행명령을 규정하고 있지 않으므로, 여기에서의 대집행 등의 조치는 위임자의 권한에 속하는 것으로 한정된다.[15]

지방자치단체의 장은 제1항의 이행명령에 이의가 있으면 이행명령서를 접수한 날부터 15일 이내에 대법원에 소를 제기할 수 있다. 이 경우 지방자치단체의 장은 이행명령의 집행을 정지하게 하는 집행정지결정을 신청할 수 있다(제3항).

4) 자치사무에 대한 감사(제171조)

행정안전부장관이나 시·도지사는 지방자치단체의 자치사무에 관하여 보고를 받거나 서류·장부 또는 회계를 감사할 수 있다. 이 경우 감사는 법령위반사항에 대하여만 실시한다(제1항). 행정안전부장관 또는 시·도지사는 감사를 실시하기 전에 해당 사무의 처리가 법령에 위반되는지 여부 등을 확인하여야 한다(제2항).

---

13) 김철용, 전게서, 543면 이하; 홍정선, 전게서, 신 지방자치법, 653면 참조.
14) 한국지방자치법학회, 전게서, 723면 이하.
15) 한국지방자치법학회, 상게서, 727면.

여기에서 '감독기관이 자치사무에 관하여 보고를 받는다'는 것의 의미에 대해서 학자에 따라서는 이를 감독기관의 보고권이나 정보권으로 이해하기도 하고 조사권의 한 내용으로 이해하기도 한다.16)

그런데 위임사무의 경우는 위임사무에 대한 감독권(지방자치법 제167조)을 근거로 감독기관이 필요한 범위 내에서 보고를 받을 수 있다고 볼 수 있어서 특별히 문제될 것이 없는데 비하여, 자치사무의 경우는 위 제171조 제1항을 자치사무에 관한 감독기관의 일반적인 보고권으로 볼 수 있을 것인가 하는 것이 문제이다. 이에 관하여는 지방자치법 제171조를 감독기관의 보고권에 관한 일반조항으로 이해하는 견해가 있고,17) 그 외의 문헌은 이에 관하여 명확하게 설명하고 있지 않다. 생각건대 제171조는 '자치사무에 대한 감사'에 중점이 있는 것이고, 그렇기 때문에 '―주무부장관이 아닌― 행정안전부장관(과 시·도지사)'에게 감사의 일환으로 행해지는 보고권만 인정하고 있는 것이라고 이해된다. 다시 말해서 보고에 관한 일반조항으로 이해하려면, 별도의 보고권에 관한 규정이 필요하고, 또한 이 경우 보고권의 주체가 감독기관 일반이어야 한다는 것이다. 만약 이 규정이 보고권에 관한 일반규정이라면 지방자치법이 여러 군데에서 지방자치단체의 사무수행에 대한 감독수단으로서 일정한 사항을 감독청에게 보고하도록 별도로 규정(예: 지방자치법 제4조의2 제1항, 제16조 제6항, 제28조, 제133조 제2항 등)하는 것이 사실 의미가 없는 것일 것이다.

나아가 여기에서의 보고권에 조사권이 포함되는지에 대해서도 논란이 있을 수 있으나,18) 이를 순수한 의미에서의 보고나 자료제출요구를 내용으로 하는 보고권으로 이해한다면 여기에 조사권이 포함된다고 볼 수 없겠으나, 여기에서의 보고는 감사의 일환으로 행하여지는 것이라는 점에서 ―감사에 필요한 범위로 한정된― 조사를 포함하는 것으로 이해하는 것이 합리적이라고 생각된다.

5) 지방의회 의결의 재의와 제소(제172조)

한편 지방자치법 제172조는 지방의회의 의결이 법령에 위반되거나 공익을 현저히 해치는 경우 ① 감독기관의 재의요구와 지방자치단체의 장의 제소(제1항, 제3항)과 ② 감독기관의 제소지시와 직접 제소(제4항, 제7항)를 규정하고 있다.

이는 집행기관과 의결기관의 기관대립형 구도에서 의결기관과 집행기관과의 견제와

---

16) 김철용, 전게서, 546면; 이기우, 전게서, 27면 이하 참조.
17) 홍정선, 전게서, 신 지방자치법, 641면.
18) 한국지방자치법학회, 전게서, 748면.

균형이라는 권력분립적 관점에서 지방의회에 대한 집행기관의 재의요구권(제107조)과 함께 감독기관에게도 재의요구권을 인정하고자 하는 취지이다.[19] 그러나 이 감독기관의 재의요구의 대상은 '지방의회의 의결'로 한정되어 있어, 여기에는, 예컨대 지방자치단체의 장의 처분이나 결정에 대한 이의는 포함되지 않는다.

3. 지방자치법 제169조에 관한 최근 판례

1) 개관

본 연구는 현행 지방자치법상의 감독수단만으로는 자치행정에 대한 효과적 통제가 어렵다는 점, 특히 자치사무수행에 대한 자료제출요구나 자치사무의 부작위에 대한 시정명령의 어려움으로 인하여 국가사무의 지방이양에까지도 어려움이 있다는 문제점에서 출발한 것이다.

이러한 관점에서 시정명령에 관련하여 어떠한 문제점이 있었는지 이에 관한 판례를 조사해 보았다. 시정명령 관련 판례 수는 대략 7개 정도였는데, 대체로 ① 제169조 제2항에 따른 소송은 '지방자치단체의 사무'에 대한 소송이라는 점에서 기관위임사무는 대상이 되지 않는다는 판례,[20] ② 이 소송의 대상이 자치사무인 경우 법령위반에 한한다는 판례,[21] ③ 이 소송은 위법의 시정에 있기 때문에 여기에서의 지방자치단체의 사무는 처분에 국한되지 않는다는 판례,[22] ④ 이 소송은 감독기관의 취소·정지에 관한 소송이라는 점에서 제1항의 시정명령에 대한 제소를 허용하는 것이 아니라는 판례[23]가 있었다.

이 가운데 최근에 있었던, 지방자치단체의 장의 부작위에 대한 감독기관의 시정명령의 취소를 구하는 사건은, 외형적으로는 간단한 사건 같지만, 내용적으로는 자치사무에 대한 부작위 통제가 부재하다는 문제를 드러낸 사건이라고 생각한다. 이에 관해서는 목차를 달리하여 설명하기로 한다.

---

19) 김철용, 전게서, 548면 이하; 한국지방자치법학회, 상게서, 763면.
20) 대판 2013.5.23, 2011추56; 대판 2014.2.27, 2012추190; 대판 2015.9.10, 2013추517.
21) 대판 2018.7.12, 2014추33.
22) 대판 2017.3.30, 2016추5087.
23) 대판 2014.2.27, 2012추183; 대판 2017.10.12, 2016추5148.

2) 시정명령취소청구의 소[24]

(1) 사건의 개요

서울특별시장이 지구단위계획을 수립하여 도시관리계획으로 결정·고시하면 강남구청장은 그 내용을 국토이용정보체계에 등재하여 일반 국민이 볼 수 있도록 하여야 하는데,[25] 이 사건에서 시장이 국제교류복합지구(코엑스~잠실종합운동장 일대) 지구단위계획 결정(변경) 및 지형도면 고시에 관한 사항을 구청장에게 통보하였으나, 통보받은 구청장이 이를 이행하지 않자 시장은 지방자치법 제169조 제1항에 따라 시정명령을 하였고, 구청장은 제2항의 제소권을 근거로 시정명령의 취소를 구하는 소송을 제기한 사건이다.

(2) 판결요지

이 사건은 시·도지사가 지방자치법 제169조 제1항에 따라 시·군·자치구청장에 대하여 행한 시정명령에 대하여 시·군·자치구청장이 대법원에 그 취소를 구하는 소송을 제기할 수 있는지 여부가 문제된 것으로, 대법원은 지방자치법 제169조 제2항은 '시·군 및 자치구의 자치사무에 관한 지방자치단체의 장의 명령이나 처분에 대하여 시·도지사가 행한 취소 또는 정지'에 대하여 해당 지방자치단체의 장이 대법원에 소를 제기할 수 있다고 규정하고 있을 뿐 '시·도지사가 지방자치법 제169조 제1항에 따라 시·군 및 자치구에 대하여 행한 시정명령'에 대하여도 대법원에 소를 제기할 수 있다고

---

24) 대판 2017.10.12, 2016추5148.
25) 국토의 계획 및 이용에 관한 법률
　　제50조(지구단위계획구역 및 지구단위계획의 결정) 지구단위계획구역 및 지구단위계획은 도시·군관리계획으로 결정한다.
　　제32조(도시·군관리계획에 관한 지형도면의 고시 등) ⑤ 제1항 및 제3항에 따른 지형도면의 작성기준 및 방법과 제4항에 따른 지형도면의 고시방법 및 절차 등에 관하여는 토지이용규제 기본법 제8조 제2항 및 제6항부터 제9항까지의 규정에 따른다.
　　토지이용규제 기본법
　　제8조(지역·지구등의 지정 등)
　　⑧ 중앙행정기관의 장이나 지방자치단체의 장은 제2항에 따라 지형도면등의 고시를 하려면 관계 시장·군수 또는 구청장에게 관련 서류와 고시예정일 등 대통령령으로 정하는 사항을 미리 통보하여야 한다. 다만, 제2항 단서에 따라 지형도면을 작성·고시하지 아니하는 경우에는 지역·지구등을 지정할 때에 대통령령으로 정하는 사항을 미리 통보하여야 하고, 제3항 단서에 따라 지역·지구등의 지정 후에 지형도면등의 고시를 하는 경우에는 지역·지구등을 지정할 때와 제4항에 따른 지형도면등을 고시할 때에 대통령령으로 정하는 사항을 미리 통보하여야 한다.
　　⑨ 제8항에 따라 통보를 받은 시장·군수 또는 구청장은 그 내용을 국토이용정보체계에 등재하여 지역·지구등의 지정 효력이 발생한 날부터 일반 국민이 볼 수 있도록 하여야 한다. 다만, 제3항 단서에 따라 지역·지구등의 지정 후에 지형도면등의 고시를 하는 경우에는 제4항에 따라 지형도면등을 고시한 날부터 일반 국민이 볼 수 있도록 하여야 한다.

규정하고 있지 않으므로, 이러한 시정명령의 취소를 구하는 소송은 허용되지 않는다고
하였다.

(3) 검토 및 결론

이 사건은 제169조 제1항은 시정명령만 규정하고 있고 제2항은 취소·정지처분에
대한 제소만을 규정하고 있어서, 제1항에 따른 시정명령에 대하여 제2항을 근거로 한
제소는 허용되지 않으므로 각하한 사례이다.

이 판결은 제1항의 시정명령의 취소를 구한 사건에서 제소권이 없다는 이유로 각하
한 사례이지만, 사실 ① '국토이용정보체계에 등재'사무의 성질이 강남구의 사무인지 아
니면 서울시의 사무인지, ② 지방자치단체의 장의 부작위(등재의무의 불이행)가 시정명령
의 대상이 될 수 있는 것인지가 검토되었어야 하는 사례였다.

먼저 이 사건에서 문제된 지구단위계획 사무는 서울시의 사무인데, 서울시장이 지
구단위계획을 수립하여 도시·군관리계획으로 결정하면 이를 토지이용규제기본법에 따
라 고시하여야 하고, 이를 위해서는 이를 해당 구청장에게 통보하여야 하며, 통보를 받
은 구청장은 이를 국토이용정보체계에 등재하여야 한다. 국토이용정보체계의 운영권자
는 국토교통부장관, 특별시장, 광역시장, 도지사, 시장·군수 또는 구청장이지만(토지이용
규제기본법 제12조 제1항), 이 사건의 경우는 서울시의 강남구 관할 구역 안에서의 지구단
위계획결정을 강남구청의 국토이용정보체계에 등재하여할 의무를 부과하고 있다는 점
에서 등재의 주체만 강남구청장일 뿐 그 사무의 성질은 여전히 서울시의 사무로 이해
하는 것이 타당하다.

만약 등재사무를 이와 같이 이해한다면, 이는 서울시장의 사무가 강남구청장에게
위임된 사무로 보아 이 사건 서울시장의 (시정)명령을 제170조의 이행명령으로 보고 강
남구청장에게 제170조 제3항에 따른 제소권을 인정하는 것이 더 바람직한 해결이었다
고 생각된다.

만약 토지이용규제기본법 제8조의 '등재의무사무'를 ―의무인지 권한인지를 구별하
지 않고― 사무의 주체만을 기준으로 자치사무로 이해하는 경우에는 우선 지방자치법
제169조상 자치사무의 부작위(등재의무의 미이행)에 대하여 시정명령이 가능한지 의문이
다. 시정명령을 이행하지 않으면 제2항에 따라 취소하거나 정지하여야 할 구청장의 명
령이나 처분이 없다는 점에서 더더욱 그러하다. 또한 이 사건에서 구청장에게 등재의
무를 부과하고 있는 취지는 '일반 국민이 볼 수 있도록 하여야 하기 때문'이라는 이유
에서 보더라도 이 사무를 자치사무로 보게 되면 구청장의 부작위로 일반국민의 알권리
가 위법하게 침해되더라도 이를 시정할 방법이 없게 된다. 결국 이 판례는 현행 지방

자치법 제169조로는 지방자치단체의 장이 지방자치단체의 사무를 명백히 게을리 하더라도 이를 법적으로 통제할 수 있는 방법이 전혀 없고, 그 결과가 얼마나 불합리한가를 보여준 사례라고 생각된다.

III. 독일 지방자치법상 자치사무에 대한 행정적 통제

1. 개관

독일은 연방국가로서 지방자치법은 지방국가(연방주)의 입법권에 속한다. 이에 따라 각 주마다 지방자치법이 제정되어 있다.[26] 우리나라 지방자치법과 마찬가지로 독일 각 주의 지방자치법들도 예외 없이 감독기관의 감독(Aufsicht)에 관한 장을 별도로 두고 있다. 독일에서의 국가감독은 —용어상 약간의 차이가 있기는 하지만, 대체로— 지방자치단체의 자치사무에 대한 법적 감독(Rechtsaufsicht)과 위임사무에 대한 전문감독(Fachaufsicht)으로 구분된다. 전자는 합법성의 감독을, 후자는 합목적성까지의 감독을 의미한다. 본 연구의 주제와 관련하여, 이하에서는 이 가운데 지방자치단체의 자치사무에 대한 법적 감독 수단에 대해서만 살펴보기로 한다.

독일 각 주의 지방자치법들은 법적 감독과 관련하여 지방자치단체에 대한 감독의 원칙과 내용, 감독기관의 개별적인 감독수단들을 규정하고 있다. 독일의 지방자치법들은, 우리나라 지방자치법에 규정된 의미 있는 감독수단이 자치사무에 대한 시정명령, 위임사무에 대한 직무이행명령, 자치사무에 대한 감사 정도인 것에 비하면, 우리나라의 경우보다 더 많고, 더 강력한 감독수단들을 규정하고 있다는 점이 특징적이다.

자치사무에 대한 국가의 감독수단과 관련하여, 독일 각 주의 지방자치법에 공통적으로 규정되고 있는 감독수단으로는 ① 보고권, ② 이의제기권 및 취소권, ③ 명령권, ④ 대집행권, ⑤ 담당관의 임명이 있고, 그 외에 절반 정도의 주에서는 ⑥ 감독기관의 승인유보를 규정하기도 하고, 또한 일부 주에서는 ⑦ 주민대표(지방의회)의 해산, ⑧ 시장임기의 조기종료, ⑨ 지방자치단체의 청구권 행사를 규정하기도 한다.

---

26) 독일 각주의 지방자치법은 Gemeindeordnungen in den einzelnen Ländern(https://de.wikipedia.org/wiki/Gemeindeordnungen_in_Deutschland, 2018.11.20. 최종방문)에서 찾아볼 수 있다.

2. 독일 지방자치법상 자치사무에 대한 감독수단

1) 감독원칙[27]

독일 지방자치법들은 대부분 감독원칙에 관한 규정으로 국가감독에 관한 규정들을 시작하고 있다. 대표적으로 바이에른 주 지방자치법 제108조는 "감독기관은 지방자치단체의 자치사무 수행에 조언, 장려, 보호하여야 하며, 지방자치단체 기관의 결정력과 자기책임성을 강화하여야 한다."고 하여 지방자치단체에 대한 감독은 원칙적으로 지방자치단체의 자치사무 수행을 보호하고 장려하며 자치행정역량을 강화하는 것이어야 한다는 점을 분명히 규정하고 있다.

이는 지방자치단체에 대한 감독기관의 감독권한의 행사도 기본적으로는 헌법상 지방자치단체의 자치권보장의 취지와 한계 안에서 이루어져야 하며, 특히 감독권행사의 궁극적인 목적은 지방자치제도를 보호하고 장려하는 것이 되어야 한다는 것을 의미한다. 이는 곧 지방자치단체에 대한 감독기관의 감독권은 지방자치단체에 친화적으로 행사될 것을 요구하는 것으로서, 이러한 의미에서 여기에는 지방자치단체 친화적 자세의 원칙(Das Prinzip des gemeindefreundlichen Verhaltens)이 적용된다고 할 수 있다.[28] 이 원칙은 헌법상 지방자치단체의 자치권보장으로부터 도출할 수 있는 법의 일반원칙으로서 국가와 지방자치단체와의 관계에서 국가는 지방자치단체에 친화적인 자세를 취하여야 한다는 것을 의미한다. 지방자치단체 친화적 자세의 원칙은 원래 국가와 지방자치단체 사이에서, 특히 감독기관의 승인유보와 관련하여 비롯된 것으로서 오늘날에는 국가와 지방자치단체의 관계에서 일반적으로 인정되고 있다.[29]

이와 같이 헌법상 지방자치권 보장에서 비롯된 지방자치단체에 친화적인 감독은 바이에른 이외에도 여러 주에서 감독원칙으로 규정되고 있다.[30]

2) 감독의 본질과 내용

지방자치단체에 의한 사무수행에 대한 국가의 감독은 지방자치단체가 수행하는 사

---

27) 졸고, 지방자치단체 감사체계 개선을 위한 법적 과제-자체감사제도 확립을 중심으로-, 공법연구 제38집 제1호(2009.10), 한국공법학회, 388면 이하 참조.
28) Gern, Deutsches Kommunalrecht, 2. Auf., Baden-Baden, 1997, S.497; Geis, Kommunalrecht, 4.Aufl., München, 2016, S.259; 졸저, 전게서, 1087면 참조.
29) Stern, Das Staatsrecht der Bundesrepublik Deutschland, Bd. I, 2. Aufl., München, 1984, S.418 m. w.N.; Lange, Kommunalrecht, Tübingen, 2013, S.98f., 1132f.
30) 예컨대, 브란덴부르크 지방자치법 제108조, 헤센 지방자치법 제135조, 메크렌부르크-포어폼먼 지방자치법 제78조, 슐레스비히-홀슈타인 지방자치법 제120조, 뤼링엔 지방자치법 제116조.

무의 유형에 따라 그 적용되는 원칙이 달라진다. 즉 자치사무에 대한 국가의 감독은 지방자치단체의 자치권 보장으로 인하여 법률적합성에 대한 감독(법적 감독)에 그쳐야 하고, 위임사무에 대해서는 이러한 합법성 감독을 넘어 합목적성 감독(전문감독)까지도 가능하다. 독일 지방자치법들은 모두가 이와 같은 사무유형에 따른 법적 감독과 전문 감독에 관한 규정을 두고 있다. 예컨대 바덴뷔르템베르크 지방자치법 제118조는 제1항 에서 "지시로부터 자유로운 사무에 대한 감독은, 달리 규정하지 않는 한, 행정의 법률 적합성을 보장하는 데 그친다(법적 감독)."고 규정하고, 제2항에서는 "지시사무의 수행에 대한 감독은 법률이 정한다(전문감독)."고 규정하고 있다.[31]

한편 바덴뷔르템베르크 지방자치법은 제118조 제3항에서 "감독은 지방자치단체의 결단력(Entschlusskraft)과 책임성(Verantwortungsfreudigkeit)을 침해하지 않도록 행사하여야 한다."고 규정하고 있는데,[32] 이는 지방자치권 보장과 관련하여 감독권행사의 한계를 규정한 것으로서 이와 같은 한계 안에서 감독기관의 감독권행사(감독권의 발동 여부, 감독 권행사의 내용)는 의무에 합당한 재량에 속한다는 것을 의미한다. 독일에서는 이를 감독 기관 감독의 편의주의(Opportunitätsprinzip)라고 부른다.[33]

3) 개별 감독수단

(1) 보고권(Informationsrecht)

보고권은 감독기관이 지방자치단체로부터 보고를 받을 수 있는 권한을 말한다.[34] 예컨대 바덴뷔르텐베르그 지방자치법 제120조는 보고권과 관련하여 "감독기관의 사무 수행에 필요한 한, 개별적인 사무에 대하여 지방자치단체로 하여금 적절한 방법으로 보고하게 할 수 있다."고 규정하고 있다.[35] 한편 바이에른 지방자치법 제11조와 같이 이 보다 조금 더 상세하게 "감독기관은 모든 지방자치단체 사무에 관하여 보고를 받을

---

31) 예컨대, 바이에른 지방자치법 제109조, 브란덴부르크 지방자치법 제109조. 제121조, 메크렌부르그-포어 폼먼 지방자치법 제78조 제2항, 제4항, 노르트라인-베스트팔렌 지방자치법 제119조, 자란트 지방자치법 제128조, 튀링엔 지방자치법 제117조도 유사한 규정을 두고 있다.
32) 이와 유사한 입법례로는 니더작센 지방자치법 제170조, 라인란트-팔쯔 지방자치법 제117조, 작센 지방자 치법 제111조, 작센-안할트 지방자치법 제143조가 있다.
33) Gern, a.a.O., S.496; Geis, a.a.O., S.259; Lange, a.a.O., S.1135f.; 이기우, 전게서, 58면 이하 참조.
34) 주 지방자치법에 따라서는 "Unterrichtungsrecht"로 표기하는 경우(브란덴부르크, 헤쎈, 니더작센, 노르트 라인-베스트팔렌, 라인란트-팔쯔, 자란트, 작센-안할트)가 있고, "Auskunftsrecht"로 표기하는 경우도 있다(슐레스비히-홀슈타인).
35) 유사한 입법례로는, 헤쎈 지방자치법 제136조, 메클렌부르그-포어폼먼 지방자치법 제80조, 노르트라인- 베스트팔렌 지방자치법 제120조, 작센 지방자치법 제113조가 있다.

수 있다. 특히 지방자치단체의 영조물과 공공시설을 조사할 수 있고, 운영과 회계를 검사할 수 있으며, 보고서나 서류를 요구할 수 있다."고 규정하고 있는 입법례들도 있고,36) 보고권 이외에도 보고의무를 규정하고 있는 경우도 있다.37)

보고권은 지방자치단체의 자치사무 수행과 관련된 것으로서, 감독기관의 보고수단의 선택에 대해서는 재량이 인정된다. 일반적으로 이 보고권에는 정보보호, 기밀사항에 관한 사무수행에 관한 것도 포함될 수 있는데, 다만 정보나 기밀과 관련된 법령에 따라 보고권한이 일정한 제한을 받을 수 있다.38)

한편 보고권은 일반적으로 지방자치단체에 대한 법적 감독을 위한 사전적 권한으로 이해된다는 점에서, 보고권의 행사는 법적 감독에 따른 향후의 일정한 조치와의 관련성이 존재하는 경우로 한정되는 것으로 이해되기도 한다.39)

(2) 이의제기권(Beanstandungsrecht)

이의제기는 감독기관이 ① 법률에 위반되는 지방자치단체의 결정과 명령에 이의를 제기하고 적정 기한 내에 이를 취소할 것을 요구하거나 ② 이 결정과 명령을 근거로 한 조치들을 폐지할 것을 요구하는 것을 말한다.

주에 따라서는 이의제기권(Beanstandungsrecht)으로 표기하는 경우도 있고 이의제기 및 취소권(Beanstandungs-und Aufhebungsrecht)40)으로 표기하는 경우도 있다.

대표적으로 바덴뷔르템베르크 지방자치법 제121조는 제1항에서 "감독기관은 법률에 위반되는 지방자치단체의 결정과 명령에 이의를 제기하고, 적정 기한 내에 이를 취소할 것을 요구할 수 있다. 그리고 이 결정과 명령을 근거로 한 조치들을 폐지할 것을 요구할 수 있다. 이의제기는 정지효(aufschiebende Wirkung)41)가 있다."고 규정하고, 제2항에서는 "법령에 따라 감독기관에 제출하게 될 지방자치단체의 결정은 감독기관이 합법성을 확인하거나 1개월 안에 이의가 제기되지 않았을 때 집행할 수 있다."42)고 규정

---

36) 브란덴부르크 지방자치법 제112조, 니더작센 지방자치법 제172조 제1항, 라인란트-팔쯔 지방자치법 제120조, 작센 지방자치법 제145조, 슐레스비히-홀슈타인 지방자치법 제122조, 튀링엔 지방자치법 제119조.
37) 자란트 지방자치법 제129조(보고권과 보고의무)
　① 감독기관은 모든 지방자치단체 사무에 관하여 언제든지 보고를 받을 수 있다. 감독기관은 현지에서 검사하고 조사하거나, 구두나 문서형태의 보고를 요구하거나 서류나 기타 자료를 열람할 수 있다.
　② 지방자치단체는 특별히 중요하거나 어려운 지방자치단체의 사무에 대하여 감독기관에 보고하여야 한다.
38) Gem, a.a.O., S.502; Geis, a.a.O., S.262.
39) Lange, a.a.O., S.1144.
40) 메클렌부르크-포어폼먼 지방자치법 제81조.
41) 브란덴부르크 지방자치법 제113조는 이를 잠정적 이의제기(einstweilige Beanstandung)로 규정하고 있다.
42) 입법례에 따라서는 감독기관에게 중지명령권을 부여하고 중지명령에 대한 정지효로 규정하기도 한다.
　메클렌부르크-포어폼먼 지방자치법 제81조 제3항
　"감독기관은 이의를 제기하기 전에 사실관계 조사를 위하여 지방자치단체의 결정이나 명령을 최장 1개월

하고 있다.[43] 한편 이의제기권과 취소권을 별도의 조문으로 규정하는 경우도 있고,[44] 이의제기권과 ―후술하는― 명령권을 함께 규정하는 경우도 있다.[45]

여기에서 이의제기는 지방자치단체의 위법한 법집행에 대한 것이고, 이의제기의 대상은 지방자치단체의 ―적극적인― 결정, 명령, 그 밖의 조치들이다. 결정이나 명령을 포함한 지방자치단체의 조치는 공법적일 수도 사법적일 수도 있고, 대외적일 수도 행정내부적일 수도 있다. 이의제기는 감독기관의 재량이지만 이의제기에 대한 공익이 존재하여야 한다는 한계가 있다. 이의제기는 자치사무에서의 지방자치단체에 대한 침익적 처분이므로 취소소송이나 의무이행소송의 대상이 된다.[46]

(3) 명령권(Anordnungsrecht)[47]

예컨대 바덴뷔르템베르크 지방자치법 제122조는 "지방자치단체가 법률에 의하여 부과된 의무를 이행하지 아니할 때에는 감독기관은 적정 기한 내에 필요한 조치를 하도록 명할 수 있다."고 규정하여 감독기관에게 지방자치단체의 법적 의무의 부작위에 대한 필요조치를 명할 수 있는 권한을 부여하고 있다.[48]

이와 같은 감독기관의 명령권은 '지방자치단체의 부작위'에 대한 것이라는 점에서 자치사무의 부작위에 대한 감독수단이 전혀 존재하지 않는 우리나라 지방자치법에 대하여 시사하는 바가 매우 크다.

여기에서 법적 의무란 지방자치단체의 모든 공법상 의무로서 직·간접적으로 법규범에 근거하였거나 또는 행정행위나 공법상 계약으로부터 구체화된 의무이어야 한다. 따라서 사법상의 의무 불이행의 경우는 명령권의 대상이 되지 아니한다. 명령권은 위법상태의 배제를 위한 덜 침익적인 수단이 존재하는 경우에는 허용되지 아니한다. 명

까지 중지할 것을 명할 수 있다. 중지명령은 정지효가 있다. 중지명령에 대한 행정쟁송의 제기는 정지효가 없다."
43) 헤쎈 지방자치법 제138조, 니더작센 지방자치법 제173조 제1항, 노르트라인―베스트팔렌 지방자치법 제122조, 작센―안할트 지방자치법 제146조, 슐레스비히―홀슈타인 지방자치법 제123조도 유사하게 규정하고 있다.
44) 라인란트―팔쯔 지방자치법 제121조(이의제기권), 제123조(취소권); 자란트 지방자치법 제130조(이의제기권), 제131조(취소권); 브란덴부르크 지방자치법 제113조(이의제기권), 114조(취소권).
45) 바이에른 지방자치법 제112조, 튀링엔 지방자치법 제120조.
46) Gern, a.a.O., S.502ff.; Geis, a.a.O., S.262f.; Lange, a.a.O., S.1146ff. 참조.
47) 헤쎈 지방자치법 제139조는 명령 대신에 지시(Anweisungen)라는 용어를 사용하고 있다.
48) 유사 입법례로는 브란덴부르크 지방자치법 제115조, 헤쎈 지방자치법 제139조, 라인란트―팔쯔 지방자치법 제122조, 자란트 지방자치법 제115조, 작센―안할트 지방자치법 제147조가 있다. 한편 명령권과 더불어―후술하는―대집행권도 함께 규정하고 있는 입법례로는 메클렌부르크―포어폼먼 지방자치법 제82조, 니더작센 지방자치법 네174조, 노르트라인―베스트팔렌 지방자치법 제123조가 있다. 슐레스비히―홀슈타인 지방자치법 제124조 제2항은 징계절차에의 회부도 규정하고 있다.

령은 지방자치단체에 대한 침익적 행정행위이다.[49]

(4) 대집행(Ersatzvornahme)

예컨대 바덴뷔르템베르크 지방자치법 제123조는 "지방자치단체가 정해진 기한 내에
제120조에서 제122조에 따른 감독기관의 명령을 이행하지 아니하는 경우에는 감독기관
은 지방자치단체를 대신하여 지방자치단체의 비용으로 직접 명령을 이행하거나 그 이
행을 제3자에게 위탁할 수 있다."고 하여 감독기관의 대집행권을 규정하고 있다. 독일
대부분 주의 지방자치법에서도 이와 유사한 규정을 두고 있다. [50]

(5) 담당관의 임명(Bestellung eines Beauftragten)[51]

이는 지방자치단체의 행정이 심각한 정도로 위법한 상태로서 일상적인 감독수단만
으로는 행정의 법률적합성을 보장하기 어렵다고 판단되는 예외적인 경우에 감독기관이
지방자치단체의 사무를 수행하는 담당관을 임명하여 행정의 합법성을 회복하기 위한
비상적인 감독수단이다.

예컨대 바덴뷔르템베르크 지방자치법 제124조는 "지방자치단체의 행정이 행정의 법
률적합성의 요구에 현저히 상응하지 못하고 제120조에서 제123조의 감독기관의 권한이
지방자치단체의 행정의 법률적합성을 보장하는 데 충분하지 아니한 경우에는 감독기관
은 지방자치단체의 전부 또는 일부의 사무를 자기비용으로 수임하는 담당관을 임명할
수 있다."고 규정하고 있고, 이와 같은 비상적인 조치로서의 담당관의 임명에 관해서는
거의 대부분의 주 지방자치법들이 대동소이한 규정을 두고 있다.[52]

감독기관이 임명하는 담당관으로 하여금 지방자치행정을 수행하도록 하는 것은 행
정의 법률적합성을 복원하기 위한, 부득이한 수단이 되어야 한다. 따라서 지방자치행정
이 '심각한 정도로' 법치행정에서 어긋나 있는 경우, 그리고 다른 수단으로는 이와 같
은 위법상황에 효과적으로 대응하는 것이 불가능한 경우에만 예외적으로 허용되어야
한다. 담당관에 대한 법률관계는 공법관계이고, 담당관은 감독기관의 대표자로서의 지

---

49) Gern, a.a.O., S.504f.; Geis, a.a.O., S.263; Lange, a.a.O., S.1157ff. 참조.
50) 바이에른 지방자치법 제113조, 브란덴부르그 지방자치법 제116조, 헤쎈 지방자치법 제140조, 자란트 지방
　자치법 제133조, 작센-안할트 지방자치법 제148조, 슐레스비히-홀슈타인 지방자치법 제125조, 튀링엔
　지방자치법 제121조. 라인란트-팔쯔 지방자치법 제123조는 대집행권을 취소권과 함께 규정하고 있다.
51) 이를 '직무대행자의 지정'으로 번역하기도 한다(예컨대 김철용, 전게서, 531면; 이기우, 전게서, 43면).
52) 바이에른 지방자치법 제114조, 브란덴부르그 지방자치법 제117조, 헤쎈 지방자치법 제141조, 메클렌부르
　그-포어폼먼 지방자치법 제83조, 니더작센 지방자치법 제175조, 노르트라인-베스트팔렌 지방자치법 제
　124조, 라인란트-팔쯔 지방자치법 제124조, 자란트 지방자치법 제134조, 작센-안할트 지방자치법 제
　149조, 슐레스비히-홀슈타인 지방자치법 제127조. 튀링엔 지방자치법 제122조는-후술하는-지방의회의
　해산과 함께 규정하고 있다.

위와 대체되는 지방자치단체의 기관의 지위를 가진다. 담당관의 임명 및 임명의 종류, 범위 등은 감독기관의 재량이지만 합법성의 회복을 위하여 담당관이 요구되는 경우이어야 하고, 지방자치단체의 자치권을 최소로 침해하는 것이어야 한다는 한계가 있다. 담당관에 대한 비용은 해당 지방자치단체가 부담한다. 담당관의 임명은 지방자치단체에 대한 침익적 처분이다.[53)]

(6) 승인유보(Genehmigungsvorbehalt)

승인유보는 지방자치단체의 결정이나 법률행위 등에 감독기관의 사전승인을 요구하는 것을 말한다. 국가감독은 이를 예방적 수단과 억제적 수단으로 나누기도 하는데, 감독기관의 승인유보는 지방자치단체에 대한 조언과 더불어 예방적 감독수단으로 보는 것이 일반적이다.[54)]

독일 각 주의 대부분의 지방자치법에서는 승인유보 또는 승인(Genehmigung)에 관하여 규정하고 있다. 예컨대 바이에른 지방자치법 제117조 제2항은 "지방자치단체의 결정 및 민법상 법률관계는 이 법에 따라 필요한 승인을 받아야 효력이 발생한다."고 규정하고 있다.[55)]

한편 주에 따라서는 행정의 효율성 또는 절차간소화 등의 관점에서 예외적 승인이나 승인의 면제를 규정하기도 하는데, 예외적 승인과 관련하여, 예컨대 바이에른 지방자치법 제117a조는 "내무부, 국토부장관은 지방자치의 지속적 발전이라는 이해관계에서 조정, 예산·회계, 절차간소화, 행정수행에서의 새로운 모델의 실험을 위하여 개별적 신청에 따라 이 법의 규정과는 달리 예외적으로 승인할 수 있다."고 규정하고 있고, 절차간소화와 관련하여, 예컨대 브란덴부르크 지방자치법 제111조 제3항은 "내무부장관은 관계 행정부와의 협의를 거쳐 법규명령으로 지방자치단체의 결정, 법률행위 등의 조치가 승인이 면제되거나 그 경우 감독관청에 대한 사전신고로 갈음하는 경우를 정할 수 있다."고 규정하고 있다.[56)]

승인유보는 자치사무와 위임사무[57)] 모두에 가능한 감독수단이다. 다만, 논란은 있을

---

53) Gern, a.a.O., S.506ff.; Geis, a.a.O., S.264f.; Lange, a.a.O., S.1171ff. 참조.
54) Gern, a.a.O., S.495f.; Lange, a.a.O., S.1183ff. 감독수단으로서의 승인유보는 이미 국내(예컨대, 홍정선, 전게서, 신 지방자치법, 644면 이하)에도 소개되고 있다.
55) 이와 유사한 입법례로는, 라인란트-팔츠 지방자치법 제119조, 작센 지방자치법 제119조, 제120조, 튀링엔 지방자치법 제123조가 있다.
56) 승인면제에 관한 유사 입법례로는 니더작센 지방자치법 제176조 제3항, 작센-안할트 지방자치법 제150조가 있다.
57) 사무일원론을 취하는 입법례에서는 지시로부터 자유로운 사무, 지시에 기속되는 사무로 표현하는 것이 일반적이다.

수 있으나, 자치사무에 대한 승인유보는 합법성 통제로 제한되지만, 위임사무에 대한 승인유보는 합목적성 통제까지 가능하다. 독일에서는 특히 감독기관과 지방자치단체가 공동권한을 가지는 영역에서의 공관적 협력행위(Kondominiale, gleichberechtigte Mitwirkungsakt)의 경우는 후자에 속한다고 보고 있다.[58]

(7) 주민대표(지방의회)의 해산(Auflösung der Gemeindevertretung)

일부 주[59] 지방자치법들은 적법상태의 복원을 위한 최후의 극단적인 감독수단으로서 주민대표 또는 지방의회(Gemeindevertretung 또는 Gemeinderat)의 해산과 새로운 선거에 관한 규정을 두기도 한다.

예컨대 바이에른 지방자치법 제114조는 —전술한— 담당관의 임명을 규정하면서, 제3항에서 "정부는 위법상태가 달리 제거될 수 없을 때에는 지방의회를 해산하고 새로운 선거를 실시할 수 있다."고 규정하고 있다.[60]

한편 주민대표의 해산을 규정하면서, 경우에 따라서는 상급감독기관도 해산권을 행사할 수 있도록 규정하고 있는 입법례도 있다.[61][62]

주민대표(지방의회)의 해산의 대표적인 경우로는 주민대표의 결정불능상태의 지속, 주민대표의 지속적인 회의거부 등을 들 수 있다.[63]

(8) 시장임기의 조기종료(Vorzeitige Beendigung der Amtszeit des Bürgermeisters)

바덴뷔르템베르크, 작센, 작센—안할트 지방자치법들은 시장임기의 조기종료를 규정하기도 한다. 예컨대 바덴뷔르템베르크 지방자치법은 시장의 직무수행의 공정성을 더 이상 기대하기 어려운 경우 상급감독기관의 신청에 따라 행정재판소가 시장임기의 조기종료를 선언하도록 규정하고 있다.[64][65]

---

58) Gern, a.a.O., S.496; Lange, a.a.O., S.1190f.
59) 바이에른, 헤쎈, 노르트라인—베스트팔렌, 메클렌부르크—포어폼먼, 라인란트—팔쯔, 자란트.
60) 이와 같은 입법례로는 메클렌부르크—포어폼먼 지방자치법 제84조, 라인란트—팔쯔 지방자치법 제125조가 있다.
61) 헤쎈 지방자치법 제141a조
   ① 감독기관은 주민대표의 의결불능상태가 지속될 경우에는 이를 해산하여야 한다.
   ② 상급감독기관은 지방자치단체의 질서에 합당한 사무처리가 달리 보장될 수 없을 때에는 주민대표를 해산할 수 있다.
62) 한편 헤쎈 지방자치법은 상급감독기관이 감독기관의 권한을 행사할 수 있다는 규정도 두고 있다.
   헤쎈 지방자치법 제141b조
   감독기관이 정해진 기간 안에 상급감독기관의 명령을 이행하지 아니하는 경우에는 상급감독기관은 감독기관의 지위를 대신하여 제137—제140조의 권한을 행사할 수 있다.
63) Gern, a.a.O., S.508; Geis, a.a.O., S.265; Lange, a.a.O., S.1178ff. 참조.
64) 바덴뷔르템베르크 지방자치법 제128조
   ① 시장의 직무수행이 공정하지 않고 이로써 더 이상의 공정한 직무수행을 기대하기 어려울 정도로 행정

이는 담당관의 임명, 주민대표의 해산 등과 더불어 지방자치단체 입장에서는 매우 침익적인 감독수단이므로, 시장의 직무수행에서 더 이상 공정성을 기대하기 어렵고 이로써 행정의 폐해가 발생한 경우 다른 더 이상의 완화된 감독수단이 존재하지 않아야 하는 등 비례원칙이 매우 엄격히 준수되어야 한다.[66]

(9) 지방자치단체의 청구권 행사(Geltendmachung von Ansprüchen), 지방자치단체와의 계약(Verträge mit der Gemeinde)

바덴뷔르템베르크, 작센, 작센-안할트는 특이한 형태의 감독수단으로서 지방의회와 시장에 대하여 감독기관이 지방자치단체를 대신하여 청구권을 행사할 수 있도록 하고, 또한 지방의회나 시장이 체결하는 지방자치단체의 계약을 감독기관에 제출하도록 하고 있다.[67][68]

먼저 지방자치단체의 청구권을 감독기관이 행사하도록 하는 것은, 지방자치단체의 기관과 기관담당자 사이의 관계에서의 이해관계의 충돌을 제거하고 어려움이나 곤란함을 회피하며, 나아가 투명한 행정을 보장하기 위한 것이다. 이와 같은 청구권행사는 자치사무의 수행뿐 아니라 위임사무의 수행의 경우에도 인정된다. 그리고 여기에서의 청구권은 모든 공법상 또는 사법상 권리에서 기인하는, 지방의회나 시장에 대한 지방자치단체의 청구권을 말한다. 이와 같은 청구권에는, 예컨대 범칙금청구(Bußgeldanspruch)나 강제금확정(Zwangsgeldfestsetzung)이 포함된다. 감독기관이 이 지방자치단체의 청구권을 행사하는 경우에는 지방자치단체의 권리를 대리하는 것이 된다. 감독기관의 청구권 행사 결정은 행정행위로서 지방자치단체는 이에 대한 취소소송을 제기할 수 있다.[69]

에 현저한 부정이 발생하면, 이에 대하여 다른 충분한 조치가 존재하지 아니하는 경우, 시장의 직무가 종료된 것으로 선언할 수 있다.

② 시장임기의 조기종료 선언은 상급 감독기관의 신청에 따라 행정재판소가 결정한다. 상급 감독기관은 징계법 제2장 제3절의 징계절차에 따라 절차를 진행한다. 시장으로 인하여 야기된 비용은 지방자치단체가 부담한다.

③ 임기가 조기종료되는 경우 시장은 급여나 사회보장에서는 그 직에 남아있을 경우와 동등하게 대우를 받지만, 업무비는 받지 못한다. 수당의 경우 자신의 노동력에 대한 다른 방식의 평가를 통한 수입의 3분의 2를 산정한다.

65) 유사한 입법례로는 작센 지방자치법 제118조, 작센-안할트 지방자치법 제153조가 있다.

66) Geis, a.a.O., S.265; Lange, a.a.O., S.1182f.

67) 바덴뷔르템베르크 지방자치법 제126조

① 지방의회와 시장에 대한 지방자치단체의 청구는 감독기관이 행사할 수 있다. 법적 절차에 소요되는 비용은 지방자치단체가 부담한다.

② 지방의회 또는 시장과 체결하는 지방자치단체 계약에 대한 결정은 감독기관에 제출되어야 한다. 이는 확정요율에 따라 체결된 계약 또는 경제적으로 중요한 의미가 있다고 보기 어려운 계약에 대한 결정에는 적용되지 아니한다.

68) 유사한 입법례로는 작센 지방자치법 제121조, 작센-안할트 지방자치법 제151조가 있다.

한편 지방의회나 시장이 체결하는 지방자치단체의 계약을 감독기관에 제출하도록 하는 것은 위법한 재정지출을 방지하기 위한 것으로 이해된다.

3. 시사점

이상에서 독일 각 주의 지방자치법에 규정된 지방자치단체의 사무에 대한 감독행정기관의 감독수단들을 살펴보았다.

먼저 우리나라 지방자치법 제9장에 규정된 감독수단에 비하면, 독일 지방자치법들에 규정된 감독수단이 더 많고, 감독의 정도도 더 강하다고 할 수 있겠다.

예컨대 자료제출의 경우에도 독일의 경우에는 감독사무수행에 필요한 모든 보고를 하도록 요구할 수 있어서 자료제출요구의 범위가 지도나 지원으로 제한된 우리 지방자치법 제166조와는 기본적인 접근 자체가 다르다. 아울러 이의제기와 관련하여서도 지방자치'단체'의 결정에 대한 것으로 지방의회의 결정에 대한 재의요구만 제한적으로 인정되고 있는 우리나라의 경우와 다르다. 그리고 결정적인 것은 지방자치단체의 부작위에 대한 감독기관의 직접적인 명령권이 인정된다는 점이다. 이 점들이 현재의 시점에서 우리나라 지방자치법에 결여된 가장 중요하고도 핵심적인 문제라고 생각한다.

그 밖에도 독일 지방자치법들은 지방자치행정의 적법성 확보가 어렵다고 생각되는 심각한 상황에 대비하여 담당관의 임명, 지방의회의 해산, 시장임기의 조기종료와 같은 수단들을 마련해 놓고 있다는 점도 눈여겨 볼 대목이라고 생각한다.

아울러 예산이나 재정통제의 관점에서도 감독기관이 지방자치단체를 대신하여 필요한 청구권을 행사하도록 한다든지 재정지출을 내용으로 하는 일정한 계약들을 점검하는 것도 매우 의미 있는 감독수단이라고 생각한다.

이상의 감독수단들을 통한 감독권의 행사가 자칫 지방자치단체의 자치권을 위축시킬 수 있다는 우려도 있을 수 있을 것이다. 그러나 독일 지방자치법들은 감독의 기본원칙으로서 자치사무에 대한 합법성 감독과 위임사무에 대한 전문감독을 명문으로 규정하고 있고, 그 외에도 사법(司法)적으로 헌법상 지방자치권보장의 관점에서 침익적 요소가 강한 감독수단의 경우 감독권발동의 요건과 권한행사의 비례성을 매우 엄격하게 해석하고 요구하고 있어, 감독권행사의 남용이 크게 문제되지 않는다고 생각된다.

---

69) Gern, a.a.O., S.507f.

Ⅳ. 지방자치단체의 사무에 대한 감독의 문제점과 개선방안

그동안 지방자치단체에 대한 감독수단을 연구한 선행연구들이 상당수 있었는데, 이 가운데에는 지방자치단체에 대한 감사와 감독권행사,[70] 지방자치단체의 항고소송에서의 원고적격을 포함한 지방자치 관련소송,[71] 취소·정지권과 직무이행명령,[72] 기관위임사무에 대한 감독(지방자치법 제170조),[73] 지방자치법 제172조에 따른 소송[74]에 관한 연구들이 있었고, 본 연구와 관련된 연구로서 국가감독제도 전반에 관한 개선방안을 연구한 선행연구[75]들은 그리 많지는 않았다. 이하에서는, 특히 자치사무에 대한 감독수단에 국한하여 그 문제점과 개선방안을 살펴보기로 한다.

1. 사무구분에 따른 감독원칙 규정

먼저 독일 각 주의 지방자치법들은 감독의 기본적인 원칙으로 자치사무에 대한 합법성통제와 위임사무에 대한 합목적성 통제를 규정하고 있다. 무엇보다도 이 규정이 시사하는 바는 자치사무에만 적합한 감독수단과 위임사무에만 적합한 감독수단이 따로 있는 것이 아니라 같은 감독수단이라도 사무유형에 따라 감독의 정도가 다르면 된다는 점이다. 우리나라 지방자치법은 자치사무에 대한 시정명령과 위임사무에 대한 이행명령을 구분하고 있는데, 이와 같은 구분은 사무유형에 따른 논리필연적 구분은 아니라 할 것이다.

---

70) 김호정, 지방자치단체에 대한 국가의 감독과 통제, 외법논집 제33권 제2호(2009.5), 한국외국어대학교 법학연구소, 503면 이하; 백종인, 지방자치단체 감사제도에 대한 고찰, 동북아법연구 제5권 제1호(2011.5), 전북대학교 동북아법연구소, 317면 이하.
71) 박현정, 국가와 지방자치단체의 항고소송에서의 원고적격-판례의 최근 경향을 중심으로-, 행정법연구 제30호(2011.8), 행정법이론실무학회, 159면 이하; 문상덕, 지방자치 관련 소송제도의 재검토, 행정법연구 제54호(2018.8), 행정법이론실무학회, 223면 이하.
72) 이용우, 지방자치단체에 대한 국가의 지도·감독제도와 한·일간 비교, 월간 자치발전(2013.9), 한국자치발전연구원, 127면 이하; 정남철, 전게논문, 493면 이하.
73) 김상태, 기관위임사무에 대한 국가감독 수단으로서의 대집행소송제도 도입방안-지방자치법 제170조의 논의를 중심으로-, 지방자치법연구 제15권 제1호(2015.3), 한국지방자치법학회, 95면 이하; 김희진, 지방자치단체의 자치고권 보장을 위한 직무이행명령의 개선에 관한 연구, 지방자치법연구 제17권 제4호(2017.12), 한국지방자치법학회, 219면 이하.
74) 이혜영, 지방자치법 제172조에 따른 제소권 원고적격에 대한 소고-2014추521 전원합의제 판결을 중심으로-, 외법논집 제41권 제4호(2017.11), 한국외국어대학교 법학연구소, 371면 이하.
75) 김기진, 지방자치단체에 대한 국가의 행정적 관여에 관한 법적 연구, 연세대학교 박사학위논문, 1998; 김종성/육동일/신희권, 지방자치법상 지방자치단체에 대한 국가감독 제도의 개선방안, 행정논총 제42권 제3호(2004.9), 한울대학교 한국행정연구소, 27면 이하; 이기우, 전게서, 한국지방행정연구원, 1990.

따라서 국가의 감독과 관련하여 우선적으로 사무구분에 따른 감독의 기본원칙을 규정하고,[76] 이와 같은 기본원칙이 우선적으로 지켜지는 한, 지방자치단체에 대한 합리적인 감독수단을 보완하는 하더라도 자치권 침해가 문제되지는 않을 것이다. 이와 같은 감독수단의 보완이나 강화는 곧 국가감독의 강화나 자치권의 약화를 가져오는 것은 아니다. 오히려 적절하고 합리적인 감독수단이 결여될 때 지방자치제도 자체에 대한 위기가 초래될 수 있음을 인식할 필요가 있다.[77] 결국 어떠한 감독수단이 존재하느냐가 중요한 것이 아니라 감독기관의 감독권행사를 어떻게 통제하느냐가 더 중요하다는 점에서, 감도수단의 보완이나 강화와 더불어 감독의 기본원칙이 앞서 규정될 필요가 있다.

2. 자치사무수행에 대한 자료제출요구권

지방자치법 제166조 제1항은 감독기관의 자료제출요구권을 규정하고는 있지만, 조언·권고·지도를 위하여 필요한 경우에만 가능하다고 규정하여, 예컨대 감독기관이 사무파악이나 관리 등의 목적으로 자료제출을 요구할 필요가 있는 경우 이 조항에 근거하여 자료제출을 요구할 수 없다는 문제가 있다. 이 때문에 국가사무를 지방으로 이양하는 경우 해당 지방자치단체가 협조하지 않으면 법적으로 관련 자료의 제출을 요구할 수 없게 되고, 이 점에 지방이양에 반대하는 강력한 사유가 되고 있다. 따라서 정부에서는 사무이양을 하더라도 부득이 개별법상 자료제출요구 규정을 두게 되고, 이 경우 각 규정들이 개별법마다 달리 규정되면 오히려 지방자치단체의 자치권을 더 침해하는 요소로 작용할 가능성도 있다.

한편 지방자치법 제171조 제1항에서도 자치사무에 대한 보고가 가능하도록 규정하고 있지만, 이는 감사와 관련된 것이다 보니 그 주체가 '행정안전부장관과 시도지사'로 국한되어 있다. 따라서 이 규정을 감독기관의 일반적인 보고요구권으로 이해하기는 어렵다.

이와 관련하여 지방자치법 제166조와 관련하여 지방자치단체의 사무에 대한 일반적인 자료제출권 규정을 신설하자는 견해[78] 또는 지방자치법 제177조의 지방자치단체에 대한 감사와 관련하여 이 조문을 지방자치단체의 자치사무에 대한 일반적 보고권 및 감사권으로 전환(행정안전부장관을 주무부장관으로 변경)하자는 견해[79]가 주장된 바 있다.

76) 한국지방자치법학회, 전게서, 697면 이하, 702면 이하 참조.
77) 이기우, 전게서, 50면 이하.
78) 한국지방자치법학회, 전게서, 698면.
79) 한국지방자치법학회, 상게서, 760면 이하.

개인적으로는 독일 지방자치법상의 정보권에 관한 규정이 가장 바람직한 입법례라고 생각되고, 그러한 의미에서 제177조에서 일반적 보고권을 규정하는 것은 몰라도 '일반적 감사권'은 자치권 침해에 대한 논란이 매우 클 것으로 생각된다.

3. 자치사무의 부작위에 대한 이행확보

지방자치단체에 대한 감독과 관련하여 가장 큰 문제는 자치사무에 대한 통제수단이 매우 미흡하다는 점이다. 위임사무에 대해서는 이행명령권이 인정되고 있지만, 자치사무의 경우는 적극적 행위에 대한 시정명령만 인정될 뿐이어서 이행명령과 같은 감독수단을 통한 부작위에 대한 통제가 결여되어 있다는 점이 특히 문제이다.[80]

앞서 시정명령취소소송에 관한 최근의 판례에서도 살펴보았듯이, 지방자치단체가 자신의 사무를 게을리 하고 있고 이로써 주민들의 권리침해가 명백한 경우에도 이를 법적으로 시정하거나 이행하게 할 방법이 전혀 없다는 점은 법의 명백한 흠결이고, 또한 이로써 국가와 지방자치단체의 대립이 심화될 수도 있어 결코 바람직하지 않다. 따라서 독일 지방자치법상 부작위에 대한 명령과 이에 연동한 대집행과 같은 이행수단이 시급히 도입되어야 한다.[81]

4. 지방자치단체의 결정에 대한 이의제기권

지방자치법 제172조의 지방의회의 의결에 대한 감독기관의 재의요구권과 관련하여, 우리나라 지방자치법이 지방자치단체의 구성에 있어 기관대립형을 취하고 있는 결과, 재의요구의 대상을 지방의회의 의결로 제한하는 것으로 생각되지만, 지방의회는 국가 차원에서의 국회와는 달리 지방자치행정기관의 내부의결기관이고, 또한 감독기관의 입장에서는 지방의회의 의결뿐 아니라 지방자치단체의 장의 결정도 감독의 대상으로 하는 것이 의미가 있다는 점에서, 감독기관으로 하여금 지방의의회의 의결을 포함한 '지방자치단체의 결정'에 대해서 이의를 제기할 수 있도록 하여야 한다. 따라서 독일 지방자치법과 같은 감독기관의 지방자치단체에 대한 이의제기가 도입될 필요가 있다.[82]

이와 더불어 현재는 재의요구와 관련하여 지방의회의 의결에 관련하여서만 국가의 제소권이 인정되고 있는데, 정보권, 이의제기권, 부작위에 대한 이행명령권 등의 도입

---

80) 이기우, 전게서, 30면; 한국지방자치법학회, 상게서, 710면 이하.
81) 同旨: 이기우, 상게서, 50면 이하.
82) 同旨: 김종성/육동일/신희권, 전게논문, 37면.

과 더불어 이행명령의 불이행에 대한 감독기관의 제소권을 인정하는 문제도 같이 고려
되어야 할 것이다.

5. 지방자치행정의 위기에 대한 대응수단 부재

독일 지방자치법들은 지방자치행정의 적법성 확보가 어렵다고 생각되는 위기의 상
황에 대비하여 담당관의 임명, 지방의회의 해산, 시장임기의 조기종료와 같은 수단들을
규정하고 있는데, 우리 지방자치법의 경우도 이와 같은 위기대응수단이 보완될 필요가
있다.[83]

아울러 위법한 예산이나 재정집행을 방지한다는 관점에서도 독일 지방자치법상 감
독기관이 지방자치단체를 대신하여 필요한 청구권을 행사하도록 한다든지 재정지출을
내용으로 하는 일정한 계약들을 점검하는 것도 우리에게 의미 있는 감독수단이라고 생
각한다.

V. 맺음말

이상에서 독일 지방자치법을 중심으로 자치사무에 대한 감독수단을 살펴보았는데,
독일의 경우와는 달리 우리나라의 경우 자치사무에 대한 감독수단의 미흡하다는 점,
특히 자치사무수행에 대한 감독기관의 현황파악, 자치사무의 부작위에 대한 통제를 위
한 수단들이 존재하지 않는다는 점이 문제이다. 이 문제는 현재 정부에서 추진하고 있
는 중앙권한의 지방이양에 매우 큰 걸림돌로 작용하고 있다.

자치사무에 대한 감독수단이 강화되면 자치권을 위축시키거나 심각하게 제한한다고
오해하는 경우가 많다. 그래서인지는 몰라도 우리 지방자치법에서는 사무유형에 따라
감독수단을 달리하고 있고, 자치사무에 대한 감독은 위임사무에 비하여 상당히 완화하
여 규정하고 있다. 아울러 위법의 시정을 지방의회의 의결에 대한 이의제기와 지방자
치단체의 장의 결정에 대한 시정명령으로 이원화하여 구분하고 있다.

독일 지방자치법들은 사무유형의 구분 없이 감독에 대한 확고한 원칙규정을 통하여
자치사무에 대한 법적감독을 엄격히 준수하도록 하면서 위법한 자치행정에 대한 효과
적이고 합리적인 감독수단들을 충분히 마련해 두고 있다.

---

83) 同旨: 이기우, 전게서, 54면 이하.

연구의 출발은 보고권이나 자료제출요구권, 부작위에 대한 이행명령권이 부재하다는 점에서 출발하였는데, 독일 지방자치법을 보면서, 그 외에도 재정감독권, 지방자치행정의 위기에 대응하기 위한 지방의회의 해산이나 위기시 지방행정을 담당할 담당관을 임명하는 제도를 규정해 두는 것이 현명하다는 생각이 들었다.

지방자치단체의 자치사무 수행에 대하여 감독기관이 효과적이고 합리적인 감독수단들을 가지고 있는 것이 지방자치권을 확대하는 데 오히려 기여하게 된다는 점을 생각해 볼 필요가 있겠고, 물론 감독권의 행사에는 감독원칙의 엄격한 준수라는 분명한 한계가 전제되어야 한다.

참고문헌

김기진, 지방자치단체에 대한 국가의 행정적 관여에 관한 법적 연구, 연세대학교 박사학위논문, 1998.

김남철, 행정법강론, 제4판, 박영사, 2018.

김철용(대표집필자), 주석 지방자치법, 한국사법행정학회, 1997.

정하중, 행정법개론, 제10판, 법문사, 2016.

박균성, 행정법강의, 제15판, 박영사, 2018.

이기우, 지방자치단체에 대한 국가의 감독 방안, 한국지방행정연구원, 1990.

한국지방자치법학회, 지방자치법 주해, 박영사, 2004.

홍정선, 신 지방자치법, 제3판, 박영사, 2015.

_____, 행정법특강, 제17판, 박영사, 2018.

김남철, 지방자치단체 감사체계 개선을 위한 법적 과제-자체감사제도 확립을 중심으로-, 공법연구 제38집 제1호(2009.10), 한국공법학회, 383면 이하.

_____, 국가와 지방자치단체 간 사무배분개혁추진의 평가와 과제, 국가법연구 제9집 2호(2013.9), 한국국가법학회, 3면 이하.

김상태, 기관위임사무에 대한 국가감독 수단으로서의 대집행소송제도 도입방안-지방자치법 제170조의 논의를 중심으로-, 지방자치법연구 제15권 제1호(2015.3), 한국지방자치법학회, 95면 이하.

김종성/육동일/신희권, 지방자치법상 지방자치단체에 대한 국가감독 제도의 개선방안, 행정논총 제42권 제3호(2004.9), 한울대학교 한국행정연구소, 27면 이하.

김호정, 지방자치단체에 대한 국가의 감독과 통제, 외법논집 제33권 제2호(2009.5), 한국외국어대학교 법학연구소, 503면 이하.

김희진, 지방자치단체의 자치고권 보장을 위한 직무이행명령의 개선에 관한 연구, 지방자치법연구 제17권 제4호(2017.12), 한국지방자치법학회, 219면 이하.

문상덕, 지방자치 관련 소송제도의 재검토, 행정법연구 제54호(2018.8), 행정법이론실무학회, 223면 이하.

박현정, 국가와 지방자치단체의 항고소송에서의 원고적격 -판례의 최근 경향을 중심으로-, 행정법연구 제30호(2011.8), 행정법이론실무학회, 159면 이하.

백종인, 지방자치단체 감사제도에 대한 고찰, 동북아법연구 제5권 제1호(2011.5), 전북대학교 동북아법연구소, 317면 이하.

이용우, 지방자치단체에 대한 국가의 지도·감독제도와 한·일간 비교, 월간 자치발전(2013.9), 한국자치발전연구원, 127면 이하.

이혜영, 지방자치법 제172조에 따른 제소권 원고적격에 대한 소고 -2014추521 전원합의제

　　　판결을 중심으로-, 외법논집 제41권 제4호(2017.11), 한국외국어대학교 법학연구소, 371면 이하.

이호용, 학교생활기록부 작성에 관한 사무의 법적 성질 -대법원 2014.2.27. 선고 2012추183 판결-, 법조 66권 1호(2017.2), 법조협회, 515면 이하.

정남철, 지방자치단체에 대한 감독수단으로서 직권취소의 대상 및 위법성 판단기준-대법원 2017.3.30. 선고 2016추5087 판결-, 법조 66권4호(2017.8), 법조협회, 493면 이하.

조성규, 지방자치단체에 대한 감독청의 직권취소의 범위와 한계-대상판결: 대법원 2017.3.30. 선고 2016추5087 판결-, 행정판례연구 제22권 제2호(2017), 한국행정판례연구회, 305면 이하.

Geis, Kommunalrecht, 4.Aufl., München, 2016.

Gern, Deutsches Kommunalrecht, 2. Auf., Baden-Baden, 1997.

Lange, Kommunalrecht, Tübingen, 2013.

Stern, Das Staastsrecht der Bundesrepublik Deutschland, Bd. I, 2. Aufl., München, 1984.

건축허가의 법적 성질에 관한 소고*

김 남 철

Ⅰ. 머리말
Ⅱ. 건축허가의 법적 성질에 관한 논의
　1. 재량행위에 대한 이해
　2. 종래의 견해
　3. 새로운 견해
Ⅲ. 관련판례
　1. 종래의 판례입장
　2. 새로운 경향의 판례

Ⅳ. 건축허가의 법적 문제
　1. 건축의 자유와 제한
　2. 건축허가의 법적 성질
　3. 새로운 견해에 대한 평가
　4. 판례의 평가
　5. 관련 규정의 문제점
Ⅴ. 맺음말

Ⅰ. 머리말

　날로 사회가 복잡해짐에 따라, 오늘날 건축물을 건축하는 것은, 어느 한 개인의 재산권행사에 그치는 것이 아니라, 오히려 인근의 교통문제, 일조권침해, 주거지역의 생활권, 주변 지역 주민의 재산권 등 주변의 다양한 이해관계와 밀접한 관련을 가지는 매우 복잡한 사회적인 행위로 인식되고 있다. 오늘날 건축허가와 관련하여 상당히 많은 분쟁이 발생하는 것도 건축물의 건축에 매우 다양한 이해관계가 복잡하게 얽혀 있음을 입증하는 것이라 하겠다.

　주지하는 바와 같이, 최근 이른바 러브호텔의 건축이 사회적으로 커다란 문제가 된 바 있었다. 특히 러브호텔의 건축허가와 관련하여 인근주민들은 허가과정의 공개요구 및 시위 등의 방법으로 여론을 조성하였고,[1] 이 과정에서 여론을 의식한 지방자치단체의 장이 건축허가를 직권취소하면서 허가를 받은 업자들이 이에 반발하는 경우도 있었다.[2]

＊ 이 글은 『공법학연구』 제5권 제2호(2004)에 수록된 논문임을 밝힙니다.
1) "러브호텔건축과정주민들에공개해야법원판결"(http://www.chosun.com, 2001. 6. 13); "일산주민시장퇴진시위"(http://www.chosun.com, 2000. 11. 1) 참조.
2) "일산 러브호텔 첫 허가 취소"(http://www.chosun.com, 2000. 11. 10) 참조.

이러한 예에서도 보듯이, 종래 건축물에 대한 건축허가는 당해 건축물로부터 발생하는 위험을 방지하는 것을 주된 목적으로 하고 있었지만, 이러한 종래의 전통적인 질서행정의 관점만으로는, 오늘날의 건축허가가 가지는 법적 의미를 제대로 파악할 수 없고, 따라서 여기에서 파생되는 문제를 해결할 수 없게 되었다. 다시 말해서 허가의 요건을 구비하고 있으면, 건축허가를 발급해야 하는 것으로 이해되어 오던 종래의 입장에 대해, 허가요건을 구비하였다 하더라도 건축물의 건축이 주변환경 등의 공익을 침해하는 경우, 경우에 따라서는 허가를 발급하지 않을 수 있는가 하는 문제가 제기되고 있는 것이다. 이와 같이 건축에 대한 사회적인 이해가 변화함에 따라, 이제는 건축허가의 법적 성질에 관한 논의도 이러한 관점에서 재조명되어야 할 시점에 와 있다고 판단된다.[3]

이러한 시대적 변화를 반영하듯, 건축허가와 관련된 최근 판례 가운데에는 과거의 전통적인 입장에서 벗어나 건축과 관련된 공익을 보호하기 위해서 허가를 거부할 수도 있다는 취지의 판례[4]도 있었고, 아울러 학계에서도 건축허가의 법적 성질을 기속행위로 보고 있는 전통적인 견해에 대하여, 건축허가에도 재량행위로서의 성질이 인정될 수 있다는 주장이 나오고 있다.[5]

건축물의 건축은 널리 공공의 이익을 보호하기 위하여 규제될 수 있어야 할 것이다. 최근 러브호텔의 건축에서도 보듯이, 주거지역에 인접한 러브호텔의 건축은 주민의 생활환경을 침해하는 문제를 야기할 수 있다. 그런데 주민들의 이익보호를 위하여 러브호텔의 건축허가가 거부될 수 있다고 본다면, 이 경우에 적어도 이론적인 측면에서는 건축허가의 법적 성질을 재량행위로 이해할 수 있는가 하는 문제가 제기될 것이다.

이와 같은 문제인식 하에, 본 논문에서는 러브호텔의 건축허가와 관련된 최근의 학설 및 판례의 입장을 살펴봄으로써 건축허가의 법적 성질을 이론적으로 재검토해 보고, 이러한 작업을 토대로 오늘날 건축허가와 관련된 문제를 해결하기 위한 방안을 모색해 보기로 한다. 건축허가를 기속행위로 보느냐 재량행위로 보느냐 하는 문제는 우

---

3) 예컨대, 조성규, 建築許可의 法的 性質과 隣人의 保護, 법학연구, 제23집(2002. 12), 전북대학교 출판부, 89면 이하는, 특히 인근주민의 이익보호가 문제 되는 건축허가의 경우에는 그 법적 성질에 대한 새로운 고찰이 필요하다고 보고 있다.

4) 이러한 판례에 관하여는 조성규, 상계논문, 103면 이하 참조.

5) 김동희, 건축허가처분과 재량, 행정판례연구 V, 2000, 한국행정판례연구회, 서울대학교 출판부, 17면 이하; 김종보, 건축허가에 존재하는 재량문제, 행정법연구, 제3호(1998. 하반기), 158면 이하; 조성규, 상계논문, 법학연구(2002. 12), 89면 이하; 동인, 건축허가법제와 인근주민의 법적 지위, 행정법연구, 통권 제8호(2002. 상반기), 행정법이론실무학회, 287면 이하; 조해현, 건축허가와 환경문제, 환경법의 제문제 [하], 재판자료 제95집(2002), 법원도서관, 213면 이하; 최승원, 건축허가의 법리, 법학논총, 제6권 제2호(2001. 12), 이화여자대학교 법학연구소, 59면 이하.

선 허가의 개념과 관련되는 이론적인 문제를 안고 있는 것이고, 또 기속행위로 보는 경우에는 허가요건의 판단에 대하여는 전면적인 사법심사가 가능하지만, 재량행위로 보는 경우에는 그 재량적 판단에 대하여는 재량권의 한계를 벗어났는지의 여부만을 심사할 수 있다는 점에서 그 법적 성질을 명확히 해 둘 필요가 있다고 생각한다.

한편 건축허가는 이와 관련된 다양한 이해관계에 대한 이해와 밀접한 관련을 가지는 것이 사실이다. 따라서 건축허가의 법적 성질의 문제를 명확히 규명하기 위해서는, 건축허가와 관련된 제반 공익 또는 인근 주민의 이익에 대한 고찰도 필요하지만, 이에 대한 논의는 관련 문헌6)을 참조하기로 하고, 본 논문에서는 건축허가의 법적 성질의 문제만을 그 대상으로 하기로 한다.

II. 건축허가의 법적 성질에 관한 논의

1. 재량행위에 대한 이해

건축허가의 법적 성질이 기속행위인가 아니면 재량행위로서의 성질도 가지고 있는가 하는 문제에 접근하기 위해서는 먼저 기속행위와 재량행위의 개념에 관한 이론적인 검토가 필요하다고 생각된다. 왜냐하면 재량행위의 개념에 관해서는 학계에 여러 가지 견해가 존재하고 있고,7) 따라서 어느 견해에 입각하느냐에 따라, 예컨대 법률의 요건면에 존재하는 판단여지를 재량과 구별하지 않는 견해에 의하면 건축허가요건의 판단도 재량행위로 이해되는 등 그 주장하는 바가 달리 표현될 수 있기 때문이다.

본 논문에서는 이에 관한 상세한 논의는 생략하기로 하고, 다만 건축허가를 설명하기 위해서 필요한 범위 내에서 재량행위에 관한 학설의 입장을 정리해 보기로 한다. 우선 재량행위에 관한 논의는 크게 두 부류로 구분해 볼 수 있다. 즉 재량은 법규범의 요건과 효과규정 양자 모두에 대해서 인정될 수 있다고 보는 입장8)과, 요건규정의 판단은 법의 해석·적용에 관한 것이고 따라서 재량은 효과규정에서만 인정된다고 보는 입장9)이 그것이다. 전자의 입장에서는 요건규정에 나타난 불확정개념의 적용에 있어

---

6) 예컨대 조성규, 상계논문, 법학연구(2002. 12), 98면 이하 참조.
7) 이에 관한 상세한 논의는 조해현, 전계논문, 236면 이하 참조.
8) 예컨대, 김철용, 행정법 I, 제7판, 박영사, 2004, 193면 이하; 김동희, 행정법 I, 제10판, 박영사, 2004, 246면 이하; 류지태, 행정법신론, 제8판, 신영사, 2004, 62면 이하.
9) 예컨대, 홍준형, 행정법총론, 제4판, 한울아카데미, 2001, 206면 이하; 홍정선, 행정법원론 (상), 제12판, 박영사, 2004, 264면 이하; 박윤흔, 최신 행정법강의 (상), 박영사, 2000, 325면 이하.

행정청에 판단여지가 인정되는 경우에, 그 한도에서 법원의 재판통제가 미치지 않으므로, 행정청의 판단여지와 재량권은 이를 구별할 실익이 없다고 보고 있으므로,[10] 이와 같이 판단여지와 재량을 구별하지 않는 경우에는 요건판단의 문제도 재량의 문제가 될 수 있게 된다. 그러나 재량과 요건규정에서의 불확정개념을 엄격하게 구분하는 입장에서는, 요건규정의 판단은, 예외적으로 판단여지가 인정되는 경우를 제외하면 원칙적으로 전면적인 사법심사의 대상이 되는 것이므로, 재량권이 인정될 여지가 없고 이러한 점에서 재량은 법률효과 면에 존재하는 것으로 보게 된다.[11]

생각건대 일반적으로 재량이라 함은 조건명제식으로 규정되어 있는 일반적인 법률규정을 적용함에 있어서 법이 정한 일정한 효과를 부여할 것인지 또는 복수의 효과 가운데 어느 것을 선택할 것인지를 독자적으로 판단할 수 있는 행정청의 권한을 의미하는 것으로 이해되고 있다.[12] 이와 같이 재량은 법률의 효과면에서 나타나는 것인 반면, 불확정개념과 판단여지는 법률의 요건규정과 관련하여 발생하는 문제로써[13] 재량과는 구별되는 개념이다. 재량을 이와 같이 이해하는 한, 요건규정에 관한 판단은 행정청의 재량적 판단이 아니라 오직 하나의 판단만이 가능한 법적 판단의 문제이자 행정에 대한 재판통제라는 법치국가적 원칙이라는 차원에서, 전면적인 사법심사의 대상이 된다고 보아야 할 것이다. 물론 요건규정에 불확정개념이 있더라도, 이러한 요건규정에 대한 최종적인 판단은 법치행정의 원칙상 법원에 유보되어 있어야 하고, 다만 극히 예외적인 경우에만 행정청의 판단여지가 인정되는 것으로 보아야 할 것이다. 본 논문은 재량행위에 대한 이와 같은 입장을 전제로 건축허가의 법적 성질을 설명하기로 한다.

2. 종래의 견해

일반적으로 허가는 법규에 의한 상대적 금지를 특정한 경우에 해제하여 일정한 행위를 할 수 있게 하여 주는 행정행위로서, 허가를 통하여 자연적 자유가 회복된다고 설명되고 있다. 이와 같이 허가는 인간의 자연적인 자유를 회복시켜준다는 점에서, 관계법상의 허가요건을 구비하면, 행정청은 허가를 하여야 할 기속을 받는다고 이해되어 왔다.

건축허가 역시 전형적인 질서행정작용으로서 강학상으로는 경찰허가에 속한다. 따

---

10) 김동희, 전게서, 257면.
11) 홍준형, 전게서, 206면 이하.
12) Maurer, Allgemeines Verwaltungsrecht, 11. Aufl., S. 121 f. 참조.
13) Maurer, a.a.O., S. 129 참조.

라서 일반적인 허가와 마찬가지로, 건축의 자유라는 기본권의 실현이라는 측면에서, 관계법상의 허가요건을 충족하면, 건축허가를 발급하여야 하는 기속행위라고 하는 것이 통설의 입장이다.14)

3. 새로운 견해

이와 같은 건축허가에 대한 전통적인 견해에 대하여는, 오늘날의 건축허가는 과거와 같이 단순한 질서유지의 관점에서만 파악하기 어려운 측면이 있다는 시각에서 건축허가의 법적 성질의 문제에 접근하고자 하는 경향이 있다. 논자에 따라서는 그 주장하는 바에 차이가 있을 수 있으나, 공통적인 점은 건축허가에는 재량행위로서의 성질이 있을 수 있다고 보는 점이다.

이러한 견해 가운데에는 먼저 건축허가가 기속행위인지 재량행위인지 판단하는 문제는 어느 하나의 조문만을 해석해서는 안 되고 건축허가요건을 규정하고 있는 모든 법규정을 검토하여 판단하여야 한다는 견해가 있다.15) 이에 따르면 건축허가는 어느 법제에서 규정되어 있는가에 따라 그 성질을 개별적으로 접근해 보아야 한다. 즉 건축법상의 건축허가는 전통적으로 건축물의 안전 등 위험방지의 관점에서 허가요건을 규정하고 있으므로, 이 경우 행정청은 허가요건만 충족하고 있으면 건축법 제8조에 의하여 건축허가를 발급하여야 하고, 이러한 의미에서 건축법상의 건축허가는 대체로 기속행위로서의 성질을 가지고 있다는 것이다. 반면 구 도시계획법상의 건축허가16)는 대부분 토지형질변경허가와 건축허가인데, 토지형질변경허가의 법적 성질은 재량행위이고, 따라서 동일한 규정에 의하여 허가 여부가 판단되는 도시계획법상 건축허가도 재량행위로 보아야 한다는 것이다.17) 이 견해는, 건축법 제8조 제6항은 건축법상의 허가를 받은 경우 이 법에서 정하는 다른 법률상의 인·허가, 신고 등을 받은 것으로 본다는 의제조항을 두고 있는데, 행정절차의 간소화를 위하여 마련된 이 규정에 의하여 여러 절차가 통합된다고 하여도, 각 개별법에서 정하는 허가요건까지 소멸되는 것은 아니고, 따라서 건축법에 의한 건축허가를 함에 있어서는 의제되는 다른 법률에 의한 인·허가 등의 요건을 심사해 보아야 한다고 하였다. 그런데 만약 의제되는 인·허가가 재량행위

---

14) 조성규, 전게논문, 법학연구(2002. 12), 91면 이하; 조해현, 전게논문, 226면 참조.
15) 김종보, 전게논문, 158면 이하; 동인, 건축행정법, 2002년 전면개정판, 154면 이하.
16) 이는 구 도시계획법(1997.12.13, 법률 제5453호) 제4조(행위등의 제한)를 의미하는 것으로 판단되며, 현재는 국토의계획및이용에관한법률 제56조(개발행위의 허가)에 규정되어 있다. 이하 도시계획법은 국토의계획및이용에관한법률(약칭 국토계획법)을 지칭하는 것으로 본다.
17) 김종보, 전게논문, 165면 이하 참조.

인 경우, 기속행위인 건축법상의 건축허가에 재량행위인 인·허가 등이 포함되어 있게 되는데, 그렇다면 이러한 건축허가를 아직도 기속행위라고 볼 수 있겠는가 하는 점을 검토해 보아야 한다고 하고 있다.18) 따라서 이질적인 성격의 도시계획법상의 건축허가가 건축법상의 건축허가에 포함되어 있는 경우와 같이, 건축법상의 건축허가라고 하는 기속행위 안에는 수많은 재량행위들이 포함되어 있을 수 있다는 것이다.19)

이와 유사한 입장에 있는 견해는 건축허가가 가지는 종래의 위험방지적 관점만으로는 오늘날의 건축허가를 제대로 이해할 수 없으며, 이러한 관점에서 특히 인근주민의 이익보호가 문제되는 건축허가의 경우에는 종래와는 다른 시각에서 그 법적 성질에 대한 고찰이 이루어져야 한다고 한다. 즉 건축허가의 법적 성질의 문제는 이와 관련된 인근주민의 법적 이익의 보호와 직결되는 문제인데, 건축허가가 기속행위라는 종래의 입장만으로는 인인(隣人)보호에 한계가 있고, 따라서 인근주민의 보호라는 관점에서 건축허가시 공익과 사익의 형량을 위한 일정한 재량을 부여할 필요성이 있다는 것이다.20) 이 견해 역시 위 견해와 마찬가지로 건축법상의 건축허가와 도시계획법상의 건축허가를 구분하고 있다. 즉 건축법은 건축물로부터 발생할 수 있는 위험을 방지하는 것을 주목적으로 하는 전형적인 경찰행정법의 영역으로서 건축질서법(Bauordnungsrecht)의 기능을 하는 것인 반면, 도시계획법은 건축물이 도시 전체의 기능과 관련하여 어떻게 건축되는 것이 효과적일 것인가를 주된 관심으로 하는 건축계획법적(Bauplanungsrecht)인 특성을 가지고 있다고 하고, 이와 같은 성격의 차이를 기초로, 질서법적 규율을 목적으로 하는 건축법상의 허가는 위험방지요건을 충족하면 허가를 발급하여야 하는 기속행위인 반면, 도시계획법상의 허가는 지역 특성에의 적합성 판단을 요하므로 재량행위의 성질을 가진다고 보고 있다.21) 따라서 건축허가를 함에 있어, 의제조항 등에 의하여 도시계획법상의 허가요건을 심사하여야 하는 경우, 이러한 건축허가에는 처분청의 재량적 판단을 요하는 도시계획적인 요소가 고려되어야 하는 경우로서 재량행위의 성질을 가진다고 하고 있다.22)

한편 같은 맥락에서, 건축허가의 재량성 문제는 그 각 행위요소별로 나누어 보아야 한다는 견해도 있다. 이 견해는 먼저 재량행위의 개념에 관하여, 이제는 어떠한 행정행

---

18) 김종보, 전게서, 154면. 김재협, 최근 행정판례의 흐름과 극복하여야 할 과제, 법조 제537호(2001. 6), 법조협회, 29면도 건축법이 건축허가에 관하여 다른 법률상의 요건까지 심사하도록 하고 있는 한, 더 이상 건축허가를 일률적으로 기속행위라고만 볼 수 없게 되었다고 하고 있다.
19) 김종보, 전게논문, 169면 이하 참조.
20) 조성규, 전게논문, 법학연구(2002. 12), 89면 이하 참조.
21) 조성규, 상게논문, 95면 이하; 최승원, 전게논문, 61면 이하 참조.
22) 조성규, 상게논문, 96면 이하; 최승원, 상게논문, 65면 이하.

위가 개념적·범주적으로 재량행위에 속한다거나 또는 기속행위에 속한다고 할 것이 아니라, 어떠한 행정행위는 어떠한 면에서 기속적이고 또는 어떠한 면에서는 재량이 인정된다고 보는 것이 정확한 것이라고 판단하고 있다.[23] 이 견해는 이러한 점에서 행정행위의 재량성 유무는 그 각 행위요소별로 나누어 보아야 한다고 보고, 이러한 측면에서 건축법상의 건축허가의 요건에는 건축물 자체의 안전에 관한 것, 도시계획법에 의한 지역·지구 내에서의 건축과 관련되는 것, 주변환경과 관련되는 사항 등이 있는데, 이 가운데 도시계획법상의 지역·지구 안에서의 건축의 경우는 그 형성적 성격이나 관련 규정의 내용·취지로 볼 때 재량성을 부정할 수 없고, 이 점은 주거환경이나 교육환경과 같은 주변환경과 관련된 사항에 있어서도 마찬가지라고 하고 있다.[24] 이 견해는 특히 건축법상의 건축허가가 개발행정수단이라는 측면에서 구 국토이용관리법상의 용도지역과 관련되어 있는 경우(건축법 제8조 제1항 제1호) 또는 대통령령이 정하는 구역 안에서의 건축물의 건축과 관련되는 경우(건축법 제8조 제1항 제2호), 여기에서 건축허가는 이른바 적극적 목적의 복리행정의 한 수단으로서 기능하는 것이고, 이 경우 건축허가에는 소극적 목적의 경찰행정의 수단인 경우와 달리, 적극적 목적상 재량이 인정된다고도 할 수 있는 것이라고 하고 있다.[25] 그리고 이와 같이 개발행정수단으로서의 건축허가에 재량성이 인정되는 직접적인 근거는 헌법규정에 근거한 행정청의 환경배려 의무라고 보고, 따라서 건축허가에 관한 명시적인 제한규정이 없더라도 환경배려 차원에서 건축허가가 거부될 수 있다고 보고 있다.[26]

요컨대 이상의 견해들을 종합해 보면, 건축 관련 법령에 구체적인 건축허가요건으로 규정되어 있지 않더라도, 주변환경이나 인근주민의 생활환경을 보호하기 위해서는 건축허가가 제한될 수 있고, 이 경우의 건축허가에는 재량행위로서의 성질이 인정된다고 보는 것이다.

---

23) 조해현, 전게논문, 250면 이하.
24) 조해현, 상게논문, 251면 이하.
25) 조해현, 상게논문, 253면.
26) 조해현, 상게논문, 255면.

III. 관련판례

1. 종래의 판례입장

건축허가의 법적 성질에 관한 판례의 기본적인 입장은, 학설의 경우와 마찬가지로, 엄격하게 기속행위로 보고 있다. 예컨대 대법원은 건축불허가처분취소소송에서 "건축허가권자는 건축허가신청이 건축법, 도시계획법 등 관계 법규에서 정하는 어떠한 제한에 배치되지 않는 이상 당연히 같은 법조에서 정하는 건축허가를 하여야 하고, 중대한 공익상의 필요가 없음에도 불구하고, 요건을 갖춘 자에 대한 허가를 관계 법령에서 정하는 제한 사유 이외의 사유를 들어 거부할 수는 없다."[27]라고 하여 건축허가의 기속성을 인정하고 있다. 보다 구체적으로 대법원은 숙박시설의 건축과 관련하여[28] "원심이 원고의 이 사건 건축허가신청이 건축법, 도시계획법 등 관계 법규에서 정하는 건축허가 제한 사유에 해당하지 않는 이상 피고가 자연경관 훼손 및 주변환경의 오염과 농촌지역의 주변정서에 부정적인 영향을 끼치고 농촌지역에 퇴폐분위기를 조성할 우려가 있다는 등의 사유를 들어 원고의 이 사건 숙박시설 건축을 불허할 수는 없다고 판시한 것은 정당하다."[29]라고 하여, 관계법이 정하고 있는 허가요건이 충족되면, 반드시 건축허가를 하여야 한다는 입장에 있다.

2. 새로운 경향의 판례

이상에서 본 바와 같이, 판례의 기본적인 입장은 건축허가를 엄격하게 기속행위로 파악하고 있는 결과, 자연경관이나 주변환경 등의 다른 공익의 보호 문제는, 건축법제에서 정한 허가사유가 아닌 한, 이러한 이유에서 건축허가를 할 수는 없는 것이라고 보고 있다. 그러나 최근 판례 가운데에는 인근 주민들의 생활권 등에 대한 고려가 법령에 직접 건축제한사유로 규정되어 있지 않더라도, 이를 고려하여 건축허가를 하지 않을 수 있다는 취지의 판례가 있어 주목을 받고 있다.[30]

먼저 대법원은 구체적인 제한지역과 제한행위가 지정되어 있지 않은 준농림지역에

---

27) 대판 2003.4.25, 2002두3201.
28) 이는 개정된 건축법 이전의 판례이다. 현행 건축법은 제8조 제5항(2001. 1. 16 신설)에서 숙박시설의 경우 주거환경 또는 교육환경 등 주변환경을 감안할 때 부적합하다고 인정하는 경우에는 건축허가를 하지 아니할 수 있다고 규정하고 있다.
29) 대판 1995.12.12, 95누9051.
30) 이에 관하여는 조성규, 전게논문, 법학연구(2002. 6), 103면 이하 참조.

서의 숙박업소 건축불허가처분과 관련하여, "관계 법령의 규정을 종합하여 보면, 지방자치단체의 조례에 의하여 준농림지역 내의 건축제한지역이라는 구체적인 취지의 지정·고시가 행하여지지 아니하였다 하더라도, 조례에서 정하는 기준에 맞는 지역에 해당하는 경우에는 숙박시설의 건축을 제한할 수 있다고 할 것이고, 그러한 기준에 해당함에도 불구하고 무조건 숙박시설 등의 건축허가를 하여야 하는 것은 아니라고 할 것이며, 조례에서 정한 요건에 저촉되지 아니하는 경우에 비로소 건축허가를 할 수 있는 것으로 보아야 할 것이다. 부연하면, 그러한 구체적인 지역의 지정·고시 여부는 숙박시설 등 건축허가 여부를 결정하는 요건이 된다고 볼 수 없다고 할 것이다."31)라고 하여, 구체적인 건축제한지역의 지정이 없더라도, 건축허가를 제한할 수 있음을 밝히고 있다.

서울고등법원에서도 "일반주거지역에 속해 있고 산림법시행규칙 규정에 의해 자연경관 보존이 필요하다고 인정 고시된 지역은 아니나, 보라매공원과 연접한 경사지로 개나리 나무와 잡초 및 수목이 우거져 있는 산림이고, 그 지상에 범면보호블럭과 배수로가 설치되어 있고, 국공유지에 둘러싸여 있는 삼각형 모양의 경사도가 30도 내지 60도의 비교적 좁은 토지로서 수목을 보존하고 경관을 유지하며 현 상태로 보존함이 상당하다고 보아, 주민들의 의견을 수렴하여 그 지상 건축허가신청을 불허한 처분이 적법하다."라고 판시한 바 있다.32)

서울행정법원에서는 신축건물(오피스텔 용도)을 숙박시설로 용도변경히는 내용의 설계변경허가신청을 반려한 처분에 관한 사건에서 "원고의 신축 건물이 법적으로 숙박시설 건축변경 허가요건을 갖추고 있지만 허가가 나면 러브호텔로 사용돼 도로(6m) 건너편 주택가 주민들과 청소년들에게 정서적 악영향과 혐오감을 줄 가능성이 크다"라며 "건축제한규정에 위배되지 않더라도 인접한 지역의 기능을 현저히 저해하는 경우, 당국은 러브호텔 허가를 거부할 수 있다."라고 밝혔다. 재판부는 특히 "이미 원고의 건물 주변에 숙박시설들이 기형적으로 몰린 상태에서 원고의 용도변경 신청을 허가할 경우 머지않아 주변 지역이 러브호텔로 가득 차게 될 우려가 있다."라고 판단하고, "이 경우 주변 주민들이 겪는 불편은 일반상업지역과 인접한 지역 주민이 감수해야 하는 불편의 한도를 넘게 된다."라고 판시하였다.33) 그리고 이에 대한 항소심34)도 이러한 원심의 판단을 대부분 인용하였다.

---

31) 대판 1999.8.19, 98두1857.
32) 서울고판 1995.6.16, 95구1059.
33) 서울행판 2001.3.9, 2000구32242.
34) 서울고판 2001.9.13, 2001누4896.

IV. 건축허가의 법적 문제

이상의 학설과 판례에 대한 검토를 토대로, 이하에서는 위 학설과 판례를 평가하면서, 건축허가의 법적 성질 문제를 규명해 보기로 한다. 종래 학설과 판례의 입장은 건축허가가 건축의 자유라는 기본권을 실현시킨다는 의미에서 이를 기속행위로 보고 있는데 반하여, 다른 한편에서는 건축허가와 밀접한 관련을 가지고 있는 자연환경, 교육환경, 인근주민의 생활권 등의 공·사익을 보호하기 위한 관점에서 건축허가의 재량성 문제를 제기하고 있다. 결국 건축허가의 법적 성질을 어떻게 이해하여야 하는가 하는 것이 문제인데, 이 문제는 먼저, 건축허가를 통해서 실현되는 건축의 자유의 의미와 오늘날과 같이 대도시 중심의 복잡한 사회에서 건축물의 건축에는 이를 둘러싼 복합적인 이해관계가 고려되어야 한다는 의미에서의 건축의 자유에 대한 제한이라는 관점에서부터 접근해 볼 수 있을 것이다.

1. 건축의 자유와 제한

헌법 제23조 제1항에 의하여 보장되는 재산권의 내용에는 이른바 '건축의 자유'가 포함된다고 보는 것이 일반적인 견해이다.[35] 건축의 자유는 법률의 범위 안에서 자신의 토지를 이용하고 여기에 건축할 수 있는 토지소유권자의 권리를 말한다. 이러한 건축의 자유가 헌법상의 재산권 보장에 의하여 보호되는 것인지, 아니면 법률에 의하여 주어진 권리인지에 대해서는 견해의 대립이 있는 것은 사실이지만,[36] 오늘날 건축의 자유는 토지의 건축적 이용에 관한 '제한된 권리(eingeschränktes Recht)'라고 보는 데에는 견해가 일치한다.[37]

헌법으로 보장되는 재산권은 그 내용과 한계가 법률로 정해지도록 규정되어 있어 (제23조 제1항), 건축의 자유의 구체적인 내용과 한계도 입법권자의 기본권 형성적 법률유보에 맡겨져 있다. 또한 건축의 자유를 포함하는 재산권의 행사는 공공복리에 적합하여야 할 의무가 있다고 하여(헌법 제23조 제2항) 재산권에 대한 강한 사회기속성(Sozialbindung des Eigentums)이 강조되고 있기 때문에,[38] 재산권 보장에 속하는 건축의

35) Finkelnburg/Ortloff, Öffentliches Baurecht, Band I: Bauplanungsrecht, 3. Aufl., München 1995, S. 17 참조.
36) 이에 관하여는 Erbguth, Bauplanungsrecht, in: Achterberg/Püttner/Würtenberger(Hrsg.), Besonderes Verwaltungsrecht, Bd. I, S. 634 참조.
37) Erbguth, a.a.O., S. 634.
38) 이에 관하여는 허영, 한국헌법론, 신4판, 박영사, 2004, 458면 참조.

자유도 무제한의 권리가 아니고, 여기에는 토지 이용에 대한 토지소유권자의 미래 지향적인 책임감이 강조되고, 또 여기에서 도출되는 건축 관련 법령 등에 의한 제한이 뒤따르는 것이다. 따라서 토지소유권의 인정을 이에 대한 건축의 자유와 연결시켰던 초기자유주의시대의 관념은 오늘날의 현실에서는 더 이상 유지될 수 없게 되었고, 재산권에 대한 사회기속성의 관점에서 건축의 자유에 대하여는 건축질서법적 관점뿐 아니라, 건축계획법적 관점에서도 여러 제한이 뒤따르게 된 것이다. 다만 건축의 자유를 제한하는 경우에도 그 제한사유는 물론 특별한 법적 정당성을 가져야 하고, 또한 비례원칙을 준수할 것이 요구된다.[39]

이상에서 본 바와 같이 건축의 자유는 오늘날 건축물의 안전과 토지의 합리적 이용이라는 공공의 이익에 부합되어야 한다는 점에서 과거보다 강한 제한을 받게 되었다. 과거에는 토지소유권자의 건축의 자유라는 자유권적 기본권을 실현시킨다는 의미가 보다 강조되었다. 그러한 점에서 건축허가의 기속행위성을 엄격하게 해석하여 허가요건을 구비하고 있는 경우, 다른 사유를 들어 건축의 자유를 제한할 수 없었다고 보았다. 그러나 사회가 점점 발전하면서, 인구의 증가에 따른 토지 이용의 증가, 환경권에 대한 인식의 확산 등의 이유에서 건축물의 건축은 토지소유권자의 재산권 행사 이상의 의미를 가지게 되었고, 이로 인하여 건축허가를 함에 있어서는 건축과 관련된 다른 공·사익의 보호가 문제가 되었고, 이를 위하여 과거보다는 강한 정도의 건축의 자유에 대한 제한이 불가피하게 되었다. 이제 사회가 변함에 따라 이러한 공공의 이익을 위한 건축의 제한은, 그 법적 정당성과 비례원칙을 준수하는 것인 한 건축의 자유에 내재하는 사회적 기속이라고 이해되어야 할 것이다. 이렇게 볼 때 건축허가는 건축물을 둘러싼 다양한 이해관계의 조정을 의미하는 것으로 이해되면서, 과거에 누렸던 건축의 자유의 영역은 상당히 축소되었다.[40]

이와 같이 건축의 자유는 건축물의 안전, 토지의 이용, 기타 관련 공·사익의 보호의 관점에서 제한될 수 있는데, 그 구체적인 건축제한의 예는 건축관련법령의 허가요건규정에 나타나 있다. 건축허가와 관련된 대표적인 법으로는 건축법과 국토의계획및이용에관한법률(이하 국토계획법)을 들 수 있는데,[41] 건축법은 제8조에서 허가요건을 규정하고 있고, 건축허가와 관련하여 각 용도지역에서 건축될 수 있는 건축물은 국토계획법에서 규정하고 있다.[42] 다만 건축자유의 제한의 관점에서 언급할 사항은, 건축법 제

---

39) Schenke, Bauordnungsrecht, in: Achterberg/Püttner/Würtenberger(Hrsg.), Besonderes Verwaltungsrecht, Bd. I, S. 757 참조.
40) 조성규, 전게논문, 법학연구(2002. 12), 97면 이하; 최승원, 전게논문, 60면 참조.
41) 건축허가요건에 관한 자세한 설명은 김종보, 전게논문, 160면 이하 참조.

8조 제5항이다. 본 조항은 2001년의 법개정을 통하여 신설된 것인데, 이에 따르면 "허가권자는 위락시설 또는 숙박시설에 해당하는 건축물의 건축을 허가 하는 경우 당해 대지에 건축하고자 하는 건축물의 용도·규모 또는 형태가 주거환경 또는 교육환경 등 주변환경을 감안할 때 부적합하다고 인정하는 경우에는 이 법 또는 다른 법률의 규정에 불구하고 건축위원회의 심의를 거쳐 건축허가를 하지 아니할 수 있다."라고 규정하고 있다. 본 조항은 이른바 러브호텔과 같은 숙박업소가 주거지역이나 학교 주변에 난립하면서 이와 같은 문제를 해결하기 위하여 신설된 것이다. 여기에서 특히 주목할 만한 것은 '숙박시설 등이 주변환경에 적합하여야 한다.'라는 허가요건이 새로 규정되었다는 점이다. 이미 언급한 바와 같이, 건축허가가 이를 둘러싼 다양한 이해관계를 조정하는 것이고, 그러한 의미에서 건축의 자유는 합리적인 제한인 한, 공공의 이익을 위하여 제한될 수 있어야 한다는 입장이 입법적으로 반영되었다는 점에서 본 조항의 의의가 있다고 생각한다.

그러나 다른 한편 생각해 보아야 할 것은, 이러한 허가요건이 법률에 규정되어 있지 않더라도, 주변환경에 부적합한 건축물에 대하여 건축허가를 발급하는 것이 바람직한가 하는 점이다. 생각건대, 주변환경의 불가침이 건축법상의 허가요건으로 규정되어 있지 않는 경우에, 허가대상인 건축물이 명백히 주변환경에 부적합하다면, 이를 허가하지 않는 것이 법치국가적 요청에 부합할 것이다. 다시 말해서 건축허가가 기속행위라고 해서, 관계 규정상의 요건만 구비하면 무조건 허가가 되는 것으로 이해하면 안 되고, 이를 허가하는 경우 인근 주민의 생활권 등의 환경권을 침해하는 경우에는 허가되어서는 안 된다고 보는 것이 건축법의 자연스러운 해석이라는 것이다. 이렇게 볼 때, 이러한 '주변환경과 같은 공익을 침해하지 않을 것'이라고 하는 건축의 자유에 대한 제한은 인권보장을 목적으로 하는 법치국가의 이념에서 도출되는 행정법상의 일반원리로 설명될 수 있다. 따라서 이러한 원리가 건축허가의 요건규정으로 입법화되어 있지 않더라도, 이는 말하자면 하나의 불문의 건축허가요건으로서 건축허가시 당연히 고려되어야 할 사항이라는 보아야 할 것이다. 요컨대 건축허가는 상대적 금지의 해제를 통해서 개인의 건축의 자유를 보장하는 것이지만, 이러한 자유는 다른 자유와 함께 공존하는 것이지 결코 혼자 존재할 수 없는 것이다. 이러한 점에서 건축의 자유는, 예컨대 환경권과 같은 공공의 이익과 조화를 이루는 범위 내에서만 보장되는 자유라고 이해하여야 할 것이다.

---

42) 국토계획법 제36조 용도지역의 지정; 동법 시행령 제30조 용도지역의 세분, 제71조 및 별표2-22 용도지역 안에서의 건축제한. 한편 시행령의 위임에 따라 각 지방자치단체의 도시계획조례는 용도지역 안에서의 구체적인 건축제한기준을 정할 수 있다.

2. 건축허가의 법적 성질

이상에서 살펴본 바와 같이, 건축허가는 제3자의 환경권이나 자연환경과 같은 관련 공·사익의 보호를 위하여 제한될 수 있다고 보았다. 이를 법치국가원리에서 도출되는 행정법상의 일반원리로 이해한다면 이러한 불문법상의 원칙을 들어 건축허가가 제한될 수 있는 것이므로, 이 경우 건축허가의 법적 성질을 어떻게 이해하여야 하는가 하는 문제가 제기된다.

먼저 건축허가는, 논란의 여지는 있지만 헌법상의 재산권 보장에 근거한 건축의 자유에 대한 예방적 금지를 해제하는 이른바 규제허가(Kontrollerlaubnis)를 의미한다. 따라서 건축허가를 발급할 것인가에 대한 결정은, 건축의 자유와의 관련해서 원칙적으로 기속행위인 것이다.[43] 독일 각 주의 건축법도 허가대상인 건축물이 공법규정에 반하지 아니하는 경우에는 건축허가를 발급하여야 한다고 규정하고 있어, 건축허가의 기속행위로서의 성질을 명확히 하고 있다. 이러한 건축허가는 종래 건축물 그 자체의 위험방지라는 점에 중점이 있었다. 그러나 오늘날과 같이 생활관계가 점차 복잡다기한 양상을 띠고 한정된 토지자원에 대한 효율적인 활용을 위하여 무질서한 개발을 방지할 필요가 생기게 되면서, 토지의 이용이라는 관점에서도 건축규제를 하게 되었다. 이와 같이 건축허가에는 허가대상인 건축물에 관련된(objektbezogen) 건축질서법상의 허가와 토지의 이용과 관련된(flächenbezogen) 건축계획법상의 허가가 함께 포함되어 있다. 따라서 기속행위로서의 건축허가라고 할 때는, 양자가 모두 이에 해당되는 것이고, 예컨대 건축질서법상의 허가는 기속행위로, 건축계획법상의 허가는 재량행위로 각각 성질을 분류할 수 있는 것은 아니라고 생각된다.

다만 건축허가가 허가유보부 예방적 금지를 전제로 하는 이른바 '규제허가'라고 할 때, 여기에서 '규제(Kontroll)'의 의미에 초점을 맞추어 본다면 건축허가는, 위에서 살펴본 바와 같이 건축질서의 측면에서, 그리고 건축계획의 측면에서 건축을 규제하고 있는 것이라고 설명할 수 있다. 따라서 이러한 규제의 목적은 건축의 기본적인 질서와 토지의 합리적인 활용이라는 목적을 달성함으로써, 궁극적으로는 편안하고 쾌적한 삶의 환경을 보호하는 것이다. 이와 같은 규제가 비례원칙을 포함하는 행정법상의 일반원칙을 준수하고 있는 합리적인 것인 한, 환경보호를 위한 규제는 개인의 건축의 자유에 대한 정당한 규제로서 그 법적 정당성을 인정할 수 있을 것이다. 이렇게 볼 때, 건축허가를 통한 규제는 개인의 건축의 자유뿐 아니라, 규제를 통하여 달성하려고 하는 공익

---

43) Schenke, a.a.O., S. 790 참조.

의 보호도 아울러 고려되어야 하는 것이다.

이러한 점에서, 건축허가의 발급 여부를 단순히 관련법령에 규정된 허가요건에만 의존하여 결정하는 것은, 오늘날의 건축허가의 규제허가로서의 성질을 잘못 이해하고 있는 것이다. 예컨대 주변환경에 현저히 적합하지 못한 건축물에 대해서 건축법령상의 허가제한사유가 없다고 하여 이를 허가한다는 것은, 건축의 자유에 대한 지나친 배려이고, 공익 보호에 소홀한 것이다. 그러나 이 경우 공익 보호를 위해서 건축허가를 거부하였다고 한다면, 여기서 건축허가의 기속행위로서의 성질에 변화가 있는 것으로 볼 것인가 문제이다.

언급한 바처럼, 특정 건축물의 건축이 관계 규정상의 모든 허가요건을 구비하고 있더라도, 다른 중요한 공익을 침해하게 되는 경우에는 건축허가가 제한된다고 보는 것이 법의 저변에 내재되어 있는 정의의 이념에도 부합하는 해석이 될 것이다. 이와 같이 건축물이 주변환경이나 기타 중대한 공익에 적합하여야 한다는 것은 건축허가의 요건규정으로 규정되어 있지 않더라도 법치국가의 원리상 당연히 요구되는 하나의 행정법상의 일반원리로 이해될 수 있고, 이러한 불문법상의 허가요건에 따라 건축의 자유를 제한한다고 하여 건축허가의 법적 성질이 재량행위로 인식될 수는 없는 것이다. 왜냐하면 주변환경 등의 환경권에 대한 불가침을, 성문의 형태든 불문의 형태든 허가요건으로 인식하는 한, 이에 대한 판단에는 행정청의 재량이 인정되지 않기 때문이다. 따라서 건축허가를 이와 같이 이해하는 한, 건축허가의 법적 성질을 기속행위로 보더라도, 공익의 보호를 위하여 건축을 규제할 수 있게 된다. 이 점은, 독일 각 주의 건축법이 건축물이 공법규정에 반하지 아니하는 경우에는 건축허가를 발급하여야 한다고 규정하고 있는데,[44] 여기에서 허가요건으로 규정되어 있는 공법규정에 반하는지의 여부를 판단함에 있어서는 명문의 공법규정 이외에도 최후의 보충적인 법해석의 기준으로서 행정법의 일반원리에 반하는지의 여부도 심사하여야 한다는 점에서 더욱 그러하다.

---

44) 예컨대 바덴뷔르템베르크 건축법(LBO):
   제3조
   (1) 건축물, 토지 기타 시설물은 공공질서, 특히 생명, 건강 또는 자연적인 생활의 기초를 위협하지 않고, 목적에 어긋나게 사용되지 않도록 설치되어야 한다. 이는 철거의 경우에도 적용된다.
   제58조
   (1) 허가를 요하는 건축물이 건축행정기관이 심사하게 될 공법규정에 반하지 않으면, 건축허가를 발급하여야 한다.

3. 새로운 견해에 대한 평가

이상에서 살펴본 바와 같이, 건축허가의 법적 성질은 기속행위이고, 생활권 등의 다른 환경공익을 보호하기 위하여 건축을 제한하는 경우에도 이러한 법적 성질에는 변함이 없다고 이해될 수 있다.

건축허가의 법적 성질에 대하여 새로운 시각에서 고찰하고자 하는 견해도 건축허가와 관련된 문제의식은 기본적으로는 같다고 이해된다. 다만 건축허가에는 재량행위로서의 성질이 인정될 수 있다고 보는 점에 대해서는, 적어도 이론적인 관점에서는 신중하게 검토해 보아야 할 문제가 아닌가 생각한다. 왜냐하면 건축허가에 행정청의 재량적 판단이 허용된다고 보는 경우에는 법원으로서는 재량권의 일탈·남용 여부만 심사할 수 있으므로 행정청의 판단권의 범위를 확대하는 것이 되는데, 이것이 반드시 국민의 권리보호를 위하여 순기능만을 하는 것은 아니기 때문이다. 이 때문에 특정 지역의 건축허가의 경우에만 한정적인 재량권을 인정하는 문제[45]를 생각해 볼 수는 있으나, 어느 지역을 대상으로 할 것인가, 어느 정도로 그 범위를 한정할 것인가 하는 기준의 설정 문제는 건축허가의 법적 성질에 관한 논의보다 더 어려운 문제가 될 수 있을 것이다.

한편 건축허가가 어느 법제에 규정되어 있는가에 따라 건축법상의 건축허가와 도시계획법상의 건축허가가 그 성질이 서로 다를 수 있다고 본다. 특히 도시계획법상의 허가인 토지형질변경허가의 법적 성질은 재량행위이고, 따라서 동일한 규정에 의하여 허가여부가 판단되는 도시계획법상의 허가는 재량행위로 보아야 한다는 견해[46]에 대해서도 마찬가지의 문제를 제기할 수 있다. 예컨대 국토계획법은 토지의 효율적인 이용을 위하여 용도지역의 지정에 관하여 규정하고 있는데(국토계획법 제36조), 건축물은 이러한 용도지역에 적합한 경우에만, 건축이 허용되는 것이다. 그리고 토지형질변경허가는 이른바 개발행위허가의 한 유형으로 규정되어 있는데(국토계획법 제56조 제1항 제2호), 이러한 개발행위에 대해서는 동법 제58조, 시행령 제56조 별표 1에 허가기준이 규정되어 있으므로, 이러한 기준에 적합한 경우에만 개발행위가 허용되고, 또한 건축법상의 허가를 받으면 개발행위허가를 받은 것으로 의제된다(건축법 제8조 제6항 제3호). 이렇게 볼 때, 용도지역에 대한 건축물의 적합성 여부나 개발행위의 허가는 국토계획법이 정한 기준에 적합한 경우에만 허용되는 것으로써, 이러한 요건을 판단하는 행정청의 재량이 인정된다고 보기 어렵다. 만약 토지형질변경허가를 재량행위로 보더라도, 그렇기 때문

---

45) 김동희, 전게논문, 30면.
46) 김종보, 전게논문, 169면.

에 국토계획법상의 건축허가 모두를 재량행위라고 보기는 어렵지 않을까 생각한다. 이미 살펴본 바와 같이, 건축허가는 건축질서법, 즉 건축법상의 허가만을 의미하는 것은 아니고, 여기에는 건축계획법상의 허가도 포함되어 있는 것이다. 따라서 최소한 건축허가 시 양자를 분리하여 각각 건축허가가 가능한 경우라면 몰라도, 양자를 모두 포함하여 건축허가를 하여야 하는 경우에는 이러한 건축허가의 법적 성질은 기속행위로 파악하는 것이 보다 합리적일 것이다. 그리고 개발행위허가는 무질서한 토지의 개발을 방지할 목적으로 보다 강력하게 토지이용을 규제하기 위한 취지로 입법화된 것이다. 이를 통하여 국민의 재산권을 제한하게 된다는 이유에서 허가기준 등이 규정되어 있는 이상 이러한 허가의 요건을 판단하는 데 행정청이 재량이 인정될 수는 없는 것이므로, 이러한 의미에서 국토계획법상의 건축허가 역시 기속행위라고 할 것이다. 마찬가지로 도시계획법상의 허가는 지역 특성에의 적합성 판단을 요하므로 재량행위로서의 성질을 가진다는 견해[47]에 대해서도, 일정 용도지역에의 적합성 여부는 요건판단의 문제이므로, 이러한 요건판단은 법적 판단의 문제로서 재량이 인정될 수 없다고 하겠다. 이렇게 볼 때, 건축법상의 허가요건규정이나 국토계획법상의 개발행위허가기준은 모두 건축허가의 요건에 관한 규정으로 볼 수 있고, 이러한 요건규정에의 적합 유무를 판단하는 것은 행정청의 재량이 아니라, 전적으로 사법심사의 대상이 되는 법적 판단의 문제라고 정리할 수 있다.

다만 한 가지 문제가 되는 것은, 건축법 제8조 제5항의 규정이 "허가권자는 위락시설 또는 숙박시설에 해당하는 건축물의 건축을 허가 하는 경우 당해 대지에 건축하고자 하는 건축물의 용도·규모 또는 형태가 주거환경 또는 교육환경 등 주변환경을 감안할 때 부적합하다고 인정하는 경우에는 이 법 또는 다른 법률의 규정에 불구하고 건축위원회의 심의를 거쳐 건축허가를 하지 아니할 수 있다."라고 규정하고 있는 점이다. 특히 여기에서 "건축허가를 하지 아니할 수 있다."라고 하는 규정의 표현방식만 보면, 이는 재량행위로 해석될 수 있는 여지가 있다. 이와 관련하여서는 일반적으로 이를 숙박시설의 건축허가 시 허가권자에게 재량권을 부여한 것이라 보고 있는데,[48] 이러한 견해는 일견 타당한 것으로 보인다.

그러나 건축허가의 법적 성질을 기속행위라고 이해하는 한, 이 규정의 표현방식이 과연 적절한가 하는 점은 다시 한번 생각할 필요가 있다고 본다. 독일의 입법례에도 나타나 있는 바와 같이,[49] 건축물이 주변환경에 부적합한 경우에는 건축을 할 수 없다

---

47) 조성규, 전게논문, 법학연구(2002. 12), 95면 이하.
48) 조성규, 상게논문, 110면; 김종보, 전게서, 154면 이하 참조.
49) 각주 44 참조.

고 이해하는 것이 관련되는 공·사익의 보호라는 관점에서 타당한 것이다. 본 조항의 규정 취지는, 러브호텔의 예에서 보듯이, 건축물이 주변환경이나 교육환경에 적합하지 못하다는 이유로 허가신청이 거부될 수 있다는 의미로 이해된다. 반대로 말하면, 건축물이 주변환경 등에 적합하다면, 반드시 허가를 발급하여야 한다는 의미라는 것이다. 이와 같이 이 규정은 허가의 거부 사유를 명백히 규정하고자 하는 데 중점이 있는 것이지, 이를 통하여 허가가 재량행위로 이해될 수는 없는 것이다. 이를 이른바 연결규정의 문제와 연관시켜 생각해 볼 수 있다. 연결규정(Koppelungsvorschriften)이란 요건규정에는 불확정개념을, 효과규정에는 재량규정을 각각 포함하는 법규범을 말한다. 이 경우 불확정개념의 적용을 통하여 이미 모든 재량권행사에 적용되는 관점들이 고려될 수 있는 경우에는 재량의 소멸(Ermesensschwund)이 생기게 되어, 이때 재량을 행사할 것이 더 이상 남아있지 않기 때문에 여기에서의 가능규정(Kann-Vorschrift)은 사실상 필연규정(Muß-Vorschrift)의 의미를 가지게 된다고 한다.[50] 이를 그대로 적용해 보면, 숙박시설이 주변환경에 부적합하다고 판단되는 경우에는 건축허가를 할 수 없다는 것이다. 만약 이 규정을 재량행위로 이해한다면 이 규정을 통하여 공익이 보호되는 경우도 있겠지만, 반대로 재량권의 일탈·남용이 없는 한 교육환경 등 주변환경에 부적합한 건축물의 경우에도 건축허가를 할 수 있다고 해석될 수도 있기 때문이다. 앞서 언급한 대로 위 규정의 취지를 고려해 보면, 주변환경에 적합지 못한 건축물은 허가를 하지 않는 것이 공익보호의 관점에서도 당연히 요구된다고 해석하는 것이 정의의 관념에도 부합할 것이다. 따라서 이와 같은 관점에서, 본 규정이 건축허가에 있어 행정청에게 재량권을 부여한 것이라고 해석되어서는 안 된다고 판단된다.

　한편 재량행위에 대한 이해와 관련하여 행정행위의 성질을 기속행위 또는 재량행위라고 미리 단정하는 것은 허용될 수 없고, 이러한 점에서 행정행위에 따라 보다 기속적이거나 또는 보다 재량적인 성격이 인정된다고 보는 것이 정확한 것이라는 견해가 있다. 이 견해에 따르면 건축허가 시 환경공익을 고려하여 허가를 거부할 수 있는 재량성이 행정청에 인정된다고 할 경우, 그와 같은 재량성의 적극적인 근거는 행정청의 환경배려 의무이고, 이에 근거하여 건축허가에 관한 명시적인 제한규정이 없더라도 행정청은 환경 관련 공익을 고려하여 건축허가를 거부할 수 있는 것이라고 하고 있다.[51] 우선 어떠한 행정행위를 전적으로 기속행위 또는 재량행위라고만 단정 지을 수 없다고 하는 점은, 오늘날의 행정의 다양성과 복합성을 고려하면 타당하다고 생각한다. 다만

---

50) 홍준형, 전게서, 207면 이하; Maurer, a.a.O., S. 139 f.
51) 조해현, 전게논문, 250면 이하, 255면.

건축허가의 법적 성질을 어떠한 점에서는 기속행위로 또는 어떠한 점에서는 재량행위로 볼 것인가 하는 문제도 쉬운 문제는 아닐 것이다. 나아가 행정청의 환경보호 의무에서 건축허가를 재량행위로 보는 것보다는 건축허가를 통한 환경공익의 보호는 법치국가원리에서 도출되는 불문의 행정법상의 원리이고, 따라서 건축물의 건축이 환경권을 침해하는 경우에는 허가할 수 없다고 이해하는 것이 건축허가를 기속행위로 보면서 논리의 일관성을 유지할 수 있다는 점에서도 바람직하지 않을까 생각한다.

생각건대 건축허가의 법적 성질의 문제는 건축 관련 법령이 환경권과 같은 중요한 공익의 보호를 허가요건으로 제대로 고려하고 있지 않아서 발생하는 입법적 결함의 문제라는 지적[52]이 가장 적절한 해답이라고 생각한다. 비록 불확정개념으로 규정되더라도, 건축허가의 요건으로써 건축허가와 관련된 모든 이해관계를 고려하도록 규정한다면, 건축허가의 법적 성질에 대한 문제도 없을 것이고 건축허가로 인하여 인근주민들의 이익을 심각하게 침해하는 문제도 발생하지 않았을 것이다. 다만 요건규정이 불비된 상태라 할지라도, 빈틈없는 토지개발 및 건축허가, 토지의 난개발, 건축업자와 공무원 간의 불법적인 결탁, 건축허가청탁 등 그동안 우리나라의 토지개발 및 건축의 실태를 보면, 건축 행정의 탄력성을 높이는 방향으로 작용하게 될 '재량행위성' 논의보다는 환경공익과 같은 중대한 공익을 보호하기 위하여 건축을 보다 강력하게 규제하고, 건축허가의 남발을 방지하는 방향으로 정책적인 변화가 있어야 한다. 이러한 의미에서도 건축허가에 재량성을 인정하는 것은 신중하게 고려되어야 할 문제라고 생각된다.

4. 판례의 평가

건축허가에 관한 판례의 기본적인 입장은 건축법, 도시계획법 등 관계 법규에서 정하는 건축허가 제한사유에 해당하지 않는 이상 자연경관이나 주변환경 등에의 부적합과 같은 다른 사유를 들어 건축을 불허할 수 없다는 것이다.[53] 이와 같이 판례는 건축허가를 명문의 법규정만을 판단의 근거로 하여 엄격하게 기속행위로 파악하고 있는 결과, 자연경관이나 주변환경 등의 다른 공익의 보호에 소홀한 결과를 야기하였다. 이와 같은 문제는 준농림지역에서의 숙박업소 건축불허가에 대한 대법원판결[54]의 보충의견에도 잘 표현되어 있다. 이에 따르면 "지난날 우리 대법원은 환경훼손의 우려가 있다며 농촌지역의 숙박시설에 대한 건축허가신청을 반려한 행정청의 반려처분취소 청구사

---

52) 조성규, 전게논문, 법학연구(2002. 12), 110면 참조.
53) 대판 1995.12.12, 95누9051 참조.
54) 대판 1999.8.19, 98두1857.

건에서 '주변의 자연환경과 주민의 생활환경을 훼손할 우려가 있다는 사유는 건축허가를 불허할 만한 사유가 되지 못한다.'는 견해를 피력한 나머지(대판 1995.12.12, 95누9051, 1996.1.26, 95누5479, 1996.2.13, 95누16981 등), 국민과 행정기관으로 하여금 환경보전에 대한 법원의 태도에 관하여 의구심을 갖게 하는 결과를 초래하였으며, 그 결과 지방자치단체의 이른바 러브호텔 등의 무분별한 허가로 이어지고, 이러한 러브호텔의 난립은 한강변 등 농촌지역의 자연환경과 생활환경이 심각하게 훼손되는 결과로 나타나게 되었음은 주지의 사실이다. 이는 법원이 위와 같은 헌법 및 환경관련 법률의 정신을 외면한 채 법규의 자구에만 얽매인 법운용을 한 결과라는 점을 부정할 수 없을 것이다. 원래 법규의 규범적인 의미내용은 그 문언을 문법구조대로 해석하는 것이 원칙일 것이나, 그러한 해석이 전체 법질서와의 관련에서 평가모순을 초래하는 경우에는 형식적인 자구해석만을 고집하여서는 아니 되고, 가능한 어의와 의미관련의 범위 안에서 그러한 모순을 피할 수 있는 방법으로 합목적적으로 해석되어야 하며, 그러한 해석은 필요하기도 할 뿐 아니라 법규의 해석·적용과 함께 법형성의 기능까지 동시에 담당하고 있는 법원의 임무이기도 한 것이다."라고 하고 있다. 여기에서 알 수 있는 것은 형식적인 자구에만 의존해서 건축허가요건의 적합여부를 판단하는 것은 지나친 형식논리로서 현실적인 문제를 외면한 것이고, 따라서 건축허가의 요건을 판단함에 있어서는 건축허가를 통하여 규제하고자 하는 목적에 부합하는 해석을 통하여 건축의 규제 여부가 합리적으로 판단되어야 할 것이라는 점이다. 이렇게 볼 때, 이 문제는 건축허가를 기속행위라고 보기 때문에 환경권과 같은 공익이 제대로 보호되지 못한다는 것이 아니라, 이러한 건축허가의 법적 성질과는 관계없이, 건축허가요건에 대한 법해석을 어떻게 하여야 하는가의 문제인 것이다.

예컨대 이미 소개한 바와 같이, 건축허가에 관한 대법원의 전통적인 입장에 속하는 판례는 "건축허가권자는 건축허가신청이 건축법, 도시계획법 등 관계 법규에서 정하는 어떠한 제한에 배치되지 않는 이상 당연히 같은 법조에서 정하는 건축허기를 하여야 하고, 중대한 공익상의 필요가 없음에도 불구하고, 요건을 갖춘 자에 대한 허가를 관계 법령에서 정하는 제한 사유 이외의 사유를 들어 거부할 수는 없다."[55]라고 하고 있다. 이는 건축허가를 기속행위로 보고 있는 전형적인 판례이지만, 여기에는 두 가지 주목할 만한 점이 있다. 첫째는 '관계 법규에서 정하는 어떠한 제한에 배치되지 않는 이상'이라는 표현이다. 즉 건축허가는 건축과 관련된 법규정에 위반되면 안 된다는 것이다. 독일의 입법례에도 나타나 있듯이, 건축물의 건축은 건축법 등이 정하는 특정 건축허

---

55) 대판 2003.4.25, 2002두3201.

가사유에만 국한되는 것이 아니라, 모든 공법규정에 반하지 않아야 한다는 것이다. 이와 같이 건축제한사유를 폭넓게 이해하는 경우에는, 환경권, 인근주민의 생활권 등도 건축제한사유의 하나로서 당연히 고려되어야 할 것이다. 둘째로는 '중대한 공익상의 필요가 없음에도 불구하고'라는 부분이다. 이를 다시 해석하면, 중대한 공익상의 필요가 있는 경우에는 관계 법령에서 정하는 제한 사유 이외의 사유를 들어 허가를 거부할 수는 있다는 것이 된다. 이것은 왜 건축을 규제하여야 하는가 하는 원초적인 질문에 대한 지극히 당연한 답변이 될 것이라고 생각한다. 건축을 규제하여야 할 중대한 공익상의 필요가 있는데도 건축허가를 하는 것은 정의의 이념에 비추어 납득하기 어렵다. 다만 중대한 공익이 존재하느냐 하는 것은 이른바 불문법상의 허가요건이라 할 것이므로, 이에 대한 판단은 요건판단의 문제이고, 따라서 이로 인하여 건축허가의 법적 성질이 재량행위가 되는 것은 아니라고 볼 것이다. 이때, 건축허가를 기속행위로 보아온 전통적인 판례의 입장에서는 당사자의 건축의 자유만을 보호하는 것이라고 단정 지을 수는 없고, 허가요건의 합목적적인 해석을 통하여 건축의 자유 이외의 환경권 등의 보호도 얼마든지 가능하다고 하겠다.

　한편 위에서 새로운 경향으로 분류하여 소개한 판례[56]의 경우에는 기존 판례의 입장과는 확실히 다른 점이 존재하는 것은 사실이다. 특히 하급심판례들의 경우에는, 대법원판례를 기다려 보아야 하겠지만, 자연경관과 같은 환경권, 인근주민의 생활권, 청소년의 교육환경 등을 보호하기 위해서 적극적으로 건축규제가 가능하다고 판단한 점에서 매우 의의가 있는 판결이라고 하겠다. 특히 서울행정법원은 "이미 원고의 건물 주변에 숙박시설들이 기형적으로 몰린 상태에서 원고의 용도변경 신청을 허가할 경우 머지않아 주변 지역이 러브호텔로 가득 차게 될 우려가 있다."라고 판단하고, "이 경우 주변 주민들이 겪는 불편은 일반상업지역과 인접한 지역 주민이 감수해야 하는 불편의 한도를 넘게 된다."라고 하였는데,[57] 건축의 자유는 생활권침해에 대한 상대방의 수인한도 내에서 보장되는 자유라는 점을 분명히 하였다는 점에서 더욱 의의가 있다고 판단된다.

　그러나 이러한 새로운 경향의 판례들은, 건축허가의 법적 성질을 재량행위로 이해할 때에만 가능한 것은 아니다. 다시 말해서, 위에서도 언급한 바처럼, 건축허가를 통하여 수인한도를 벗어나는 정도의 환경권의 침해가 있어서는 안 된다고 하는 것은 명문의 허가요건규정 위에 존재하는 불문의 허가요건이라고 이해한다면, 건축허가를 기속

---

56) 위 III. 2. 참조.
57) 서울행판 2001.3.9, 2000구32242.

행위라고 이해하더라도 위와 같은 판례가 얼마든지 가능하기 때문이다.

이와 관련하여, 예컨대 준농림지역에서의 숙박업소 건축불허가에 대한 판결에서 대법원이 "준농림지역 내의 건축제한지역이라는 구체적인 취지의 지정·고시가 행하여지지 아니하였다 하더라도, 조례에서 정하는 기준에 맞는 지역에 해당하는 경우에는 숙박시설의 건축을 제한할 수 있다고 할 것"이라고 판단한 것에 대하여, 이 판례는 결국 환경상의 공익을 보호하기 위한 것이다. 이를 위하여 관계 법령상의 허가요건규정이 미비되어 있더라도 그러한 건축행위가 중대한 환경상의 공익에 배치되는 것으로 판단되는 경우, 건축허가 거부처분이 적법한 것으로 판단될 소지가 충분하다는 견해58)는 매우 타당한 판단이라고 생각된다. 다만 이 사건 판례와 관련하여, 특정 지역에 있어서의 건축허가의 경우 한정적인 재량권을 인정할 수 있는가, 그리고 이를 이른바 예외적 승인으로 볼 수 없는가 하는 문제59)에 대해서는, 건축허가의 문제를 재량행위로 이해하는 것보다는, 특정지역에서의 건축허가를 예외적 승인의 법리로 이론구성하는 것이 이론적인 측면에서 보다 바람직하다고 생각된다. 다만 이 경우 건축허가는 재량행위로서, 이미 강학상의 의미에서의 허가의 개념을 떠난 문제가 될 것이다.

5. 관련 규정의 문제점

건축허가의 법적 성질을 종래와 같이 기속행위로 이해할 것인가, 아니면 재량행위라고 이해할 수 있는가 하는 문제의 근본적인 출발점이자 동시에 해결점은 건축 관련 법령상의 허가요건규정이다. 독일의 경우에는 건축 및 계획법 분야에 관하여는 통일입법으로서 건축법전(Baugesetzbuch)이 제정되어 있지만, 우리나라의 경우에는 건축질서법과 건축계획법이 각각 건축법과 국토계획법으로 분리되어 제정되어 있다. 건축법은 건축물의 안전을 규율하는 것이고 국토계획법은 토지의 이용에 관한 것이지만, 반드시 그 성격에 부합하는 규정만을 두고 있는 것은 아니다. 또한 수많은 의제규정과 지시규정 등 양 법의 규정이 매우 복잡하게 규정되어 있어서, 건축허가와 관련된 법규범의 구조를 쉽게 이해할 수 없다는 문제가 있다. 따라서 건축과 관련된 계획 및 건축허가의 문제를 해결하기 위해서도 건축 및 계획 분야를 일목요연하게 규율하는 통합입법이 필요하다고 생각한다.

특히 건축허가와 관련하여 건축법 제8조 제5항이 위락시설 또는 숙박시설에 해당하

---

58) 김동희, 전게논문, 30면, 31면 참조.
59) 김동희, 상게논문, 30면.

는 건축물의 건축이 주거환경 또는 교육환경 등 주변환경에 부적합하다고 인정하는 경우에는 건축허가를 하지 아니할 수 있다고 규정하고 있는데, 이 규정도 여러 문제를 내포하고 있다고 생각된다. 법률 개정으로 이 규정이 신설되기 이전에는, 예컨대 주택가 인근에 러브호텔이 건축되는 경우에도 이를 거부할 사유가 없다는 이유로 허가가 발급됨으로써 인근주민들과의 충돌이 발생하는 문제가 있었다. 이 규정의 신설로 이러한 문제는 입법적인 해결을 보았다고는 하지만, 이미 언급한 바와 같이 '건축허가를 하지 않을 수 있다.'라고 규정함으로써 건축허가의 재량행위성 여부에 대한 문제는 여전히 남아 있다. 건축허가요건을 규정함으로써 건전한 건축질서를 확립하고, 쾌적한 삶의 환경을 조성하는 것이 목적이라면, 이러한 목적에 부적합한 건축물은 건축의 허용성 여부를 행정청의 재량에 맡기는 것보다는 애초에 건축이 허용되어서는 안 되는 것으로 규정하는 것이 바람직할 것으로 생각된다. 더 나아가 특히 청소년들의 교육환경이나 주민들의 주거환경과 같은 환경권을 보호하기 위하여 규제되어야 할 건축물의 종류가 단지 위락시설이나 숙박시설에 국한되는 것은 아니라고 생각된다. 따라서 이를 보다 일반화하여, 건축물의 건축은 건축 관련 법령에 저촉되어서는 아니 되고, 생활환경이나 자연환경에 적합하여야 한다는 방식으로 규율하는 것이 효과적인 건축규제를 위하여 필요하다고 생각한다.

V. 맺음말

이상에서 건축허가의 법적 성질과 관련된 학설과 판례의 입장을 검토해 보았다. 이러한 논의는 건축허가의 법적 성질이 무엇인가 하는 점보다는 종래 건축허가를 기속행위로만 파악해온 결과 인근주민의 법적 이익이나 자연환경 등이 보호될 수 없었다는 문제에 초점이 맞추어져 있는 것이라고 생각한다.

오늘날 환경권에 대한 사회적인 인식이 급속히 확산되고 향상되면서, 특히 숙박시설의 건축허가를 둘러싸고 개인의 건축의 자유와 인근주민들의 생활권이 충돌하는 문제가 발생하였고, 이에 대하여 대부분의 판례는 건축허가는 기속행위라는 종래의 입장을 되풀이함으로써 인근주민들의 환경권을 보호하지 못했다. 이 와중에 판례 가운데에는 환경보호를 위하여 건축허가를 제한할 수 있다는 취지의 판례가 나오고, 또 건축법 규정이 신설되면서 건축허가의 법적 성질을 재량행위로 이해하려는 경향이 나타나게 되었다. 이러한 인식은 건축허가를 기속행위로만 파악해서는 인근주민들의 법적 이익이 보호될 수 없었다는 점에 기초하고 있고, 이러한 점에서 이러한 논의는 이론적인 관점에서나 실제적인 관점에서 매우 가치가 있다고 판단된다.

그러나 인근주민의 환경권의 보호는 건축허가의 재량행위성을 인정하는 것과는 논리필연적으로 연결되어 있는 문제는 아니라고 생각된다. 건축허가는 자연적 자유의 회복이라는 본래 기능도 무시할 수 없고, 이로 인한 타 법익의 침해도 좌시할 수 없는 문제이다. 따라서 건축허가의 문제는 건축의 자유와 이에 대한 제한의 문제에서 출발하여야 한다고 본다. 즉 재산권 보장의 한 내용으로서의 건축의 자유는 건축이 가지는 사회적 의미를 고려할 때 강한 사회적 기속 하에서 보장되는 것이라고 할 수 있고, 이러한 사회적 기속이 바로 건축허가요건으로 표현되는 것이다. 이렇게 볼 때 건축허가를 통한 환경권의 보호는 허가요건규정을 강화함으로써 충분히 목적을 달성할 수 있는 것이다. 특히 우리나라와 같이 좁은 면적에 높은 인구밀도를 가지고 있는 사회에서는 무엇보다도 합리적인 건축규제의 당위성이 높다고 생각한다. 따라서 좁은 토지를 효과적으로, 그리고 쾌적하게 사용하기 위해서는 건축허가에 행정청의 재량권을 부여하는 것이 아니라, 허가요건규정에 법령 및 주변환경에의 적합성을 규정함으로써 합리적으로 규제하는 것이 바람직하다고 생각한다.

참고문헌

김동희, 행정법 I, 제10판, 박영사, 2004
김철용, 행정법 I, 제7판, 박영사, 2004.
류지태, 행정법신론, 제8판, 신영사, 2004.
박윤흔, 최신 행정법강의 (상), 박영사, 2000.
허영, 한국헌법론, 신4판, 박영사, 2004.
홍준형, 행정법총론, 제4판, 한울아카데미, 2001.
홍정선, 행정법원론 (상), 제12판, 박영사, 2004.

김동희, 건축허가처분과 재량, 행정판례연구 V, 2000, 한국행정판례연구회.
김재협, 최근 행정판례의 흐름과 극복하여야 할 과제, 법조 제537호, 2001. 6, 법조협회.
김종보, 건축허가에 존재하는 재량문제, 행정법연구 제3호, 1998, 행정법이론실무학회.
_____, 건축허가법제와 인근주민의 법적 지위, 행정법연구 통권 제8호, 2002, 행정법이론실무
       학회.
조성규, 建築許可의 法的 性質과 隣人의 保護, 법학연구 제23집, 2002. 12, 전북대학교 출판부.
조해현, 건축허가와 환경문제, 환경법의 제문제 [하], 재판자료 제95집, 2002, 법원도서관.
최승원, 건축허가의 법리, 법학논총 제6권 제2호, 2001. 12, 이화여자대학교 법학연구소.

Finkelnburg, Klaus/Ortloff, Karsten—Michael, Öffentliches Baurecht, Band I: Bauplanungsrecht,
       3. Aufl., C. H. Beck, München 1995.
Maurer, Hartmut, Allgemeines Verwaltungsrecht, 11. Aufl., C. H. Beck, München 1997.

법규명령에 대한 항고소송의 문제점*
- 행정소송법개정안을 중심으로 -

김 남 철

Ⅰ. 머리말
Ⅱ. 행정소송법개정안의 주요 내용
　1. 새로운 소송유형의 신설
　2. 항고소송의 대상 확대
　3. 항고소송의 원고적격 확대
　4. 기타
Ⅲ. 법규명령에 대한 항고소송의 법적 문제
　1. 개정안의 관련규정
　2. 법규명령에 대한 항고소송의 문제
Ⅳ. 맺음말

Ⅰ. 머리말

최근 대법원 산하 행정소송법개정위원회는 현행 행정소송법을 전면 개정하는 내용의 개정시안을 마련하여 공청회를 통하여 공개한 바 있다. 개정시안은 위법한 행정청의 처분이나 부작위로 인하여 권리를 침해당한 개인의 권리구제를 강화하기 위하여 행정소송에 의무이행소송과 예방적 금지소송 등 새로운 소송유형을 도입하는 것 이외에도, 현행 처분이라는 용어 대신 행정작용을 포괄하는 행정행위라는 개념을 도입하여 협의의 처분뿐만 아니라 권력적 사실행위와 법규명령 등 다양한 행정작용을 항고소송의 대상이 될 수 있도록 하고, 현행 규정상 법률상 이익이 있는 자만이 소송을 제기할 수 있도록 되어 있는 것을 법적으로 정당한 이익이 있는 자로 원고적격의 범위를 확대하고, 그 밖에도 행정소송과 민사소송 사이에 소의 변경을 인정하는 제도를 신설하고, 행정소송에도 현행 집행정지제도 이외에 가처분제도를 도입하는 것 등을 그 주된 내용으로 하고 있다.[1)]

한편 법원행정처의 보도자료에 따르면, 이와 같은 행정소송법의 개정을 추진하게

---

* 이 글은 『공법학연구』 제6권 제1호(2005)에 수록된 논문임을 밝힙니다.
1) 이에 관하여는 행정소송 개인 권리구제 대폭 강화, 법률신문, 2004. 10. 15(http://lawtimes.co.kr/), 行訴 진 행정기관, 시정명령 거부못해; 大法, 행정소송법 20년만에 대폭 고치기로, 조선일보, 2004. 10. 27, A8 [종합](http://db1.chosun.com/cgi-bin/gisa/artFullText.cgi?where=PD=20041027&ID=0410270802) 참조.

된 취지는 행정소송법이 1984. 12. 15. 전면 개정된 이후 큰 수정 없이 20년 가까이 경과되어, 변화된 사회환경에 따라 새롭게 출현한 각종 행정작용으로부터 국민의 권리를 보호하고 법치행정을 확립하는 데에 미흡한 점이 있다고 지적되어 왔고, 그동안 전문법원인 행정법원의 설치와 행정법학계의 발전에 따라 판례와 연구가 심도 있게 축적되어 왔으므로 이를 제도적으로 개선하기 위한 것이었다고 설명되고 있다. 특히 현대 행정작용의 급속한 팽창과 영향력의 확대에 비하여 행정소송을 통하여 권리구제를 받을 수 있는 범위가 충분하지 못하다는 평가를 받아왔던 것도 사실이고, 행정소송의 전문성·특수성으로 인한 소송수행상의 여러 가지 불편이 있으므로, 이를 해소시킬 제도적 보완이 필요했었다는 점도 언급되고 있다.[2]

사실 그동안 행정소송은 여러 가지의 소송유형에도 불구하고 주로 취소소송을 중심으로 이해되어 왔고, 이에 따라 취소소송의 대상이 되는 처분개념에의 해당성과 원고적격여부 등이 주된 관심사였다. 그러나 그간 이러한 취소소송 중심적 제도 하에서는 사실상 행정법관계에서의 국민의 권리구제에 공백이 많았고, 또한 시간이 지남에 따라 과거에는 예상하지 못했던 새로운 유형의 사건이 증가하고 있으나 이러한 기존의 행정소송법만으로는 이에 효과적으로 대응하는 것이 쉽지 않았다는 문제가 있었다. 더욱이 그동안 공법분야에서도 개인의 권리의식이 꾸준히 향상되었다는 점에서도 행정소송법의 개정필요성은 충분하다고 생각된다. 이미 대만의 경우는 행정소송법제의 일대 혁신이 있었고,[3] 일본의 경우도 행정소송법의 개정이 활발하게 논의되고 있는 점에서 보더라도,[4] 행정소송법의 개정문제는 더 이상 미룰 수 없는 시대적인 과제이고, 이러한 의미에서 그간의 행정소송법개정위원회의 활동은 매우 긍정적이었다고 평가된다.

현재 개정위원회는 행정소송법개정시안을 마련하였는데, 이는 개정위원회에서 검토한 시안이고 아직 최종적으로 의결된 것은 아니다. 그러나 이 개정시안은 최소한 우리나라 행정소송법의 개정방향은 제시하고 있다는 점에서 논의의 효율성을 고려한다면 이 개정시안에 나타난 문제를 집중적으로 논의하는 것이 보다 바람직할 것이다. 이에 따라 본 발표에서는 개정시안에 언급된 내용을 중심으로 검토해 보기로 한다. 다만 개정시안의 주요 내용은 개괄적으로 검토해 보는 데 그치고, 이 가운데, 특히 법규명령에 대한 항고소송의 문제를 집중적으로 검토하기로 한다.

---

2) 법원행정처,『행정소송법 개정안』공청회 ─보도자료─ (http://www.scourt.go.kr/kc_p.html), 3면 이하.
3) 이에 관하여는 김광수, 행정소송법의 개정방향, Juris Forum, 제3호(2003. 8), 충북대학교 법학연구소, 31면 이하 참조.
4) 이에 관하여는 김경동, 일본의 행정소송법의 개정 동향, 법제, 통권 제555호(2004. 3), 법제처, 81면 이하 참조.

II. 행정소송법개정안의 주요 내용5)

먼저 법원행정처의 행정소송법개정안 보도자료에 나타난 개정안의 주요 내용은 새로운 소송유형의 도입, 항고소송의 대상 확대, 항고소송의 원고적격 확대, 행정소송과 민사소송 사이의 소의 변경제도, 자료제출요구에 관한 규정, 가처분제도의 도입 등이다. 아래에서는 이를 간략하게 개관해 보기로 한다.

1. 새로운 소송유형의 신설

현행 행정소송법상의 소송형태에 의할 경우 충분한 권리구제가 되지 못하고 있다는 문제점이 있었으므로, 개정안에서는 이를 보완하기 위하여 새로운 항고소송 유형으로서 의무이행소송과 예방적 금지소송을 신설하였다.

1) 의무이행소송

(1) 현행법의 태도

현행법에 따르면 행정청의 위법한 부작위에 대하여는 부작위위법확인소송을, 행정청의 위법한 거부처분에 대하여는 거부처분취소소송을 제기할 수 있나. 그런데 원고가 부작위위법확인소송에서 승소하더라도, 통설6)과 판례7)의 일관된 입장은 인용판결의 기속력으로서의 행정청의 재처분의무에 대해서 이를 단순한 응답의무로 보고 있으므로, 이에 따라 행정청은 일정한 처분을 하여야 할 의무를 부담하는 것은 아니고, 단지 어떠한 처분만을 하면 응답의무를 이행하는 것이 되고, 이 경우 만약 거부처분을 하더라도 거부처분취소소송을 통하여 다투면 된다고 보고 있다.

그러나 이와 같은 권리구제방식은 매우 우회적인 해결방법이라는 점에서 상당한 문제를 안고 있었다. 이러한 점에서 이와 같은 판례의 태도에 대해서는 부작위의 개념과 관련하여 행정소송법상의 '일정한 처분을 하여야 할 법률상의 의무'란 바로 당사자의 '신청에 따른 처분'을 의미하는 것으로 이해되어야 하고, 이러한 점에서 부작위위법확인소송을 행정청의 '응답의무'만을 관철시키기 위한 소송으로만 파악하는 것은 모순이라는 비판이 있었다.8)

5) 이에 관하여는 법원행정처, 전게자료, 4면 이하의 내용을 참조하였음.
6) 예컨대 김동희, 행정법 I, 제10판, 박영사, 2004, 731면 이하.
7) 대판 1990. 9. 25, 89누4758.
8) 홍준형, 행정구제법, 제4판, 한울아카데미, 2001, 722면 이하; 김성수, 일반행정법, 제2판, 법문사, 2004,

여하튼 부작위위법확인소송은 행정청의 적극적인 이행을 구하는 경우에는 불완전한 소송유형이었음에 틀림이 없다. 따라서 이에 대해서는 보다 적극적이고 발본적인 구제수단을 마련할 필요가 있었던 것이다.

(2) 의무이행소송의 도입

개정안에서는 현행법의 부작위위법확인소송은 폐지하고, 행정청의 부작위 또는 거부행위에 대하여 일정한 처분(행정행위)[9]을 하도록 하는 소송인 의무이행소송을 도입하였다.

그 구체적인 내용을 보면, 처분을 구하는 국민의 신청에 대하여 행정청이 상당한 기간을 지나도록 일정한 처분을 하지 않고 부작위로 방치하거나 그 신청을 거부하는 처분을 한 경우, ① 신청인은 의무이행소송을 제기할 수 있고, ② 행정청의 부작위나 거부행위가 위법한 때에 법원은 행정청에게 신청에 따른 처분을 할 의무가 명확하고 그 의무를 이행하도록 하는 것이 상당한 경우(기속행위 등)에는 그 처분을 하도록 선고하고, 한편 그 밖의 경우(재량행위 등)에는 판결의 취지에 따라 처분을 하도록 선고하며, ③ 행정청이 의무이행판결에서 부과된 의무를 이행하지 않는 경우에는 간접강제를 하도록 하고 있다.[10]

한편 대만의 경우에도 1998년 행정소송법은 부작위처분이나 거부처분으로 인하여 자기의 권리가 침해당하였음을 주장하는 사람이 제기하는 의무화소송(請求應爲行政處分之訴訟, 제5조)을 규정하고 있고,[11] 일본의 경우에도 의무이행소송의 도입이 적극 검토되고 있다.[12]

875면 이하 참조.
9) 여기에서 행정행위의 개념은 기존의 강학상의 행정행위의 개념하고는 다른 것이다, 이에 대해서는 별도로 논의하기로 한다.
10) ※ 개정안
제4조(항고소송) 항고소송의 종류는 다음과 같다.
  3. 의무이행소송: 행정청의 거부행위 또는 부작위에 대하여 행정행위를 하도록 하는 소송
제51조(의무이행판결) 법원은 당사자의 신청에 대한 행정청의 거부행위나 부작위가 위법한 때에는 다음 각호의 구분에 따라 판결한다. 다만, 거부행위의 경우에는 이를 함께 취소하여야 한다.
  1. 당사자의 신청에 따른 행정행위를 할 의무가 명백하고 그 의무를 이행하도록 하는 것이 상당하다고 인정하는 경우에는 행정청이 그 행정행위를 하도록 선고한다.
  2. 그 밖의 경우에는 행정청이 당사자의 신청에 대하여 판결의 취지에 따라 행정행위를 하도록 선고한다.
11) 김광수, 전게논문, 32면.
12) 김경동, 전게논문, 86면 참조.

2) 예방적금지소송

현행법에 따르면, 위법한 처분이 행하여질 개연성이 매우 높고 사후의 구제방법으로는 회복하기 어려운 손해의 발생이 예상될지라도 처분이 행하여지기 전에 이를 금지하는 소송을 제기할 수 있는 방법은 없었다.

이에 따라 개정안에서는 행정청이 장래에 일정한 처분을 할 것이 임박한 경우에, 그 처분의 금지를 구할 법적으로 정당한 이익이 있는 자가 사후에 그 처분의 효력을 다투는 방법으로는 회복하기 어려운 손해를 입을 우려가 있는 때에는 처분이 행하여지기 전에 그 금지를 구하는 예방적금지소송제도를 신설하였다.13)

예방적금지소송이 도입되면, 그동안 행정법적으로는 해결하기 어려웠던 '현대적 분쟁'에 대한 권리구제가 가능할 것으로 보인다. 예컨대 최근에 문제가 되고 있는 이른바 '분당－죽전간 7m 도로분쟁'14)과 같은 경우에도 예방적금지소송이라는 행정소송의 틀 안에서 권리구제의 문제가 해결될 수 있는 것이다.

문제가 된 도로는 용인 동백·죽전지구와 성남시 분당구 구미동 아파트단지를 연결하는 왕복 4차로 중 7m구간으로, 토지공사는 "1995년 12월 경기도로부터 죽전택지개발계획 인가를 받을 때 도로 연결에 대해 허가를 받은 것"이라며 공사를 하겠다는 입장인 반면, 성남시는 "문제의 미개통 구간은 2002년 2월 도로법에 의거해 시 도로노선이 인정됐기 때문에 도로공사 때 성남시의 허가를 받아야 한다."고 주장하며, 지난 6월 10일부터 구미동 주민들과 함께 토공의 도로연결 공사를 실력 저지해왔다. 결국 100일 이상 끌어온 경기도 성남시 분당구 구미동과 용인시 죽전동 간 '7m 도로 분쟁'은 성남시가 시행사인 토지공사를 상대로 '죽전~구미동 도로 연결공사 중지 가처분신청'을 수원지법 성남지원에 제출함으로써 민사소송의 형태로 권리구제가 모색되고 있는 실정이다.

이 문제에 대해서는, 먼저 도로의 개설이라는 공공시설의 설치행위는 전형적인 공행정작용으로서 이와 관련된 법적 문제는 행정소송을 통하여 해결되는 것이 원칙인데, 지

---

13) ※ 개정안
　　제4조(항고소송) 항고소송의 종류는 다음과 같다.
　　　4. 예방적금지소송: 행정청이 장래에 일정한 행정행위를 할 것이 임박한 경우에 그 행정행위를 금지하는 소송
　　제55조(원고적격) 예방적금지소송은 행정청이 장래에 일정한 행정행위를 할 것이 임박한 경우에 그 행정행위의 금지를 구할 법적으로 정당한 이익이 있는 자가 사후에 그 행정행위의 효력을 다투는 방법으로는 회복하기 어려운 손해를 입을 우려가 있는 때에 한하여 제기할 수 있다.
　　제57조(금지판결) 법원은 행정청의 장래의 일정한 행정행위가 위법하고, 그 행정행위를 하지 않도록 하는 것이 상당하다고 인정하는 때에는 행정청에게 그 행정행위를 하지 않도록 선고한다.
14) '7m 도로 분쟁' 끝내 법정싸움으로; 성남시·토공, 조선일보(http://db1.chosun.com), 2004. 09. 24, A11 참조.

금까지는 이에 관한 적절한 해결수단이 없어 민사소송에 의존하는 경우가 적지 않았다는 사실을 지적하지 않을 수 없다. 이러한 의미에서 볼 때, 예방적금지소송의 도입은 이와 유사한 '공법적 성질의 분쟁'도 이제는 행정소송으로 해결할 수 있게 되었다는 점에서 우선적인 의의가 있다고 생각한다. 위 사건의 경우에도 이해관계 있는 주민들은 도로개설에 대한 도시계획결정이나 또는 당사자의 주장처럼, 택지개발계획의 인가라는 행정처분이 임박한 시점에서 이 처분으로 인하여 회복하기 어려운 손해발생을 주장하면서 행정소송으로서 처분의 금지를 청구할 수 있었을 것이다. 특히 도로를 포함하는 일체의 건축물들은 한번 건축되고 나면, 사후에 분쟁이 해결되더라도 이를 쉽게 철거하기 어렵다는 문제가 있다는 점에서도 예방적 차원의 소송유형은 현대에 있어서 매우 유용한 분쟁해결수단이라고 생각한다. 다만 개정안에 의하면 예방적금지소송은 항고소송의 한 종류로서 분류되고 있고, 따라서 원칙적으로는 '행정청의 처분'을 금지하는 소송으로 되어 있다.15) 그러나 행정청의 행위로 인하여 회복하기 어려운 손해가 발생하는 경우는 단지 처분에 국한되지 않는다. 오히려 행정작용의 더 많은 부분을 차지하는 비처분적 행정작용의 경우에도 이를 예방적 차원에서 금지시켜야 하는 경우가 더 많을 수도 있다. 특히 일반적으로 문헌에서도 예방적 금지소송 또는 예방적 부작위소송을 행정행위뿐만 아니라 사실행위를 포함한 여타의 직무행위의 금지를 청구하는 소송이라고 설명하는 점에서 보더라도16) 예방적금지소송을 반드시 행정처분에 국한하고 항고소송의 종류로 설명하여야 할 논리적인 필연성 또는 현실적인 필요성은 없는 것 아닌가 생각한다.

2. 항고소송의 대상 확대

법원행정처의 공청회 보도자료에 의하면, 현행법상의 '처분'은 "행정청의 공법상 행위로서 국민의 법률상 지위에 직접적인 법률적 변동을 일으키는 행위"라고 좁게 해석하고 있으므로, 국민의 법률상 지위에 직접적으로 '사실상'의 영향을 미치는 공권력행사에 대하여는 항고소송을 제기할 수 없고, 따라서 집행행위에 대한 항고소송의 제기를 기대하기 어려운 법규명령(예컨대, 법규명령이 국민의 일정한 의무를 직접 규정하고 아울러 이를 위반할 경우 형벌·행정벌이나 제재처분을 부과할 것을 정한 경우 등) 등에 대하여서까지도 집행행위에 대한 항고소송을 제기하여야만 권익구제를 받을 수 있게 된다고 하고 있다.

---

15) 일본에서 논의되고 있는 행정소송법 개정논의에서도 예방적 금지소송(差止訴訟)은 특정 '처분'의 금지를 구하는 소송으로 되어 있다. 김경동, 전게논문, 86면 이하 참조.
16) 예컨대 정하중, 행정소송법의 개정방향, 공법연구, 제31집 제3호, 2003. 3, 34면 이하; 홍준형, 전게서, 486면 이하 참조.

이에 따라 다양한 행정작용(협의의 처분·권력적 사실행위·법규명령 등)을 항고소송의 대상으로 포착하기 위한 개념으로서 종래의 '처분'이라는 용어대신 위 행정작용을 포괄하는 '행정행위'라는 개념을 도입하고 이를 모두 항고소송(취소소송·무효등확인소송·의무이행소송·예방적금지소송)의 대상이 될 수 있도록 한다고 하고 있다. 이에 대한 논거로서 처분과 행정법규와의 내용상 구별이 점점 희박해지는 점, 행정법규에 대한 해석·심리에 있어서의 전문성, 심급의 이익 등을 고려할 때 명령·규칙을 행정소송의 대상에 포섭시키는 것이 국민의 권익구제에 더욱 충실할 수 있다는 것이 제시되고 있다. 다만 명령·규칙이 적법한 행정소송의 대상이 되기 위하여서는 구체적 사건성(직접 그리고 현재 자신의 권리의무에 영향을 미치고 있어야 한다는 직접성, 현재성)이 갖추어져 있어야 하고, 집행행위(처분)를 통하여 영향을 미치는 경우 그 처분이 행하여진 후 당해 처분에 대한 소송을 제기하여야 한다고 하고 있다.17)

행정법관계에서 국민의 권리구제의 범위를 확대하기 위해서는 다양한 공법적 분쟁에 상응할 수 있는 소송유형을 개발하는 것과 항고소송의 대상이 되는 처분개념을 확대하는 것 모두 필요하다. 이러한 점에서 개정안의 내용은 종래 처분 이외에 학설에 의하여 처분성이 인정되어 오던 행정작용을 법률의 규정을 통하여 확인함으로써 항고소송의 대상을 확정적으로 확대하려 한 것으로 보인다.

개정안상의 행정행위개념에 포함되는 행정작용으로는 처분 이외에도 권력적 사실행위와 법규명령이 있는데, 여기에서 우선 법규명령은 모든 법규명령을 대상으로 하고 있는 것이 아니라, 구체적인 처분을 매개하지 않더라도 법규명령 그 자체로서 직접 국민의 법적 지위에 영향을 미치는 이른바 처분법규(Maßnahmegesetz) 또는 집행법규(Vorzugsgesetz)를 그 대상으로 하고 있는 것이라고 판단된다. 따라서 보도자료에 따르면 헌법상의 구체적 규범통제에 따라 그 자체로서 이러한 구체적 사건성이 갖추어지지 아니한 법규명령의 경우는 직접 항고소송의 대상이 될 수 없고, 이를 근거로 한 처분에 대해서만 항고소송을 제기할 수 있다는 것인데, 이 문제에 관해서는 나중에 상론하기로 한다.

---

17) ※ 개정안
   제2조(정의) ① 이 법에서 사용하는 용어의 정의는 다음과 같다.
    1. "행정행위등"이라 함은 행정청이 행하는 법적·사실적 행위로서의 공권력의 행사 또는 그 거부와 그 밖에 이에 준하는 행정작용(이하 "행정행위"라 한다) 및 행정심판에 대한 재결을 말한다.
   제3조(행정소송의 종류) 행정소송의 종류는 다음과 같다.
    1. 항고소송: 행정청의 행정행위등이나 부작위에 대하여 제기하는 소송

3. 항고소송의 원고적격 확대

보도자료에 의하면, 현재의 판례는 항고소송의 원고적격에 관한 현행법상의 '법률상 이익'을 "당해처분의 근거법규에 의하여 보호되고 있는 직접적이고 구체적인 이익"이라 고해석하여 왔는데, 이에 대하여는 권익구제를 받을 수 있는 폭이 너무 좁다는 비판이 제기되어 왔다고 하면서, 오늘날 다양한 행정작용으로 인하여 처분의 직접 상대방이 아닌 제3자의 권익이 침해되는 경우라든가 근거법규에 의하여 보호되는 법적 이익 이 외에 헌법 및 여타 법령에 의하여 보호되는 법적 이익이 침해되는 경우가 증가하고 있 으므로, 원고적격을 확대하여 권익구제의 폭을 넓힐 필요가 있다고 설명하고 있다.

이에 따라 개정시안에서는 '법적으로 정당한 이익'이 있는 경우에 항고소송의 원고 적격을 인정하는 새로운 기준을 설정함으로써 원고적격의 범위를 넓히는 계기를 마련 하였다고 평가하고, 이에 부연하여 처분의 근거법규에 의하여 보호되는 직접적·구체적 이익이 아닐지라도 명예·신용회복, 헌법상 기본권 등 일반적 법규에 의하여 간접적으 로 보호되는 정당한 이익이 있는 경우 등에도 원고적격이 있다고 해석할 수 있게 되었 다고 설명하고 있다.[18]

항고소송에서의 원고적격의 범위를 넓힘으로써 국민의 권리구제에 만전을 기하고자 하는 측면에서 개정안의 시도는 그 자체로서 환영할만한 것이라고 생각된다. 다만 '법 적으로 정당한 이익'이란 무엇인가 하는 해석의 문제는 여전히 남아 있는 것 아닌가 하는 생각이 든다. 나아가 이것이 종래의 '법적으로 보호되는 이익'의 범위를 넘어서는 것으로 이해된다면, 종래의 항고소송을 주관적 소송으로 이해해오던 것을 포기하고, 이 를 객관소송화하겠다는 취지로 이해된다.

4. 기타

그 밖에도 개정안의 주요 내용으로는, 먼저 행정소송과 민사소송 사이의 소의 변경 제도의 신설을 들 수 있다. 이는 국민이 권익을 보호받기 위하여 민사소송을 제기하여 야 하는지 행정소송을 제기하여야 하는지 여부를 판단하는 것이 쉽지 않아 양자 사이 의 소의 변경을 인정할 필요성에 따른 것이다. 이에 따라 법원은 원고의 신청에 따라, 청구의 기초에 변경이 없는 한 사실심 변론종결시까지, 항고소송을 당해 처분 등에 관

---

18) ※ 개정안
  제12조(원고적격) 취소소송은 행정행위등의 취소를 구할 법적으로 정당한 이익이 있는 자가 제기할 수 있
  다. 행정행위등의 효과가 기간의 경과 그 밖의 사유로 인하여 소멸된 뒤에도 또한 같다.

계되는 사무가 귀속하는 국가 또는 공공단체에 대한 민사소송으로, 국가 또는 공공단체에 대한 민사소송을 당사자소송 또는 당해 청구에 관계되는 처분에 대한 항고소송으로 변경하는 것을 허가할 수 있게 된다.

그 다음으로는 자료제출요구에 관한 규정의 신설을 들 수 있다. 이는 현행 규정만으로는 행정소송의 심리에 필요한 자료를 현출시키는 데에 한계가 있어, 보다 포괄적인 자료제출요구제도가 필요함에 따른 것이다. 그 밖에 개정안은 가처분제도를 도입하고 있는데, 개정안에 따르면, 처분 등이 위법하다는 상당한 의심이 있는 경우 본안의 관할법원은 다툼의 대상에 관한 가처분(현상유지적 가처분)과 당사자의 임시의 지위를 정하는 가처분을 할 수 있다. 다만 가처분은 집행정지에 의하여 목적을 달성할 수 없는 경우에만 허용된다.

III. 법규명령에 대한 항고소송의 법적 문제

지금까지 행정소송법 개정시안에 나타난 주요 내용들을 살펴보았는데, 이하에서는 이 가운데 특히 법규명령에 대한 항고소송의 문제점을 중점적으로 검토해 보기로 한다.

1. 개정안의 관련규정

법규명령에 대한 항고소송의 문제를 검토하기 위해서는, 먼저 논의의 기초로서 개정안의 관련규정부터 살펴볼 필요가 있다.

1) 정의규정[19]

먼저 개정안은 제2조의 정의규정에서 "행정행위"라 함은 행정청이 행하는 법적·사실적 행위로서의 공권력의 행사 또는 그 거부와 그 밖에 이에 준하는 행정작용이라고

---

19) ※ 개정안
제2조 (정의) ① 이 법에서 사용하는 용어의 정의는 다음과 같다.
1. "행정행위등"이라 함은 행정청이 행하는 법적·사실적 행위로서의 공권력의 행사 또는 그 거부와 그 밖에 이에 준하는 행정작용(이하 "행정행위"라 한다) 및 행정심판에 대한 재결을 말한다.
2. "부작위"라 함은 행정청이 당사자의 신청에 대하여 상당한 기간 내에 일정한 행정행위를 하지 아니하는 것을 말한다.
3. "명령등"이라 함은 행정행위 중 국가기관의 명령·규칙 및 지방자치단체의 조례·규칙을 말한다. <신설>

규정하고 있다. 보도자료에 의하면 이는 협의의 처분·권력적 사실행위·법규명령 등 다양한 행정작용을 항고소송의 대상으로 포착하기 위한 개념으로서 이들 모두 항고소송(취소소송·무효등확인소송·의무이행소송·예방적금지소송)의 대상이 될 수 있도록 하기 위한 취지라고 설명되고 있다.[20] 아무튼 이러한 이른바 '쟁송법상의 행정행위'의 개념에는 법규명령이 포함되게 되었다.

한편 "부작위"라 함은 행정청이 당사자의 신청에 대하여 상당한 기간 내에 일정한 행정행위를 하지 아니하는 것을 말한다고 규정되어 있는데, 여기에 법규명령을 대입시켜 보면, 당사자가 법규명령의 제정을 신청하고, 여기에 관계 행정기관이 법규명령의 제정의무를 부담하는데, 상당한 기간 내에 이 의무를 이행하지 않는 경우에는 법규명령이라고 하는 '행정행위'의 '부작위'가 성립하게 되고, 이에 대해 의무이행소송이 가능하게 된다. 그런데 일반적으로 판단하건대 행정행위보다 훨씬 광범위한 입법재량에 인정되는 법규명령에 대하여 제정신청권이 인정된다든지 의무이행소송이 가능하다든지 하는 것은 다소 무리가 있는 것이 아닌가 생각된다.

나아가 개정안은 규정을 신설하여 "명령등"이라 함은 행정행위 중 국가기관의 명령·규칙 및 지방자치단체의 조례·규칙을 말한다고 규정하고 있는데, 이 규정에 의하여 법규명령은 '행정행위'에 포함되게 되는 것이다. 보도자료에 의하면, 기존의 '처분'개념에 의하면 집행행위에 대한 항고소송의 제기를 기대하기 어려운 법규명령(예컨대, 법규명령이 국민의 일정한 의무를 직접 규정하고 아울러 이를 위반할 경우 형벌·행정벌이나 제재처분을 부과할 것을 정한 경우 등) 등에 대하여서까지도 집행행위에 대한 항고소송을 제기하여야만 권익구제를 받을 수 있다고 보게 되므로, 행정행위의 개념에 법규명령이 포함되어야 하고, 다만 이 경우 명령·규칙이 적법한 행정소송의 대상이 되기 위하여서는 구체적 사건성, 즉 직접 그리고 현재 자신의 권리의무에 영향을 미치고 있어야 한다는 직접성, 현재성이 갖추어져 있어야 하고, 집행행위를 통하여 영향을 미치는 경우 그 처분이 행하여진 후 당해 처분에 대한 소송을 제기하여야 한다고 하고 있다.[21] 이렇게 볼 때 개정안은 '행정행위성'이 인정되는 법규명령은, 모든 법규명령을 의미하는 것이 아니라, 법규명령 중, 이른바 '재판의 전제성'을 기대하기 어려운 경우이거나 또는 법규명령 그 자체로서 국민의 권리의무에 영향을 미치는 처분법규 또는 집행법규의 경우라고 상정하고 있는 것 같다.

---

20) 법원행정청, 전게자료, 8면.
21) 법원행정청, 상게자료, 8면.

2) 명령등의 취소소송의 특례규정[22)

법규명령이 항고소송의 대상이 되는 것과 관련하여, 개정안에서는 제6장을 신설하여 이에 대한 특례규정을 두고 있다.

이는 항고소송의 대상이 되는 행정행위에 법규명령이 포함되어 있다고 보게 됨으로써 법규명령에 대하여 취소소송·무효등확인소송·의무이행소송·예방적금지소송에 관한 조항들이 원칙적으로 그대로 적용되지만, 법규명령의 특성을 감안하여 제2장 제6절에서 특례를 규정하게 된 것이라고 한다.

그 개정요지를 살펴보면, 법규명령에 대한 취소소송의 제1심 관할법원은 피고의 소재지를 관할하는 고등법원으로 하는 2심제 구조를 취하고 있고, 소송결과의 충돌을 방지하기 위하여 명령등의 취소소송과 그 명령등을 집행하는 행정행위에 대한 취소소송이 모두 제기된 경우 명령등의 취소소송이 종결을 기다려 행정행위에 대한 취소소송의 결론을 도출할 수 있도록 소송절차를 중지할 수 있다는 규정을 두고 있다. 그리고 제소기간과 관련하여서는 법규명령에 대한 취소소송은 그 취소를 구할 법적으로 정당한 이익이 있음을 안 날부터 90일 이내에, 그 이익이 생긴 날부터 1년 이내에 제기하도록 하고 있고, 끝으로 명령에 대한 취소판결의 소급효를 제한하기 위하여 해결하기 위하여 법규명령에 대한 취소판결에 의하여 법규명령이 취소된 때에도 그 법규명령에 근거한 재판 또는 행정행위가 이미 확정된 경우에는 그 효력에 영향을 미치지 않는다고 하고, 다만 그 법규명령에 근거한 유죄판결에 대하여는 재심을 청구할 수 있도록 하고

---

22) ※ 개정안
제6절 명령등의 취소소송의 특례 <신설>
제36조 (재판관할) 명령등의 취소소송의 제1심관할법원은 피고의 소재지를 관할하는 고등법원으로 한다.
제37조 (소송절차의 중지) ① 명령등에 대한 취소소송과 그 명령등을 집행하는 행정행위에 대한 항고소송이 법원에 동시에 계속중일 때에는 명령등을 집행하는 행정행위에 대한 항고소송이 계속 중인 법원은 결정으로 명령등에 대한 취소소송이 종결될 때까지 소송절차를 중지하도록 명할 수 있다.
  ② 법원은 제1항의 결정을 취소할 수 있다.
  ③ 제1항의 규정에 의한 소송절차 중지기간은 형사소송법 제92조제1항·제2항 및 군사법원법 제132조제1항·제2항의 구속기간과 민사소송법 제199조의 판결선고기간에 이를 산입하지 아니한다.
제38조 (제소기간) ① 명령등의 취소소송은 명령등의 취소를 구할 법적으로 정당한 이익이 있음을 안 날부터 90일 이내에, 그 이익이 생긴 날부터 1년 이내에 제기하여야 한다.
  ② 제1항의 규정에 의한 기간은 불변기간으로 한다.
제39조 (관계기관의 의견제출) 법무부장관, 법제처장 및 관계행정청은 법원에 의견서를 제출할 수 있다.
제40조 (취소판결의 효력) ① 확정판결에 의하여 명령등이 취소된 때에도 그 명령등에 근거한 재판 또는 행정행위가 이미 확정된 경우에는 그 효력에 영향을 미치지 아니한다. 다만, 그 재판 또는 행정행위를 집행할 수 없다.
  ② 확정판결에 의하여 명령등이 취소된 때에는 그 명령등에 근거한 유죄의 확정판결에 대하여 형사소송법의 규정에 따라 재심을 청구할 수 있다.

있다.

이상에서 살펴본 법규명령의 취소소송에 관한 개정안의 특례규정과 관련하여서는, 먼저 이러한 특례규정에 앞서, 기존의 행정법이론의 관점에서 과연 법규명령 그 자체에 대한 취소소송이 가능한가 하는 것이 문제가 된다고 하겠다. 이와 관련하여 항고소송의 객관소송적 기능과 취소소송의 확인소송적 성격을 강조하면서 행정입법에 대한 취소는 '위법성의 확인'이기 때문에 가능하다고 보는 견해가 있고,[23) 이에 대해서는 하자있는 법규명령은 무효가 원칙이라는 관점 또는 현행 헌법상의 구체적 규범통제의 관점에서 이를 취소소송의 대상이 될 수 있다고 보는 입장에 대하여 비판이 제기되고 있다.[24] 이에 관한 구체적 내용은 아래에서 보다 구체적으로 논의하기로 한다.

2. 법규명령에 대한 항고소송의 문제

1) 항고소송 및 취소소송의 성질

행정소송법개정시안의 주요 내용 가운데 특히 눈에 띠는 것은, 이른바 사실행위와 행정입법을 아우르는 '행정행위' 개념의 도입과 항고소송 원고적격을 '정당한 이익'으로 확대한다는 내용이다. 이와 같은 획기적인 내용을 바탕으로 누구든지 '정당한 이익'만 있으면 법규명령에 대해서 취소소송이나 의무이행소송을 제기할 수 있게 된다고 한다. 이에 대해서는 기존의 행정법이론이나 행정작용구분론의 관점에서 상당한 비판이 제기되었고, 앞으로도 그러하리라 예상된다.

무엇보다도 여러 학자들이 위 개정안의 내용을 둘러싸고 격론을 벌이게 된 것은 행정소송의 성질에 대한 이해에서 비롯된 것이라고 생각된다.[25) 종래 항고소송과 당사자소송은 주관소송으로 파악되어 왔고, 또 주관소송이 원칙이라고 이해하여 왔다. 이에 반해 민중소송과 기관소송은 이른바 객관소송으로 이해된 결과, 주관소송원칙 아래에서는 법률이 정한 경우에 법률이 정한 자에 한해서 제기하도록 되어 있다(행정소송법 제45조)고 이해되어 온 것이다.

이에 대해서 항고소송은 처분의 위법성을 공격하기 위한 것이고, 당사자소송은 행

---

23) 박정훈, 행정소송법개정의 주요쟁점, 공법연구, 제31집 제3호, 2003. 3, 76면 이하.
24) 정하중, 전게논문, 32면 이하; 동인, 행정소송법개정안의 문제점, 법률신문, 제3311호, 2004. 11. 4, 14면 이하; 김중권, 행정소송제도의 개편방향에 관한 소고, 공법연구 제31집 제3호, 2003. 3, 648면 이하; 동인, 행정소송법개정안의 문제점에 관한 관견, 법률신문, 제3315호, 2004. 11. 18(http://lawtimes.co.kr); 김해룡, 행정소송법 개정에 있어서의 법적 쟁점, 고시계, 2004. 8, 35면 이하 참조.
25) 김중권, 상게논문, 공법연구 제31집 제3호, 644면 참조.

정주체와 사인간의 권리의무를 확정하기 위한 것이며, 이러한 우리의 행정소송구조는 독일과는 상당한 거리가 있고 프랑스제도와 상당히 가까운 것이라고 평가하면서, 항고소송의 객관소송적 성격과 취소소송의 위법확인소송적 성격을 주장하는 견해가 있다.[26] 이 견해는 우리나라의 현행 항고소송·당사자소송의 이원적 구조는 프랑스에서 연원한 것으로서 실정법과 판례·실무에는 이미 프랑스제도의 여러 요소들이 심어져 있다고 보고 있다. 그리고 행정작용별로 소송유형이 다양하지 않고, 항고소송이라는 단일한 소송유형으로 포착하는 것은 영국과 미국의 행정소송과도 공통점이 있다고 보고 있다. 이에 따라 이 견해는 기존의 행정소송구조를 독일식으로 전면 재구성하는 것은 바람직하지 않고, 우리 제도의 뿌리에 해당하는 프랑스제도의 장점을 최대한 살리고, 영·미제도도 참고하여야 한다고 설명한다.

그러나 이러한 견해는 우선 어느 특정국가의 제도를 전적으로 바람직하지 못하다고 보고 있거나, 그 반대로 어느 특정 국가의 제도에 경도되어 있다는 인상을 가지게 한다. 우리나라의 행정소송제도를 어떻게 할 것인가 하는 문제는 그동안의 우리의 행정소송에 관한 이론적인 성과나 경향이라고 하는 측면에서 이를 존중하면서도 어떠한 점이 보완되어야 하는가라는 관점에서 접근하는 것이 더 보편타당하거나 자연스러운 것이 아닌가 생각된다. 최근 대만 신행정소송법의 가장 두드러진 특징이 소송유형의 다양화로서 이를 통하여 의무화소송이나 일반급부소송 등이 도입되었고,[27] 일본에서도 의무이행소송과 예방적 금지소송의 도입이 논의되고 있는데,[28] 이러한 점에서 보면 소송유형의 다양화는 소송법의 일반적 추세가 아닌가 생각된다. 아울러 현대복지국가에 있어서는 취소소송중심의 소송구조와 소송유형의 한정은 다양한 현대적 행정분쟁에 효과적으로 대응할 수 없다는 지적[29]도 결국은 국민의 권리구제에 충실하기 위해서는 다양한 소송유형을 개발하는 것도 중요하다는 것을 의미하는 것이라고 볼 수 있겠다.

우리나라 개정안의 경우도 의무이행소송이나 예방적금지소송의 도입을 설명하고 있지만, 대만이나 일본과 다른 점은, 이들 두 나라는 종래의 처분개념을 유지하고 있는 반면, 우리의 경우에는 법규명령이나 사실행위도 이른바 쟁송법상의 '행정행위'로서 의무이행소송이나 예방적금지소송의 대상이 될 수 있다고 하는 점이다. 더욱이 취소소송은 확인적 성격의 소송이기 때문에 법규명령에 대한 '위법확인'이라는 점에서 법규명령

---

26) 상세한 논거에 관해서는 박정훈, 전게논문, 62면 이하 참조.
27) 김광수, 전게논문 32면 이하.
28) 김경동, 전게논문, 86면 이하.
29) 김춘환, 독일과 한국의 행정소송의 유형에 관한 비교적 고찰, 사회과학연구, 제16집(1993.6), 조선대학교 사회과학연구소, 75면.

에 대한 취소소송도 가능하다는 것이다.

취소소송을 포함한 모든 항고소송은 객관소송으로서 위법성을 확인하는 소송이라는 견해는 우리나라의 통설·판례는 취소소송의 소송물을 '위법성일반'이라고 파악하고 있다고 하지만,30) 취소소송은 단순히 처분 등의 객관적 위법성을 확인받기 위한 확인소송이 아니고, 따라서 취소소송의 소송물은 '처분등의 위법성과 이를 근거로 한 처분 등의 취소를 구하는 원고의 법적 권리주장'으로 보되, 여기서의 처분 등의 위법성이란 원고의 법률상 이익을 침해하였다는 주관적 관련성 하에서 파악된 위법성을 의미하는 것이라는 견해31)가 옳다고 판단된다.

나아가 행정소송법 제12조 후문의 이른바 협의의 소익에 관한 규정은, 처분의 효과가 소멸된 뒤에도 그 처분의 취소로 인하여 회복되는 법률상 이익이 있는 경우 취소소송의 제기가 가능하다는 것인데, 취소소송의 확인소송적 성격을 주장하는 견해는, 처분의 효과가 소멸된 뒤에는 취소할 대상이 없어졌으므로 그 처분을 취소한다는 것이 논리적 모순이고, 그런데도 이러한 경우가 취소소송으로 규정된 것은 취소소송이 단지 위법성을 확인하기 위한 것이기 때문이라고 주장한다.32) 그러나 여기에서 처분의 효과란, 예컨대 영업정지처분으로 인한 '영업정지'를 말하는 것이므로, 이러한 효과가 소멸되더라도 영업정지처분은, 취소가 되지 않는 이상, 여전히 유효한 처분으로 남아 있게 되는 것이다. 따라서 이 처분이 사후의 가중적 제재처분의 기준이 된다면, 이 처분의 '효력을 소멸'시켜야 하는 실익이 여전히 존재하는 것이다. 이렇게 볼 때 협의의 소익과 관련된 규정은 취소소송의 확인소송적 논거가 될 수 없고, 오히려 형성소송으로서 기능하고 있는 것이라고 판단된다.

요컨대 항고소송은 국민의 권리구제뿐 아니라, 행정의 적법성 통제수단이기도 하기 때문에 항고소송의 성질에는 객관소송으로서의 성격도 있을 수 있을 것이다. 그러나 이러한 성격을 감안하는 것이 아니라, 이를 객관소송으로, 더 나아가서는 확인소송으로 단정하고 이를 바탕으로 소송법체계를 전면적으로 재구성하려는 시도는 행정법의 이론과 현실을 충분히 감안하더라도 다소 무리가 있는 것이 아닌가 생각된다. 이러한 점에서 항고소송은 주관소송이고, 취소소송은 형성소송이라는 종래의 입장을 견지하는 가운데 이를 제도적으로 보완하는 것이 보다 바람직하지 않을까 생각되고, 따라서 개정안에서 사용되는 취소의 개념을 '위법확인'이라고 새겨야 한다면, 취소소송대신에 '위법확인소송'이라는 용어를 사용하는 것이 법적 명확성을 위하여 바람직하며, 지금까지 지배

---

30) 박정훈, 전게논문, 64면.
31) 홍준형, 전게서, 526면 이하.
32) 박정훈, 전게논문, 65면.

적인 학설에서 형성소송으로 이해되어온 취소소송의 개념을 사용하는 것은 큰 혼란을 초래할 것이라는 견해[33]가 타당하다고 생각한다.

2) 행정행위개념상의 문제

법규명령에 대한 항고소송의 문제와 관련된 문제로서 소위 '소송법상의 행정행위'의 개념에 대한 문제도 간략하나마 검토해 볼 필요가 있다. 이미 언급한 바와 같이, 개정안은 기존의 '처분'개념 대신에 권력적 사실행위나 법규명령 등을 포함하는 '행정행위'라는 개념을 사용하고 있고, 이에 따라 법규명령은 하나의 '행정행위'로서 항고소송의 대상이 되는 것으로 되어 있다.

이러한 개정안의 내용을 지지하는 입장에서는, 역시 취소소송의 본질을 위법확인소송으로 보는 것을 전제로 하고 있다. 즉 취소소송은 위법확인을 위한 소송이기 때문에, 사실행위나 법규명령의 취소(위법확인)라는 용어가 자연스러워지고, 이를 통해서 항고소송의 대상이 획기적으로 확대될 수 있다고 보는 것이다. 더 나아가 경우에 따라서 취소소송에 형성소송으로서의 성격도 병존할 수 있다고 보면서, 이 경우에는 개별·구체적 처분인 경우 취소소송을 통하여 확인판결과 형성판결이 동시에 작동하지만, 행정입법과 사실행위의 경우에는 확인판결만이 작동한다고도 볼 수 있을 것이라고 한다. 이 견해는 독일의 행정작용 유형론은 본래 행정소송의 제기가능성을 제한하는 역할을 해왔기 때문에, 적어도 항고소송의 대상을 정함에 있어서는 이 이론을 폐기하여야 하고, 다만 원고적격이나 본안에서의 사법심사의 척도 및 강도를 위해서는 행정작용 유형론의 중요성이 더 하게 될 것이라고 한다. 이러한 점에서 항고소송의 대상을 모든 공행정작용으로 확대한다 하더라도 기존의 행정작용 유형론이 '전부' 폐기되는 것은 아니라고 한다.[34]

그러나 위의 견해에 의하면, 소송의 입구는 같지만, 출구에서는 각 행정작용의 유형별로 별개의 심사가 가능하다는 것이 된다. 즉 처분, 사실행위, 행정입법 모두 똑같이 항고소송의 대상이 되지만, 각 유형별로 별도의 심사척도 및 강도에 따르는 세 종류의 취소판결이 가능하다는, 이른바 '한지붕세가족이론'이 탄생되는 것이다.

이와 같이 법규명령이나 사실행위를 항고소송의 대상으로 하는 한지붕세가족이론에 대해서는 여러 비판의 소리가 높다. 먼저 개정안이 상이한 행정작용을 항고소송의 틀 속으로 포섭시키는 이유로서, 시민과 법원에게 소송유형의 선택의 부담과 위험을 안겨

---

33) 정하중, 전게자료, 법률신문, 2004. 11. 4, 14면.
34) 박정훈, 전게논문, 71면 이하.

준다는 치명적 단점을 피할 수 있고, 법규명령, 행정행위, 사실행위로 구분하기 어려운 중간 영역의 행정작용이 많다는 것을 들고 있는데, 이에 대해서는 행정의 행위형식론은 행정법학의 기본이론이며, 사법시험을 합격한 일반법조인이라면 법규명령, 행정행위, 사실행위를 어려움 없이 구별할 수 있으며, 상호간에 구별하기 어려운 한계적인 경우는 있으나 이는 학설과 판례에 의하여 큰 부담없이 해결되어 왔다는 반론이 제기되었다. 특히 행위형식에 따라 소송유형을 구분하고 있는 독일의 행정소송법은 그 과학적 정치성을 큰 장점으로 하고 있으며, 지금까지 소송유형의 다양화에 따르는 치명적인 단점은 없으며, 프랑스의 월권소송 역시 사실행위를 포함시키고 있지 않고, 영국이나 미국은 아예 행위형식이론을 발전시키지 못하고 있는 행정법학에서 후진적 상태를 면치 못하고 있는바, 이들 나라의 행정소송제도를 따라야 할 하등의 이유가 존재하지 않는다는 것이다. 결론적으로 한지붕세가족이론은 문제를 해결하기 보다는 오히려 더 많은 문제를 야기할 뿐 아니라 기존 행정법체계를 큰 혼란으로 빠뜨릴 가능성이 크고, 따라서 향후 개정방향은 행정처분에 대하여는 취소소송(형성소송)과 무효확인소송, 그리고 사실행위에 대하여는 작위나 금지를 구하는 이행소송으로 규정하는 것이 바람직하며, 법규명령에 대하여는 별도의 폐지 및 부작위위법확인소송을 마련하는 것이 바람직하다고 하고 있다.[35]

나아가 법규명령은 본래 ─물론 처분법규와 같은 예외도 있지만─ 그것이 집행되기 전에는 개인에게 직접적이고 개별적인 침해를 가져다주는 것이 아니므로, 이에 대한 적법성통제는 그 위법성 여부의 확인에 그칠 수밖에 없는 점, 따라서 법규명령의 경우 취소를 다툴 대상이 없다는 점, 그리고 행정청의 개별·구체적 처분의 발급을 구하는 의무이행소송의 대상이 될 수 없다는 점에서 당연무효가 아닌 한 유효한 것으로 인정되는 행정행위와는 소의 목적이나 대상이 분명히 구분된다고 하면서, 따라서 협의의 처분과 법규명령을 '행정행위'라는 개념범주에 넣고 이를 취소소송의 대상으로 하는 것은 행정소송법체계의 정합성을 훼손하는 발상이 아닌가 하는 비판을 면하기 어렵다는 견해[36]도 있었다.

한편 행정작용 유형론과 하자이론에 근거하여 행정행위개념을 비판하는 견해도 있다. 이에 따르면 형식화사고와 체계사고를 결합시킨 데 바탕으로 두고 있는 행정작용형식론은 대륙법적 사고의 전형적인 특징이자 일반행정법의 핵심이고, 이는 행정작용의 하자효과인 무효, 취소가능성, 무결과, 원상회복청구권, 손실보상청구권과도 연관되는

---

35) 정하중, 전게자료, 법률신문, 2004. 11. 4, 14면.
36) 김해룡, 전게논문, 37면.

것이라고 한다. 이렇게 볼 때 하자효과의 관점 하에서 행정작용형식체계는 행정행위, 법률하위적 규범, 공법계약, 사실행위의 네 가지 유형으로 완성되는 것인데, 이와 같이 그 하자의 효과를 서로 달리하는 여러 행정작용을 하나의 개념 하에 두는 것은 결국 취소소송의 이상비대 및 과부하로 인하여 행정수단의 다양성이 무시되고, 결국에는 복 잡한 오늘날의 행정현상에 대한 법의 집행부전 내지 대처 부족을 낳을 수 있게 된다는 것이다. 이에 따라 이 견해는 현행법상의 처분개념 가운데 '그 밖에 이에 준하는 행정 작용'은 체계정합성을 깨뜨리지 않으면서도 항고소송의 대상확대를 도모할 수 있는 지 렛대이므로, 처분개념에 대한 진지한 논의를 바탕으로 항고소송의 대상확대를 시도하는 것이 정도라고 주장한다.37)

결국 행정행위와는 서로 성질이 다른 법규명령을 항고소송의 대상이 되는 '행정행 위'개념에 포함하려고 하는 시도의 근저에는 취소소송을 위법확인소송으로 이해하는 관 점이 존재하는 것이다. 그런데 취소소송은, 개정안 제4조 제1호에도 나타나 있듯이, "행정청의 행정행위등을 취소 또는 변경하는 소송"이므로, '취소나 변경'을 통하여 공법 상의 법률관계의 형성을 의도하는 것이지, 단지 위법확인에 그치는 것은 아니라 할 것 이다. 따라서 모든 행정작용을 항고소송이라는 하나의 수단으로 해결하고자 함으로써 초래될 행정법이론체계의 문제점을 고려한다면, '처분'개념의 확대에 대한 논의를 바탕 으로 항고소송의 대상을 확대하면서, 동시에 처분에 해당하지 아니하는 다른 유형의 행정작용에 대한 적절한 구제수단을 마련하는 것이 바람직한 방향으로 여겨진다.

3) 법규명령에 대한 사법적 통제의 문제점

개정안의 내용대로 법규명령이나 사실행위를 항고소송의 대상으로 함으로써 발생하 는 법적인 문제로서는 우선 헌법소원과의 관계를 들 수 있다. 이 문제는, 그동안 대법 원이 처분성을 좁게 인정하고 있는 상황에서 헌법재판소가 설치되면서, 헌법재판소는 이른바 '보충성의 비적용'에 의거해서 행정소송에서 처분성이 부인되는 행정작용에 대 하여 헌법소원을 인정하여 왔는데, 이제 행정소송법을 개정하여 처분개념을 행정작용 전체로 확대하게 되면 헌법소원의 보충성이 적용되어야 하기 때문에, 그렇다면 헌법소 원대상이 사실상 없어지게 되는 것인가 하는 문제이다.

행정작용에 대해서 이를 행정소송으로 하는 것이 바람직하다고 주장하는 견해에 의 하면, 이는 실제적 관점에서도 유용하기 때문이라고 한다. 즉 이에 따르면 헌법소원은

---

37) 김중권, 전게논문, 공법연구 제31집 제3호, 652면 이하.

단심으로 끝나고, 구두변론이 제한되지만, 행정소송은 3심제에 구두변론이 필수적이고, 또 헌법재판소는 서울에만 있으므로, 행정소송의 경우가 시민의 접근성이 탁월하게 높아진다는 것이다. 이 견해는 그동안 헌법재판소가 행정소송제도의 불비에 따르는 행정상의 권리구제의 공백을 분담해온 것은 중요한 업적으로 평가되어야 하고, 사실 이를 통한 대법원과 헌법재판소의 경쟁적 관계가 국민의 권리구제에 긍정적으로 작용해 왔지만, 그렇다고 해서 실질적인 행정소송을 대법원과 헌법재판소가 분담하는 것이 바람직하다고는 할 수 없고, 이러한 점에서 헌법재판소는 실제로 행정소송의 일부를 담당해온 그동안의 과도기적 역할을 마치고, 헌법규범의 해석과 적용이 직접 쟁점이 되는 사안에 집중하는 것이 바람직하다고 보고 있다.[38]

요컨대 이 견해는 모든 행정작용을 행정소송의 테두리로 끌고 들어옴으로써 종래 행정작용에 대한 헌법소원심판의 가능성을 완전히 배제하고자 하는 의도를 가지고 있다고 판단되는데, 이 견해가 밝히고 있는 것처럼, 행정소송을 통한 행정권의 견제와 균형은 행정과 사법 사이의 문제이지 대법원과 헌법재판소 사이의 문제는 아니라고 생각한다. 그런 의미에서 행정작용에 대한 실질적인 행정소송이 헌법재판소에 의하여 이루어지는 것은 바람직한 현상은 아닐 것이다. 그러나 행정작용에 대해서도 그 기본권침해성의 문제는 여전히 헌법재판소가 판단할 문제 아닌가 생각되고, 이러한 점에서 법규명령을 항고소송의 대상으로 하는 것은 관련 헌법규정의 해석과 관련하여 검토해볼 필요가 있다.

(1) 헌법 제107조 제2항의 해석문제

법규명령에 대한 항고소송은 우선 헌법 제107조 제2항의 해석과 관련된 문제이다. 동 조항은 "명령·규칙 또는 처분이 헌법이나 법률에 위반되는 여부가 재판의 전제가 된 경우에는 대법원은 이를 최종적으로 심사할 권한을 가진다."라고 규정하고 있는데, 이를 일반적으로 명령·규칙에 관한 구체적 규범통제규정이라고 이해하고 있다. 이에 따라 문제는, 헌법상 법규명령에 대해서는 구체적 규범통제방식만이 허용되는가 아니면 이에 대한 직접적 통제도 가능한가 하는 것이다.

생각건대 위 헌법조항은 '재판의 전제가 된 경우', 즉 선결문제에 한정하여 대법원의 최종적인 심사권한을 규정한 것이라고 이해되고, 따라서 대법원의 법규명령에 대한 직접적인 통제를 금지한다거나 이를 특히 헌법재판소의 권한으로 인정하는 취지는 아니라고 생각된다. 이에 따라 법규명령에 대한 직접적 형태의 규범통제는, 헌법 제107조

---

38) 박정훈, 전게논문, 74면.

제2항에 반하지 아니 하는 한, 입법권자의 형성에 맡겨져 있다고 판단된다.[39]

(2) 법규명령통제의 관할문제

이상과 같이 헌법 107조 제2항과 관련하여, 재판의 전제가 될 수 없는 법규명령의 경우에는 직접적 통제가 가능하고, 따라서 이러한 법규명령에 대한 위헌·위법 여부의 심사권은 굳이 대법원에 귀속되지 아니한다는 해석이 가능하게 된다. 그리하여 법규명령에 대한 직접적 규범통제에 대한 관할권이 대법원에 있는가 아니면 헌법재판소에 있는가 하는 것이 문제될 수 있다.

이와 관련하여서는 '재판의 전제'에 대한 해석문제를 바탕으로 법규명령에 대한 규범통제권한은 최종적으로 대법원에 있다고 보는 견해가 있다.

이 견해는 먼저 '처분의 위헌·위법성이 재판의 전제가 되는 경우'에 대한 해석문제를 논거로 들고 있다. 일설에 의하면 처분의 위헌·위법 여부가 재판의 전제가 되는 경우는 일반적으로 민사소송과 형사소송에서의 문제이며, 처분에 대한 항고소송에서는 처분의 위법 여부가 재판의 전제가 아니라 재판 그 자체의 대상이 되는 것이므로, 이는 헌법 제107조 제2항과는 관련이 없는 것이므로, 이에 대해서 대법원은 최종적인 심사권을 가지는 것이 아니라고 한다. 따라서 원고가 항고소송에서 패소하더라도 원처분에 대한 헌법소원이 허용된다는 것이다.[40] 이에 대하여는, 처분에 대한 항고소송에 있어서 처분의 위헌·위법 여부는 본안으로서 재판의 대상이 되는 것은 사실이지만, 동시에 원고가 취소판결을 얻기 위한 재판의 전제가 된다고 할 수 있으므로, 이러한 의미에서는 헌법 제107조 제2항에서의 재판의 전제가 되는 경우에 해당된다고 볼 수 있다는 견해도 있다.[41]

법규명령에 대한 규범통제권한이 대법원에 있다고 보는 견해는 이와 같은 재판의 전제에 대한 해석을 그대로 명령·규칙의 경우에도 적용시키고 있다. 즉 법규명령이 원고의 법적 지위를 직접 침해하여 원고적격을 충족함으로써 항고소송의 대상이 되면, 이는 곧 구체적 사건성이 인정되는 것이므로, 그 위헌·위법성은 그 자체로서 '재판의 전제'가 되고 있다고 보는 것이다. 따라서 위 헌법조항은 행정입법에 대한 항고소송까

---

39) 동지 박정훈, 상게논문, 74면 이하. 한편 미집행된 법규명령의 위헌·위법 여부에 대한 심사권과 관련하여 관할권논쟁을 회피하기 위해서 행정소송법개정안에서 보다 명확한 규율을 할 필요가 있다는 입장(김해룡, 전게논문, 42면 이하)도 같은 입장이라고 생각된다.
40) 정종섭, 현행명령·규칙심사제도에 대한 비판적 검토, 고시계, 1992. 12, 71면 이하; 황도수, 원처분에 대한 헌법소원, 헌법논총, 제6집, 1995, 191면 이하. 법원의 재판을 거쳐 확정된 원처분에 대해서 헌법소원을 청구할 수 있는가에 관하여는 학설의 대립이 있고, 헌법재판소는 원칙적으로는 이를 부인하고 있다고 한다(정종섭, 헌법소송법, 제2판, 박영사, 2004, 535면 이하).
41) 홍준형, 전게서, 452면.

지 포함하는 것으로서, 이에 대한 대법원의 최종적인 심리권한을 인정하는 것이라고 보는 것이다.[42]

생각건대 '처분의 위헌·위법성이 재판의 전제가 되는 경우'에 대한 해석문제는 일차적으로는 헌법 제107조 제2항이 행정재판의 헌법적 근거가 될 수 있는가 하는 문제와 관련된 것이다. 특히 홍준형 교수의 견해는 명령의 위헌·위법 여부가 재판의 전제가 된 경우와는 달리, 처분에 대한 항고소송에서의 '재판의 전제'는, 그 특성상 '구체적 사건에 근거한 처분에 대한 항고소송'이면 충분한 것이므로, 그래서 이를 행정재판에 대한 헌법적 근거로 볼 수 있다는 취지이다. 그러나 헌법 제107조 제2항에서 말하는 법규명령에 있어서의 '구체적 사건성'은 법규명령이 단지 구체적으로 개인의 주관적 법적 지위를 침해한다는 것만으로는 부족하고, 법규명령에 근거한 처분에 대한 항고소송에서 법규명령의 위헌·위법 여부가 처분의 위법성을 판단하는 전제가 된 경우만을 의미한다고 볼 것이다. 따라서 '재판의 전제'가 의미하는 바는, 단지 '법규명령의 위법성'을 의미하는 것이 아니라, 법규명령의 위법 여부가 본안판단의 전제가 되어야 함을 의미하는 것이다. 이렇게 볼 때 헌법 제107조 제2항은 명령·규칙에 대한 대법원의 전속적인 재판관할권을 규정한 것이라고 볼 수 없다고 생각한다. 결국 구체적인 처분과 관련하여 법규명령의 위법 여부가 재판의 선결문제인 경우(헌법 제107조 제2항에 해당되는 경우) 이에 대해서는 대법원이 최종적으로 판단하는 것이고, 이에 대해서는 더 이상 헌법소원심판을 청구할 수 없게 된다. 그러나 구체적인 처분을 매개하지 않더라도 법규명령이 직접 국민의 권리를 침해하는 경우(동 조항과 관련 없는 경우), 이러한 명령의 처분성이 인정되는 한, 항고소송의 대상이 될 수 있고, 원고가 패소한 경우, 다시 기본권침해가 문제된다면, 헌법소원도 가능하다고 생각된다.

(3) 헌법 제111조 제1항 제5호의 해석문제

한편 헌법 제111조 제1항 제5호는 "법률이 정하는 헌법소원에 관한 심판"을 헌법재판소의 권한으로 규정하고 있는데, 행정소송법에서 항고소송의 대상을 확대함으로써 헌법소원의 대상을 사실상 없애는 것이 헌법위반이 아닌가 하는 문제가 제기될 수 있다.

위 조항과 관련하여서는 헌법소원심판제도의 내용을 법률에 위임한다는 의미인지, 아니면 이는 헌법소원심판제도의 관할과 본질적인 내용은 정하고 있는 것이고 단지 그 절차만을 법률에 위임한다는 의미인가 하는 문제에 대해서 학설이 대립하고 있다.[43]

이에 관하여 일설은 위 헌법조항은 헌법소원심판의 대상 등 그 구체적인 내용을 법

---

42) 박정훈, 전게논문, 75면.
43) 이에 관하여는 정종섭, 전게서, 517면 이하 참조.

률에 유보하고 있는 것이라고 보고, 나아가 위 헌법조항은 입법자가 헌법소원 자체의 허용 여부를 정할 수 있다고도 해석될 수 있다고 보고 있다. 이에 따라 이 견해는, 예컨대 행정소송법에서 모든 행정작용을 항고소송의 대상으로 확대함으로써 행정작용에 전체에 대하여 헌법소원이 불가능하게 되더라도, 헌법재판소법 제68조 제2항이 정하고 있는 위헌소원[44])이 헌법소원의 중요한 대상으로 남기 때문에, 헌법소원제도 자체가 폐기되는 것은 아니라고 하고 있다.

그러나 위 헌법조항의 '법률이 정하는'이라는 문언을 헌법소원에 관한 모든 사항을 법률에 유보한 것이라고 보기만은 어려울 것 같다. 이러한 헌법규정에 의하여 헌법재판소법은 헌법소원에 관한 자세한 내용을 규정하고 있는 것이고, 행정소송법에서 모든 행정작용을 항고소송의 대상으로 하더라도, 공권력을 행사하는 행정작용으로 인한 기본권 침해 여부에 대해서는 최종적인 권리구제수단으로서 헌법소원이 가능한 것 아닌가 생각된다. 만약 위 견해대로, 행정소송법이 항고소송의 대상을 확대하게 됨으로써 헌법소원으로서는 헌법재판소법 제68조 제2항의 위헌소원만이 남게 된다면, 동법 제68조 제1항의 헌법소원은 의미 없는 규정이라는 것인지도 의문이다.

(4) 소결

이상의 내용을 간략히 요약해보면, 먼저 헌법 제107조 제2항은 구체적 규범통제를 규정한 것이고, 다만 구체적 사건성이 전제될 수 없는 상황이라면, 행정소송법을 개정하여 이를 항고소송의 대상으로 할 수 있다고 본다.

그리고 법규명령에 대한 항고소송에서의 '재판의 전제'에 대한 해석과 관련하여, 이는 어떠한 법규명령의 위헌·위법 여부가 처분의 위법성을 판단하는 데 전제가 되어야 함을 의미하는 것이다. 따라서 구체적 처분과 관련하여 법규명령의 위헌·위법 여부가 재판의 선결문제인 경우 이에 대해서는 대법원이 최종적으로 판단하고, 구체적인 사건성이 없는 법규명령은, 이러한 명령의 처분성이 인정되는 한, 항고소송의 대상이 될 수 있고, 그 후 다시 기본권침해를 문제를 주장하여 헌법소원도 청구할 수 있다고 생각된다.

끝으로 헌법 제111조 제1항 제5호의 해석과 관련해서, 행정소송법에서 모든 행정작용을 항고소송의 대상으로 규정하더라도, 헌법 제107조 제2항에 해당되는 것이 아닌 한, 그리고 기본권침해를 주장하는 한, 최종적으로는 헌법소원의 대상이 될 수 있다고 본다.

---

44) 허영 교수는 이를 구체적 규범통제의 부산물이라는 점에서 규범통제형 소원이라고 부른다. 허영, 한국헌법론, 신4판, 박영사, 2004, 820면.

결국 행정작용에 대한 국민의 권리구제라는 측면에서 볼 때, 예컨대 법규명령에 대한 재판관할권을 법원 또는 헌법재판소의 어느 한 쪽에만 인정하는 것은 이에 대한 판단의 중복과 재판결과의 충돌을 방지할 수 있다는 점에서는 효과적일 것이다. 그러나 권리구제에 보다 충실한다는 점에서 보면, 특히 행정소송은 공권침해 여부, 헌법소원은 기본권침해 여부에 집중하게 됨으로써, 결국 행정소송과 헌법소원이 국민의 권리구제를 위한 동반자적인 경쟁관계를 유지하는 것이 오히려 더욱 바람직하지 않겠나 생각된다. 물론 법규명령에 대하여 보다 효과적으로 권리를 구제할 수 있는 방안을 모색하는 것은 절대적으로 필요한 일이고, 반드시 실현되어야 할 일이라고 생각하지만, 이를 쟁송법상의 행정행위의 개념을 창설하는 것으로 문제를 해결하는 것은 기존의 법이론체계의 혼동을 가져다주는 것이 아닌가 우려된다.

따라서 법규명령에 대한 권리구제를 용이하게 하기 위해서는 행정소송법에 법규명령에 대한 별도의 규범통제소송을 두는 방향이 바람직하다고 판단된다. 이 방안은 행정실체법과 행정소송법 이론상의 행정작용 구분체계의 차이를 초래하지 않고 행정법제 전반에 걸친 혼동을 피할 수 있을 것이다.45) 그러나 또 다른 한편으로는 현재 헌법재판소의 업무량에 부하가 그리 크지 않고 법규명령에 대한 규범통제에서는 헌법 및 기본권에 관련된 심사가 중요한 비중을 차지하고 있는 점에 비추어 현행 제도를 변경할 필요성은 그리 절실해 보이지 않는다는 지적46)도 있음을 참고할 필요도 있을 것이다.

4) 법규명령취소소송 등의 문제

법규명령이 개정안상의 행정행위 개념에 포함된다고 한다면, 이론적으로는 법규명령에 대한 무효등확인소송 이외에도 취소소송, 의무이행소송 및 예방적부작위소송이 가능하게 된다. 이와 관련하여서는 여러 비판이 있었다.

우선 법규명령의 취소소송과 관련하여 이것이 이론적으로 가능한 것인가 하는 것이다. 특히 원고적격과의 관련에서 미집행된 일반적·추상적 규율을 어떠한 경우에 그 취소를 구할 정당한 이익이 있다고 할 것인지 의문이라고 하면서, 미집행된 상태의 법규명령은 아직 실제로 집행되지 아니하였기 때문에 특정 개인의 권리나 의무에 직접적인 영향을 미칠 단계는 아니라는 점에서 아마도 모든 사람에게 그 취소를 구할 법적으로 정당한 이익을 인정할 수는 없을 것이라는 비판이 제기되었다.47)

---

45) 김해룡, 전게논문, 40면.
46) 정하중, 전게논문, 공법연구, 제31집, 제3호, 33면 이하.
47) 김해룡, 전게논문, 43면.

그리고 법규명령의 하자와 관련하여 하자 있는 법규명령은 본래 무효에 해당되며, 따라서 무효등확인소송의 대상이 될 뿐인데, 개정안에 따르면 이를 취소소송의 대상이 될 수 있다고 보게 되는데, 그렇다면 취소소송의 대상이 되는 법규명령은 어떤 것이고, 무효등확인소송의 대상이 되는 법규명령은 또 어떤 것인가 하는 문제가 제기된다는 비판도 있었다.[48]

개정안은 법규명령에 대한 취소판결의 효력과 관련하여, 독일 연방헌법재판소법 제79조 제2항을 모범삼아, 제40조에서 취소판결의 소급효를 제한하는 특례규정을 두고 있는데,[49] 이에 대해서 독일 연방헌법재판소법 제78조는 위헌법률은 무효로 선언된다고 규정하고 있고, 동법 제79조 제2항도 무효인 법률과 관련된 처분이 이미 불가쟁력이 발생한 경우에는 법률의 '무효'가 이 처분에 아무런 영향을 미치지 못한다고 규정되어 있는데, 독일의 경우 위헌인 법률은 무효이므로, 이와 같은 특례규정을 둔 것이고, 이에 따라 위법한 명령 역시 무효에 해당하는 것이기 때문에, 이와 같은 독일의 규정을 명령의 취소소송의 모범으로 삼는 것은 문제가 있다는 비판이 제기되었다.[50] 이 견해는 법치국가의 원리에 비추어 국법행위는 위법한 이상 그 하자효과의 원칙은 무효인데, 다만 행정행위의 경우 이에 대한 예외로서 위법하지만 효력이 인정되는 이른바 '취소가 유보된 존재형태'가 인정되고 있는 것이라고 하면서, 이러한 이론적 근거에서 볼 때도, 법규명령의 '취소'를 '위법확인'으로 변환시키지 않은 채, 단지 취소의 소급효 제한으로 접근하는 것은 곤란하다고 하고 있다. 나아가 이 같은 특례규정의 연원 역시 법규명령과 기왕의 행정처분간의 태생적 차이를 웅변하는 것이라고 설명하고 있다.

이상의 비판적 견해를 바탕으로 생각해볼 때, 법규명령에 대한 항고소송은 본질적으로는 규범통제소송의 성질을 가지는 것이고, 또 일반성·추상성을 띠는 법규범은 구체적 법집행행위로서 공정력이 인정되는 행정행위와는 그 성질을 달리하는 것이므로, 이를 취소소송의 대상으로 하는 것보다는, 이에 대한 별도의 소송유형을 인정하는 것이 행정법이론체계에도 부합되는 것이라고 생각한다.

한편 개정안에 따르면, 법규명령에 대해서는 취소소송 이외에도 의무이행소송이 가능한데, 이에 대해서는 법규명령의 경우는 제정권자에게 행정행위보다 훨씬 광범위한 입법재량이 인정되는데, 이에 대하여 의무이행청구가 가능하다고 하는 것은 문제이고, 따라서 현재 이러한 제도를 채택하고 있는 나라는 없다는 반론이 제기되었다.[51] 이에

---

48) 정하중, 전게자료, 법률신문, 2004. 11. 4, 14면.
49) 박정훈, 전게논문, 78면 참조.
50) 김중권, 전게자료, 법률신문, 2004. 11. 18.
51) 정하중, 전게자료, 법률신문, 2004. 11. 4, 14면.

대해서는 개정안상의 의무이행소송은 독일의 의무이행소송과는 명칭만 같을 뿐 내용은 다르다고 보면서, 이는 행정입법도 요구할 수 있는 의무이행소송이라고 보는 견해가 있다. 이 견해에 의하면 원고는 일단 대통령 또는 장관에게 아니면 각 지방자치단체에 게 일단 행정입법 신청을 하고 거기에 대한 거부가 있거나 무응답이면 의무이행소송을 제기하면 된다고 하고, 이 경우 행정입법에는 광범한 재량이 인정되기 때문에, 거의 대부분이 독일의 Bescheidungsurteil(지령판결), 즉 어느 시한까지 문제의 행정입법을 하라 고만 선고하는 판결이 될 것이라고 한다.52) 이 견해는 이 경우 상상할 수 있는 남소의 문제를 의식하여, 원고적격이나 협의의 소익의 단계에서 원고의 이익상황이 구체성·직 접성·현재성을 가지는가 하는 점을 검토하고, 또 일차적인 입증책임을 원고에게 부과하여 최소한 어떠한 근거에서 문제의 행정작용을 다투는가를 밝히도록 함으로써 남소를 방지할 수 있다고 하고 있는데,53) 이러한 제도를 통해서는 근거 없는 소송제기를 예방할 수 있는 것은 틀림이 없지만, 법규명령에 대한 의무이행청구가 가능하다는 점으로부터, 과거와 달리 많은 양의 소송이 제기될 가능성이 열리게 된다는 점은 인정하여야 할 것이다. 이러한 점에서 앞으로 예상되는 남소의 문제는 근거 없이 제기되는 소송에 대한 예방책만으로는 부족하다는 생각이 든다.

과거로부터 지금까지 구체적 처분이 불가능하거나 불이익한 처분을 감수하여야 하는 법규명령에 대하여 제대로 된 사법적 구제수단이 불비되어 있었다는 점은 매우 커다란 문제였다. 예컨대 유료도로법과 그 시행령의 문제를 다투기 위해서는 톨게이트를 무단히 통과함으로써 과태료부과처분을 받아야만 이 처분을 근거로 소송상의 구제가 가능했던 것이다. 따라서 이에 대한 구제수단의 마련은 지극히 타당한 일이다. 결국 이 문제는, 헌법 제107조 제2항과 관련해서, 재판의 전제성을 기대하기 어려운 경우, 그리고 법규명령이 직접·구체적으로 개인의 법적 지위에 영향을 미치는 경우에는 이러한 법규명령을 대상으로 직접 행정소송을 제기할 수 있도록 별도의 구체적인 권리구제수단을 마련하는 것으로 해결되어야 할 것인데, 법규명령에 대한 소송은 법규명령의 위법성 여부에 대한 확인을 청구하는 소송이 그 본질이라고 점에서 보면, 이는 결국 법규명령에 대한 별도의 폐지 및 부작위위법확인소송을 마련하는 것이 바람직하다고 할 것이다. 이러한 형태의 소송제도로서 법규명령에 대한 사법적 구제수단은 그 충분한 기능을 다 하는 것이라고 본다.

이러한 점에서 보면, 법규범에 대한 예방적부작위청구나 의무이행청구는 과잉적 구

---

52) 박정훈, 행정소송제도의 개편방향에 대한 토론, 공법연구, 제31집 제3호, 2003. 3, 102-8면.
53) 박정훈, 전게논문, 69면 이하.

제수단으로서 권리구제의 기능을 초월하는 것이 아닌가 하는 생각을 해본다. 아울러 현재의 우리나라의 법문화에서 이러한 형태의 과잉적 구제수단의 도입으로 인한 많은 양의 제소도 향후 틀림없이 문제가 될 것이다.

5) 판례를 통한 문제해결의 가능성

행정소송에 있어서 권리구제범위를 확대하는 문제는, 위에서 언급된 입법적 보완과 동시에, 법원이 보여 왔던 기존의 판례태도를 개선하려는 노력도 함께 병행하는 가운데 해결방안을 모색하여야 할 것이다. 이러한 의미에서 문헌 가운데에는 그동안 행정재판이 법원과 헌법재판소로 이원화된 원인 가운데에는 법원의 묵수적 태도가 있었다는 지적이 나오고 있는 것이다.[54] 즉 그동안 법원은 특히 취소소송을 행정소송의 중심에 두고 행정작용의 처분성 여부에 주된 초점을 맞추어 왔고, 또 당사자소송을 거의 활용하지 않았기 때문에, 당사자의 입장에서는 비처분적인 행정작용에 대해서 무리하게 항고소송을 제기한다거나, 애초에 헌법소원심판을 청구하게 된 것이라는 것이다.

이러한 관점에서 보면 항고소송에서 권리구제범위를 확대하는 문제는 현행 행정소송법상의 처분의 개념에 대한 법원의 적극적인 해석을 통해서도 가능한 일이 아닌가 생각된다. 법원행정처의 보도자료에 의하면, 개정안은 협의의 처분·권력적 사실행위·법규명령 등과 같은 다양한 행정작용을 항고소송의 대상으로 포착하기 위한 개념으로서 '행정행위'라는 개념을 도입하여 이를 모두 항고소송의 대상이 될 수 있도록 하고, 특히 명령·규칙을 행정소송의 대상에 포섭시키는 것이 국민의 권익구제에 더욱 충실할 수 있다는 점을 강조하면서, 다만 명령·규칙이 적법한 행정소송의 대상이 되기 위하여서는 구체적 사건성이 갖추어져야 하고, 처분을 통하여 영향을 미치는 경우 그 처분이 행하여진 후 당해 처분에 대한 소송을 제기하여야 한다고 하고 있다.[55]

그런데 현행법상 권력적 사실행위는 적어도 이론적으로는 현행 행정소송법상의 '공권력의 행사'에 포함되는 것으로서 처분성이 인정되어 왔고, 법규명령의 경우에도 처분에 의하여 구체화되지 않더라도 직접 국민의 법적 지위에 영향을 미치는 이른바 처분법규(Maßnahmegesetz)의 경우에는 역시 처분성이 인정된다고 보고 있다.[56] 다만 대법원은 극히 예외적인 판례를 제외하고는 권력적 사실행위나 대부분의 처분적 행정입법에

54) 김중권, 전게논문, 651면 이하.
55) 법원행정처, 전게자료, 8면.
56) 예컨대 홍정선, 행정법원론(상), 제12판, 박영사, 2004, 193면 이하, 415면; 김동희, 전게서, 143면, 190면, 663면; 김성수, 전게서, 394면; 홍준형, 행정법총론, 제4판, 한울아카데미, 2001, 369면, 456면 이하 참조.

대하여 처분성을 부인하는 고전적인 태도를 고수하여 왔다.[57] 즉 대법원 판례의 경우에는 구법 하에서 단수처분의 처분성을 인정한 판례[58]를 제외하고는 권력적 사실행위가 행정소송법상의 처분개념에 포함되는지의 여부에 대하여 명시적으로 밝힌 것은 없고,[59] 처분법규와 관련하여서도 가평군 두밀분교의 폐지에 관한 조례의 경우[60] 이외에 처분성을 인정한 경우를 거의 찾아볼 수 없다.

개정안은 이와 같은 권력적 사실행위 또는 처분법규나 집행법규의 경우에도 항고소송의 대상이 될 수 있게 하기 위해서 쟁송법상의 '행정행위' 개념의 도입을 통하여 대상을 확대하여야 한다고 하고 있다. 그러나 최소한 용어상의 혼동을 초래하게 될 쟁송법상의 '행정행위'라는 개념이 정립되어야만 권력적 사실행위나 처분법규 등과 같은 행정작용이 항고소송의 대상이 되는 것은 아니라고 생각된다. 다시 말하자면 개정안과 같은 '행정행위' 개념이 도입되지 않더라도, 충분히 현행법의 규정만으로도 위와 같은 행정작용의 처분성을 인정될 수 있다는 것이다. 이렇게 볼 때, 법률의 규정이 없어서 항고소송의 대상이 확대되지 못했던 것은 아니고, 그간의 판례의 태도가, 1984년 행정소송법의 변경에도 불구하고, 처분과 관련하여서는 종래의 판결례를 고수하였기 때문에 더 문제가 있었던 것 아닌가 생각된다.[61] 이러한 점을 중요시 여긴다면, 굳이 쟁송법상의 '행정행위'라는 관념을 만들어서 실체법상의 '행정행위'이론과의 혼동을 초래하지 않더라도, 예컨대 '그 밖에 이에 준하는 행정작용'이라고 하는 부분에 대한 연구와 국민의 권리구제를 확대하기 위한 판례의 개선노력을 통하여도 문제의 상당 부분은 효과적으로 해결될 수 있지 않을까 생각한다.

IV. 맺음말

행정소송법 개정시안은 사법제도개혁의 일환으로 2002년부터 개시된 대법원 행정소송법 개정위원회의 열성적인 활동의 결실이고, 여기에는 의무이행소송, 예방적 금지소송, 자료제출요구제도, 가처분제도, 그리고 항고소송의 대상 및 원고적격의 확대 등 그동안 학계에서 꾸준히 요구되어 오던 사항들이 잘 반영되어 있다.

---

57) 김성수, 상게서, 808면.
58) 대판 1979.12.28, 79누218.
59) 홍준형, 전게서, 행정구제법, 545면 참조.
60) 대판 1996.9.20, 95누8003.
61) 박정훈, 전게논문, 44면 이하 참조.

특히 이러한 개정노력은 실질적으로 국민의 권리구제범위를 확대하려는 신선한 시도였다는 점만으로도 상당한 의미가 있는 것이었다고 평가하고 싶다.

그러나 개정방향을 놓고는 실로 엄청난 견해 차이를 보이고 있다. 개정안은 취소소송에 대하여 이를 형성소송이 아니라 프랑스식의 행정작용의 위법성을 확인하는 확인소송으로 이해하는 입장에서 항고소송의 대상이 되는 처분의 개념을 획기적으로 확대하고 있고, 이에 대해서는 현재의 이론적인 토대를 바탕으로 행정작용의 형식별로 적절한 행정소송의 유형을 강구하는 것이 구제수단 및 범위의 확대를 위한 정도라고 보는 비판적인 견해가 있다. 그렇지만 이러한 견해 차이에도 불구하고, 결국 양 입장은 행정작용에 대한 국민의 권리구제의 폭을 넓히고, 궁극적으로는 행정소송을 통한 행정의 적법성 통제라고 하는 기능을 효과적으로 수행하게 하자는 데 있어서 만큼은 같다고 볼 수 있다. 다만 목적달성을 위한 수단에서 서로 간에 차이가 존재하는 것이다.

생각해보면 행정소송에서의 국민의 권리구제문제는 항고소송의 대상을 확대하는 것과 소송유형을 확대하는 것 모두 중요한 문제이다. 따라서 항고소송의 객관소송으로서의 기능을 강조하는 것도 중요하지만, 그렇다고 해서 종래 이해되어왔던 주관소송으로서의 성질을 한꺼번에 부인할 수도 없는 것이다. 그동안 항고소송이 주관소송이었기 때문에 국민의 권리구제가 제대로 이루어지지 못한 것이 아니라, 행정소송법에 대한 입법적 불비와 기존의 판결례를 고수하여왔던 법원의 태도가 문제였다고 생각된다. 따라서 항고소송의 객관소송으로서의 기능을 강조하여 기존의 행정법이론에 획기적인 변화를 시도하는 것도 의미가 있겠지만, 이것보다는 소송법의 개정노력을 시점으로 해서 국민의 권리구제에 보다 적극적으로 기여하여야 한다는 법원의 자세변화와 그간의 행정법학의 이론적 성과를 존중하고 이를 바탕으로 해서 기존의 소송법상의 공백을 차근하게 보충해가는 입법적인 보완노력이 더 중요하다고 판단된다.

이러한 의미에서 법규명령에 대한 항고소송의 문제는, 개정안과 같이 취소소송을 위법확인소송으로 이해하면서 이를 취소소송을 포함한 항고소송의 대상으로 하는 획기적인 변화보다는, 기존의 소송의 성질에 대한 이해를 바탕으로, 예컨대 재판의 전제성을 기대하기 어려운 경우, 그리고 법규명령이 직접·구체적으로 개인의 법적 지위에 영향을 미치는 경우에는 이를 직접 행정소송을 제기할 수 있도록 별도의 규범통제수단을 마련하는 것이 바람직하다고 생각된다. 아울러 이 경우 법규명령의 위법성 여부를 넘어서 기본권침해가 문제되는 경우라면, 여전히 헌법소원을 인정하는 것이 의미 있지 않을까 생각된다.

요컨대 행정소송법 개정안의 성과를 높이 평가하면서도, 개정안이 프랑스법적인 시각에 기울어져 있음을 지적하고, 이를 통하여 반세기 이상 지속되어온 독일행정법학적인 전통을 생소한 프랑스법적인 제도로 바꾸는 것이 진실로 가능할 것인지 의문을 제기하는 견해가 있었다.[62] 행정소송법의 개정은 모든 행정법학자들의 염원사항이라 해도 과언이 아닐 것이다. 이러한 점에서 개정작업에 다소 시간이 걸린다 하더라도, 개정시안에 대한 비판적인 견해에 대해서도 심사숙고하여, 모든 학자·실무가 나아가 국민들의 염원을 대변하는 훌륭한 개혁적 성과를 거두기를 기원한다.

---

62) 석종현, 「행정소송법 개정시안」에 대한 의견, 법률신문, 토론광장, 2004. 12. 13(http://lawtimes.co.kr).

참고문헌

김동희, 행정법 I, 제10판, 박영사, 2004.
홍준형, 행정구제법, 제4판, 한울아카데미, 2001.
김성수, 일반행정법, 제2판, 법문사, 2004.
정종섭, 헌법소송법, 제2판, 박영사, 2004.
허영, 한국헌법론, 신4판, 박영사, 2004.

김경동, 일본의 행정소송법의 개정 동향, 법제 통권 제555호, 2004. 3, 법제처.
김광수, 행정소송법의 개정방향, Juris Forum 제3호, 2003. 8, 충북대학교 법학연구소.
김중권, 행정소송제도의 개편방향에 관한 소고, 공법연구 제31집 제3호, 2003. 3, 한국공법
　　　학회.
＿＿＿, 행정소송법개정안의 문제점에 관한 관견, 법률신문 제3315호, 2004. 11. 18.
김춘환, 독일과 한국의 행정소송의 유형에 관한 비교적 고찰, 사회과학연구 제16집, 1993. 6,
　　　조선대학교 사회과학연구소.
김해룡, 행정소송법 개정에 있어서의 법적 쟁점, 고시계, 2004. 8.
박정훈, 행정소송법개정의 주요쟁점, 공법연구 제31집 제3호, 2003. 3, 한국공법학회.
석종현, 「행정소송법 개정시안」에 대한 의견, 법률신문 토론광장, 2004. 12. 13.
정종섭, 현행명령·규칙심사제도에 대한 비판적 검토, 고시계, 1992. 12.
정하중, 행정소송법의 개정방향, 공법연구 제31집 제3호, 2003. 3. 한국공법학회.
＿＿＿, 행정소송법개정안의 문제점, 법률신문 제3311호, 2004. 11. 4.
황도수, 원처분에 대한 헌법소원, 헌법논총 제6집, 1995. 헌법재판소.

행정법상 신고의 법리*
- 이론과 판례의 문제점과 개선방향 -

김 남 철

I. 머리말
II. 행정법상 신고에 관한 일반론과 문제점
  1. 신고에 관한 일반적인 논의
  2. 신고의 문제점
III. 수리를 요하지 않는 신고에서의 처분성 관련 문제
  1. 수리를 요하는 신고와의 구별
  2. 양자를 구별하는 경우에 있어서의

구별기준
  3. 신고거부행위의 처분성에 대한 사견
IV. 수리를 요하는 신고와 허가 등과의 구별 문제
  1. 구별에 관한 논의
  2. 학설 및 판례에 대한 검토
  3. 소결
V. 맺음말

I. 머리말

규제개혁 또는 규제완화가 본격적으로 논의되기 시작한 것은 1980년대 초반부터이다. 우리나라의 경제성장이 어느 정도 궤도에 오르면서 기존의 국가의 경제개입방식이 시장원리에 상충되며 비효율적이라는 인식이 확산되기 시작한 것이다. 이러한 인식을 바탕으로 그동안 정부에서는 행정쇄신위원회, 규제개혁위원회를 발족하여 인허가 절차의 간소화를 포함한 수많은 규제를 개혁 또는 완화하였다.[1] 이러한 규제개혁은 다양한 행정법규에 걸쳐 방대한 영역의 법개정을 가져왔다. 특히 이를 통하여 종래 허가의 대상이었던 것을 신고나 등록으로 완화하는 경우가 많았다.

그러나 이와 관련된 사인의 입장에서는 이러한 규제완화가 불필요한 행정편의적인 규제를 혁파하여 자연적 자유의 회복이나 나아가 권리의 영역이 확대된다는 긍정적인 측면도 있었다고 할 수 있지만, 반대로 여전히 규제가 필요한 영역에서 이러한 규제가 철폐됨에 따라 질서행정이라는 행정의 중요한 기능을 후퇴시키고 이로 인하여 오히려 이웃주민들의 생활권 등을 침해하고 있지는 않은지 생각해볼 필요도 있다. 이와 아울

---

* 이 글은 『가천법학』 제3권 제3호(2010.11.)에 수록된 논문임을 밝힙니다.
1) 우리나라의 규제개혁에 관하여는, 예컨대 장상윤, 규제개혁위원회 운영상의 문제점과 개선방안, 연세대학교 행정대학원 석사학위논문, 1999, 27면 이하 참조.

러 더 고려해 보아야 할 점은 실제로 허가의 대상을 신고만 하면 되는 것으로 완화하였다고 하지만, 이를 심사하는 행정청의 입장에서나 또는 신청 또는 신고를 하는 일반 사인의 입장에서 과거와 별로 달라진 점이 없다고 한다면, 이는 제도상의 명목적인 구분에 불과할 뿐만 아니라 허가와 신고에 관한 종래의 법학이론에도 많은 혼란을 가져온다는 점이다.

실제로 이러한 규제완화 이후에 법학분야에서는 신고의 법리를 두고 많은 논란이 야기되고 있고, 이에 대한 이론도 정연하지 못한 것이 실정이다. 이와 같이 논란의 여지가 많은 신고에 대해서 그동안 법학분야에서는 여러 차례의 선행연구가 있었지만,[2] 이러한 노력에도 불구하고 신고에 관해서는 이론에서나 실무에서나 그 해석이나 적용에 일관성이 없다는 문제가 여전하다고 생각된다. 특히 종래 허가제를 완화하는 의미에서 허가대상이었던 것을 신고대상으로 전환한 경우 행정실무에 있어서는 실제로 양자의 구별이 잘 이루어지지 않고 있음에도 불구하고 학설이나 판례에서는 여전히 신고의 개념을 구분하여 적용하는 등의 문제는 이론적으로나 제도적으로 반드시 개선되어야 할 문제라고 생각된다. 이에 본고에서는 행정법상 신고의 법리에 대해서 종래의 학설 및 판례의 입장들을 검토하면서, 이와 같은 문제를 해결하는 데 일조하고자 한다.

II. 행정법상 신고에 관한 일반론과 문제점

1. 신고에 관한 일반적인 논의

신고는 학문적으로는 사인의 공법행위의 한 종류로 설명되고 있다. 일반적으로는 신고는 "사인의 행정청에 대한 일정한 사실·관념의 통지에 의하여 공법적 효과가 발생하는 행위"[3]로 정의되고 있다. 여기에 덧붙여 신고의 개념에 "행정청에 의한 실질적

---

2) 신고에 관한 선행연구로는, 예컨대 김명길, 신고의 법리, 공법학연구, 제7권 제1호, 한국비교공법학회, 2006. 2, 469면 이하; 동인, 신고의 유형에 관한 소고, 법학연구, 제47권 제1호(통권 제55호), 부산대학교 법학연구소, 2006. 8, 109면 이하; 동인, 신고의 종류와 처분성, 법제 통권 583호, 법제처, 2006.7, 19면 이하; 김중권, 건축법상 건축신고의 문제점에 관한 소고, 저스티스, 제34권 제3호(통권 제61호), 한국법학원, 2001. 6, 150면 이하; 동인, 행정법상의 신고의 법도그마적 위상에 관한 소고, 고시연구, 제29권 제2호(통권 제335호), 고시연구사, 2002. 2, 26면 이하; 김세규, 행정법상의 신고에 관한 재론, 동아법학, 제33호, 동아대학교 법학연구소, 2003. 12, 53면 이하; 박균성, 행정법상 신고, 고시연구, 제26권 제11호(통권 제308호), 고시연구사, 1999. 11, 24면 이하; 홍정선, 사인의 공법행위로서 신고의 법리 재검토, 고시계, 제46권 제4호(통권 데530호), 고시계사, 2001. 3, 15면 이하 등이 있다.

3) 김동희, 행정법 I, 제14판, 박영사, 2008, 123면.

심사가 요구되지 아니하는 행위"⁴⁾라는 의미를 포함시키는 경우도 있다. 신고에 실질적 심사가 요구되는지의 여부에 관하여는 후술하기로 한다.

아무튼 통상적인 의미에서의 신고는 행정청에 대한 사인의 일방적인 통고행위로서 신고가 행정청에 제출되어 접수된 때에 관계법에서 정하는 법적 효과가 발생하는 것이고 행정청의 별도의 수리행위가 필요한 것은 아니라고 설명되고 있다.⁵⁾⁶⁾

그러나 현행법상 신고라는 용어가 사용되는 경우 모두 위의 신고에 해당하는 것만은 아니다. 경우에 따라서는 사인의 신고에 대한 행정청의 수리 여부의 결정에 따라 법률상의 효과가 좌우되는 경우도 있다. 문헌에서는 이러한 법령상의 다양한 신고에 관한 규정들을 분류하여 위에서 언급한 행정청에 대하여 일정한 사항을 통지하고 도달함으로써 효과가 발생하는 신고를 자기완결적(자체완성적) 공법행위로서의 신고라 하고, 행정청에 대하여 일정한 사항을 통지하고 행정청이 이를 수리함으로써 법적 효과가 발생하는 신고를 행위요건적 공법행위로서의 신고로 구분하고 있다.⁷⁾ 이를 수리를 요하지 아니하는 신고와 수리를 요하는 신고로 부르기도 한다.⁸⁾ 일반적으로 수리를 요하는 신고에서 수리는 사인이 알린 일정한 사실을 행정청이 유효한 행위로 받아들이는 것을 말하는 것으로서, 수리를 요하는 신고에서 수리는 준법률행위적 행정행위의 하나로서 행정소송법상의 처분에 해당한다고 설명하고 있다.⁹⁾¹⁰⁾

이밖에도 신고의 종류와 관련하여 정보를 제공하는 기능을 가지는가 아니면 그 외에 영업활동이나 건축활동과 같은 사적인 활동을 규제하는 기능을 가지는가 하는 관점에서 사실파악형(정보제공적) 신고와 규제적(금지해제적) 신고로 분류하기도 한다.¹¹⁾ 그러나 정보제공형 신고의 경우, 예컨대 소방기본법 제19조 제1항에 의한 화재신고는 신고의무를 반드시 동반한다고만 볼 수 없고 이러한 신고를 하지 아니하였다 하여 과태료

4) 홍정선, 행정법원론(상), 제18판(2010년판), 박영사, 2010, 187면.
5) 예컨대 김남진/김연태, 행정법 I, 제12판, 법문사, 2008, 230면; 김동희, 전게서, 123면; 류지태/박종수, 행정법신론, 제14판, 박영사, 2010, 129면; 석종현/송동수, 일반행정법(상), 제12판(2009년판), 삼영사, 2009, 132면 이하; 정하중, 행정법개론, 제4판, 법문사, 2010, 113면 이하; 홍정선, 상게서, 190면 이하.
6) 문헌에서는 관련 규정으로 식품위생법 제37조 제4항에 의한 영업신고, 공중위생관리법 제3조에 의한 공중위생영업의 신고, 건축법 제14조에 의한 건축신고 등을 들고 있다(김동희, 상게서, 123면).
7) 예컨대 홍정선, 전게서, 190면 이하; 박균성, 행정법론(상), 제9판, 박영사, 2010, 107면 이하; 정하중, 전게서, 113면 이하 등 참조.
8) 예컨대, 류지태/박종수, 전게서, 129면.
9) 홍정선, 전게서, 191면.
10) 수리를 요하는 신고에 관한 규정으로는 외국환거래법 제18조의 외국환거래신고, 종지법 제35조에 의한 농지의 전용신고, 수산업법 제47조에 의한 어업신고, 주민등록법 제8조에 의한 주민등록신고 등을 들고 있다(정하중, 전게서, 114면).
11) 정하중, 상게서, 113면; 박균성, 전게서, 111면.

등에 의한 처벌을 받는 것도 아니므로, 사인의 공법행위로서의 신고의 연구대상은 아니라고 하겠다. 이러한 점에서 신고를 정보제공 여부와 규제여부로 구분할 큰 실익은 없다고 판단된다.

그렇다면 신고의 법적 문제와 관련하여서는 신고의 종류를 수리를 요하는지의 여부에 따라 구분하고 있는 경우만이 논의의 대상이 되면 될 것이다.

2. 신고의 문제점

이상에서 살펴본 신고에 관한 일반적인 논의를 바탕으로, 신고와 관련된 법적인 문제는 아래와 같이 두 가지 영역으로 구분하여 살펴볼 수 있겠다.

먼저 수리를 요하지 않는 신고의 경우이다. 수리를 요하지 않는 신고는 신고 그 자체로서 신고의무를 이행하는 것이므로 여기에는 수리처분이라는 개념이 없다고 설명되고 있다. 그렇다면 만약에 행정청이 신고를 거부하는 경우에 이러한 신고의 거부는 처분성이 없는가 하는 것이 문제이다. 그리고 만약에 수리를 요하지 않는 신고의 경우 신고거부행위에 처분성이 인정되지 않는다면, 처분성 인정여부를 둘러싸고 어떠한 경우가 수리를 요하지 않는 신고이고 또 어떠한 경우가 수리를 요하는 신고인지 그 구분기준에 관하여 논란이 발생하게 될 것이다.

그 다음으로는 수리를 요하는 신고의 경우이다. 수리를 요하는 신고는 수리를 요하지 않는 신고와는 달리 행정청이 신고함으로써 신고의 효과가 발생하고, 수리 또는 수리거부는 법적 행위가 된다고 설명되고 있다. 그러나 수리를 요하는 신고를 이와 같이 이해하게 되면, 종래의 등록이나 허가와 어떠한 차이가 있는지가 문제이다. 원론적으로 신고나 등록, 허가는 행정청이 공익상의 필요에 따라 사인의 행위를 규제하기 위한 수단으로서 규제의 정도에서 서로 차이가 있는 것으로 이해되고 있다. 따라서 수리를 요하는 신고의 경우 '수리'라는 규제행위의 정도가 어떠한가에 따라 허가나 등록과 구분하기 어려운 경우도 있을 수 있다. 그렇다면 굳이 이 경우의 신고를 등록 및 허가와 구분할 필요가 있는가 하는 것이 문제이다. 이에 대해서는 학설상 논란이 있으나 이에 관하여는 후술하기로 한다. 이와 같이 수리를 요하는 신고가 문제가 되는 것은 규제완화의 측면에서 허가절차를 간소화[12]하는 데에서 비롯된 것으로 보인다. 실제로 1990년 이후에 들어와서 본격적인 규제가 시작된 이래 여러 법령에서 인허가절차가 간소화되었고,[13] 그러면서 허가제도가 신고제도로 변경된 후 신고사항의 심사기준 및 수리절차

---

12) 김중권, 전게논문, 건축법상 건축신고의 문제점에 관한 소고, 150면 이하 참조.
13) 이에 관하여 상세는 장상윤, 전게논문, 27면 이하 참조.

를 설정하여 사실상 신고제도를 허가제도와 거의 유사하게 운용하는 사례가 빈번하여 문제가 되고 있는 것이다. 이 문제는 단지 신고의 종류에 관한 법리적인 논의에만 그치는 것은 아니다. 다시 말해서 종래 허가로 규제해오던 것을 신고로 규제를 완화하는 경우 이로 인하여 공익이나 타인의 이익을 중대하게 침해하는 사례는 없는가 하는 것도 함께 고려되어야 할 입법정책의 문제이기도 하다. 따라서 종래 허가의 대상을 수리를 요하는 신고의 대상으로 규제를 완화한 경우, 이로 인하여 심각하게 인인(隣人)의 권리나 공익이 침해[14]되고 있다거나 또는 이러한 신고가 실무에 있어 이른바 '위장된 허가제'로 운용되고 있는 경우에는 이러한 신고에 관한 규정을 모두 등록이나 허가로 전환[15]하는 것이 오히려 타당하지 않은가 생각한다.

신고의 종류를 수리를 요하는지의 여부에 따라 구분하면서 그 차이를 인정하고 있는 것이 종래 이론이나 판례의 입장인 것으로 보인다. 그러나 어떠한 신고가 수리를 요하는 경우인지 아닌지에 대해서는 명확한 기준은 없어 보인다. 그렇기 때문에 신고에 대한 이해에 더욱 혼란이 가중되고 있다고 생각된다. 물론 이에 관해서는 더욱 다양한 관점에서 논의를 전개할 수도 있겠으나, 본고에서는 종래 신고의 법리에 대한 행정법학의 일반적인 이해를 바탕으로 신고에 관한 이론과 판례를 중점적으로 검토하면서, 이상에서 정리한 바와 같이, 수리를 요하지 않는 신고의 경우 처분성을 인정받기 어렵다는 권리구제상의 문제와, 수리를 요하는 경우는 이를 허가나 등록과 구별되는 '신고의 개념'으로 이론을 정립할 실익이 있는지의 문제로 논의를 집중해 보고자 한다.

III. 수리를 요하지 않는 신고에서의 처분성 관련 문제

1. 수리를 요하는 신고와의 구별

1) 양자를 구별하는 견해의 입장

전술한 바와 같이, 다수의 학자들은 신고의 종류를 수리를 요하지 않는 신고와 수리를 요하는 신고로 구분하고, 전자는 행정청에 대하여 일정한 사항을 알림으로써 의무가 이행되는 신고로서, 신고함으로써 그 자체로 신고의 법적 효과가 발생하고, 따라서 여기에서는 수리 또는 수리거부는 사실상의 행위에 불과하다고 한다. 이에 반하여

---

14) 건축신고와 관련한 인인보호의 문제에 관하여는 김중권, 전게논문, 건축법상 건축신고의 문제점에 관한 소고, 164면 이하 참조.
15) 김세규, 전게논문, 64면 이하 참조.

후자의 경우는 일반적인 인허가에 적용되는 법리처럼, 행정청이 수리함으로써 신고의 법적 효과가 발생하고, 따라서 이 경우에는 수리 또는 수리거부는 법적인 행위가 된다고 보고 있다.[16]

다수설 및 판례에 의하면, 수리를 요하지 않는 신고는 행정청에 대하여 일정한 사항을 통지함으로서 의무가 끝나는 신고로서 신고 그 자체로 법적 효과를 발생시킨다. 따라서 행정청의 수리처분이 개입할 여지가 없고, 이에 따라 행정소송법상의 처분성이 문제될 여지가 없다. 비록 행정청의 거부행위가 있다 하더라도 이는 사실상의 행위에 불과하다고 보고 있다.[17]

2) 판례

대법원 판례는 대체로 수리를 요하지 않는 신고와 수리를 요하는 신고의 경우를 구분하고 이에 따라 수리거부행위의 처분성 여부를 달리 취급하고 있다.

(1) 수리를 요하지 않는 신고에 관한 판례(신고거부의 처분성 부인)

대법원은 건축신고와 관련하여 담장설치신고에 대한 행정청의 반려에 대한 취소소송에서 "항고소송의 대상이 되는 행정처분은 행정청의 공법상의 행위로서 특정사항에 대하여 법규에 의한 권리의 설정 또는 의무의 부담을 명하거나 기타 법률상 효과를 발생하게 하는 등 국민의 권리의무에 직접 관계가 있는 행위를 가리키는 것이고, 상대방 또는 기타 관계자들의 법률상 지위에 직접적인 법률적 변동을 일으키지 아니하는 행위 등은 항고소송의 대상이 되는 행정처분이 아니다. 건축법상 신고사항에 관하여는 건축을 하고자 하는 자가 적법한 요건을 갖춘 신고만 하면 건축을 할 수 있고, 행정청의 수리처분 등 별단의 조치를 기다릴 필요가 없다."[18]라고 하여 수리를 요하지 않는 신고에서는 수리라는 처분이 동반되지 않음을 분명히 하고 있다. 그 이유는 위 사건 건축신고는 수리를 요하지 않으므로 신고함으로써 그 의무가 이행되므로, 이 신고를 반려한 행위는 처분성이 없다는 것이다.

대법원은 건축법상의 증축신고를 수리한 것에 대하여 제3자가 이의 취소를 구하는 소송에서도 "구 건축법(1996. 12. 30. 법률 제5230호로 개정되기 전의 것) 제9조 제1항에 의하여 신고를 함으로써 건축허가를 받은 것으로 간주되는 경우에는 건축을 하고자 하는 자가 적법한 요건을 갖춘 신고만 하면 행정청의 수리행위 등 별다른 조치를 기다릴 필

---

16) 김명길, 전게논문, 신고의 법리, 473면 참조.
17) 김명길, 상게논문, 476면 참조.
18) 대판 1995.3.14, 94누9962.

요 없이 건축을 할 수 있는 것이므로, 행정청이 위 신고를 수리한 행위가 건축주는 물론이고 제3자인 인근 토지 소유자나 주민들의 구체적인 권리 의무에 직접 변동을 초래하는 행정처분이라 할 수 없다."[19]라고 하여 같은 취지의 판결을 한 바 있다.

과거에도 대법원은 행정청이 당사자의 신고를 수리하지 아니하고 신고가 없었다 하여 과태료를 부과한 처분에 대하여 당사자가 이의를 제기한 사건에서 "행정청에 대한 신고는 일정한 법률사실 또는 법률관계에 관하여 관계행정청에 일방적으로 통고를 하는 것을 뜻하는 것으로서 법에 별도의 규정이 있거나 다른 특별한 사정이 없는 한 행정청에 대한 통고로서 그치는 것이고 그에 대한 행정청의 반사적 결정을 기다릴 필요가 없는 것이므로, 체육시설의설치·이용에관한법률 제18조에 의한 변경신고서는 그 신고 자체가 위법하거나 그 신고에 무효사유가 없는 한 이것이 도지사에게 제출하여 접수된 때에 신고가 있었다고 볼 것이고, 도지사의 수리행위가 있어야만 신고가 있었다고 볼 것은 아니다."[20]라고 하여 수리를 요하지 않는 신고의 경우에는 행정청의 수리가 아무런 법적인 의미가 없음을 분명히 한 바 있었다.

(2) 수리를 요하는 신고에 관한 판례(신고거부의 처분성 인정)

한편 위 사건들의 경우와는 달리 대법원은 법률의 규정취지가 행정청으로 하여금 수리를 하도록 요구하고 있는 경우를 '신고를 요하는 수리'로 구분하고 있다. 즉 대법원은 수산업법상 어업신고에 관하여 "어업의 신고에 관하여 유효기간을 설정하면서 그 기산점을 '수리한 날'로 규정하고, 나아가 필요한 경우에는 그 유효기간을 단축할 수 있도록 까지 하고 있는 수산업법 제44조 제2항의 규정 취지 및 어업의 신고를 한 자가 공익상 필요에 의하여 한 행정청의 조치에 위반한 경우에 어업의 신고를 수리한 때에 교부한 어업신고필증을 회수하도록 하고 있는 구 수산업법시행령(1996. 12. 31. 대통령령 제15241호로 개정되기 전의 것) 제33조 제1항의 규정 취지에 비추어 보면, 수산업법 제44조 소정의 어업의 신고는 행정청의 수리에 의하여 비로소 그 효과가 발생하는 이른바 '수리를 요하는 신고'라고 할 것이고, (…)"[21]라고 하고 있는 것이다.

나아가 대법원은 신고에 관한 규정이 구체적인 권리의무에 직접적인 영향을 미치는 경우에는 신고에 대한 행정청의 별도의 수리행위가 있어야 한다고 판시하고 있다.

예컨대 건축주명의변경신고 수리거부처분 취소소송에서 대법원은 "건축주명의변경신고에 관한 건축법시행규칙 제3조의2의 규정은 단순히 행정관청의 사무집행의 편의를

---

19) 대판 1999.10.22, 98두18435.
20) 대판 1993.7.6, 93마635.
21) 대판 2000.5.26, 99다37382.

위한 것에 지나지 않는 것이 아니라, 허가대상건축물의 양수인에게 건축주의 명의변경을 신고할 수 있는 공법상의 권리를 인정함과 아울러 행정관청에게는 그 신고를 수리할 의무를 지게 한 것으로 봄이 상당하므로, 허가대상건축물의 양수인이 위 규칙에 규정되어 있는 형식적 요건을 갖추어 시장, 군수에게 적법하게 건축주의 명의변경을 신고한 때에는 시장, 군수는 그 신고를 수리하여야지 실체적인 이유를 내세워 그 신고의 수리를 거부할 수는 없다."라고 하면서 "건축주명의변경신고수리거부행위는 행정청이 허가대상건축물 양수인의 건축주명의변경신고라는 구체적인 사실에 관한 법집행으로서 그 신고를 수리하여야 할 법령상의 의무를 지고 있음에도 불구하고 그 신고의 수리를 거부함으로써, 양수인이 건축공사를 계속하기 위하여 또는 건축공사를 완료한 후 자신의 명의로 소유권보존등기를 하기 위하여 가지는 구체적인 법적 이익을 침해하는 결과가 되었다고 할 것이므로, 비록 건축허가가 대물적 허가로서 그 허가의 효과가 허가대상건축물에 대한 권리변동에 수반하여 이전된다고 하더라도, 양수인의 권리의무에 직접 영향을 미치는 것으로서 취소소송의 대상이 되는 처분이라고 하지 않을 수 없다."[22]라고 판결하였다. 이 판결에서 주목하여야 할 점은, 대법원이 신고에 대한 '수리'라는 개념을 인정한 것은, ─여러 학자들에 의하여 일치된 견해 없이 논란이 지속되고 있는─ 신고요건심사의 밀도, 즉 행정청은 신고에 대하여 형식적 심사만 하는가 아니면 실질적 심사도 할 수 있는가와 같은 이유에서가 아니라는 점이다. 오히려 대법원은 '처분'이라는 개념에 대한 해석에 집중하고 있다. 즉 관련 법령에서 신고를 규정하고 있는 경우에 이러한 신고를 통하여 당사자에게 신고의무를 넘어 구체적인 '신고권'이라는 권리를 인정할 수 있는가, 그리고 나아가 이러한 신고 및 신고수리거부가 구체적인 권리의무관계에 직접 영향을 미치는가 하는 관점에서 신고에 수리를 요하는지를 구분하고 있는 것이다.

대법원은 구 식품위생법상의 영업자지위승계신고와 관련하여서도 "구 식품위생법 (1997. 12. 13. 법률 제5453호로 개정되기 전의 것) 제25조 제1항, 제3항에 의하여 영업양도에 따른 지위승계신고를 수리하는 허가관청의 행위는, 단순히 양도·양수인 사이에 이미 발생한 사법상의 사업양도의 법률효과에 의하여 양수인이 그 영업을 승계하였다는 사실의 신고를 접수하는 행위에 그치는 것이 아니라, 실질에 있어서 양도자의 사업허가를 취소함과 아울러 양수자에게 적법히 사업을 할 수 있는 권리를 설정하여 주는 행위로서 사업허가자의 변경이라는 법률효과를 발생시키는 행위라고 할 것이고, (⋯)"[23]라

---

22) 대판 1992.3.31, 91누4911.
23) 대판 2001.2.9, 2000도2050.

고 하여 수리를 요하는 신고에 있어서 수리는 구체적인 권리를 설정해 주는 경우라고 분명하게 판시하고 있다.

3) 비판적 견해

이상의 판례의 입장을 간략히 정리해 보면, 수리를 요하지 않는 신고의 경우에는 요건을 갖추어 신고한 경우에는 신고를 수리하지 아니하였더라도 신고가 있었다고 보아야 하므로 수리가 필요하지 않지만, 수리를 요하는 경우에는 －허가와 동일한 논리로－ 행정청은 사인의 신고에 대하여 요건심사를 통하여 수리 여부를 판단하여야 한다는 점이 핵심이다.

이와 같은 판례의 입장에 대해서는 수리를 요하지 않는 신고의 경우에도, 비록 요건구비 여부에 대한 심사가 형식적이라 할지라도 요건의 하자는 있을 수 있으므로, 당연히 요건미비를 이유로 수리를 반려할 수 있다고 보아야 하며 이를 다툴 수 있어야 한다는 반론이 있다.[24] 예컨대 체육시설의 설치·이용에 관한 법률 제10조 제1항은 등록체육시설업과 신고체육시설업을 구분하고 있는데, 신고체육시설업을 하고자 하는 자는 제20조에 따라 신고를 하여야 하고 신고 없이 영업한 경우는 제38조에 의하여 벌칙을 받게 된다. 여기서 이 법률의 규정취지상 신고체육시설업은 수리를 요하지 않는 신고의 대상이라 할 것인데, 이때 판례에 의하면 당사자의 신고가 행정청에 의하여 거부된 경우에는 신고가 없었던 것이 되어 벌칙을 받게 될 것이다. 이 경우 사인은 무신고 영업으로 인한 벌칙보다는 신고의 적법성 여부를 다툴 수 있는 기회를 가지는 것이 의미 있다는 것이다. 이러한 의미에서 모든 신고에 대해서 수리의 개념을 인정하는 것이 보다 합리적인 신고의 법리라는 것이다.[25]

이와 같은 비판은 더 일찍부터 제기되어 왔다. 즉 행정절차법 제40조는 일정한 요건을 갖추어 신고를 하도록 규정하면서, 요건을 갖추지 못한 신고에 대해서 행정청은 보완요구를 할 수 있고, 이를 보완하지 못하면 신고서를 되돌려 보내도록 규정하고 있는데, 이와 같은 규정에 비추어보더라도 신고에 있어서 수리 개념을 인정하지 않는 것은 행정절차법 규정을 무시한 것이라는 것이다.[26] 이 견해 역시 수리라고 하는 개념을 단지 접수하는 데 그치지 않고 처리까지를 포함하는 개념이라고 보면서, 이러한 의미에서 수리를 요하는 신고와 수리를 요하지 않는 신고로 구분하는 것은 적당치 않고 따

---

24) 김명길, 전게논문, 신고의 법리, 484면.
25) 김명길, 상게논문, 484면 이하.
26) 김중권, 전게논문, 건축법상 건축신고의 문제점에 관한 소고, 160면.

라서 모든 신고에는 수리를 요한다고 보아야 한다고 한다. 그렇기 때문에 만약 행정청의 수리행위를 통하여 비로소 금지가 해제된다고 한다면 이는 신고제의 본래의 모습에서 벗어나 결국 여기에는 허가유부보 금지가 전제된 것과 다르지 않다는 것이다.[27] 이 견해는 나아가 행정청의 절차행위에 불과한 수리와는 달리, 수리거부는 법적 효과(예방적 금지의 해제)의 발생을 직접적으로 저지한다는 점에서 법적 행위이고, 따라서 수리를 요하지 않는 신고의 경우에도 허가에 대한 거부처분과 마찬가지로 행정행위의 성질을 가진다고 보아야 한다고 한다. 허가유부보 예방적 금지의 경우에 허가거부가 예방적 금지를 종국화시키는 것처럼, 신고유부보 예방적 금지에서의 신고의 수리거부도 예방적 금지를 종국화시킨다는 의미에서 일정의 금지하명에 해당하고, 따라서 이에 대해서는 당연히 취소소송을 제기할 수 있다는 것이다.[28]

한편 수리를 요하지 않는 신고의 개념을 인정하고 이에 대한 통설 및 판례의 입장을 받아들이면서도, 이와 같은 신고 가운데 건축신고와 같이 금지해제적 신고의 경우에는 신고인의 보호를 위하여 수리거부를 처분으로 보아야 한다는 견해도 있다. 수리거부를 취소함으로서 형사처벌을 받을 위험성을 제거할 이익이 있기 때문이라는 것이다.[29] 이 견해에 의하면 수리를 요하지 않는 신고(자체완성적 신고)에 대한 거부가 항상 처분성을 가지는 것이 아니어서 어떤 경우에 처분성을 인정할 수 있는지 논리적으로 혼란스러운 점이 있다.

2. 양자를 구별하는 경우에 있어서의 구별기준

이미 살펴본 바와 같이, 수리를 요하지 않는 신고와 수리를 요하는 신고의 구별 필요성에 관하여 논란은 있지만, 현재로서 다수의 학설과 판례는 이를 구분하고 있다.

대부분의 학설은 어떠한 기준으로 양자가 구별되는지 언급하고 있는 경우는 거의 없는데, 판례의 경우는, 위에서 본 바와 같이, 법령해석을 통하여 법률에 '수리'에 관한 명문의 규정이 있거나 또는 법령으로부터 수리라는 개념을 도출해 낼 수 있는 경우를 기준으로 하거나, 또는 항고소송의 대상이 되는 행정처분의 개념, 즉 처분성의 관점으로부터 '특정사항에 대하여 법규에 의한 권리의 설정 또는 의무의 부담을 명하거나 기타 법률상 효과를 발생하게 하는 등 국민의 권리의무에 직접 관계가 있는 행위'로서의 성질을 인정할 수 있는가 하는 점을 기준으로 하고 있다. 이와 같이 판례에 나타난 양

27) 김중권, 상계논문, 161면 이하.
28) 김중권, 상계논문, 162면 이하.
29) 박균성, 전계서, 107면 이하.

자의 구별기준은 법규정의 문리적 해석이나 항고소송의 대상으로서의 처분성이라는 측면에서만 접근하고 있다고 여겨진다. 그런데 신고에 있어 양자를 구별하여야 하는 경우에, 어떠한 경우가 수리를 요하지 않는 경우이고 어떤 경우가 수리를 요하는 경우인가 하는 문제는 법령의 규정에 대한 해석에만 의존할 문제는 아니라고 판단된다. 오히려 이 문제는 법령 해석 이전의 입법정책적 관점에서 판단되어야 할 문제라고 생각된다. 다시 말해서 수리를 요하지 않는 신고와 등록·허가 이외에 왜 수리를 요하는 신고라는 개념을 인정하여야할 필요가 있는가 하는 관점에서 보면, 결국 이 문제는 규제의 정도에서 그 기준을 찾아야 하는 것이다. 따라서 수리를 요하는 신고는 신고를 함으로써 신고의무가 이행되는 신고보다는 규제의 정도가 강하면서 허가보다는 규제의 정도가 약한 경우를 말하는 것으로서 법률의 규정취지도 이와 같은 규제목적 및 정도라는 관점에서 해석되어야 하는 것이다.

이러한 관점에서 일설은 양자의 구별은 당해 법령의 목적과 당해 법령에서 나타나고 있는 관련 조문에 대한 합리적이고 유기적인 해석을 통하여 양자를 구별하여야 한다는 점을 전제로 수리를 요하지 않는 신고는 규제의 정도가 완화된 경우에 해당하므로 사회질서나 공공복리에 미치는 영향력이 적은 행위 내지 직접적으로 행정목적을 침해하는 것이 아닌 행위 등이 원칙적으로 이에 해당한다고 주장하는 것이다.[30]

한편 일정한 활동의 개시와 관련하여 신고할 때까지 그 활동을 형식적으로 금지하고 있는 것인가의 여부에 따라 신고유보부 금지를 하고 있는 경우와 단순한 신고의무만을 부과하고 있는 경우로 나누어 볼 수도 있을 것이다.[31] 이와 같이 신고가 접수될 때까지는 당해 신고대상인 행위를 금지할 필요가 있는 경우인가 하는 것도 수리를 필요로 하는지의 여부를 판정하는 기준이 될 수 있을 것이다.

3. 신고거부행위의 처분성에 대한 사견

수리를 요하지 않는 신고와 요하는 신고를 구별할 필요가 있는 경우, 수리를 요하지 않는 경우와 요하는 경우의 '구별기준'은 무엇이 되어야 할 것인가 하는 것은 상당히 중요한 문제이다. 학설 및 판례에 의하면 수리를 요하지 않는 신고의 경우 이러한 신고의 거부행위에 처분성이 인정되지 않기 때문이다. 우선 구별기준의 문제는 수리를 요하는 신고와 허가의 구분필요성과도 매우 밀접한 관련을 가지므로, 이에 대해서는

---

30) 김명길, 전게논문, 신고의 법리, 474면.
31) 김중권, 전게논문, 건축법상 건축신고의 문제점에 관한 소고, 151면 이하 참조.

아래에서 상론하기로 하고 여기에서 논의를 생략하기로 한다.

종래 수리를 요하는 신고의 경우 수리거부는 처분성이 인정된다고 보는 데 이견이 없으나, 수리를 요하지 않는 신고의 경우 신고의 거부나 반려가 처분인가 하는 것이 문제되고 있으므로, 여기서는 수리를 요하지 않는 신고에서 신고거부행위의 처분성 문제에 집중하기로 한다.

먼저 수리를 요하는 경우나 요하지 않는 경우 모두 신고요건을 갖추고 있는가를 심사한다는 점에서는 공통된다고 생각된다. 즉 수리를 요하지 않는 단순신고의 경우에도 신고요건에 관한 형식적인 심사는 이루어져야 하는 것이다. 이러한 의미에서 결론적으로는 어떠한 신고든 간에 수리라는 개념은 존재하는 것으로 보아야 하는 것 아닌가 생각된다.[32]

현재로서는 수리를 요하지 않는 경우와 요하는 경우를 구분하고 있으므로, 이와 같이 양자를 구분하는 한, 효력발생이라는 측면에서, 즉 수리를 요하는 신고의 경우 수리가 있어야 효력이 발생하고, 수리를 요하지 않는 신고의 경우는 수리가 없어도 신고함으로써 효력이 발생하는 차이가 있다. 이러한 점에서는 수리라는 개념으로 신고의 종류를 구분할 실익이 있다고 여겨지기도 할 것이다. 그러나 요건심사의 관점에서 보면, 모두 심사를 하는데 이를 수리를 요하는지의 여부와 결부하여 이론을 구성하는 것이 과연 합리적인지 의문이다.

만약 신고거부행위의 처분성이 인정된다고 한다면, 이러한 구분에 관한 논의나 그 실익은 사실상 크게 반감될 것이다. 신고의 수리거부에 있어서 논쟁의 핵심을 '신고의 적법성'에서 찾고 있는 견해도 있는데,[33] 즉 신고가 적법하면 이를 거부하는 행위는 사실행위에 불과하고, 부적법한 신고의 경우는 신고의 법적 효과가 발생하지 않아 무신고에 해당한다는 것이다. 그러나 이 견해가 아울러 주장하고 있듯이, 당사자는 신고가 적법하다고 주장하고 행정청은 부적법하다고 하는 경우 이의 거부라는 행정청의 행위를 다툴 수 있어야 할 것이다. 즉 신고의 적법성 여부는 이를 다투어봐야 알 수 있는 것으로, 행정청의 판단에 따라 부적법한 신고이므로 무신고영업이라고 할 수는 없는 것이다. 이에 따라 행정청이 신고를 인정하지 않으면, 이러한 거부행위를 다툴 수 있어야 하는 것이다.

신고의 거부행위가 처분성을 가져야하는 논거는 다음과 같다. 수리를 요하지 않는 신고의 경우 신고함으로써 신고의무를 이행하는 것이 된다. 즉 신고의무에 따른 신고

---

32) 동지 김중권, 상게논문, 160면 이하; 김명길, 전게논문, 신고의 법리, 478면 이하.
33) 김명길, 상게논문, 478면.

를 하는 경우이다. 일반적으로 이러한 신고는 행정청이 접수를 거부하였다 하여도 신고는 이미 도달함으로써 법적 효과를 발생하기 때문에 접수의 거부는 사실행위로서 법적인 의미를 가지지 못한다고 설명하고 있다. 그러나 신고의 거부는 구체적 법집행행위로서의 공권력 행사의 거부에 해당된다고 보는 것이 타당하다. 일부에서는 행정절차법상의 보완요구를 들어 이러한 행위의 처분성을 인정할 수 있는지 회의적으로 보는 견해[34]도 있으나, 문제는 행정절차법이 정한 바에 따른 보완요구도 구체적 법집행행위이고, 나아가 동법에서 보완요구를 이행하지 않는 경우 행정청이 신고서를 반려하도록 규정함으로써 이에 따라 신고를 반려하는 경우도 법집행행위인 것이다. 이와 같이 행정청이 법률이 정한 요건을 판단하고 법을 집행한 행위에 대해서는 원칙적으로 이러한 요건판단이 적법한 것인지 법원의 심사가 가능하여야 한다.

요컨대, 신고에 관한 규정을 구체적인 신고사건에 적용한 결과 법이 정한 신고의무 있는 신고가 이행되지 않았다는 행정청의 판단에 따라 신고를 받아주지 않는 경우, 행정쟁송법상 처분의 개념적 징표로서의 '구체적 사건', '법적 규율', '공권력행사'가 모두 존재하므로, 이러한 거부행위는 처분성이 인정되어야 하는 것이다. 수리라는 개념이 없으므로 수리처분이 없다는 주장은 신고의 기본적인 법적 성격을 외면한 지극히 개념적인 형식논리에 불과하다고 생각된다.

이렇게 볼 때, 신고 또는 수리거부의 처분성 인정 여부는, 수리를 요하는 경우와 그렇지 않은 경우를 구분하는 기준이 될 수 없다고 판단된다. 적어도 이러한 신고거부행위의 처분성의 측면에서 본다면 양자의 구분은 의미가 없다는 것이다. 이와 같이 신고거부행위의 처분성이 인정되어야 한다는 관점에서 본다면, 모든 신고는 신고의 종류에 관계없이 모든 신고행위에 수리라는 개념이 존재한다고 하는 것이 신고의 본래적 의미에서 보더라도 합리적이고 또한 종래와 같이 신고를 구분함으로써 생기게 되는 이론적인 혼란을 불식시킬 수 있으며, 나아가 신고가 거부된 당사자의 권리구제에도 기여하게 될 것이다.

IV. 수리를 요하는 신고와 허가 등과의 구별 문제

종래의 견해는 신고를 수리를 요하지 않는 경우와 요하는 경우를 구분하고, 후자의 경우에는 신고에 대한 수리가 있어야 신고의 법적 효과가 발생하게 된다고 설명하고

---

34) 김세규, 전게논문, 59면.

있다. 이와 같은 수리를 요하는 신고에 대해서는 신고의 수리가 허가와 다르다는 견해
와 같다는 견해가 대립하고 있다. 이하에서는 허가와의 구별에 관한 기존의 논의와 판
례의 입장을 정리하면서 이에 관련된 문제를 검토하기로 한다.

1. 구별에 관한 논의

1) 구별을 긍정하는 견해

이 견해는 수리를 요하는 신고는 허가제에서의 허가와 구별되어야 한다는 입장이
다. 그 논거로는 수리의 경우에는 요건에 대한 형식적 심사만 거치지만, 허가의 경우에
는 형식적 심사 외에 실질적 심사도 거쳐야 하기 때문이라는 점을 들고 있다.[35] 특히
이 견해는 헌법 제21조가 언론·출판에 대한 허가나 검열을 금지하고 있다는 점을 들
어 수리를 요하는 신고와 허가는 구분되어야 한다는 것이다.

2) 구별을 부인하는 견해

이 견해는 수리를 요하는 신고는 실질적으로 허가와 같은 성질을 가지고 있으므로
허가와 구별할 실익이 없다는 견해이다. 즉 수리를 요하는 신고에서의 수리는 실질적
으로는 당사자의 신청을 받아 이에 따라 행정청이 당사자 행위의 가부 여부를 결정하
게 되는 구조를 취하고 있어서 행정청의 허가행위로서의 성질을 가진다는 것이다.[36]
최근의 규제완화정책에 따라 종래의 허가사항이 다수 신고사항으로 전환되었지만, 종래
의 허가요건이 그대로 신고요건으로 남아 있는 경우도 없지 않고, 이러한 경우 사인의
신고가 관계법상의 신고요건을 충족하지 않는 경우에는 행정청이 당해 신고의 수리를
거부하고 있는데, 이 경우의 신고제는 실질적으로는 완화된 허가제와 같은 의미를 갖
는다는 견해[37]도 이에 속한다. 그 밖에도 대체로 신고가 인허가나 등록에서의 신청과
같은 성질을 지니는 경우가 수리를 요하는 신고에 해당한다는 견해,[38] 실무상 수리를
요하는 신고와 허가가 큰 차이 없이 다루어지고 있다는 견해[39]도 구별을 부인하는 견
해에 속한다고 할 수 있다.

---

35) 홍정선, 전게서, 181면 이하.
36) 류지태 / 박종수, 전게서, 130면.
37) 김동희, 전게서, 123면 이하.
38) 김남진 / 김연태, 전게서, 129면.
39) 정하중, 전게서, 117면.

특히 신고제의 본질과 관련하여 구별을 부인하는 견해도 있다. 이 견해는 신고의 법리에 관한 각종 논란의 원인은 수리를 요하지 않는 신고와 수리를 요하는 신고를 구분하는 데에서 비롯된다고 보면서, 신고제의 본질은 행정청의 수리에 좌우되지 않는 것이라는 점에서 볼 때, 금지해제의 효과가 수리에 의하여 비로소 발생하게 되는 경우에는 이 수리의 실질은 허가에 해당한다고 주장하고 있다. 이러한 점에서 −일설[40])에서 수리를 요하는 신고제와 동일시하고 있는− 등록제 또한 허가제와 본질적으로 다르지 않다고 한다.[41])

나아가 수리를 요하는 신고에 대하여는 형식적 요건심사만이 가능하다는 구별긍정론에 대하여 요건심사가 형식적인 심사인지 실질적인 심사인지는 관계법령의 해석·적용의 문제이며 수리를 요하는 신고에서의 요건이란 관계법령이 정함에 따라서 달라질 수 있다는 점, 그리고 수리를 요하는 신고의 경우 형식적인 요건 이외에 실질적인 요건을 신고의 요건으로 하고 있는 경우가 적지 않다는 점[42])에서 구별긍정론에 비판적인 입장을 보이는 견해도 있다.[43]) 이 견해는 허가나 등록 모두 허가 또는 수리가 있어야 비로소 관계법령이 정하는 효력이 발생하게 된다는 점, 수리를 요하는 신고에서의 신고는 인허가나 등록에서의 신청과 같은 성질을 지니고 있다는 점에서도 수리를 요하는 신고와 허가를 구별해야할 실익이 없다고 본다.

3) 판례의 입장

이미 살펴본 바와 같이, 대법원 판례는 신고와 관련된 법규정에 규정상 또는 해석상 수리를 요하는지의 여부가 분명한지에 따라 수리를 요하지 않는 경우와 수리를 요하는 경우로 구분하고 있다. 여기에 덧붙여 신고에 관한 규정이 구체적인 권리의무관계에 직접적인 영향을 미치는가에 따라 수리 또는 수리거부행위의 처분성을 인정하고 있다. 이러한 판례의 입장에 대해서는 이미 위에서 모든 신고의 거부는 행정쟁송법상

---

40) 홍정선, 전게서, 190면.
41) 김중권, 전게논문, 건축법상의 건축신고의 문제점에 관한 소고, 163면; 동인, 전게논문, 행정법상의 신고의 법도그마적 위상에 관한 소고, 33면, 34면.
42) 이 점에 관하여, 수리를 요하는 신고의 경우 개별법의 규정에 따라 차이가 있을 수 있으나 형식적 심사뿐 아니라 실질적 심사도 같이 이루어지는 것이 일반적이라는 견해(정하중, 전게서, 116면 이하), 수리를 요하는 신고에서 신고를 접수한 행정청은 형식적 요건 외에 적법성·합목적성 등 실질적인 심사를 거쳐 수리 여부의 의사표시를 하게 된다는 견해(류지태/박종수, 전게서 130면)도 같은 입장이라고 판단된다.
43) 김명길, 전게논문, 신고의 법리, 472면, 475면. 김중권, 상게논문, 행정법상의 신고의 법도그마적 위상에 관한 소고, 34면도 법규정상의 심사요건이 형식적 측면을 담고 있는지 아니면 실질적 측면을 담고 있는지 여부에 따라 그 요건에 대한 심사가 형식적 성격인지 아니면 실질적 성격인지 가늠되는 것이라고 하여 같은 입장을 보이고 있다.

의 처분개념에 해당한다는 점에서 판례에 문제가 있음을 지적하였다.

한편 대법원은 수리를 요하는 신고와 허가를 명확히 구분한다거나 또는 신고에 있어서는 형식적 요건만 심사한다는 취지의 판결을 한 바 있는 것은 아닌 것으로 보인다. 이른바 수리를 요하는 신고와 관련하여 종래 대법원은 단지 '관련 법령에서 정한 신고요건 이외의 다른 사유를 들어 신고수리를 거부할 수 없다.'라는 취지의 판결을 하고 있다.44) 이와 같은 판례들이 대법원 판례의 일반적이고 원칙적인 입장인 것으로 보인다. 판례에서 신고요건심사와 관련하여 법이 정한 사유 이외의 사유를 들어 수리를 거부하지 못한다고 함은 수리를 요하는 신고의 경우도 허가의 경우와 같은 논리구조를 가지고 있음을 전제로 하고 있는 것이라고 판단된다.

다만 대법원은 이러한 원칙에 대한 예외를 인정하고 있는 경우도 있다. 즉 중대한 공익상의 필요 등이 존재하면 법이 정한 신고요건 이외에 이러한 요인들을 실질적으로 심사하여 수리를 거부할 수 있다고 판결하고 있는 것이다.45) 이러한 점에서 볼 때, 대

---

44) 【토지거래신고불수리처분취소】(대판 1997.8.29, 96누6646)
"토지거래신고가 국토이용관리법 제21조의7, 국토이용관리법시행령 제28조, 국토이용관리법시행규칙 제11조 소정의 형식적 요건을 모두 갖춘 것이라면 시장·군수·구청장은 일단 이를 수리하여야 하는 것이고, 만일 신고된 토지의 이용목적이 국토이용계획이나 자연환경보전 등의 공익적 기준에 적합하지 아니하다고 판단되거나 신고된 토지가 공익사업용 토지에 해당하여 국가 등이 매수를 원하는 경우이면 국토이용관리법 제21조의8, 제21조의14의 규정이 정하는 바에 따라 토지거래계약체결의 중지 등을 권고하거나 선매자를 지정하여 당해 토지를 협의매수하도록 알선을 할 수 있을 뿐이지, 위와 같이 공익적 기준에 적합하지 않는다는 등의 실체적 사유를 들어 토지거래신고의 수리 자체를 거부할 수 없다."
【주민등록전입신고수리거부처분취소】(대판 2009.6.18, 2008두10997 전원합의체 판결)
"주민들의 거주지 이동에 따른 주민등록전입신고에 대하여 행정청이 이를 심사하여 그 수리를 거부할 수는 있다고 하더라도, 그러한 행위는 자칫 헌법상 보장된 국민의 거주·이전의 자유를 침해하는 결과를 가져올 수도 있으므로, 시장·군수 또는 구청장의 주민등록전입신고 수리 여부에 대한 심사는 주민등록법의 입법 목적의 범위 내에서 제한적으로 이루어져야 한다. 한편, 주민등록법의 입법 목적에 관한 제1조 및 주민등록 대상자에 관한 제6조의 규정을 고려해 보면, 전입신고를 받은 시장·군수 또는 구청장의 심사 대상은 전입신고자가 30일 이상 생활의 근거로 거주할 목적으로 거주지를 옮기는지 여부만으로 제한된다고 보아야 한다. 따라서 전입신고자가 거주의 목적 이외에 다른 이해관계에 관한 의도를 가지고 있는지 여부, 무허가 건축물의 관리, 전입신고를 수리함으로써 당해 지방자치단체에 미치는 영향 등과 같은 사유는 주민등록법이 아닌 다른 법률에 의하여 규율되어야 하고, 주민등록전입신고의 수리 여부를 심사하는 단계에서는 고려 대상이 될 수 없다."
45) 【석유판매업등록거부처분취소】(대판 1998.9.25, 98두7503)
"주유소등록신청을 받은 행정청은 주유소설치등록신청이 석유사업법, 같은법시행령, 혹은 위 시행령의 위임을 받은 시·지사의 고시 등 관계 법규에 정하는 제한에 배치되지 않고, 그 신청이 법정등록 요건에 합치되는 경우에는 특별한 사정이 없는 한 이를 수리하여야 하고, 관계 법령에서 정하는 제한사유 이외의 사유를 들어 등록을 거부할 수는 없는 것이나, 심사결과 관계 법령상의 제한 이외의 중대한 공익상 필요가 있는 경우에는 그 수리를 거부할 수 있다."
【노인주거복지시설설치신고반려처분취소】(대판 2007.1.11, 2006두14537)
"구 노인복지법(2005. 3. 31. 법률 제7452호로 개정되기 전의 것)의 목적과 노인주거복지시설의 설치에 관한 법령의 각 규정들 및 노인복지시설에 대하여 각종 보조와 혜택이 주어지는 점 등을 종합하여 보면, 노

법원은 수리를 요하는 신고의 경우 형식적 심사만 가능하다는 것을 원칙을 삼고 있지만, 경우에 따라서는 실질적 심사도 가능하다고 보고 있다고 할 수 있다.

2. 학설 및 판례에 대한 검토

이상에서 살펴 본 대법원 판례의 입장을 보면, 판례는 일부 학자들이 주장하고 있는 요건에 대한 형식적, 실질적 심사 여부에 따라 수리를 요하지 않는 신고와 수리를 요하는 신고, 또는 수리를 요하는 신고와 허가를 구별하는 것은 아니라고 생각된다. 이를 부연하여 설명하면 다음과 같다.

일부 학자들은 수리를 요하는 신고와 수리를 요하는 신고를 구분하면서, 전자의 경우는 신고요건이 형식적 요건만 경우이고, 후자의 경우는 신고요건이 형식적 요건 이외에도 실질적 요건도 포함하는 경우로서, 특히 후자의 경우에는 신고로 인허가가 의제되거나 신고의 수리로 구체적인 법적 효과가 발생하는 경우도 포함된다고 설명하거나,[46] 전자를 신고요건으로 형식적 요건만을 요구하는 경우로, 후자를 형식적 요건 외에 실질적 요건도 함께 요구하는 경우[47]로 설명하기도 한다.

일부 견해는 수리를 요하는 신고에서의 수리와 허가제에서의 허가를 구분하면, 수리의 경우에는 요건에 대한 형식적 심사만을 거치지만, 허가의 경우에는 형식적 심사 외에 실질적 심사도 거쳐야 한다[48]고 설명하기도 한다.

그런데 이미 검토한 대법원 판례들을 보면, 신고에 대한 수리에 관하여 명확한 규정이 없다고 판단되는 경우에는 이를 수리를 요하지 않는 신고로 본다든지, 또는 신고와 관련하여 법이 정한 신고요건을 구비하였는지 심사함에 있어서 중대한 공익상의 필요가 있는 경우를 제외하고는 법이 정한 신고사유 이외의 다른 사유를 들어 신고를 거부할 수 없다고 판시하고 있다. 따라서 이와 같은 판례의 입장에서 보면, 자체완성적 신고와 행위요건적 신고의 구분특성 또는 수리와 허가의 구분특성으로 신고요건에 대

인복지시설을 건축한다는 이유로 건축부지 취득에 관한 조세를 감면받고 일반 공동주택에 비하여 완화된 부대시설 설치기준을 적용받아 건축허가를 받은 자로서는 당연히 그 노인복지시설에 관한 설치신고 당시에도 당해 시설이 노인복지시설로 운영될 수 있도록 조치하여야 할 의무가 있고, 따라서 같은 법 제33조 제2항에 의한 유료노인복지주택의 설치신고를 받은 행정관청으로서는 그 유료노인복지주택의 시설 및 운영기준이 위 법령에 부합하는지와 아울러 그 유료노인복지주택이 적법한 입소대상자에게 분양되었는지와 설치신고 당시 부적격자들이 입소하고 있지는 않은지 여부까지 심사하여 그 신고의 수리 여부를 결정할 수 있다.”
46) 박균성, 전게서, 108면 이하.
47) 정하중, 전게서, 114면.
48) 홍정선, 전게서, 192면.

한 형식적, 실질적 심사 여부를 드는 것은 타당하다고 여겨지지 않는다.

생각건대, 이미 언급한 바와 같이, 그동안 정부의 규제완화 정책으로 종래 법령상의 허가사항이 신고사항으로 전환된 경우가 많았다. 그러면서 법령에서는 다양·다종의 신고라는 용어가 사용되고 있는 것이다. 문제는, 예컨대 식품위생법상의 영업신고와 영업허가는, 최소한 이론적으로는 그 금지의 해제에 있어서 규제 정도의 차이가 있기 때문에 구분되고 있는 것임에도 불구하고, 실무적으로 영업신고와 영업허가에 있어서 그 요건심사에 있어 양자가 거의 구별되지 않고 있는 것이 현실이다. 그럼에도 불구하고 수리를 요하지 않는 신고와 수리를 요하는 신고를 구별하는 것이 필요한가 의문이다. 이를 설명하기 위해서는 신고에 있어 수리를 요하지 않는 경우와 요하는 경우의 '기준', 수리를 요하는 신고와 허가의 '구분기준'은 무엇이 되어야 할 것인가 하는 문제를 검토해 볼 필요가 있다.

이 문제는 결국 무엇을 위한 규제이고 무엇을 위한 규제완화인가 하는 것에서 출발하여야 한다. 결론적으로 말하자면, 이 물음에 대한 해답은 '공익보호'와 '기본권실현'의 조화에서 찾아야 한다고 할 수 있다. 즉 공익에 대한 장해요인이 강하면 강할수록 규제가 강해지고, 개인의 기본권실현의 의미가 강하면 강할수록 규제가 완화되어야 한다는 것이다.

먼저 신고에 있어서 수리를 요하는가의 여부는 '금지'에서 찾아야 한다. 즉 금지의 실익이 존재하는가 하는 것이 기준이 될 수 있을 것이다. 이때 금지 실익의 존재 여부의 판단에는 '금지에 대한 관련 공사익'이 종합적으로 고려되어야 할 것이다. 굳이 금지시킬 필요가 없다고 판단되는 경우에는 사인으로 하여금 단순하게 신고만 하게 하면 될 것이다. 이 경우 신고를 게을리 한 경우에는 행정질서문란행위로서 과태료 부과의 대상이 되면 될 것이다. 그러나 반드시 금지시킬 필요가 있는 경우에는 신고에 대하여 수리라는 통제가 필요하다. 이 경우 신고를 안 하면, 금지라는 행정목적을 달성하기 위해서 행정형벌이나 행정강제의 대상이 되어야 할 것이다.

그 다음으로, 허가와 수리를 요하는 신고에 대한 구분의 경우에는 규제완화라는 측면에서 허가로 규제하는 것과 신고로 규제를 완화하는 것에 실질적 차이가 존재하여야 할 것이다. 규제완화의 필요성은 공익적 요소보다 개인의 기본권실현의 의미가 더욱 큰 경우에 인정되어야 한다. 즉 건축의 자유나 영업의 자유와 같은 자연적 자유에 대한 실현이라는 이익이 이러한 행위를 상대적으로 금지시켜야 할 공익을 우월하게 능가하여야 하는 것이다. 반대로 이처럼 고양된 기본권실현 이익이 존재하지 않는 경우에는 규제를 완화해서는 안 될 것이다. 이러한 의미에서 보면, 수리를 요하는 신고는 완

화된 허가제라고 할 수 있다.[49]

　이상에서 살펴본 바를 종합해 보면, 금지의 실익이나 기본권실현을 위한 규제완화의 필요성이 존재할 때, 완화된 허가제로서의 '수리라는 행정의 통제를 요하는 신고'라는 개념이 존재하게 되는 것인데, 사실 이와 같은 완화된 허가로서의 신고가 필요한가 하는 것이 문제이다. 특히 허가와 수리를 요하는 신고의 경우에 규제에 있어서의 차이가 분명하지 않은 경우가 그러하다. 예컨대, 이미 언급했지만, 식품위생법의 경우 행정실무에서는 영업허가요건에 대한 심사나 영업신고요건에 대한 심사 정도에서 사실상 규제 정도의 차이가 거의 없다는 것이고, 그렇다면 실무적으로 규제 강도에서 서로 구분되지 않는 개념을 이론적으로 굳이 구분해야 할 이론체계상의 필연성도 없는 것이 아닌가 생각되는 것이다.

　나아가 다른 한편으로 더 생각해 보아야 할 점은, 만약 허가와 신고가 이론적으로는 물론 실무적으로도 규제강도에서 차이가 있다고 한다면, 과연 이러한 신고라는 규제완화 제도로 인하여 현실적으로 타인의 권리나 이익이 침해되는 사례가 오히려 증가하고 있는 것은 아닌지 고민할 필요도 있다. 실제로 신고 대상인 음식점 영업의 경우, 국민의 위생이나 음식점의 종류에 따라 이웃주민들의 생활권에 직접적인 영향을 미칠 수 있다는 점에서 개인의 영업의 자유의 실현이라는 측면보다는 국민의 생명·신체, 이웃주민의 생활권 등과 같은 중요한 공·사익의 보호가 더 큰 의미를 가지는 경우도 많다. 이러한 경우에는 오히려 이러한 공익적 관점에서 규제 수위를 더 높일 필요가 있는 것이다.

　이상의 관점에서 볼 때, 규제완화를 위하여 허가제를 신고제로 전환하는 것은, 종래 허가의 대상이 되었던 것을 신고만 하면 되는 것으로 하여 규제완화의 효과를 가져오는 것이어야 한다. 그런데 이를 통하여 법령상 신고의 대상인 경우에도 여전히 '금지'의 의미를 가지고 행정청의 '수리'라는 통제가 통과하여야 금지가 해제되는 신고라는 개념이 새로 탄생한 것으로 보고 이를 종래 신고만 하면 신고와는 구별되는 신고라고 이론구성하는 것이 의미가 있는지 의문이다. 다시 말해서 허가라고 하는 규제를 신고로 완화하려면, 이 완화된 신고에는 더 이상 '금지'의 요소 및 '다른 공익에 대한 위해'의 요소가 없어야 하는 것이다. 명칭만 신고일 뿐 이와 같은 금지의 필요에 따라 이를 '수리'라는 통제의 개념 하에 두는 것은 실제로는 신고의 본질과는 다른 '위장된 허가제'에 불과한 것이다. 굳이 이와 같은 신고제도가 필요하다면 이를 허가제로 환원하여 규제의 명목과 실질이 일치하도록 하고, 그렇지 않은 경우에는 '수리를 요하는 신고'라는 개념을 파기하고 신고를 종류의 구별 없이 종래와 같은 단일한 개념으로 정립하여

---

49) 동지 박균성, 전게논문, 30면; 김세규, 전게논문, 63면.

야 할 것이다.50)

3. 소결

이상에서 살펴본 바와 같이, 모든 신고에는 정도의 차이는 있을지언정 그 신고요건에 대한 심사가 불가피하다. 이와 같이 신고는 그 요건에 대한 심사를 동반한다는 보는 것이 신고의 의미에서 볼 때에도 합리적이라는 점에서, 결국 모든 신고에는 수리라는 개념이 필요하다고 생각한다. 아울러 종래 '수리를 요하는 신고'는 실제로 허가와 구분되기 어려운 점이 있으므로, 이 가운데 허가와 같이 금지의 필요가 있는 경우는 허가로 전환하여야 한다.

이렇게 되면, 수리를 요하는 신고라는 개념을 별도로 구성하여야 할 필요가 없게 되고, 또한 신고의 법리도 모든 신고는 수리를 함으로써 신고의 효과가 발생하는 것으로 이론을 단순화할 수 있으리라 생각한다. 이를 통해 신고가 받아들여지지 않는 경우, 종래 수리 개념을 동반하느냐에 따라 처분성의 인정이 좌우되었던 복잡한 이론이나 판례의 입장도 훨씬 수월하게 정리될 수 있을 것이라고 생각된다. 실제로 신고가 받아들여지지 않는 경우 이를 행정소송으로 다툴 수 없다면, 이러한 권리구제의 커다란 공백을 메꾸는 것이 바람직하다는 정책적인 관점에서도 현재의 이론은 수정될 필요가 있다고 생각한다.

V. 맺음말

종래 신고를 수리를 요하지 않는 신고와 수리를 요하는 신고의 구분하는 것이 일반적인 학설 및 판례의 입장이었다. 이러한 입장은 수리라는 개념이 인정되느냐에 따라 양자를 구분하고, 수리 개념이 필요 없는 신고의 경우 신고의 거부행위에 처분성을 인정하지 않았다. 과연 이와 같은 수리를 요하는 신고라는 개념이 필요한가 하는 문제에 대해서는 이러한 신고는 허가와는 구분되는 것이라 하여 구분 필요성을 인정하고 있다.

그런데 허가는 상대적 금지를 전제로 하고 있는 개념으로서 이는 금지의 필요성 때문에 인정되는 행정청의 규제행위이다. 그러나 신고는 사인이 행정청에 어떠한 행위를 알려주는 것이므로 여기에는 금지가 전제될 필요가 없다. 이와 같은 비교적 단순하고

---

50) 김세규, 상계논문, 64면 이하 참조.

명료한 이론적인 체계는, 규제의 정도가 허가보다 약하고 종래의 신고보다 강한 개념을 창설하고 이러한 중간영역을 '수리를 요하는 신고'라고 개념화함으로써 상당히 혼란스러운 상태가 되었다. 신고를 설명하는 이론들도 세부적으로는 설명의 내용이 서로 달라 신고의 법리에 대한 이해가 다원화되고 있다는 생각마저 들게 한다. 아무리 규제완화가 중요하다고 하지만, 허가절차를 간소화하는 등의 규제완화가 필요하면 이를 신고대상으로 정하고, 이 경우 법이 정한 일정한 행위를 행정청에 신고하면 의무가 이행되고, 그 요건상 문제가 없으면 행정청은 이를 수리함으로써 수리의 효과가 발생하도록 하면 될 것이다. 만약 사인의 신고만으로는 공익을 보호하기 어렵다면, 이 경우는 허가의 대상으로 남겨놓아야 한다.

이러한 점에서 모든 신고에는 수리라는 개념이 인정되는 것이 타당하고 합리적이다. 그리고 모든 신고는 종류의 구분 없이 통일되어야 한다. 수리를 요하는 신고의 경우 '금지'의 관점에서 금지가 여전히 필요하면 허가로, 필요 없으면 신고로 전환하면될 것이다. 이렇게 될 때, 논리적인 모순이나 이로 인한 사회적 혼동이 줄어들게 될 것이다.

참고문헌

김남진/김연태, 행정법 I, 제12판, 법문사, 2008.

김동희, 행정법 I, 제14판, 박영사, 2008.

류지태/박종수, 행정법신론, 제14판, 박영사, 2010.

박균성, 행정법론(상), 제9판, 박영사, 2010.

석종현/송동수, 일반행정법(상), 제12판(2009년판), 삼영사, 2009.

정하중, 행정법개론, 제4판, 법문사, 2010.

홍정선, 행정법원론(상), 제18판(2010년판)박영사, 2010.

장상윤, 규제개혁위원회 운영상의 문제점과 개선방안, 연세대학교 행정대학원 석사학위논문, 1999.

김명길, 신고의 법리, 공법학연구, 제7권 제1호, 한국비교공법학회, 2006. 2, 469면 이하.

_____, 신고의 유형에 관한 소고, 법학연구, 제47권 제1호(통권 제55호), 부산대학교 법학연구소, 2006. 8, 109면 이하.

_____, 신고의 종류와 처분성, 법제 통권 583호, 법제처, 2006.7, 19면 이하.

김세규, 행정법상의 신고에 관한 재론, 동아법학, 제33호, 동아대학교 법학연구소, 2003. 12, 53면 이하.

김중권, 건축법상 건축신고의 문제점에 관한 소고, 저스티스, 제34권 제3호(통권 제61호), 한국법학원, 2001. 6, 150면 이하.

_____, 행정법상의 신고의 법도그마적 위상에 관한 소고, 고시연구, 제29권 제2호(통권 제335호), 고시연구사, 2002. 2, 26면 이하.

박균성, 행정법상 신고, 고시연구, 제26권 제11호(통권 제308호), 고시연구사, 1999. 11, 24면 이하.

홍정선, 사인의 공법행위로서 신고의 법리 재검토, 고시계, 제46권 제4호(통권 제530호), 고시계사, 2001. 3, 15면 이하.

행정심판과 행정절차제도와의 조화방안*
- 특히 이의신청절차와 행정심판과의 조화방안 모색을 중심으로 -

김 남 철

I. 서론
II. 행정절차와 행정심판의 관계 개관
  1. 행정절차의 관념
  2. 행정절차와 행정심판의 관계에 관한 비교법적 검토
  3. 소결: 행정절차와 행정심판절차와의 통합 또는 연계 방안 모색의 필요
III. 행정심판에 영향을 미치는 행정절차제도 개관
  1. 처분절차
  2. 민원처리절차

3. 조정 등의 대체적 분쟁해결절차
4. 이의신청
IV. 이의신청과 행정심판과의 관계에 관한 일반론
  1. 이의신청과 행정심판과의 관계
  2. 이의신청 이후의 불복절차에 관한 입법례
V. 이의신청제도의 문제점과 개선방안
  1. 이의신청제도의 문제점
  2. 이의신청제도의 개선방안
VI. 결론

I. 서론

행정절차는 행정청이 의사결정을 하기 위하여 거치는 일련의 절차로서 넓은 의미로는 입법절차나 사법절차에 대응하는 행정청이 행하는 모든 절차를 말한다.[1] 행정절차는 민주국가원리, 법치국가원리를 실현하고 행정의 공정성과 투명성을 도모하며 법적 분쟁의 예방과 조정에 기여하는 기능을 한다.[2]

한편 넓은 의미에서의 행정절차는 일차적 행정결정을 기준으로 사전·사후절차를 모두 포함하지만, 좁은 의미로는 사전절차만을 의미한다. 행정심판절차도 넓은 의미에서는 행정절차에 포함되지만, 우리나라 행정절차법은 처분절차를 중심으로 하는 좁은 의미의 행정절차 개념을 채택하고 있으므로, 이 점에서 행정절차와 행정심판절차는 서로 구분되는 제도로 되어 있다. 또한 행정절차법 이외에 각 개별법에서도 다양한 사전적·사후적 행정절차에 관한 규정들을 두고 있는 경우들도 있는데, 이러한 절차들도 넓

---

* 이 글은 『부산대학교 법학연구』 제53권 제4호(통권 제74호)(2012. 11)에 수록된 논문임을 밝힙니다.
1) 홍준형/김성수/김유환, 행정절차법제정연구, 1996, 572면.
2) 예컨대, 김성수, 일반행정법, 제6판, 홍문사, 2012, 564면 이하 참조.

은 의미에서의 행정절차 개념에는 포함되지만 행정절차법상의 행정절차와는 구분되는 절차규정들이다.

그런데 이처럼 서로 다른 절차로 이해되고 있는 다양한 행정절차제도들은 '행정이 거치는 일련의 절차'로서 국민의 권익을 구제하는 기능을 하는 절차라는 공통점을 가지고 있음에도 법률의 규정에 의하여 서로 다른 다양한 절차로 복잡하게 제도화됨으로써 궁극적으로는 행정절차의 본래적 기능에 부합하지 못하는 결과를 야기하고 있는 것은 아닌지 의문이다.

최근 사법제도의 개혁이라는 관점에서 행정소송법 개정에 관한 논의가 진행되고 있다.[3] 행정소송법의 개정은 행정심판법의 개정을 필연적으로 동반하게 되어 있다. 왜냐하면 행정심판은 그동안 행정소송의 전심으로서의 역할에만 충실했고 이에 따라 심판종류·심판대상·청구인적격 등에서 행정소송과 매우 유사한 구조를 가지고 있기 때문이다. 결국 행정소송법의 개정에 대하여 이에 따른 행정심판법의 대응도 매우 중요하게 되었다.[4] 그러나 무엇보다 중요한 것은 행정심판을 단지 쟁송수단이라는 관점으로만 이해할 것인가 아니면 모든 행정결정에 대한 불복절차로 폭넓게 이해할 것인가 하는 점이다. 현재에는 행정청의 처분에 대해서는 행정절차법이 적용되고, 처분 등의 결정에 대하여 사전적으로 또는 사후적으로 민원을 제기하는 절차가 다르며, 이의신청을 제기하는 절차가 또 다르고, 이의신청을 할 수 있는 경우도 있고 할 수 없는 경우도 있으며, 이의신청을 거치더라도 행정심판을 청구할 수 있는 경우인지 아닌지 모호한 경우도 있다. 따라서 국민의 입장에서는 행정청의 결정에 불복을 하고자 하는 경우 절차에 대한 이해가 현저히 떨어지기 때문에 자신의 권리를 쉽고 올바르게 행사하기가 매우 어렵다.

이러한 점에서 행정결정에 이르기까지의 사전절차에서부터 행정결정에 대하여 불복하는 절차까지를 하나의 행정절차로 통합적으로 이해하고 이를 제도화하는 것이 제도에 대한 국민의 이해나 제도의 운용 측면에서도 바람직하지 않을까 생각한다. 기왕 행정심판법을 개정하여야 하는 상황이라면 다소의 시간적인 여유를 가지고 이와 같은 문제부터 고민하는 것이 좋겠다는 생각이다.

본 연구는 이와 같은 문제의식에 따라 행정절차 개념을 넓은 의미로 파악하여야 한

---

3) 최근의 행정소송법의 개정논의에 관하여는 홍정선, 행정법원론(상), 제20판, 박영사, 2012, 905면 이하; 김병기, 한국행정소송제도 개혁의 쟁점과 과제, 법과 기업연구, 제1권 제3호 (2011년 12월), 서강대학교 법학연구소, 153면 이하; 한견우, 현행 행정소송법의 대법원개정안 및 법무부개정안에 관한 문제점과 개선방향, 공법연구 제39집 제1호 (2010년 10월), 한국공법학회, 59면 이하 등 참조.
4) 이에 관한 문헌으로는 최근 한국행정법학회가 수탁하여 수행한 국민권익위원회 보고서 "행정심판·행정소송·행정절차 제도의 조화방안 연구(2012)"가 있다.

다는 점을 논의의 기초로 삼고자 한다. 이를 위하여 행정절차법상의 행정절차의 이해, 외국의 행정절차와 행정심판의 관계를 검토하면서 각종 행정절차에 대한 통합적 접근이 필요하다는 점을 논의해 보고자 한다.

행정절차의 통합적 이해를 실현하기 위해서는 행정절차법과 행정심판법의 통합, 행정심판법과 각종 민원절차 및 불복절차제도의 통합 등 매우 다양한 관점과 쟁점들이 논의되어야 하겠지만,5) 우선 보다 용이하게는 행정절차법상의 행정절차 이후의 각종 불복절차들만이라도 통합하려는 시도가 중요하다고 생각한다. 이러한 관점에서 본 연구에서는 논의의 집중을 위하여 이 가운데에서도 특히 이의신청절차의 문제점으로 연구의 범위를 한정하고자 한다. 현행법상 이의신청절차는 각 개별법에서 다양한 형태로 규정되어 있다. 따라서 이의신청절차 이후의 불복절차에 대해서는 입법례도 다양하지만 해석도 다양할 수 있다는 문제가 있다. 이에 따라 본 연구에서는 각 개별법상의 이의신청절차와 행정심판절차간의 통합 또는 양 절차간의 조화를 위한 해석론과 입법론을 개선방안으로 제시해 보고자 한다. 다만 이에 관한 선행연구가 사실상 전무하다보니 본 연구에도 일정한 한계가 있음을 밝혀둔다.

II. 행정절차와 행정심판의 관계 개관

1. 행정절차의 관념

1) 행정절차의 개념

행정절차의 개념에 관하여는 정하여진 바 없다. 일반적으로 행정절차는 광의의 행정절차와 협의의 절차로 구분되어 설명할 수 있다. 이 가운데 광의의 행정절차는 행정청이 행정활동을 함에 있어서 거치는 모든 절차를 의미한다. 여기에는 행정입법절차, 행정처분절차, 행정계획확정절차, 공법상 계약의 체결절차, 행정지도절차, 행정상 의무이행확보절차 및 행정심판절차 등이 포함된다.

협의의 행정절차는 행정청이 일차적 행정결정을 하기 전에 거쳐야 하는 절차를 의미한다. 여기에서의 일차적 결정과정에는 행정입법절차, 행정처분절차, 행정계획절차,

---

5) 이러한 논의 가운데 하나로서 고충처리절차와 행정심판의 통합방안에 관하여는 이미 연구된 바 있다. 이에 관하여는 상게 국민권익위원회보고서, 행정심판·행정소송·행정절차 제도의 조화방안 연구(2012), 79면 이하; 선정원, 행정심판과 고충처리제도의 조직적 통합의 의의와 법정책적 개선과제, 법과 정책연구, 제11집 제4호, 한국법정책학회, 2011. 12, 1297면 이하 등 참조.

공법상 계약 절차 등이 포함된다. 행정심판절차는 사후절차이므로 협의의 행정절차에서 제외된다. 혹자는 행정심판절차만을 최협의의 행정절차라고 부르기도 하는데,[6] 이는 일반화된 개념은 아닌 것으로 보인다. 중요한 점은 협의의 행정절차 개념과 행정심판 절차는 구분되고 있다는 점이다.

2) 실정법상의 행정절차의 개념

행정절차의 헌법적 근거는 제12조 제1항에서 찾을 수 있다. 이 조항에서 말하는 "적법한 절차"는 형사절차만이 아니라 행정절차에 있어서도 그 적용이 있는 것으로 인정된다.[7]

이와 같은 헌법적 근거를 바탕으로 1998년부터 시행되고 있는 행정절차법은 행정절차로 처분절차, 신고절차, 행정입법절차, 행정예고절차, 행정지도절차를 규정하고 있다. 이는 협의의 행정절차라는 개념을 바탕으로 제1차적 처분절차를 중심으로 하고 있는 것이다.

행정절차법의 제정논의는 꽤 오래 전부터 있어왔다. 특히 1986년에는 오랜 논의 끝에 처음으로 행정절차법 시안이 제정되기도 하였다. 동 법안은 1차적 처분절차 이외에도 처분개념, 확약, 행정계획의 폐지·변경에 따르는 손실보상 등 여러 실체법적인 조항들도 담고 있어 행정법의 통칙으로서의 역할을 기대할 수 있었다. 동 법안은 입법예고까지 하였으나 국회제출이 보류됨으로써 무산되었다.[8] 비록 성공하지는 못했지만 동 법안이 주는 시사점은 행정절차의 개념은 실정법이 어디까지를 행정절차로 규정할 것인가에 따라 달라질 수 있다는 점이다. 이러한 점에서 현행 행정절차법은 순수한 처분절차를 중심으로 하는 좁은 의미의 개념에 입각하여 제정·운영됨으로써 행정절차의 적용범위를 스스로 좁히고 있다는 한계를 가지고 있다고 할 수 있다.

사실 행정절차와 행정심판 및 행정소송은 행정작용의 적정성 보장과 국민의 권익구제를 위하여 긴밀한 연관을 맺고 운영되고 있다. 특히 행정절차는 행정에 관한 일반적인 규정을 담은 행정법의 통칙적인 제도로 운용될 수 있는 가능성, 더 나아가서는 각종 민원절차나 불복절차 등과 통합적으로 운용될 수 있는 가능성이 있다. 따라서 장기적으로는 행정절차법의 전면개정이나 행정심판법과의 통합입법 등을 전제로 행정심판법과 조화를 이루는 방안이 지속적으로 연구되어야 한다.

---

6) 이상규, 신행정법론(상), 법문사, 1997, 266면.
7) 헌재결 1992.12.24, 92헌가8.
8) 이에 관하여 상세는 김성수, 전게서, 571면 이하 참조.

2. 행정절차와 행정심판의 관계에 관한 비교법적 검토

이하에서는 미국·영국·독일에서의 행정절차와 행정심판과의 관계를 간략히 개관해 보기로 한다.

1) 미국의 행정절차와 행정심판

미국은 1946년 연방행정절차법(Administrative Procedure Act)을 제정하여 행정작용의 적법성을 보장하고 있다. 미국 연방행정절차법은 주로 행정입법절차(rulemaking)와 우리나라의 행정처분절차에 해당하는 재결절차(adjudication)를 중심으로 구성되어 있다. 미국 연방행정절차법은 1967년 미국법전(U.S.code)에 편입되어 형식적으로는 단행법전으로 존재하지 않지만, 미국법전에 편입된 행정절차조항을 현재에도 행정절차법이라고 부르고 있다.

행정기관의 일차적인 결정에 대하여 청문권을 주장하는 시민에 대하여 행정절차가 개시된다는 점에 있어서 미국의 행정절차는 행정심판적인 성격도 아울러 가지고 있다고 할 수 있다. 특히 미국은 행정법판사(administrative law judge) 제도를 도입하여 재결절차의 전문성과 공정성을 강화하고 있다.[9]

미국 연방행정절차법은 제7장에서 행정기관의 위법한 행위에 대한 행정구제의 방법과 절차를 규정하고 있는데,[10] 이러한 점에서 미국의 행정절차는 행정심판의 기능도 아울러 가지면서, 행정소송과도 긴밀한 연관관계를 맺고 있다고 할 수 있다. 요컨대 미국행정절차법은 행정절차와 행정심판이 유사한 기능을 수행할 수 있다는 점을 입법적으로 보여주고 있는 예라고 생각된다.

2) 영국의 행정절차와 행정심판

영국에서 행정절차는 보통법에 의한 자연적 정의의 원칙에 따라 불문법에 의한 절차적 구제를 중심으로 발달했다.[11] 절차적 구제를 중심으로 한다는 점에서 영국의 행정절차는 행정기관이 허가 등 국민에게 중요한 규제를 하는 경우에 거치게 되는 행정기관의 내부절차와 행정기관의 결정에 대하여 불복하는 행정심판절차를 모두 의미한다. 영국 행정절차의 자연적 정의에 입각한 절차적 원칙은 1958년 행정심판소 및 심사에

---

9) 전게 국민권익위원회보고서, 행정심판·행정소송·행정절차 제도의 조화방안 연구(2012), 64면.
10) 김광수, 미국행정절차법연구, 행정법연구 제12호(2004), 행정법이론실무학회, 297면 이하.
11) 홍준형, 행정법총론, 제4판, 한울아카데미, 2001, 497면.

관한 법률(The Tribunals and Inquiries Act)이 제정됨으로써 재결절차의 공정성과 통일성에 대한 제도적 보장으로 확립되었다.

최근 영국에서는 행정심판 사건의 증대와 효율적이고 통일적인 권리구제의 필요성에 따라서 종래의 행정심판 기관이 제1심 행정심판소와 상급 행정심판소의 이원적 체계로 재편되었다. 그러나 이러한 변화 이전에 종래 영국에는 조세, 재산권, 산업재해, 보건, 사회복지 등에 관하여 특별행정심판소가 설치되어 운영되었는데, 이는 종래 행정기관 내부의 절차가 발전하여 독립성을 가지는 체제로 변형된 것이라고 한다.12)

이러한 점에서 보면 영국은 우리나라의 행정절차와 행정심판절차를 통합적으로 이해하여 왔다고 할 수 있다. 이는 입법론적으로 양 제도를 하나의 절차제도로 이해할 수 있음을 보여주는 것이다.

3) 독일의 행정절차와 행정심판

독일은 1976년 연방행정절차법이 제정되어 시행되고 있다. 행정절차법은 103개 조문에 이르는 방대한 조항에서 행정결정절차 이외에도 계획확정절차, 권리구제절차 등이 규정되어 있고, 이밖에도 행정절차와 밀접한 관련이 있는 행정행위, 공법상의 계약과 같은 실체법적 내용들도 규정되어 있다. 특히 제79조는 행정행위에 대한 공식적인 구제절차로는 행정재판소법(우리의 행정소송법에 해당됨)이 원칙적으로 적용됨을 규정하여 행정절차에 따른 행정행위에 대해서는 권리구제절차로서 행정재판소법에 의한 행정쟁송이 연결되도록 하고 있다.

한편 독일은 행정심판법이 따로 제정되어 있지 않고 행정소송에 관한 행정재판소법에서 행정소송의 전심절차(Vorverfahren)로서 행정심판에 관한 규정(제68에서 제73조)을 두고 있다. 독일에서는 취소소송과 의무이행소송을 제기하기 전에는 행정심판을 거치도록 하여 −우리와는 달리− 행정심판은 소송의 필요적 전심절차로 구성되어 있다. 그런데 여기에서의 행정심판은 Widerspruch라고 하여 번역은 행정심판이라고 하지만 사실상 우리나라의 행정심판과는 동일하다고는 할 수 없다.13) 왜냐하면 행정심판에 대하여는 별도의 행정심판위원회와 같은 기구가 규정되어 있지 않고 이를 판단하는 재결청만을 규정하고 있으며, 이 경우 재결청도 직근상급행정청이 되는 것이 원칙이지만 연방과

---

12) 김광수, 영국 행정심판제도의 운영현황, 공법연구 제38집 제4호, 공법학회, 2010. 6, 172면 이하, 175면 이하 참조.
13) 이종영 교수는 한국의 개별법률에서 규정하고 있는 이의신청으로 해석하는 것이 더욱 적합하다고 보고 있다. 이종영, 독일의 행정심판제도, 중앙법학 제4집 제3호, 중앙법학회, 2003, 29면.

주의 최상위행정청이 처분청인 경우 또는 처분청이 자치사무에 대하여 처분한 지방자치행정청인 경우에는 당해 처분청이 재결하도록 되어 있기 때문이다(독일 행정재판소법 제73조).

전반적으로 독일의 권리보호는 독립한 법원 중심 체계로 되어 있기 때문에 행정심판에 관한 별도의 법률이 존재하지 않는다는 점이 매우 특징적이다. 이와 같은 이유로 독일에서는 권리구제수단으로서 행정심판의 중요성은 상대적으로 약화되어 있다고 할 수 있는데, 이 점은 행정심판이 점차 활성화되어가고 있는 우리의 실정과는 큰 차이가 있다.

3. 소결: 행정절차와 행정심판절차와의 통합 또는 연계 방안 모색의 필요

우리나라 행정절차법은 처분절차 중심의 행정절차 개념에 입각하고 있어, 행정심판절차는 협의의 행정절차와는 구분되는 절차로 되어 있다. 그러나 '행정'절차라는 점에서 1차적 행정결정을 기준으로 사전절차와 사후절차 모두를 행정절차로 파악하는 통합적 접근을 적극 고려할 필요가 있다고 생각한다. 이 문제는 각 나라마다 제도의 발전과정이나 일반적인 법제도의 구조 기타 사회적 여건 등에 따라 다를 수 있기 때문에 어느 나라의 입법례가 바람직하다고 평가하기는 어려울 것이다.

그런데 대체로 보면, 영국이나 미국의 경우는 행정절차와 행정심판이 어느 정도 하나의 절차로 이해되고 있다고 판단되고, 독일의 경우는 별도의 행정절차법과 별도의 행정심판에 관한 규정이 있어 두 절차는 '행정'의 절차임에도 불구하고 절차적으로 구분되고 있다. 관심을 끄는 점은 독일의 경우에는 소송을 통한 권리구제가 중심이므로 행정심판의 기능이 상대적으로 약할 수밖에 없다는 점이다. 과거 우리나라의 경우도 행정심판의 기능이 약했으나, 그동안 꾸준한 법개정[14]으로 독립한 행정심판위원회가 심리·판정하는 등의 권익구제적 기능이 강화되면서 그 이용률도 매우 높아지고 있는 추세이다.[15] 개인적으로는 행정심판의 이와 같은 변화는 바람직한 것으로 평가하고, 행

---

14) 1995년의 행정심판법 개정이유서에는 "행정심판제도는 현행 행정심판법이 1984년에 제정(1985. 10.1 시행)되어 10여 년간 시행되어 오고 있는 바, 동법 시행이후 행정수요가 양적·질적으로 팽창되고 국민의 권리의식 증대로 위법·부당한 행정처분에 대한 행정심판청구사건이 급증하고 있으나 현행제도가 행정편의 위주로 운영되고 있어 국민의 권익구제수단으로서의 기능이 미흡한 실정이므로, 행정심판제도가 진정한 국민의 권리구제수단으로 정착되도록 개선하기 위하여 행정심판기관의 기능 및 운영상 나타난 미비점을 보완하고 행정심판의 민주성 및 공정성을 제고하여 국민의 권익을 최대한 보장하려는 것"임을 밝히고 있다.
15) 행정심판 통계에서 연도별 사건처리 현황을 살펴보면 매년 꾸준히 증가하다가 2004년에는 2만 건이 넘었고 2010년에는 3만 건이 넘고 있다(중앙행정심판위원회 홈페이지(https://www.simpan.go.kr/claim/index.jsp) 통계 참조.

정심판이 행정소송의 전심이라는 이유로 행정소송과 유사한 제도일 이유는 없다고 생각하기 때문에, 행정소송 보다는 청구인적격이나 대상적격 등을 더 폭넓게 확대하는 것이 바람직하다고 생각한다. 이와 같은 행정심판의 변화를 고려하면, 영국이나 미국과 같이 행정심판을 행정절차와 통합적으로 이해하는 것이 법제의 단순화와 국민의 법제에 대한 이해의 증진, 국민권익의 절차적 보호와 구제의 편의성 증진 등의 측면에서도 바람직하다고 생각한다.

그러나 이와 같은 입법론이 다소 파격적일 수 있다고도 생각된다. 행정절차법은 1998년 시행되어 이제 약 10여년의 운영경험을 가지고 있기 때문이다. 그러나 적어도 행정절차법이든 행정심판법이든 행정절차법상의 처분절차에 따른 처분에 대해서는 어떠한 불복절차를 거칠 수 있는 것인지 이와 같은 절차들을 연계시켜 줄 필요성이 있다고 생각된다.

그렇다면 이 점에서는 독일의 입법례를 참고할 만하다고 하겠다. 즉 독일은 행정절차법과 행정재판소법이 따로 제정되어 있어 행정절차와 행정심판절차가 분리되고는 있지만, 독일 연방행정절차법에서 행정행위에 대한 공식적인 구제절차에는 원칙적으로 행정재판소법이 적용된다고 하고 있고, 행정재판소법은 행정심판이 행정소송의 필요적 전심절차로 규정되어 있어, 행정절차법에 따른 행정행위에 대한 원칙적인 불복절차는 행정재판소법에 따른 행정쟁송수단임을 명확히 규정하고 있다.

이를 참조한다면, 입법론적으로는 행정절차법에서 행정절차에 따른 처분에 대하여는 행정심판을 청구할 수 있다는 규정을 두는 방안, 만약 별도의 이의신청제도를 두고자 하는 경우에는 이의신청에 대한 통칙적인 규정을 두고 이에 따라 각 개별법에서 더 구체화하도록 하는 방안을 생각해 볼 수 있다. 이의신청에 관한 통칙적인 규정을 마련하는 것의 의미는 이의신청이라는 용어가 각 개별법에서는 다양한 의미로 활용되어 특별행정심판인지 단순 이의신청인지 구분되지 않는 경우가 너무 많기 때문에, 이를 입법적으로 정비한다는 의미도 있다.[16]

또 다른 방안은 행정심판법에서 행정에 대한 민원절차, 행정절차법에 따른 처분에 대한 불복절차를 규정하는 방법이다. 이렇게 되면 처분절차 이외의 민원을 포함한 불복절차를 통합적으로 규율할 수 있어 불복절차의 체계화에 기여할 수 있고 제도에 대

---

16) 최근의 특별행정심판과 행정심판의 통합에 관한 연구보고서에 따르면, 다양한 현행 불복제도를 보면 그 입법방식이 다양하여 특별행정심판인지 아닌지 구분을 쉽게 할 수 없을 지경에 이르러 있는데, 이는 그동안 새로운 제도의 도입 시마다 그 입법원칙을 무시하고 무분별하게 규율하게 된 것이 결정적인 원인이라고 할 수 있다는 지적이 있다. 신봉기, 특별행정심판위원회 통합방안, 공법연구 제38집 제3호, 한국공법학회, 2010. 6, 2면.

한 이해도 높아지게 될 것이다. 이 경우 모든 불복수단을 행정심판이라는 용어로 통일하는 방안, 행정심판 이외에 이의신청 등의 불복절차에 대한 통칙적 규정을 두는 방안 등 다양한 방안이 고려될 수 있을 것이다.

요컨대 행정절차는 여러 개별법에서 절차에 관한 규정을 두는 것 보다는 하나의 통합적인 절차로서 체계적으로 운용되는 것이 행정의 효율성이나 행정에 대한 절차적 통제의 체계성, 나아가 국민권익의 증진이라는 점에서 매우 의미 있다는 점이 중요하다고 생각된다. 이와 같은 관점에서 이하에서는 다양한 행정절차제도를 개관해 보고, 특히 이의신청절차와 행정심판과의 관계를 살펴보면서 양 제도의 조화방안을 모색해 보기로 한다.

Ⅲ. 행정심판에 영향을 미치는 행정절차제도 개관

우리나라는 행정청의 제1차적 결정과 관련하여 민원·이의신청·행정심판 등 행정절차법상의 절차 이외의 다양한 행정절차들이 따로 존재하고 있어 '행정절차'에 관한 입법이 매우 복잡성을 띠고 있다.[17] 이러한 절차들은 '행정절차'라는 점에서 행정심판과 매우 밀접한 관련을 갖는데, 행정심판에 영향을 줄 수 있는 주요 절차로는 행정절차법에 따른 처분 절차, 민원사무처리에 관한 법률에 따른 민원사무처리절차, 부패방지 및 국민권익위원회의 설치와 운영에 관한 법률에 따른 고충민원처리절차, 각종 개별법에 따른 이의신청절차, 조정 등의 분쟁해결절차 등을 들 수 있다.

1. 처분절차

처분절차는 행정절차법에 규정된 핵심적인 절차로서, 행정절차법은 크게 신청에 의한 수익적 처분절차와 불이익처분절차로 구별하고, 각각 공통사항과 성질에 따르는 별도의 규정을 두고 있다.

수익적 처분과 불이익처분에 공통적인 사항으로는 처분기준의 설정·공표, 처분의 이유제시, 처분의 방식, 처분의 정정, 고지 등이 있다. 신청에 의한 수익적 처분과 관련하여서는 신청의 방식, 처리기간의 설정·공표를 규정하고 있으며, 불이익처분절차로

---

17) 신봉기 교수는 "미로같은 '불복절차 길 찾기'가 전문가들에게 조차 혼란스러운 것이 현실상황"이라고 표현하면서 "일반국민들에게는 권리구제의 기회를 사실상 제한 내지 박탈하는 결과를 초래할 수도 있다."고 지적하고 있다. 신봉기, 상게논문, 2면.

처분의 사전통지, 의견청취를 규정하고 있다.

처분절차와 관련하여, 설정된 처분기준의 법형식이 어떠한지, 기준을 설정하지 않거나 설정된 기준에 따르지 않은 처분은 위법한지, 어느 정도까지를 이유제시의 하자로 볼 것인지, 청문서의 도달시기를 준수하지 않은 경우를 절차위반으로 볼 것인지 등등의 문제들은 행정심판에서의 위법·부당의 판단과 밀접한 관련을 가진다. 이에 관하여는 여러 판례들이 축적되어 가고 있으므로 여기에서는 이에 관한 논의는 생략한다. 아울러 행정절차법과 행정심판법의 통합에 관한 문제는 위에서 언급했으므로 더 이상 논의하지 않기로 한다.

2. 민원처리절차

민원처리절차로는 민원사무처리에 관한 법률에 따른 민원사무처리절차, 부패방지 및 국민권익위원회의 설치와 운영에 관한 법률에 따른 고충민원처리절차가 있다.

민원사무처리절차는 민원인이 행정기관에 대하여 처분 등 특정한 행위를 요구하는 사항에 관한 사무(이를 "민원사무"라 한다)를 처리하기 위한 절차를 말하고, 고충민원처리절차는 행정기관등의 위법·부당하거나 소극적인 처분(사실행위 및 부작위를 포함한다) 및 불합리한 행정제도로 인하여 국민의 권리를 침해하거나 국민에게 불편 또는 부담을 주는 사항에 관한 민원(이를 "고충민원"이라 한다)을 처리하기 위한 절차를 말한다.

판례는 고충민원의 신청을 행정소송의 전심절차로서의 행정심판청구로 보지 아니한다. 다만 국민고충처리위원회에 접수된 신청서가 관련 행정청에 송부된 경우에는 행정심판이 청구된 것으로 보고 있다.[18]

생각건대 고충민원도 민원에 포함된다는 점에서 민원처리와 고충민원처리를 별도의 절차로 구성할 이유는 없다고 생각된다. 민원을 해결하기 위한 절차라는 관점에서는 오히려 양 절차가 통합되는 것이 보다 합리적이다. 아울러 민원처리절차는 처분에 관한 절차는 아니라는 점에서 처분절차와는 구별되고 또한 처분에 대한 불복절차가 아니라는 점에서 행정심판절차와 구분된다고 할 수 있겠지만, 민원의 의미가 결국은 행정의 특정한 결정 등을 요구하는 '행정에 대한 불복'이라는 점에서는 향후 이를 행정절차법이나 행정심판법으로 통합하는 방안을 고려할 필요가 있다.[19]

---

18) 대판 1995.9.29, 95누5332.
19) 고충처리제도와 행정심판의 통합방안은 이미 논의되고 있음을 위 각주 5)에서 언급하였다.

3. 조정 등의 대체적 분쟁해결절차

각 개별법에서는 조정이나 알선·중재 등과 같은 대체적 분쟁해결 절차를 규정하고 있는 경우도 있는데, 이와 같은 우리나라의 행정상 분쟁조정제도의 대부분은 행정기관에 설치된 분쟁조정위원회에 의한 조정이 차지하고 있다.[20] 현재에는 다양한 개별법적 근거에 따라 수많은 조정위원회가 설치되어 있다.[21] 이와 같은 행정분쟁조정위원회는 거의 모든 행정부처별로 설치·운영되고 있으며, 주로 민사적 분쟁을 해결하고 있다.

그런데 이러한 행정분쟁해결절차는 행정심판에서도 이루어지고 있다는 점을 주목할 필요가 있다. 즉 중앙행정심판위원회는 행정심판법의 개정 없이 행정심판사건과 관련하여 당사자간의 신속하고 자율적인 분쟁조정을 위하여 '행정심판조정제도'를 도입하여 운영하고 있다. 2003년 말에는 국무총리행정심판위원회 소위원회에서 폐기물관리법위반과징금 부과처분취소청구사건등 3건의 행정심판청구사건에서 조정이 이루어진 바도 있었다.[22] 그러나 법적 근거 없이 조정이 행하여지는 것 보다는 근거를 가지고 있는 것이 바람직하다는 점에서 향후에는 행정심판법의 개정을 통하여 재판상의 화해와 유사한 행정심판상의 화해가 규정될 필요가 있다고 생각한다. 만약 이와 같은 개정이 이루어진다면 조금 더 고려해 보아야 할 점은, 차제에 행정심판법에 행정분쟁조정에 관한 규정을 두는 방안이다. 현재로서는 각 다양한 조정위원회에 의한 조정제도가 각 개별법에 분산되어 있어 분쟁조정에 따른 권리구제제도에 대한 이해를 현격히 떨어뜨리고 있다. 따라서 그렇다면 향후 행정에 대한 분쟁해결절차라는 관점에서 각 개별법에 분산되어 규정되고 있는 행정청에 의한 분쟁조정을 행정심판으로 통합하여 운영함으로써 국민들이 자신들의 권익을 보다 쉽게 보호하고 구제받을 수 있도록 하는 방안을 적극 고려해 볼 필요가 있다.

---

20) 이에 관하여 상세는 졸고, 갈등관리수단으로서의 공법상의 조정 ―독일과 한국의 공법상 조정제도의 비교를 중심으로―, 공법연구, 제34집 제4권 제2호, 한국공법학회, 2006. 6, 224면 이하 참조.
21) 이러한 조정위원회는 행정기관 내에 설치되어 있는 경우도 있고, 행정부의 산하기관으로 설치되어 있는 경우도 있다. 전자에 해당하는 것으로는, 예컨대 건설분쟁조정위원회, 건축분쟁전문위원회, 산업재산권분쟁조정위원회, 환경분쟁조정위원회 등이 있으며, 후자의 예로는, 한국저작권위원회, 소비자분쟁조정위원회, 전자거래분쟁조정위원회, 프로그램심의조정위원회, 개인정보분쟁조정위원회, 언론중재위원회 등이 있다.
22) 김용섭, 행정법상 분쟁해결수단으로서의 조정, 저스티스, 제37권 제5호(통권 제81호), 한국법학원, 2004. 10, 33면 이하 참조.

4. 이의신청

이의신청은 위법·부당한 행정작용으로 인하여 권리가 침해된 자가 처분청에 대하여 그러한 행위의 취소를 구하는 절차를 말한다. 행정심판법상 행정심판이 처분청의 직근상급행정청 등에 소속된 행정심판위원회에 대하여 불복을 청구하는 것인데 반하여, 이의신청은 행정불복을 처분청에 제기한다는 점에서 차이가 있다.

현행 행정심판법상 행정심판의 청구를 개괄적으로 인정하고 있기 때문에, 개별법에서 이의신청을 규정하지 않는 한, 이의신청은 인정될 수 없다.[23] 이에 따라 각 개별법에서는 이의신청을 규정하고 있는 경우가 있는데, 문제는 이의신청은 용어도 일치되지 않고, 또한 각 개별법이 규정하는 기간·절차·형식 등이 워낙 다양하여 이를 파악하기가 용이하지 않다는 점이다. 특히 문제가 되는 것은, 이의신청을 거친 이후에 행정심판을 청구할 수 있는지, 행정심판청구가 배제되는지의 여부인데 이에 대한 입법례도 매우 다양하다는 것도 문제이지만, 이 경우 이의신청이 특별한 행정심판에 해당되는지의 여부에 대한 해석에도 논란이 있다는 점이다. 이에 관하여는 이하에서 상론하기로 한다.

Ⅳ. 이의신청과 행정심판과의 관계에 관한 일반론

1. 이의신청과 행정심판과의 관계

1) 행정심판법상 행정심판의 특례의 제한

행정심판법은 제4조에서 사안의 전문성과 특수성을 살리기 위하여 특히 필요한 경우 외에는 행정심판법에 따른 행정심판을 갈음하는 특별한 행정불복절차(특별행정심판)나 이 법에 따른 행정심판 절차에 대한 특례를 다른 법률로 정할 수 없다고 하고 있다. 행정심판법은 관계 행정기관의 장이 특별행정심판 또는 행정심판법에 따른 행정심판 절차에 대한 특례를 신설하거나 변경하는 법령을 제정·개정할 때에는 미리 중앙행정심판위원회와 협의하도록 하여 가급적이면 특별행정심판절차를 별도로 구성하지 않도록 제한하고 있다.

---

23) 홍정선, 전게서, 820면.

2) 특례제한규정과 관련된 문제점

그러나 위와 같은 특례제한규정에도 불구하고 현실적으로는 전문성과 특수성이 있다고 인정되는 분야에서는 개별법에 의하여 특별행정심판절차가 규정되고 있다. 이와 같은 예는 조세심판(조세심판원), 특허심판(특허심판원), 토지수용재결에 대한 이의신청(중앙토지수용위원회), 공무원의 징계처분에 대한 불복(소청심사위원회) 등을 비롯하여 상당수에 이르고 있다. 그러나 이와 같은 특별행정심판의 경우에도 전문성과 특수성이라는 관점에서 보면 이를 특별행정심판으로 보기 어려운 경우도 많다. 따라서 이러한 특별행정심판들은 행정심판으로 통합되어야 한다는 주장이 제기되고 있는 것이다.[24]

또 다른 한편 특별행정심판 이외에도 행정심판법에 의한 행정심판보다 약식의 절차로서 이의신청 등을 규정하고 있는 경우도 있다. 이와 같은 예는 지방자치법상의 사용료부과처분에 대한 이의신청을 비롯하여 수많은 법률에서 매우 다양한 형태로 규정되어 있다. 특별행정심판은 행정심판법에 의한 행정심판에 갈음하는 절차이지만, 이를 제외한 이의신청절차는 행정심판과는 무관한 제도이므로 이의신청절차를 거치더라도 행정심판을 청구하는 것을 방해하지 않는 것이 원칙이다. 그런데 행정심판법은 행정심판의 대상을 규정하면서 "행정청의 처분 또는 부작위에 대하여는 다른 법률에 특별한 규정이 있는 경우 외에는 이 법에 따라 행정심판을 청구할 수 있다."고 규정하고 있는데, 일부 입법례에 따라서는 이의신청절차가 '다른 법률에 특별한 규정이 있는 경우'에 해당하는가 하는 것이 현실적으로 문제되는 경우가 있다. 이 점에 관하여는 아래에서 검토해 보기로 한다.

3) 이의신청과 행정심판과의 관계에 관한 논의

이의신청절차의 성질이나 행정심판법에 의한 행정심판과의 관계에 대하여는 사실 정하여진 바가 없다고 보는 것이 맞다. 실제로 개별법상의 이의신청이 행정심판에 갈음하는 특별행정심판인지, 아니면 행정심판과는 별도의 이의신청인지 항상 명확한 것만은 아니다. 이 문제는 결국 이의신청을 거친 후 행정심판을 청구할 수 있는가 하는 문제인데, 전자인 경우는 심판청구가 허용되지 않고, 후자의 경우는 허용되기 때문에, 국민의 입장에서는 권리구제수단으로서 행정심판을 활용할 가능성과 관련된 중요한 문제이다.

---

24) 주요 특별행정심판절차의 현황과 문제점 및 특별행정심판과 일반행정심판의 통합에 관하여는 신봉기, 전게논문, 16면 이하 참조.

이와 관련하여 문헌에서 이의신청과 행정심판의 관계를 직접 언급하고 있는 경우는 거의 없다. 다만 일부 문헌에서 특별행정심판과 이의신청을 구분하는 실익과 기준을 간략하게 언급하고 있을 뿐이다. 이에 따르면 헌법 제107조 제3항은 행정심판절차는 사법절차가 준용되어야 한다고 규정하고 있으므로 이의신청이 준사법절차가 보장되는 절차면 행정심판에 갈음하는 절차이고 그렇지 않으면 행정심판과 무관한 절차라고 보면서, 만일 개별법에서 이의신청 이후의 불복절차에 관하여 아무런 규정이 없는 경우에는 원칙상 행정심판을 청구할 수 있다고 보아야 한다고 하고 있다.25)

이의신청은 행정심판과 구별되는 약식절차라는 점에서만 보더라도 원칙적으로 이 견해는 타당하다고 생각된다. 그러나 이의신청과 관련하여서는 다양한 유형의 입법례들이 존재하므로, 이들을 유형별로 검토하면서 조금 더 구체적으로 이 문제에 접근해 볼 필요가 있다.

2. 이의신청 이후의 불복절차에 관한 입법례

이의신청을 거친 이후에도 불복하는 경우, 그 불복수단과 관련하여 각 개별법에서는 다양한 방식으로 규정하고 있다. 구체적으로 이를 유형별로 구분해 보면, ① 행정심판에 대한 특례로 이의신청을 규정하고 있는 경우, ② 행정심판 또는 행정소송을 제기할 수 있다고 규정하는 경우, ③ 행정심판을 청구할 수 있다고 규정하는 경우, ④ 행정심판을 청구할 수 있다는 규정은 없고 행정소송을 제기할 수 있다는 규정만 있는 경우, ⑤ 이의신청절차가 행정소송의 필요적 전심절차로 규정되어 있는 경우, ⑥ 이의신청 이후의 불복절차에 관하여 별도의 규정을 두지 않고 있는 경우 등이 있다. 그러나 입법례가 워낙 다양하여 이러한 유형적 분류가 명확한 것이라고 할 수는 없다.26)

---

25) 박균성, 행정법강의, 제9판, 655면 이하.
26) 신봉기 교수도 불복절차의 유형을 6가지로 분류하고 있다. 유형에 다소간의 차이는 있지만, 내용적으로 볼 때 대체로 유사하다고 판단된다. 신 교수의 유형구분은 다음과 같다(신봉기, 전게논문, 7면 이하):
   • A형: 해당 불복절차를 행정심판으로 보도록 규정한 경우
   • B형: 해당 불복절차를 거치는 경우 행정심판을 청구할 수 없도록 규정한 경우
   • C형: 해당 불복절차에 불복하여 행정심판을 제기할 수 있음을 규정한 경우
   • D형: 해당 불복절차를 규정하되 이를 거치지 아니하고 행정심판을 청구할 수 있음을 규정한 경우
   • F형: 규정은 있으나, A~D형에 속하지 아니하는 경우
   • S형: 해당 불복절차에 대하여 불복할 시 별도로 '행정심판 또는 행정소송' 관련 규정을 두지 아니한 경우

1) 행정심판에 대한 특례절차로서 이의신청이 규정되어 있는 경우

이 유형에 속하는 것은 대부분 특별행정심판절차이다. 대표적인 경우가 공익사업을 위한 토지 등의 취득 및 보상에 관한 법률에 의한 토지수용위원회의 재결이다. 동법은 중앙토지수용위원회의 제34조에 따른 재결에 이의가 있는 자는 중앙토지수용위원회에 이의를 신청할 수 있고(제83조), 이의신청을 거쳤을 때에는 이의신청에 대한 재결서를 받은 날부터 30일 이내에 행정소송을 제기할 수 있다고 규정하고 있다(제85조). 여기에 행정심판의 특례라는 명문의 규정이 없어도, 이 절차는 행정심판의 특례절차로 이해되고 있다.

유사한 형태로 행정심판의 특례절차로서 행정심판이 배제됨을 명문으로 규정하고 있는 경우도 있다. 예컨대 개발제한구역의 지정 및 관리에 관한 특별조치법 제27조는 매수 여부에 관한 결정 또는 매수가격, 부담금의 부과·징수에 대하여 이의가 있는 자는 중앙토지수용위원회에 이의신청을 할 수 있고, 이 이의신청에 대하여는 행정심판법 제6조에도 불구하고 중앙토지수용위원회가 심리·의결하여 재결한다고 규정하여 이의신청이라는 용어에도 불구하고 이 절차가 행정심판에 갈음하는 특례절차임을 분명히 하고 있다.

2) 이의신청 이후에 '행정심판'과 '행정소송'을 제기할 수 있음을 규정하고 있는 경우

이러한 유형으로, 예컨대 공공기관의 정보공개에 관한 법률은 공공기관의 비공개 또는 부분공개의 결정에 대하여 이의신청을 할 수 있다고 규정하면서, 공공기관은 이의신청을 각하 또는 기각하는 결정을 한 때에는 청구인에게 행정심판 또는 행정소송을 제기할 수 있다는 취지를 통지하여야 한다고 규정하고 있다(제18조).

3) 이의신청 이후에 행정심판을 청구할 수 있다는 규정을 두고 있는 경우

예컨대 공인회계사법은 제52조의3에서 과징금의 부과처분에 대하여 불복이 있는 자는 그 처분의 고지를 받은 날부터 30일 이내에 그 사유를 갖추어 금융위원회에 이의를 신청할 수 있다고 하면서, 이의신청에 대한 결정에 대하여 불복이 있는 자는 행정심판을 청구할 수 있다고 규정하고 있다.

4) 이의신청 이후에 행정소송을 제기할 수 있다는 규정만 있는 경우

한편 이의신청을 거친 이후에 행정소송을 제기할 수 있다는 규정은 두고 있지만, 행정심판을 청구할 수 있다는 규정이 없는 입법례도 있다. 이러한 예로는 지방자치법 제140조의 사용료 등의 부과·징수에 대한 이의신청을 들 수 있다.

즉 동법은 사용료·수수료 또는 분담금의 부과나 징수에 대하여 이의가 있는 자는 그 처분을 통지받은 날부터 90일 이내에 그 지방자치단체의 장에게 이의신청할 수 있다고 규정하고 있고, 사용료·수수료 또는 분담금의 부과나 징수에 대하여 행정소송을 제기하려면 이의신청에 따른 결정을 통지받은 날부터 90일 이내에 처분청을 당사자로 하여 소를 제기하여야 한다고 규정하고 있다.

여기에는 행정심판에 관한 언급이 없기 때문에 이의신청을 거친 이후에 행정심판이 허용되는지의 여부가 명확하지 않다는 문제가 있다. 그리고 행정심판이 허용된다고 하더라도 이의신청 결정 통지 이후 90일 이내에 행정소송을 제기하도록 하고 있어, 이 제소기간을 행정심판청구와 관련하여 어떻게 해석하여야 하는지도 문제이다. 이에 관하여는 아래에서 다시 논의하기로 한다.

5) 이의신청절차가 행정소송의 필요적 전심절차로 규정되어 있는 경우

한편 이의신청절차를 행정심판의 필요적 전치절차로 규정하고 있는 경우는 없지만,[27] 이의신청절차를 행정소송의 필요적 전심절차로 규정하고 있는 경우는 있다.

예컨대 선박안전법은 제68조에서 항만국통제에 관하여 규정하면서 이와 관련된 시정조치명령 또는 출항정지명령에 불복하는 경우에는 국토해양부장관에게 이의신청을 할 수 있다고 규정하고, 이 시정조치명령 또는 출항정지명령에 대하여 불복이 있는 자는 제5항 및 제6항의 규정에 따른 이의신청의 절차를 거치지 아니하고는 행정소송을 제기할 수 없다고 규정하고 있다.

이 경우는 외국선박에 대한 항만국통제조치라고 하는 행정의 특수성을 인정하여 반드시 행정심판에 갈음하는 이의신청을 거쳐서 행정소송을 제기하도록 하는 경우라고

---

27) 한편 신봉기 교수(신봉기, 상게논문, 10면)는 위 각주 26)의 C형을 설명하면서 행정심판 청구 이전에 이의신청제도를 전치주의로 규정하고 있는 경우라고 설명하고 있으나, 예로 들고 있는 주민등록법상의 이의신청의 경우에는 이의를 신청할 수 있다고 규정하고 있어 이를 행정심판의 필요적 전심절차를 규정하고 있는 경우라고 할 수 있는지 의문이다. 이는 국민권익위원회의 보고서(전게 보고서, 82면)의 경우도 마찬가지이다. 즉 동 보고서는 주민등록법상의 이의신청 등을 이의신청을 필수절차로 하고 이를 거친 후 행정심판을 청구할 수 있는 경우로 설명하고 있다. 요컨대 두 문헌에서 예로 들고 있는 행정심판의 필요적 전심절차로 이의신청을 규정하고 있는 입법례는 없다고 보는 것이 적절한 법해석으로 생각된다.

생각된다. 그렇다면 이는 1)유형과 유사한 유형이라고 생각되는데, 다만 차이는 이러한 이의신청절차가 반드시 거쳐야 하는 필요적 절차로 규정되어 있다는 점, 그리고 특별한 행정심판이라고 하기에는 판정기관이 전문성과 공정성을 갖춘 위원회가 아니라 국토해양부장관이라는 점이다.

6) 이의신청에 대한 불복절차에 관한 별도의 규정이 없는 경우

한편 이의신청을 거친 이후의 불복절차에 관하여 아무런 규정을 두고 있지 않은 경우도 상당히 많다. 이들은 대부분 이의신청에 관하여만 규정하고 이의신청에 관한 세부적인 사항을 부령에 위임하는 규정을 두는 것에 그치고 있다.[28]

V. 이의신청제도의 문제점과 개선방안

1. 이의신청제도의 문제점

1) 개별법상 불복절차의 산재

이의신청과 관련된 가장 큰 문제점은 행정청의 결정에 대한 이의신청절차가 무수히 많은 개별법률에 산재되어 있다는 점이다. 예컨대 이 가운데 각종 법률에 규정되어 있는 부담금에 대한 이의신청절차만 보더라도 이미 약 100여개에 달하고 있는 실정이다.

2) 불복절차의 통일성 결여로 인한 불복절차이용의 어려움

(1) 문제점 개관

이의신청에 관하여는 수많은 개별법에서 다양한 형태로 규정되어 있어 이를 유형별로 구분하는 것도 쉽지 않다. 이와 같이 이의신청절차는 그 유형과 절차가 다양하고, 이의신청의 절차 및 방법에 대한 안내도 법제화되어 있지 않아 국민들의 불복절차 이용에 많은 어려움이 있을 것으로 판단된다.

(2) 이의신청을 거친 이후에 행정심판이 허용되는지의 여부 불명확

특히 문제가 되는 것은 이의신청을 거친 이후에 행정심판을 청구할 수 있는가 하는 것이다.

---

28) 예컨대 장애아동복지지원법 제38조.

먼저 이의신청을 규정하는 개별법에서 명시적으로 행정심판을 거친 후에만 행정소송을 제기할 수 있다고 규정하는 것이 아닌 한, 이의신청 결정에 불복하는 자는 바로 행정소송을 제기할 수 있다고 본다.[29] 행정심판법에 의한 행정심판은 임의적 전심절차이기 때문에 이 점은 별로 문제될 것이 없다.

문제는, 행정심판과 관련하여 이의신청을 거친 당사자가 이의신청 결정에 불복하여 행정심판을 청구하고자 하는 경우 행정심판이 허용되는가 하는 것이다. 행정심판을 허용하거나 배제하는 명문의 규정이 있는 경우에는 이에 따르면 되지만, 불복절차로서 행정소송을 제기할 수 있다는 규정만 있는 경우 또는 아무런 규정을 두고 있지 않은 경우(위 입법례의 (4)유형과 (6)유형의 경우)에 행정심판이 허용되는지가 문제이다. 이에 관하여는, 이미 언급한 바와 같이, 문헌에서는 별도로 언급하는 바가 없다.

결국 이 문제는, 이의신청을 규정하고 있는 취지(행정의 전문성·특수성 등의 이유로 행정심판의 특례로서 이의신청이 필요한 경우인지 여부 등), 이의신청절차가 행정구제절차로서의 객관성·공정성·전문성 등을 갖추고 있는지 여부, 행정심판을 허용하는 것이 행정에 대한 적법성통제 및 개인의 권익구제의 측면에서 의미가 있는지의 여부(이의신청과의 중복 여부, 신속한 권리구제의 필요 여부 등) 등을 종합적으로 검토하여 판단할 수밖에 없다.

(3) 행정심판 허용 여부에 대한 일반적 원칙 정립 필요

이 문제는 입법적으로 이의신청에 관하여 정비하지 않는 한, 현실적으로 꾸준히 발생되는 문제이기 때문에 이를 해결하기 위한 일반적인 해석기준은 필요하다고 생각된다.

(i) 우선 이의신청에 대한 규정이 있더라도 행정심판을 청구할 수 있는 기회를 배제하는 것은 아니라고 보아야 한다. 국민의 재판청구권을 제한할 뚜렷한 필요성이 보이지 않기 때문이다. 따라서 이의신청에 대한 불복절차에 관한 별도의 규정이 없는 경우에는 당연히 행정심판이 가능하다고 할 것이고, 불복절차로서 행정소송만 규정되어 있는 경우에도 원칙적으로 행정심판은 가능하다고 보아야 한다.[30]

(ii) 다만, 법률의 규정이 이의신청 결정에 대한 불복절차로서 행정소송만을 규정하고 있는 경우로서, 처분청의 원 처분이 고도의 전문성을 요구하는 것으로서 이에 대한 처분청의 전문적 판단을 존중할 수밖에 없고, 이에 대한 불복절차로서 행정심판 보다는 처분청에 대한 이의신청제도를 거치는 것이 보다 전문적인 판단이 가능하다고 인정되는 경우에는 −예외적으로− 행정심판이 허용되지 않는다고 보는 것이 합리적이라 판단된다.

---

29) 대판 2001.9.18, 2000두2662 참조.
30) 박균성 교수(박균성, 전게서, 655면 이하)도 원칙적으로 같은 견해라고 판단된다.

(iii) 그러나 이에 대한 판단이 용이하지 않기 때문에, 원론적으로는, (ii)에 해당하는 경우는 특별행정심판제도를 두는 것이 바람직하며, 특별행정심판은 궁극적으로 행정심판으로 통합되는 것이 바람직하다.

(4) 지방자치법 제140조의 경우

특히 이 문제는 지방자치법 제140조의 경우에 문제가 되고 있다. 지방자치법은 제140조 제5항에서 사용료·수수료 또는 분담금의 부과나 징수에 대하여 행정소송을 제기하려면 제4항에 따른 결정을 통지받은 날부터 90일 이내에 처분청을 당사자로 하여 소를 제기하여야 한다고 규정하면서, 제7항에서 이의신청의 방법과 절차 등에 관하여는 지방세기본법 제118조와 제121조부터 제127조까지의 규정을 준용한다고 하고 있다. 이에 따라 준용되는 지방세기본법 제125조 제1항은 "이 법 또는 지방세관계법에 따른 이의신청 또는 심사청구의 대상이 되는 처분에 관한 사항에 대하여는 행정심판법을 적용하지 아니한다."라고 규정하고 있다.

위 규정들을 문리적으로 해석하면, 지방자치법상의 이의신청에 따른 결정에 대해서는 명문으로 소송을 제기하라고 규정하고 있고, 또한 준용규정인 지방세기본법도 이의신청에 대해서 행정심판법을 적용하지 않는다고 하고 있으므로, 지방자치법상의 이의신청에 따른 결정은 행정심판의 대상이 되지 않는다고 할 수 있다.

실제로 시도행정심판위원회 가운데에는 지방자치법 제140조에 따른 이의신청에 대한 결정에 불복하여 행정심판이 청구된 경우에 이를 각하하는 재결을 하고 있는 예도 있다.[31]

그런데 최근 법제처에서는 '지방자치법에 따른 이의신청절차는 준사법적절차가 준용되지 않아 특별한 행정심판으로 볼 수 없으므로 행정심판법에 따른 행정심판이 가능하다'는 유권해석을 한 바 있다. 이에 따라 일부 지방자치단체에서는 이의신청 후에도 행정심판을 하는 경우도 있어, ① 청구인의 권리구제 확대라는 취지와 달리 동일한 처

---

31) 예컨대 울산행심 2001-26 상수도시설분담금차액반환청구

"행정심판법 제3조제1항의 규정에 의하면 행정청의 처분 또는 부작위에 대하여 다른 법률에 특별한 규정이 있는 경우를 제외하고는 이 법에 의하여 행정심판을 제기할 수 있다라고 규정하고 있으며, 지방자치법 제131조의 규정에서는 지방자치단체의 분담금부과처분에 대하여 이의가 있는 자는 그 처분의 통지를 받은 날로부터 60일이내에 그 지방자치단체의 장에게 이의신청할 수 있고, 분담금의 부과에 대하여 행정소송을 제기하고자 하는 때에는 이의신청에 대한 결정의 통지를 받은 날부터 90일이내에 처분청을 당사자로 하여 소를 제기하여야 한다라고 규정되어 있는 바, <u>위 지방자치법의 규정은 행정심판법 제3조제1항의 규정하고 있는 다른 법률에 특별한 규정이 있는 경우에 해당한다고 할 것이므로 이 건 행정심판청구는 부적법한 청구라 할 것이다.</u>"(http://law.ulsan.go.kr/bup/bbs.jsp?SubMenu=decision&DocNum=01&table=bsim)

분에 대하여 지역별로 불복절차가 달라져 형평성에 문제가 있고, ② 심판진행 중 행정소송 청구기간이 도과한 경우 재판받을 기회를 상실할 수 있어 관련 법령의 정비가 시급한 실정이다.[32]

생각건대 지방자치법상의 이의절차는 그 내용을 볼 때 고도의 전문적 지식이 요구되는 절차로 보기 어렵기 때문에, 이를 특별행정심판절차로 구성할 이유가 없다고 판단된다. 따라서 행정심판청구에 관한 규정이 없더라도 행정심판이 가능하다고 보아야 한다.

그러기 위해서는 향후 입법적인 정비가 반드시 필요한데, 우선 ① 제140조의 이의신청기간 및 결정기간은 이의신청제도의 취지에 맞게 더욱 단기로 규정되어야 하고, ② 이의신청에 대한 결정 이후에는 행정심판을 청구하거나 행정소송을 제기할 수 있다는 규정을 두어야 하며, ③ 이의신청에서 이에 대한 결정까지의 기간은 행정심판의 청구기간에 산입하지 않는다는 규정을 두고, ④ 제7항(지방세기본법의 준용)은 삭제하는 것이 바람직하다.

3) 처분권자에 따라 결정기관이 달라지는 문제

동일한 불이익처분이라 하더라도 처분권자에 따라 불복절차와 심판기관이 달라지는 문제가 발생하기도 한다.

예를 들어 수질 및 수생태계 보전에 관한 법률에 따른 오염총량초과부담금은 환경부장관 또는 지방자치단체장이 부과·징수하는데 지방자치단체장이 부과하는 부담금에 불복하여 이의신청을 제기하는 경우 지방자치법에 따라 해당 지방자치단체장이 이를 결정하나 환경부장관이 부과하는 경우에는 중앙행정심판위원회에서 행정심판법에 따라 처리하게 된다.

4) 심판기관의 공정성의 문제

심판기관의 공정성·객관성에도 많은 차이가 있을 수 있다는 문제가 있다. 지방자치법에 따른 이의신청의 경우 지방자치단체 장이 결정하기 때문에 헌법 제107조에서 행정심판제도에 요구하는 사법절차의 준용이 부족한 것으로 평가받고 있다. 대심구조의 불완전성, 심판기관의 공정성 결여, 그 밖에 행정심판법에 비해 청구인에게 불리한 심리절

---

32) 지방자치법 제140조 제6항은 이의신청을 거쳐 불복하려는 경우 결정통지를 받은 날부터 90일 이내에 행정소송을 제기하도록 하고 있어 행정심판을 청구하여 재결을 받는 경우 행정소송 제기기간이 도과될 수 있다는 문제가 있다.

차 등 절차의 불완전성으로 인하여 국민의 권리구제에 일정한 한계가 있는 것이다.

2. 이의신청제도의 개선방안

이하에서는 이상의 이의신청제도의 문제점을 바탕으로 입법론으로서 개정방안을 제시해 보는데, 편의상 이를 ① 이의신청에 관한 통일적인 규정을 마련하는 경우와 ② 이의신청과 행정심판의 통합하는 방안, ③ 이의신청을 규정하고 있는 개별법들을 개별적으로 정비하는 방안으로 나누어서 검토한다.

1) 이의신청에 관한 통일적인 규정을 마련하는 방안

이의신청에 관한 절차가 무수히 많은 법령에서 여러 가지의 유형으로 각기 달리 규정되어 있는 것은 결코 바람직한 현상은 아니다. 따라서 이에 대해서는 어느 정도라도 통일적인 규정을 마련하는 것이 가장 효과적이 해결방안이 될 것이다.

이의신청은 행정쟁송에 앞서 신속하고 효과적인 권리구제를 위하여 마련된 불복절차이다. 국민의 권익구제라는 관점에서 이와 같은 '처분청에 대한 이의신청'을 제한할 이유는 없다. 현재로서는 이의신청에 관한 일반법 또는 일반적 규정이 없기 때문에, 개별법에서 이의신청에 관하여 규정하고 있어야 이의신청이 인정된다는 것에서부터 문제가 시작된다고 판단된다. 이에 따라 무수히 많은 법률에서 이의신청을 제각각 규정하고 있는 것이 문제인 것이다. 따라서 이의신청에 관한 통칙적 규정을 마련하는 것이 가장 시급하다고 판단되는데, 이를 위하여 이의신청에 관한 일반법을 제정하기 보다는, 기존의 법률에 이의신청에 관한 통칙적 규정을 삽입하는 것이 효과적이라 판단된다. 이때 생각할 수 있는 법률로는 행정절차법과 행정심판법이 있다. 그런데 행정절차법상 행정절차는 '제1차적 처분절차'를 중심으로 하고 있기 때문에, 처분에 대한 사후절차인 이의신청절차는 여기에 해당되지 않는다는 점에서 행정절차법상 이의신청절차에 관한 규정을 두는 것은 논리적으로도 합리적이지 못하다고 판단된다.

결론적으로 독일 행정재판소법에 처분에 대한 불복절차인 행정심판절차(이의절차)가 규정되어 있는 점을 고려하면, 처분에 대한 사후적 불복절차로서의 행정심판에 관하여 규정하고 있는 행정심판법에 이의신청에 관한 규정을 두는 것이 바람직하다.

이 경우 행정심판법 제1장 총칙편에 이의신청에 관한 조문을 신설하고 다음과 같은 내용을 담으면 될 것으로 생각된다:

1. 국민권익보호의 확대 측면에서 "행정심판에 앞서 행정청의 처분에 대하여 처분청을 상대로 이의신청을 할 수 있다."는 개괄적인 형태로 이의신청을 인정하는 것이 바람직하다.
2. 처분이 있은 후 이의신청의 청구기간은, 그 이후의 행정심판 청구를 고려하여, 가급적 단기로 하여 규정한다.
3. 이의신청이 있은 후의 처리기간을 가급적 단기로 규정하고, 예외적으로 1차에 한하여 일정 기간 처리기간을 연장할 수 있도록 한다. 여하튼 이의신청절차는 신속하게 완료되도록 설계되어야 한다.
4. 이의신청에 대한 처분청의 결정이 있은 후 행정심판을 청구할 수 있다고 규정한다. 다만 개별법에서 행정심판법을 적용하지 않는다는 명문의 규정을 두고 있는 경우에는 예외로 한다.
5. 이의신청에서 이에 대한 결정까지의 기간은 행정심판의 청구기간에 산입하지 않는다.

2) 이의신청과 행정심판의 통합방안

다른 한편으로는 개별법상의 일체의 이의신청을 인정하지 않고, 처분청의 처분에 대한 불복을 행정심판으로 통일하는 방안을 고려할 수 있다.

현재와 같이 개별법에 의한 이의신청을 인정하는 경우, 처분에 대하여 이의신청을 거치고, 행정심판을 거쳐 행정소송까지 가는 경우를 상정하면, 동일한 처분을 가지고 여러 기관에서 여러 차례의 심사를 받게 되는데, '공익을 실현하는 행정법관계의 조속확정의 실익'이라는 관점에서 이와 같은 절차는 행정의 이념에도 부합하지 않을 뿐 아니라 국민의 입장에서도 너무 번거로운 구제절차라고 생각된다. 따라서 실제로 이의신청의 인용률이 저조할 것이라는 점까지 고려하면, 이의신청을 행정심판으로 통일하는 것이 효과적이라 생각된다.

다만 이 경우 반드시 고려하여야 할 점은, 행정심판을 청구하는 것과 이의신청을 하는 것이 동일한 정도로 용이하여야 하고, 청구사건을 유형별로 분류하여 단순 이의제기에 해당하는 사건의 경우에는 단기로 처리할 수 있어야 한다. 요컨대 행정심판위원회의 조직과 인력을 늘려서라도 심판청구에서 재결까지의 기간이 지금보다는 훨씬 더 단축될 수 있어야 한다.

3) 이의신청을 규정하고 있는 개별법들을 개별적으로 정비하는 방안

현행 개별법상의 이의신청절차를 개별적으로 정비하는 방안도 고려해 볼 수 있다. 이 방안이 가장 현실적인 대안이 될 수도 있지만, 다른 한편으로 이 방안은 이의신청제도가 가지는 문제를 개별적으로 해결하여야 하는 번거로움이 있고, 이를 통하여 궁극적으로는 기존의 이의신청절차의 문제들이 해결되지 않을 수도 있다는 점에서 바람직한 방안은 아니다.

개별적인 정비를 하기 위해서는 먼저 각종 이의신청절차를 유형별로 분류하고 각각의 장단점(심판절차, 심판기관, 청구기간 및 처리기간 등)을 비교·분석하는 작업이 선행되어야 한 것이다.

각 개별법의 이의신청절차를 정비하는 경우에도, 다음과 같은 원칙들에 따라 정비하는 것이 바람직할 것이다:

1. 이의신청을 거친 이후에는 행정심판을 청구하거나 행정소송을 제기할 수 있다는 규정을 두는 것을 원칙으로 한다. 이의신청은 행정심판과 같이 사법절차가 준용되는 행정구제절차가 아니므로 이의신청을 거친 것이 행정심판을 배제하여야 할 아무런 이유가 없기 때문이다.

2. 이의신청은 임의적인 불복절차로 규정하여야 한다. 이의신청은 행정심판과는 그 본질이 다른 제도이므로 이의신청을 거친 것이 행정심판을 배제할 사유가 되지 못하며, 행정심판도 임의절차화한 상황에서 이의신청을 행정소송의 필요적 전치로 구성하여야 할 이유가 없다.

3. 다만 이의신청절차 자체를 행정심판법에 대한 특례절차로 구성하여야 할 특별한 필요가 인정되는 경우도 있을 수 있는데, 이는 극히 예외적인 경우로 이해되어야 하며, 아울러 '당해 처분의 고도의 전문성으로 인하여 당해 처분청에서 심사하는 것이 심사의 공정성·정확성·전문성 보장 측면에서 합리적으로 요구되는 경우'에 국한되어야 하고, 이때에도 이의신청의 심리절차는 행정심판절차에 준하는 정도로 공정성·전문성·객관성이 담보되어야 한다.

4. 그런데 사실 3.의 경우는 개별법에서 이와 같은 규정을 두는 것 보다는, 이를 특별행정심판으로 하여 궁극적으로는 행정심판위원회에서 통합적으로 심판하도록 하는 것이 국민권익구제의 편의성이나 행정에 대한 자기통제의 관점에서도 보다 바람직할 것이다.

VI. 결론

행정절차의 개념을 어떻게 파악하는가에 따라 행정심판과 같은 사후절차도 행정절차의 개념에 포함될 수 있지만, 우리나라 행정절차법은 제1차적 처분절차를 중심으로 하는 좁은 의미의 행정절차개념에 입각하고 있기 때문에, 행정절차법상의 행정절차와 행정심판이 단절되는 문제가 있다.

그렇게 때문에 단기적으로는 행정절차제도와 행정심판제도의 운용에 있어 상호 모순되지 않는 조화방안을 모색하여야 하는 문제가 있다. 궁극적으로는 행정절차를 넓은 의미로 파악하면서 행정절차와 행정심판을 통합하는 방안을 모색해 보아야 한다.

행정심판에 영향을 미치는 여러 절차들이 존재하는데, 특히 이의신청절차는 각 개별법에서 여러 가지 유형으로 규정되어 있어 국민들의 입장에서도 혼란스러울 뿐 아니라 행정심판과의 관계도 명확하지 않아 실제 제도운용에 있어서도 문제가 야기되고 있다.

이의신청절차는 향후 행정심판법으로 통합되어 규정됨으로써 이의신청절차의 통일적인 운영방안을 마련하거나, 또는 행정심판절차로 흡수통합하여 운영하는 방안 등을 고려해볼 필요가 있다. 이에 관하여는 그간 학계에서의 연구도 미진했거니와, 그렇기 때문에 본 연구에서는 이와 관련하여 일천한 기준을 제시할 수밖에 없었다. 이에 대한 학계와 실무계의 지속적인 동반적 연구와 경험을 통하여 보다 합리적인 제도정비방안과 기준을 마련할 필요가 있음은 물론이다.

참고문헌

김성수, 일반행정법, 제6판, 홍문사, 2012.
이상규, 신행정법론(상), 법문사, 1997.
박균성, 행정법강의, 박영사, 제9판, 2012.
홍정선, 행정법원론(상), 제20판, 박영사, 2012.
홍준형, 행정법총론, 제4판, 한울아카데미, 2001.
홍준형/김성수/김유환, 행정절차법제정연구, 1996.

김광수, "미국행정절차법연구", 행정법연구 제12호(2004), 행정법이론실무학회, 273면 이하.
_____, "영국 행정심판제도의 운영현황", 공법연구 제38집 제4호, 공법학회, 2010. 6, 159면
    이하.
김남철, "갈등관리수단으로서의 공법상의 조정 -독일과 한국의 공법상 조정제도의 비교를
    중심으로-", 공법연구 제34집 제4권 제2호, 한국공법학회, 2006. 6, 209면 이하.
김용섭, "행정법상 분쟁해결수단으로서의 조정", 저스티스 제37권 제5호(통권 제81호), 한국
    법학원, 2004. 10, 5면 이하.
선정원, "행정심판과 고충처리제도의 조직적 통합의 의의와 법정책적 개선과제", 법과정책연
    구 제11집 제4호, 한국법정책학회, 2011. 12, 1297면 이하.
신봉기, "특별행정심판위원회 통합방안", 공법연구 제38집 제3호, 한국공법학회, 2010. 6, 1면
    이하.
이종영, "독일의 행정심판제도", 중앙법학 제4집 제3호, 중앙법학회, 2003, 29면 이하.
국민권익위원회 보고서 "행정심판·행정소송·행정절차 제도의 조화방안 연구(2012)"

행정법 판례형성에 있어서의 행정법학의 기여*

김 남 철

Ⅰ. 머리말
Ⅱ. 주요 행정법이론과 판례
　1. 행정법 서론
　2. 행정작용: 행정행위
　3. 그 밖의 행정작용
　4. 행정구제
　5. 행정법각론

Ⅲ. 행정법학과 판례의 상호 발전을 위한
　　과제
　1. 행정법학의 연구 심화와 연구방법
　　　다양화
　2. 행정법학의 외연 확장
　3. 판례와의 교류 활성화
　4. 행정판례의 전문화
Ⅳ. 맺음말

Ⅰ. 머리말

행정법학은 일반적으로 공익을 실현하는 작용인 '행정'을 연구대상으로 한다. 그런데 행정의 개념은 매우 다의적이고 광범위한데다가, 또한 사회의 변화에 따라 행정의 기능도 변화한다는 점에서 행정을 연구의 대상으로 하는 행정법학의 경우 그 대상분야나 범위가 지극히 넓고 특정하기 어렵다는 특징을 가지고 있다. 이러한 점에서 다양한 행정분야에 대한 학문적 활동을 검토·평가하는 것도 사실상 쉬운 일이 아닌데, 더욱이 이러한 학문적 성과가 판례형성에 얼마나, 그리고 어떻게 기여했는가를 평가하는 것은 —매우 의미 있는 일이기는 하지만— 대단히 어려운 일이고 또한 개인마다 커다란 차이가 있을 수 있다고 생각된다. 따라서 이 글은 학문도 일천한 데다 행정재판에 대한 경험마저 전무한 사람의 주관적인 판단이라는, 명백한 한계가 있는 글이라는 점을 먼저 밝혀둔다.

행정법학은 삼권분립의 측면에서 법정립·법집행·법선언작용과 매우 밀접하게 관련되어 있으면서 각 작용과 상호 영향을 주고받으면서 발전하여 왔다. 이 가운데에서도 특히 행정법학은 행정정책이나 외국의 법제도 등에 대한 활발한 연구를 통하여 우리나

---

* 이 글은 『공법연구』 제44집 제4호(2016.6.)에 수록된 논문임을 밝힙니다.

라 법제정립·발전에 매우 큰 영향을 주었다고 생각한다. 아울러 행정은 법집행행위라는 점에서 행정법학의 이론적 체계는 행정실무에도 많은 영향을 미쳤다. 나아가 각종 위원회를 비롯한 다양한 행정참여제도가 활성화되면서 다수의 행정법학자들이 간접적으로 행정에 참여하는 기회가 늘어나고 이를 통하여 행정법학의 실무에의 기여도 또한 크게 향상되었다고 생각한다.

한편 행정법학은 —다른 법학분야와 마찬가지로— 사법작용과 떼려야 뗄 수 없는 밀접한 관계를 가지고 있다. 그동안 행정법학과 행정재판은 상호간의 상당한 정도의 영향을 주고받으면서 동반 발전하여 왔다. 실제로 행정법학과 행정재판은 이론을 바탕으로 재판을 하고 또한 재판의 결과가 다시 이론에 반영되는 과정을 수도 없이 반복하면서 서로 견고하게 얽히고 붙어 있다. 사실 판례를 연구하면서 이론은 실무를 위해서 존재하는 것이어야 되고 실무는 이론을 바탕으로 수행될 수 있을 때 문제해결의 설득력이나 효과가 높아진다는 지극히 단순한 사실을 새삼 배우게 된다. 재판에는 경험이 없으나 준사법작용이라 할 수 있는 행정심판을 통해서 다양한 분야(행정 일반·도로교통·정보공개·보건·노동·복지·보훈 등)의 구체적인 사례들을 접하면서 이론적인 토대나 기준들이 구축되어 있지 않거나 연구되지 않은 분야들이 의외로 많다는 점을 알게 되었고, 이러한 분야들이 존재한다는 점은 사실상 이론과 쟁송실무가 서로 교류를 제대로 하지 못했다는 것을 의미하는 것이 아닐까 생각해 보았다. 결국 이론과 실무가 서로 발전하기 위해서는 상호 교류의 방법이나 폭을 확대하는 것밖에는 없지 않나 하는 생각이다. 아무튼 이와 같이 해결해야 할 과제는 존재하지만, 그래도 이론은 재판에 많은 영향을 주었고 또한 재판도 이론형성에 크게 기여하였다는 점은 부인할 수 없다. 이 가운데 오늘의 주제인 행정법학이 행정판례에 어떠한 영향을 미쳤는가 하는 문제는 공법학회 60주년을 맞이하여 그동안 행정법학의 노력이 판례에 어떠한 영향을 미쳤는지를 살펴보면서 학문분야의 공로를 기리는 의미로 이해된다.

그런데 문제는 행정법학의 판례형성에의 기여를 어떻게 설명할 것인가 하는 것이다. 그동안 행정법학을 연구주제로 한 선행연구들을 살펴보면, 대부분이 행정법학 자체에 대한 회고나 전망에 관한 연구들이었고,[1] 행정법학이 판례에 미친 영향에 관한 선행연

---

1) 이에 관한 문헌으로는 예컨대, 김남진, 행정법학연구의 방법과 과제, 고시연구 제285호(1997.12), 65면 이하; 동인, 제어학으로서의 행정법론, 법연. vol.39(2013), 한국법제연구원, 26면 이하; 동인, 행정법의 종말론과 재생론, 법연 vol.46(2015), 32면 이하; 졸고, 1980년대 이후 한국행정법학의 발전과 향후과제, 연세법학연구 통권 제19호, 연세법학회, 2006.8, 33면 이하; 김동희, 새 천년의 행정법학의 발전방향 및 현안 문제, 법조 제520호(2000.1), 법조협회, 224면 이하; 김연태, 현대 행정법학의 과제, 법학연구 제12권 제2호(통권 제15호), 2002. 6, 135면 이하; 동인, 행정법학 발전의 회고와 전망 —고려법학에 실린 논문을 중심으로—, 고려법학 제68호(2013.3), 고려대학교 법학연구원, 193면 이하; 김종보, 행정법학의 개념과 그

구는 아직 발견하지 못했는데, 이는 행정법이론과 행정재판은 처음부터 끝까지 서로 견고하게 연결되어 있기 때문에 이론의 실무에의 영향이나 반대로 실무의 이론에의 영향을 간명하게 추려내어 구체적으로 설명하기가 대단히 어렵기 때문이 아닌가 생각된다.

아무튼 이 글은 이와 같은 한계 속에서 고민을 하다가, 결국은 행정법의 분야별로 몇 가지의 판례들을 검토하면서 피상적으로나마 이론과 판례와의 상관관계를 살피는 데 그쳤다는 점을 밝혀둔다.

아무쪼록 이 글은 행정법학의 사법(司法)에 대한 기여를 되돌아보고 상생발전을 위한 과제를 생각해 보는 것이 목적이다. 그러기 위해서는 이론과 판례의 관계를 살펴보아야 하는데, ─명확하게 구분할 수는 없겠지만─ 대체로는 이론이 판례에 영향을 미친 경우이거나 반대로 판례가 이론에 영향을 준 경우와 같이 이론과 판례가 서로 영향을 미친 경우, 또는 이론 또는 판례가 대립되는 경우와 같이 여전히 논란의 여지가 있는 경우가 있다. 이 글은 본래 이론이 판례에 영향을 미친 경우를 중심에 두고는 있지만, 각각의 경우가 명확하게 구분될 수 없는 것이라는 점에서 행정법 분야별로 주요 쟁점을 위주로 모두의 경우를 검토하면서 이론의 기여 부분을 찾아보는 방식으로 설명하기로 한다. 따라서 논란의 여지가 없거나 상대적으로 적은 부분들에 대한 설명은 생략한다. 그리고 이러한 검토를 바탕으로 이론과 판례의 상생적 교류와 발전이라는 관점에서 검토해야 할 점과 향후 과제를 간략히 제시해 보기로 한다.

II. 주요 행정법이론과 판례

이하에서는 주제별로 행정법의 이론이 판례에 중요한 영향을 주었다고 판단되는 경우를 중심으로 하여 판례가 이론의 형성이나 발전에 중요한 영향을 주었다고 판단되는 경우, 학설·판례상 논란의 여지가 있는 경우들을 간략히 검토하는 방식으로 설명하기로 한다.

외연, 행정법연구 제21호(2008.8), 행정법이론실무학회, 1면 이하; 김철용, 한국 행정법학 60년의 회고와 전망, 고시계, 제50권 제6호(2006.6), 53면 이하; 동인, 한국 행정법학 50년의 회고와 발전, 고시계, 통권 제500호(1998.10), 22면 이하; 박정훈, 대학에서의 행정법교육의 목표와 방향, 법학연구 제12권 제2호(2002.6), 연세대학교 법학연구소, 113면 이하; 서원우, 한국행정법(학)의 회고와 과제, 고시연구 제253호(1995.4), 32면 이하; 손진상, 21세기 한국행정법학의 과제와 전망, 안암법학, 통권 제13호(2002.1), 안암법학회, 19면 이하; 유종해, 전환기에 부응하는 공법학의 과제와 전망: 행정학과 행정법학의 위상, 공법연구 제26권 제1호(1998.5), 한국공법학회, 425면 이하; 최송화, 한국 행정법학 50년의 성과와 21세기적 과제, 법학 98(1995.8), 서울대학교 법학연구소, 134면 이하; 홍준형, 행정법제의 변천─그 회고와 전망─, 법제연구 통권 제14호(1998), 130면 이하 등이 있다.

1. 행정법 서론

1) 법치행정의 원리 · 행정법의 일반원칙

법치행정의 원리는 공법 전반에 걸쳐 적용되는 행정법의 기본원리이다. 법률우위와 관련하여 위헌법률심사제도가 도입되고, 법률유보와 관련하여 중요사항유보설(본질성이론)은 헌법재판소의 확립된 법률의 위헌심사기준이 되고 있다.[2] 본질성이론은 본래 독일 연방헌법재판소의 판례를 통하여 확립된 이론이라는 점에서 판례의 영향으로도 볼 수 있을 것이다.

종래 조리로 이해되어 오던 것들이 '행정법의 일반원칙'으로 체계화되면서 행정작용의 위법 여부를 판단하는 데 중요한 기준으로 작용하고 있다. 특히 비례원칙은 기본권 침해에 대한 위헌심사기준으로, 그리고 행정작용의 재량권 일탈 · 남용의 판단기준으로 확립되어 있다.[3] 신뢰보호원칙의 적용요건의 경우도 학설과 판례가 일치되고 있다.[4]

2) 소급입법

행정법의 시간적 효력과 관련하여 소급입법 부분은 판례의 영향이 큰 부분이라고 판단된다. 판례는 원칙적으로 금지되는 진정소급이 예외적으로 허용되는 기준으로 '소급입법을 예상할 수 있는 경우, 소급입법에 의한 당사자의 손실이 매우 경미한 경우, 소급입법을 정당화하는 중대한 공익상의 사유가 존재하는 경우 등'이라는 기준을 제시하였고,[5] 원칙적으로 허용되는 부진정소급의 경우 '개정 전 법령의 존속에 대한 국민의 신뢰가 개정 법령의 적용에 관한 공익상의 요구보다 더 보호가치가 있다고 인정되는 경우에 그러한 국민의 신뢰를 보호하기 위하여 적용이 제한될 수 있는 여지가 있다.'라는 기준을 제시하고 있다.[6] 나아가 헌법불합치결정에 따라 개선입법이 이루어졌을 때 헌법불합치결정 이후에 제소된 일반사건에 관하여 개선입법이 소급하여 적용될 수 있는가 하는 문제와 관련하여, 대법원은 '개정법률에 소급적용에 관한 명시적인 규정이 있는 경우에는 그에 따라야 하고, 개정법률에 그에 관한 경과규정이 없는 경우에는 다른 특별한 사정이 없는 한 헌법불합치결정 전의 구법이 적용되어야 할 사안에 관

---

2) 헌재결 1998.11.26, 97헌바31 등.
3) 대판 2015.1.29, 2014두40616.
4) 대판 2008.1.17, 2006두10931.
5) 헌재결 1999.7.22, 97헌바76.
6) 대판 2014.4.24, 2013두26552.

하여 개정법률을 소급하여 적용할 수 없는 것이 원칙'이라고 하였는데,[7] 이 판례는 개선입법에 소급규정이 있는 경우에만 소급이 가능하다는 기준을 정립하였다는 점에 의의가 있다.

3) 행정상 법률관계

관계법규범의 보호목적에 따라 공권의 성립 여부를 결정하는 보호규범이론은 법규범의 목적론적 해석에 따라 공권, 나아가 항고소송의 원고적격을 확대하는 데 크게 기여하였고, 재량에도 공권이 인정된다는 무하자재량행사청구권 이론도 검사임용거부처분 사건에서 '재량권의 한계일탈이나 남용이 없는 위법하지 않은 응답을 할 의무가 임용권자에 있고 이에 대응하여 재량권의 한계일탈이나 남용이 없는 적법한 응답을 요구할 권리가 있다.'[8]라고 하여 행정청의 거부행위의 처분성을 판단함에 있어 당사자에게 신청권이 인정되는 경우인가를 판단하는 데 기여하였다고 생각한다.

한편 사인의 공법행위로서의 신고의 경우에는 학설과 판례 모두 논의의 여지가 큰 부분이다. 먼저 학설의 경우 신고를 수리를 요하는 경우와 요하지 않는 경우로 구분하는 견해, 구분에 반대하는 견해로 나뉘고 있고, 판례 또한 구분에 대한 기준이 애매한 상태에서 건축신고를 수리를 요하지 않는 신고로 보면서 거부행위의 처분성을 부인하다가[9] 그 후 입장을 변경하여 거부행위의 처분성을 인정하고 있고,[10] 나아가 인·허가 의제 효과를 수반하는 건축신고는 행정청이 그 실체적 요건에 관한 심사를 한 후 수리하여야 하는 '수리를 요하는 신고'라고 하였다.[11] 개인적인 생각이지만, 신고라는 동일한 용어를 수리를 '요하는 경우'와 '요하지 않는 경우'로 구분한다는 것 자체가 모호하다는 생각이다. 그래서 구분기준이 모호하고 허가에 관한 판례의 법리가 수리를 요하는 신고에도 그대로 적용되고 있는 것이라 판단된다. 이 부분은 단일한 신고 개념으로 재정립되고, 규제가 필요하면 다시 허가로 전환하는 게 바람직하다는 생각이다.[12]

그리고 공법상 부당이득반환청구권의 법적 성질도 공권이라는 학설의 입장과 사권이라는 판례의 입장이 대립되고 있다. 이 문제는 향후 행정소송법의 개정을 통하여 공권으로 정리가 될 것으로 전망된다.

---

7) 대판 2015.5.29, 2014두35447.
8) 대판 1991.2.12, 90누5825.
9) 대판 1995.3.14, 94누9962; 대판 1999.10.22, 98두18435.
10) 대판 2010.11.18, 2008두167 전원합의체; 대판 2011.6.10, 2010두7321.
11) 대판 2011.1.20, 2010두14954 전원합의체.
12) 이에 관하여는 졸저, 행정법강론, 제2판, 박영사, 2015, 112면 이하 참조.

2. 행정작용: 행정행위

1) 개념과 종류

행정행위의 개념이 처분개념의 형성에 기여는 하였지만, 행정행위와 처분을 동일한 개념으로 볼 것인지에 대해서는 여전히 논란이 있다. 이 문제는 소송제도와도 관련된 문제이다.

한편 판례는 '건축에 관한 계획의 사전결정은 건축허가신청 전에 건축계획서 등에 의하여 그 입지의 적법성 여부에 대한 사전결정을 받을 수 있게 함으로써 경제적·시간적 부담을 덜어주려 하는 것'[13]이라고 하고 있는데, 이는 강학상 예비결정의 예이고, 또한 최근 판례는 '공정거래위원회가 부당한 공동행위를 한 사업자에게 과징금 부과처분(선행처분)을 한 뒤 다시 자진신고 등을 이유로 과징금 감면처분(후행처분)을 한 경우 선행처분을 잠정적 처분으로 후행처분을 종국적 처분으로 설명'하고 있는데, 여기에서의 잠정적 처분은 강학상 가행정행위(또는 잠정적 행정행위)에 해당한다.[14]

행정행위의 개념분야에서 학설·판례 모두 논란이 있는 것이 '판단여지'의 문제이다. 학설상으로도 판단여지를 인정하는 견해와 부정하는 견해가 대립되고 있고, 판례는 일단 요건판단의 문제와 효과부여의 문제를 구별하지 않고 모두 재량으로 표현하고 있다.[15] 더 나아가, 판단여지는 제한된 영역에서 매우 예외적으로 인정되어야 하는 것임에도, 판례는 어떠한 경우에 판단여지가 인정되어야 하는지에 대해서는 언급이 없고, 예컨대 '토지의 형질변경허가는 그 금지요건이 불확정개념으로 규정되어 있어 그 금지요건에 해당하는지 여부를 판단함에 있어서 행정청에게 재량권이 부여되어 있다'고 하여 불확정개념에 대한 판단에는 무조건 판단여지가 인정된다고 판단하는 것 같다.[16] 그러나 아무리 유사한 점이 있다 하더라도 요건판단의 문제와 효과부여의 문제는 개념적으로 반드시 구별되어야 한다. 만약 요건판단에 행정청의 재량이 인정된다면 굳이 법률에서 요건을 규정할 이유가 있을까 하는 의문이 든다. 앞으로는 판례에서도 판단여지의 문제를 적극적으로 고민했으면 하는 바람이다.

---

13) 대판 1996.3.12, 95누658.
14) 대판 2015.2.12, 2013두987. 이에 관하여는 졸고, '잠정적 처분'의 법적 성질에 관한 검토, 대한변협신문 제574호, 2016.1.11.(http://news.koreanbar.or.kr/news/articleView.html? idxno=14008, 최종방문일 2016.1.14.) 참조.
15) 대판 2013.12.26, 2012두19571; 대판 2014.5.16, 2014두274.
16) 대판 2005.7.14, 2004두6181; 대판 2013.10.31, 2013두9625.

2) 행정행위의 내용

허가의 법적 성질에 관해서는 학설상 논란이 있다. 전통적으로 학설·판례 모두 허가를 기속행위로 이해하는 가운데, 판례가 '중대한 공익상의 필요가 없는데도 관계 법령에서 정하는 제한사유 이외의 사유를 들어 허가를 거부할 수는 없다.'17)라고 하여 중대한 공익상의 필요가 있으면 허가를 거부할 수 있는 예외를 인정하는 것과 관련하여, 경우에 따라서 허가가 재량행위일 수 있다고 이해될 여지도 있기 때문이다. 따라서 '중대한 공익상의 필요'는 '불문의' 허가요건으로 이해하면서, 허가의 법적 성질은 기속행위로 보는 것이 허가의 개념에도 부합한다고 생각한다.

그 다음으로 개발제한구역 안에서의 개발행위의 법적 성질과 관련하여 판례는 예외적인 허가로 보면서 이러한 예외적인 건축허가는 그 상대방에게 수익적이므로 그 법적 성질은 재량행위라고 하고 있는데,18) 이는 강학상 예외적 승인에 대한 예라고 할 수 있겠다.

한편 인가와 관련해서 기본행위에 하자가 있고 인가는 적법한 경우 기본행위의 하자를 이유로 인가를 다툴 수 있는가 하는 문제의 경우에는 판례가 중요한 역할을 하고 있다고 생각된다. 이 경우 판례는 '인가처분에 하자가 없다면 기본행위에 하자가 있다고 하더라도 따로 그 기본행위의 하자를 다투는 것은 별론으로 하고 기본행위의 무효를 내세워 바로 그에 대한 인가처분의 취소 또는 무효확인을 구할 수 없다.'라는 입장이다.19)

부관의 경우는 학설·판례상 논란이 많은 부분이다. 먼저 부관의 종류와 관련하여 법률효과의 일부배제를 부관으로 볼 것인지 행정행위의 내용제한으로 볼 것인지 논란이 있는 가운데 판례는 이를 부관으로 보고 있다.20) 아울러 어떠한 행정행위에 부관을 붙일 수 있는가 하는 문제(부관의 허용성)와 관련하여서도 전통적인 견해와 비판적인 견해의 대립이 여전하다. 예컨대 기속행위와 관련하여 학설에서는 '법률요건충족적 부관'의 허용성을 논의하고 있는데 판례는 '일반적으로 기속행위나 기속적 재량행위에는 부관을 붙일 수 없고 가사 부관을 붙였다 하더라도 무효'21)라고 하여 기속행위에 대한 부관을 허용하지 않는 입장이다. 그리고 부관에 대한 쟁송과 관련하여 여러 학설들이 대립되고 있고 판례는 부담에 대한 진정일부취소를 인정22)하는 외에는 부관에 대한 부

---

17) 대판 2009.9.24, 2009두8946.
18) 대판 2003.3.28, 2002두11905.
19) 대판 2014.2.27, 2011두25173.
20) 대판 1993.10.8, 93누2032.
21) 대판 1995.6.13, 94다56883.
22) 대판 1992.1.21, 91누1264.

진정일부취소를 인정하지 않고 있는 등23) 매우 복잡한 양상을 띠고 있다. 다수설과 판례는 부담을 제외하고는 부관만을 독립하여 쟁송의 대상으로 할 수 없다는 입장인데, 그 이유를 부관의 부종성에 찾는 것이 아니라 부관의 처분성과 관련시키고 있다는 점에서 문제가 있다. 특히 판례는 부담을 제외한 부관을 행정쟁송법상의 처분이 아니라고 보고 있는데 과연 부관을 일률적으로 처분이 아니라고 볼 수 있는지 의문이다. 따라서 부관이 처분이 아니어서 무조건 부진정일부취소가 인정되지 않는다고 할 것이 아니라 일단 부진정일부취소청구를 허용하고 부관의 부종성의 관점에서 일부취소청구를 인용할 것인지의 여부를 고민하는 것이 부관을 인정한 취지에 더 부합하는 것이 아닌가 생각된다.

행정행위의 하자와 관련하여 '위헌·위법인 법령에 근거한 행정처분의 효력' 부분은 판례의 영향이 크다. 대법원24)과 헌법재판소25) 모두 처분 이후에 근거법령이 위헌·위법이 된 흠은 원칙적으로 취소사유에 해당한다고 보면서, 다만 처분이 근거 법률의 위헌의 정도가 심각하여 그 하자가 중대하다고 인정되는 경우, 그리고 그 때문에 국민의 기본권 구제의 필요성이 큰 반면에 법적 안정성의 요구는 비교적 적은 경우에는 예외적으로 당연무효사유가 될 수 있다는 기준을 제시하고 있다.26) 그 밖에도 불가쟁력이 발생한 행정처분에 위헌결정의 소급효가 미치는지 여부와 위헌인 법률에 근거한 처분에 대한 후행처분의 허용 여부에 대해서도 판례가 중요한 기준이 되고 있다. 전자의 경우 대법원은 위헌인 법률에 근거한 행정처분에 불가쟁력이 발생한 경우에는 위헌결정의 소급효를 인정하지 않고 있고,27) 후자의 경우, 대법원 판례도 의견이 나뉘기는 하였지만, 다수의견은 위헌결정 전에 이미 형성된 법률관계에 기한 후속처분이 새로운 위헌적 법률관계를 생성·확대하는 경우라면 이를 허용할 수 없다는 입장이다.28)

한편 하자의 승계에 관해서는 전통적 견해와 규준력이론이 있는데, 판례는 전통적인 견해를 고수하면서도 하자의 승계 여부를 판단하는 기준으로 '당사자의 권리보호(불가쟁력을 인정하는 것이 당사자에게 수인한도를 넘는 가혹한 것인지 여부)'를 활용하고 있다29)는 점에서 규준력이론의 영향이 있었다고 평가할 수도 있을 것이다.

23) 대판 2001.6.15, 99두509; 대판 1985.7.9, 84누604.
24) 대판 2007.6.14, 2004두619.
25) 헌재결 2010.12.28, 2009헌바429.
26) 헌재결 1994.6.30, 92헌바23.
27) 대판 1994.10.28, 92누9463.
28) 대판 2012.2.16, 2010두10907 전원합의체.
29) 대판 2008.8.21, 2007두13845 등.

3. 그 밖의 행정작용

1) 행정입법

행정입법에서, 우선 위임입법(위임법률 및 위임명령)의 한계에 관한 이론은 법령의 위헌·위법 여부를 판단하는 매우 중요한 기준으로 작용하고 있다. 하지만 법규명령의 통제와 관련하여 헌법재판소도 헌법소원을 통한 법규명령에 대한 심사권을 가질 수 있는지 여부가 과거 법무사법시행규칙에 대한 헌법소원사건에서 쟁점이 된 바 있었다.[30] 다수 학자들은 문제가 된 시행규칙을 처분법규로 보기도 어렵고 구체적 처분마저 기대할 수도 없는 경우에는 헌법소원을 허용해서 권리구제를 도모해야 한다는 입장이었다. 이 문제는 처분적 법규명령의 문제와도 연관되어 있는데, 즉 법규명령의 처분법규로서의 성질이 인정되는 경우라면 항고소송의 대상이 될 수 있기 때문에 위와 같은 문제가 발생하지 않는다는 것이다. 이 점에서 대법원이 과거 처분법규성의 인정에 있어 매우 소극적이었던 입장에서 변화하여 보건복지부 고시인 약제급여·비급여목록 및 급여상한금액표의 처분법규성을 적극적으로 인정[31]한 것이 아닌가 판단된다.

행정입법에서 가장 혼란스러운 점은 형식과 내용의 불일치 문제이다. 먼저 법규명령형식의 행정규칙에서 판례는 제재적 행정처분기준이 부령인 경우 이를 행정규칙으로 보고 있고[32] 다수 학자들은 이를 형식에 따라 법규명령으로 보아야 한다고 하여 서로 대립되고 있다. 여기에서 제재적 처분기준이 과연 내부적인 업무처리지침에 불과한 것인지는 의문이다. 판례는 같은 내용을 대통령령으로 정하면 법규명령이라고 하는데,[33] 그렇다면 형식에 따라 입법사항이 되기도 하고 업무처리지침이 되기도 하는 건지 더욱 의문이다.

그 다음으로 행정규칙형식의 법규명령(법령보충규칙)에서 판례는 상위법령의 위임이 있고 상위법령의 내용을 보충하는 기능을 가지는 경우에는 법규명령으로서의 효력을 인정하고 있다.[34] 대법원과 헌법재판소 모두 이와 같은 제한적인 범위 내에서 불가피하게 행정규칙에 위임하여야 할 현실적인 필요성을 인정하고 있고, 여러 학설이 있기는 하지만, 대다수의 학자들도 이와 같은 현실적인 필요성을 부인하지는 않는 것 같

---

30) 헌재결 1990.10.15, 89헌마178.
31) 대판 2006.9.22, 2005두2506.
32) 대판 2014.11.27, 2013두18964(입찰참가자격 제한기준을 정하고 있는 구 공기업·준정부기관 계약사무규칙); 대판 2015.7.9, 2014두47853(업종별 시설기준에 관한 구 식품위생법 시행규칙 제36조 [별표 14]).
33) 대판 2001.3.9, 99두5207(청소년보호법의 위임에 따른 시행령 제40조 [별표 6]의 위반행위의 종별에 따른 과징금 처분기준).
34) 대판 1987.9.29, 86누484; 헌재결 2004.1.29, 2001헌마894.

다.35) 이 문제는 우선 형식과 내용을 가급적 일치시키려는 대대적인 입법적 정비가 선행되는 것이 선행과제라고 생각된다.

2) 행정계획

행정계획과 관련하여서는 계획재량과 형량명령에 관한 이론이 판례에 영향을 주었다고 판단된다. 판례는 행정계획을 입안·결정함에 있어서 비교적 광범위한 형성의 자유를 가진다고 하면서 이익형량을 전혀 행하지 아니하거나 이익형량의 고려 대상에 마땅히 포함시켜야 할 사항을 누락한 경우 또는 이익형량을 하였으나 정당성·객관성이 결여된 경우를 형량명령에 위반되는 것36)이라 하여 이론에서 정립한 내용을 거의 그대로 받아들이고 있다고 할 수 있겠다.

한편 도시계획입안제안과 관련하여 예외적인 변경신청권을 인정한 판례37)나 입안제안권을 인정한 판례38)는 계획보장청구권에 관한 이론정립에 영향을 미쳤다고 할 수 있다.

3) 공법상 계약

공법상 계약은 사실상 개념에 있어서도 논란이 있어 이론적 체계 구축이 쉽지 않은 영역인데, 이러한 점에서 시립무용단 단원 위촉을 공법상 계약으로 본 판례,39) 과학기술기본법령상 사업협약을 공법상 계약으로 본 판례40) 등은 공법상 계약의 이론구축에 영향을 주고 있다고 할 수 있다. 한편 「사회기반시설에 대한 민간투자법」에 따른 실시협약의 법적 성질에 대해서는 사법상 계약설과 공법상 계약설(다수설)이 대립되고 있는데, 고등법원의 판례는 공법상 계약설을 취하고 있다.41)

4) 행정지도

행정지도의 경우 권리구제가 용이하지 않다는 점이 문제인데, '행정지도에 따를 의사가 없는 사람에게 이를 부당하게 강요하는 경우 행정지도의 한계를 일탈한 위법한

---

35) 헌재결 2009.2.26, 2005헌바94, 2006헌바30(병합) 전원재판부.
36) 대판 2015.12.10, 2011두32515.
37) 대판 2003.9.23, 2001두10936.
38) 대판 2004.4.28, 2003두1806.
39) 대판 1995.12.22, 95누4636.
40) 대판 2014.12.11, 2012두28704.
41) 서고판 2004.6.24, 2003누6483.

행정지도에 해당한다.'라고 하여 손해배상책임을 인정한 판례42)는 행정지도에 대한 행정구제에 관한 이론 정립에 도움을 준 사례라고 할 수 있다.

5) 행정절차와 행정정보공개

행정절차와 행정정보공개 분야는 법제가 이론과 판례의 형성에 크게 기여한 경우라고 생각된다. 이 분야의 법제화나 이론발전에 대한 공법학의 기여는 상당히 컸다고 할 수 있다. 그렇지만, 예컨대 이유제시·불이익처분·사전통지·의견제출·청문·절차상 하자와 치유 등 행정절차에 관한 판례들, 그리고 정보공개 공공기관·청구권자·비공개대상정보·공개방법·개인정보보호 등 행정정보에 관한 판례들이 축적되면서 이러한 판례들이 이론의 구축이나 발전에도 지대한 영향을 미쳤다고 할 수 있다.

특히 판례는 행정절차를 중시하면서 절차상 하자를 독자적인 위법사유로 인정하고 있다는 점에서 행정절차제도의 도입취지를 잘 반영하고 있다고 판단된다. 한편 최근에는 국가재정법상 예비타당성조사절차는 하천공사시행계획절차와는 별개의 절차라는 판례,43) 도시계획위원회의 심의를 거치지 않았다는 사정만으로 불허가처분에 취소사유에 이를 정도의 절차상 하자가 있다고 볼 수 없다는 판례,44) 경우에 따라서는 토석채취허가신청에 대하여 시장·군수·구청장이 지방산지관리위원회 심의를 거치지 않은 채 불허가할 수 있다고 본 판례,45) 민원조정위원회를 개최하면서 민원인에게 회의일정 등을 사전에 통지하지 않은 것이 처분의 취소사유가 되지 않는다고 본 판례46)와 같이 절차적 하자에 해당하지 않는다는 판례들이 있었다.

정보공개와 관련하여 비공개대상정보에의 해당 여부에 관하여는 그동안 다양한 판례들이 있었고, 여기에서 판례가 제시한 판단기준들이 사실상 매우 중요한 의미를 가지고 있다. 대체로 판례는 비공개대상정보를 엄격히 해석함으로써 정보공개원칙을 규정하고 있는 법의 취지를 잘 반영하고 있다고 판단된다. 한편 최근 판례는 정보공개를 악용하는 사례에 대하여 이를 권리남용으로 보아 정보공개청구권을 허용하지 않는다고 한 바 있고,47) 공공기관의 미보유정보의 경우 공개거부처분취소소송에서의 협의의 소익을 부인하였다.48)

---

42) 대판 2008.9.25, 2006다18228.
43) 대판 2015.12.10, 2011두32515.
44) 대판 2015.10.29, 2012두28728.
45) 대판 2015.11.26, 2013두765.
46) 대판 2015.8.27, 2013두1560.
47) 대판 2014.12.24, 2014두9349.
48) 대판 2013.1.24, 2010두18918.

6) 행정의 실효성확보

대집행은 대체적 작위의무의 불이행에 대한 것이어서 토지·건물의 인도의무는 대집행의 대상이 될 수 없는 것이 원칙인데, 「공익사업을 위한 토지 등의 취득 및 보상에 관한 법률(토지보상법)」 제43조의 '토지 또는 물건의 이전의무' 규정과 제89조의 토지보상법 또는 동법에 따른 처분으로 인한 의무를 이행하지 아니할 때에는 대집행을 할 수 있다는 규정상, 토지의 이전의무가 비대체적 작위의무인데도 대집행의 대상이 될 수 있는가 하는 문제가 있다. 이에 대해서는 부정하는 견해·예외로 보는 견해 등 여러 견해가 있으나, 개인적으로는 토지보상법 제89조의 목적론적 해석을 통하여 구체적인 경우에 개별적으로 대집행의 가능 여부를 판단하여야 한다고 생각한다. 그런데 판례는 이와 같은 개별적인 상황에 따른 판단이 아니라 대집행 자체를 부정하는 입장이다.[49]

강제금과 관련하여서는 최근 대법원의 판결이 있었다. 이 판결은 대법원이 이행강제금에 관하여 정의를 내린 최초의 판례가 아닌가 생각되는데, 다만 이 판례에서 대법원은 이행강제금을 "행정법상의 '부작위의무 또는 비대체적 작위의무'를 이행하지 않은 경우에 (…) 의무자에게 심리적 압박을 주어 장래를 향하여 의무의 이행을 확보하려는 간접적인 행정상 강제집행 수단"으로 정의하고 있는데,[50] '대체적 작위의무'의 경우는 강제금의 대상이 될 수 없는 것인지 의문이다. 이미 헌법재판소도 이행강제금은 대체적 작위의무의 위반에 대하여도 부과될 수 있다고 하고 있고,[51] 또한 건축법 제80조도 대체적 작위의무인 시정명령의 불이행에 대하여 이행강제금을 부과하도록 규정하고 있다. 건축정책적 관점에서 보더라도 강제금을 통하여 대체적 작위의무를 이행하도록 하는 것이 바람직하지 않을까 생각된다.

4. 행정구제

1) 행정상 손해배상

국가배상법 제2조와 관련하여 판례는 공무원의 직무소홀(부작위)에 대한 배상책임의 인정에 있어 이른바 보호규범이론을 활용하고 있다.[52] 즉 공무원의 직무에 관한 법규

---

49) 대판 2005.8.19, 2004다2809; 대판 2011.4.28, 2007도7514.
50) 대판 2015.6.24, 2011두2170. 다만 이 판례에서는 '행정법상 의무의 내용을 초과하는 것을 불이행의 내용으로 기재한 이행강제금 부과 예고서에 따른 이행강제금 부과가 위법한지 여부'가 핵심쟁점으로, 이행강제금의 '개념'은 별도의 고려 없이 단순히 전통적인 개념을 언급한 것이 아닌가 판단된다.
51) 헌재결 2004.2.26, 2001헌바80·84·102·103, 2002헌바26(병합) 전원재판부.
52) 대판 2015.12.23, 2015다210194.

정이 공익뿐 아니라 사익도 보호하는 경우에 국가배상책임이 인정된다는 것이다. 이러한 판례의 입장은 오늘날 대다수 학자들이 지지하는 다수설로 확립되었다고 할 수 있겠다.

그러나 '법령위반'과 관련하여 취소소송의 판결의 기판력이 후소인 국가배상소송에 미치는가 하는 문제에 대해서는 학설·판례상 논란의 여지가 있어 보인다. 이 문제는 '위법'의 개념과도 관련된 문제이고, 소송물과도 관련이 있다. 기판력과 관련하여서는 -소송물을 근거로 한- 제한적 긍정설이 타당해 보이나, 판례는 -명확하지는 않지만- "어떠한 행정처분이 후에 항고소송에서 취소되었다고 할지라도 그 기판력에 의하여 당해 행정처분이 곧바로 공무원의 고의 또는 과실로 인한 것으로서 불법행위를 구성한다고 단정할 수는 없는 것"53)이라고 하여 기판력부정설의 입장인 것으로 보인다.

한편 배상책임의 성질과 관련하여서는 이를 대위책임으로 볼 것인지 자기책임으로 볼 것인지가 문제인데, 이를 둘러싸고 대위책임설·자기책임설·중간설 등이 대립되고 있지만, 이 문제는 단순히 논리나 이론의 문제만은 아니고 피해자보호·재정안정·불법행위 억제·안정적 공무수행 등 다양한 관점들이 고려되어야 할 문제이다. 판례는 1996년 전원합의체 판결을 통하여 절충적인 판단을 하고 -공무원 개인의 민사상 배상책임이 인정되는가 하는 관점에서- 이를 '제한적 긍정설'이라 하였는데, 이는 학설에서 주장되어온 절충설과 거의 같은 견해라 할 수 있다.

국가배상법 제5조도 학설·판례상 논란이 많은 곳인데, 특히 '설치 또는 관리상의 하자'와 관련하여 제5조상 책임이 무과실책임인지 여부, 객관적 하자인지 주관적인 귀책사유에 따른 하자인지 여부에 대하여 논란이 있다. 판례는 기본적으로는 객관설의 입장에 있으면서도 '방호조치의무' 또는 '손해발생의 예견가능성과 회피가능성' 등을 하자 판단의 기준으로 사용하고 있는데, 이러한 판례의 평가에 대해서도 객관설과 주관설의 입장에 차이가 있다고 판단된다.

영조물의 '이용상 하자'는 영조물이 공공의 목적에 이용됨에 있어 그 이용상태 및 정도가 일정한 한도를 초과하여 제3자에게 사회통념상 참을 수 없는 피해를 입히는 것을 말한다. 이 경우는 판례에의 의존도가 큰 부분이다. 판례는 매향리사격장 사건,54) 김포공항 사건,55) 공군비행장 사건56)에서 사회통념상 참을 수 있는 피해인지의 여부를

---

53) 대판 2012.5.24, 2012다11297.
54) 대판 2004.3.12, 2002다14242.
55) 대판 2005.1.27, 2003다49566.
56) 대판 2010.11.25, 2007다20112.

'그 영조물의 공공성, 피해의 내용과 정도, 이를 방지하기 위하여 노력한 정도 등을 종합적으로 고려하여 판단하여야 한다.'는 기준을 제시하고 있다. 이 '이용상 하자'의 문제는 사후의 피해에 대한 배상인데, 이를 사전적인 보상(주변지역에서의 소음 문제이므로 간접손실보상)으로도 접근할 수 있는 문제가 아닌가 생각된다.

2) 행정상 손실보상

행정상 손실보상 부분은 학설이나 판례상 논란의 여지가 있는 부분이 여러 군데에 걸쳐 있다. 먼저 ―독일의 판례이론이기는 하지만― 경계이론과 분리이론은 우리나라 대법원과 헌법재판소의 판례에도 영향을 미치고 있다고 판단된다. 헌법재판소는 '사회적 제약의 범위를 넘는 가혹한 경우에는 보상입법을 두어야 한다.'[57]고 하여 재산권의 존속보장에 중점을 두는 분리이론의 입장이고, 대법원은 보상규정이 없더라도 관련 보상규정을 유추하여 보상을 인정하는 점에서 대체로 경계이론의 입장이라고 할 수 있다.

손실보상청구권의 성질과 관련하여 손실보상은 공법적 원인에 의한 것임에도, 판례는 공익사업으로 인한 경우는 공권이라 보지만 손실의 내용이 사법상의 권리(예: 어업권)인 경우에는 사권으로 본다.[58]

생활보상과 간접손실보상 부분은 그 개념에 있어서도 학설이 일치되지 않는 등 아직 이론적인 체계화가 이루어지지 못하고 있다. 이러한 이유에서 이주대책[59]이나 명문의 규정이 없어도 간접손실보상을 인정한 판례[60]는 보상 여부 판단에 중요한 기준을 제시하고 있다고 평가할 수 있겠다. 요컨대 손실보상 부분은 보상실무와의 관계에서도 판례의 축적을 통한 기준의 정립이 상당히 중요한 분야라고 할 수 있다.

판례는 수용유사침해를 인정하지 않지만,[61] 최근 희생보상에 관련하여 구 전염병예방법에 따른 국가책임을 피해자의 특별한 희생에 대한 무과실 보상책임이라고 하였다.[62] 한편 공법상 결과제거청구권의 법리에 관한 이론적 체계가 구축되어 있으나, 판례는 아직 이와 같은 법리를 받아들이지 않고, 따라서 이에 해당하는 사례를 민사소송으로 다루고 있다.[63]

---

57) 헌재결 1998.12.24, 89헌마214, 90헌바16, 97헌바78(병합) 전원재판부.
58) 대판 1998.2.27, 97다46450.
59) 대판 2011.6.23, 2007다63089,63096 전원합의체.
60) 대판 2004.9.23, 2004다25581.
61) 대판 1993.10.26, 93다6409.
62) 대판 2014.5.16, 2014두274.
63) 대판 1987.7.7, 85다카1383; 대판 1999.7.27, 98다47528.

3) 행정쟁송

(1) 행정심판

행정심판은 법개정을 통하여 필요적 전심절차에서 임의절차로 변경되면서, 꾸준한 제도개선을 통하여 오히려 점차 활성화되고 있는 중이라고 생각된다. 특히 행정심판위원회가 재결기구가 되고 또한 위원 수를 증가시키면서 여기에 참여하는 행정법학자들도 늘어나게 되었다. 이러한 행정심판과 행정법학이 직접적으로 교류할 수 있는 기회가 확대되면서, 학자들도 행정심판이나 심판제도의 개선 등에 더 많은 관심을 가지게 되었다. 또한 실무사건에 대한 직접적인 경험을 하게 되므로 행정실무나 행정사건에 대한 이해도 높아졌다. 이러한 과정에서 학자들은 행정심판의 과정이나 재결에 영향을 미치게 되었다. 또한 행정심판의 경험은 법학연구에도 큰 도움이 된다고 생각한다. 결국 행정심판의 활성화를 통한 사건 수의 증가, 행정심판에의 참여 기회의 확대(이론·실무의 교류)를 통한 결정의 전문성과 신중성 증가 등이 종합적으로 행정심판제도의 발전을 이끄는 또 하나의 원인이 되지 않았나 생각한다.

행정심판 자체에 대해서는 특별히 이론과 판례가 대립하는 곳은 없다고 판단된다.

(2) 행정소송

행정소송에서는 우선 이행소송의 인정 여부가 문제이다. 최근 개정안에는 의무이행소송이 포함되어 있었지만, 여하튼 현재까지 판례는 이행소송,[64) 나아가 부작위청구소송[65)을 허용하지 않고 있다.

취소소송의 소송물도 다투어지고 있다. 다수설과 판례[66)는 처분 등의 위법성 그 자체를 소송물로 보지만, 취소소송이 주관소송이라는 점에서 처분 등의 위법성 및 이를 근거로 처분 등의 취소를 구하는 원고의 법적 주장으로 보는 견해가 대립되고 있다.

취소소송에서의 원고적격이 확대된 데에는 그동안 이론과 판례의 꾸준한 노력이 있었다고 할 수 있겠다. 향후 어떻게 더 확대할 것인가 하는 것 또한 꾸준히 논의가 되어야 하겠으나, 현재에는 법률상 이익의 내용이 '법에 의하여 보호되는 개별적·직접적·구체적 이익'이라는 판례,[67) 법률상 이익의 존부를 판단함에 있어 당해 처분의 근거법규뿐 아니라 관련법규범도 검토하여야 한다는 판례[68)가 확립되어 있고, 그 밖에도

---

64) 대판 1997.9.30, 97누3200.
65) 대판 2006.5.25, 2003두11988.
66) 대판 1990.3.23, 89누5386.
67) 대판 2008.3.27, 2007두23811.
68) 대판 2015.7.23, 2012두19496.

이웃소송·경쟁자소송·경원자소송 유형의 판례들이 축적되면서 일정한 판단기준이 확립되어 있다.

협의의 소익과 관련하여서는, 특히 시행규칙에 규정된 가중적 제재처분의 경우 협의의 소익을 인정하지 않았던 종래의 판례의 입장이 변경되었는데,[69] 이론적인 관점에서는, 시행규칙의 법적 성질에 관한 언급이 없어 여전히 의문의 여지는 있으나, 결과적으로는 바람직한 것으로 평가할 수 있겠다.

처분의 개념과 관련하여 행정행위와 처분이 같은 개념인지에 대하여 학설상 논란이 있다. 하지만 행정소송법은 처분 개념을 행정행위의 개념보다는 넓게 정의하고 있다는 것이 일반적인 견해이다. 그럼에도 판례는 기본적으로 "행정처분이란 원칙적으로 행정청의 공법상 행위로서 특정 사항에 대하여 법규에 의한 권리 설정 또는 의무 부담을 명하거나 기타 법률상 효과를 발생하게 하는 등으로 일반 국민의 권리의무에 직접 영향을 미치는 행위"라고 하여 처분을 행정행위의 개념과 거의 동일하게 보고 있는 입장이다.[70]

한편 집행정지와 관련하여 거부처분에 대하여 집행정지가 허용되는지 여부에 대하여 거부처분의 집행정지로 거부처분이 없었던 것과 같은 상태로 되돌아감에 따라 신청인에게 어떠한 법적 이익이 있는 경우에는 예외적으로 거부처분에 대한 집행정지신청을 허용하자는 제한적 긍정설이 있으나 판례는 부정적이다.[71]

그밖에 행정소송법은 이론도 중요하지만, 아무래도 소송실무의 영향이 클 수밖에 없다는 점에서 행정소송분야에서의, 예컨대 경정처분이나 종전처분을 변경하는 내용의 후속처분에서의 소송의 대상[72]·처분사유의 추가·변경에서의 기본적 사실관계의 동일성·판결의 효력 등의 문제에 있어서는 판례가 많은 영향을 주었다고 생각한다.

다만, 반복되는 내용이지만, 당사자소송에서 처분 등을 원인으로 하는 공법상의 법률관계에 관한 소송으로서 처분 등의 무효를 전제로 하는 공법상의 부당이득반환청구소송, 공무원의 직무상 불법행위로 인한 국가배상청구소송 등은 당연히 당사자소송에 속하는 것이어야 하나 판례는 민사소송으로 다루고 있다.

---

69) 대판 2006.6.22, 2003두1684 전원합의체.
70) 대판 2012.9.27, 2010두3541.
71) 대결 2005.1.17, 2004무48.
72) 대판 2015.11.19, 2015두295 전원합의체(영업시간제한등처분취소 사건).

5. 행정법각론

행정법의 각론 분야는 워낙 범위가 넓어서 이를 일목요연하게 정리하는 것이 용이하지 않다. 따라서 최근의 주요 판례를 중심으로 간략히 검토하기로 한다. 그동안 행정법학 분야에서 행정법각론에 대한 연구가 매우 활발하게 이루어졌음에도 불구하고, 상당 부분의 연구가 각론분야의 정책이나 법제에 관한 경우가 많다보니, 아무래도 각론의 구체적인 사례들과 관련된 법해석이나 구체적인 판단기준에 있어서는 판례의 영향이 상대적으로 큰 경우들이 많다고 할 수 있겠다.

1) 지방자치법

지방자치법 분야는 그동안 행정법학자들이 상당히 많은 관심을 보여 온 분야이기도 하다. 이에 따라 상당한 정도의 연구성과가 축적되어 있고, 이와 같은 결과가 판례형성에도 많은 기여를 했다고 생각한다. 아울러 지방자치와 관련된 구체적 사건에 대한 판례들도 이론적 체계를 발전시켜 나아가는 데 많은 기여를 하였다. 이는 1995년 지방자치가 다시 본격적으로 시행된 이래 지방화가 지속적으로 이루어지고 있는 현상과도 관련이 있는데, 예컨대 지난 2015년의 경우만 해도 지방자치법 관련 판례로서 주민소송, 지방자치단체간 분쟁조정, 조례의 적법요건 등에 관한 판례들이 있었다.[73]

대표적으로는 ① 공유수면에 대한 지방자치단체의 관할구역 경계 및 그 기준은 최종적으로는 헌법재판소가 정한다는 결정,[74] ② 주민소송의 대상이 되는 '재산의 관리·처분에 관한 사항'이나 '공금의 부과·징수를 게을리한 사항'의 의미와 범위 및 이행강제금의 부과·징수를 게을리한 행위가 주민소송의 대상이 되는 공금의 부과·징수를 게을리한 사항에 해당된다는 판례,[75] ③ '교육감의 담당 교육청 소속 국가공무원인 도교육청 교육국장 및 그 하급자들에 대한 징계의결요구 신청사무'와 '공립·사립학교의 장이 행하는 학교생활기록부 작성에 관한 교육감의 지도·감독사무'가 기관위임된 국가사무라고 본 판례,[76] ④ 지방자치법 제148조 제1항에 따른 행정자치부장관이나 시·도지사의 지방자치단체 또는 지방자치단체의 장 상호 간 분쟁에 대한 조정결정 자체의 취소를 구하는 소송을 대법원에 제기할 수 있고 분쟁조정결정에 대하여 항고소송을 제기할 수 없다는 판례,[77] ⑤ 이행명령과 관련하여 교육부장관이 지방교육자치에 관한 법

73) 졸고, 2015년 행정법 주요 판례, 인권과 정의 제456호(2016.3), 대한변호사협회, 106면.
74) 헌재결 2015.7.30, 2010헌라2.
75) 대판 2015.9.10, 2013두16746.
76) 대판 2015.9.10, 2013추517.

률 제3조, 지방자치법 제170조 제2항에 따라 할 수 있는 '행정상 필요한 조치'에 교육
감의 징계의결요구신청 없이 징계의결요구를 하는 것이 포함된다고 볼 수 없다는 판
례78)가 있었다.

지방자치법 분야에서는 자치입법권과 관련된 많은 논의가 있었다. 이와 같은 논의
가 조례와 규칙에 관한 수많은 판례에도 많은 영향을 미쳤다고 생각한다. '조례와 법률
유보'에 관하여는 여전히 많은 문제제기가 있으나, 현재 지방자치법 제22조 단서조항에
대해서는 헌법재판소나 대법원, 그리고 다수의 학자들이 합헌이라고 생각하고 있다.

다만 지방자치단체의 사무에서, 특히 자치사무와 기관위임사무의 구별과 관련하여
서는, 법령에서 별도의 위임규정 없이 사무의 주체를 지방자치단체 또는 지방자치단체
의 장으로 규정하고 있는 경우는 자치사무로 보아야 한다. 그런데 판례는 법령에서 사
무권한의 주체를 지방자치단체의 장으로 규정하고 있는 경우에도 "법령상 지방자치단
체의 장이 처리하도록 하고 있는 사무가 자치사무인지 아니면 기관위임사무인지를 판
단하기 위해서는 그에 관한 법령의 규정 형식과 취지를 우선 고려하여야 하지만, 그
밖에 그 사무의 성질이 전국적으로 통일적인 처리가 요구되는 사무인지, 그에 관한 경
비부담과 최종적인 책임귀속의 주체가 누구인지 등도 함께 고려하여야 한다."는 입장이
다.79) 지방자치권 보장과 관련된 전권한성의 원칙, 보충성의 원칙의 관점에서 보더라도
이미 법령에서 사무처리의 주체가 지방자치단체인 경우라면 이 사무는 우선적으로 자
치사무로 보는 것이 타당하다.

2) 공무원법

공무원법관계에서 판례는 직위해제를 "당해 공무원이 장래에 있어서 계속 직무를
담당하게 될 경우 예상되는 업무상의 장애 등을 예방하기 위하여 일시적으로 당해 공
무원에게 직위를 부여하지 아니함으로써 직무에 종사하지 못하도록 하는 잠정적인 조
치로서의 보직의 해제를 의미한다."80)고 하고 있는데, 이러한 의미에서 직위해제는 강
학상 가행정행위에 해당하는 것이라고 볼 수 있겠다.

한편 ① 근로자를 직위해제한 후 동일한 사유를 이유로 징계처분을 한 경우, 직위
해제처분이 효력을 상실하지만, 직위해제처분에 따른 효과로 승진·승급에 제한을 가하
는 등의 법률상 불이익을 규정하고 있는 경우에는 직위해제처분을 받은 근로자는 이러

77) 대판 2015.9.24, 2014추613.
78) 대판 2015.9.10, 2013추524.
79) 대판 2013.5.23, 2011추56.
80) 대판 2003.10.10, 2003두5945.

한 법률상 불이익을 제거하기 위하여 그 실효된 직위해제처분에 대한 구제를 신청할 이익이 있다고 본 판례,81) ② 새로운 직위해제사유에 기한 직위해제처분을 한 경우 그 이전에 한 직위해제처분은 이를 묵시적으로 철회하였다고 봄이 상당하므로, 그 이전 처분의 취소를 구하는 부분은 존재하지 않는 행정처분을 대상으로 한 것으로서 그 소의 이익이 없어 부적법하다고 본 판례,82) ③ 교육감이 학교생활기록 작성사무에 대한 지도·감독사무의 성격에 관한 선례 등이 확립되지 않은 상황에서 이를 자치사무로 보아 사무를 집행하였는데 사후에 기관위임 국가사무임이 밝혀진 경우, 기존에 행한 사무의 구체적인 집행행위가 징계사유에 해당하지 않는다고 한 판례,83) ④ 교육기관·교육행정기관·지방자치단체 또는 교육연구기관의 장이 징계위원회에서 징계의결서를 통보받은 경우, 법정 시한 내에 이를 집행할 의무가 있다고 본 판례,84) ⑤ 행정규칙에 의한 '불문경고조치'가 비록 법률상의 징계처분은 아니지만 이로 인하여 일정한 불이익이 발생하는 경우에는 항고소송의 대상이 되는 행정처분에 해당한다고 본 판례85) 등은 공무원법관계의 이론에도 많은 영향을 주고 있는 경우라 할 것이다.

3) 공용부담법

공용수용과 관련하여 토지보상법상 협의에 의한 취득의 법적 성질을 공법상 계약으로 보는 것이 통설인데, 판례는 사법상 계약으로 보고 있다. 따라서 협의취득시 건물소유자가 매매대상 건물에 대한 철거의무를 부담하겠다는 취지의 약정을 한 경우 그 철거의무가 행정대집행법에 의한 대집행의 대상이 되지 않는다고 보고 있다.86)

그리고 도시 및 주거환경정비법상 공용환권에서 사업시행인가의 법적 성질과 관련하여 판례는 ① 도시환경정비사업조합이 수립한 사업시행계획의 인가는 강학상 인가이지만,87) ② 토지 등 소유자가 직접 시행하는 도시환경정비사업에서 토지 등 소유자에 대한 사업시행인가는 강학상 특허라고 하고 있는데,88) 이러한 판례의 입장은 이론에도 그대로 영향을 주고 있다고 생각된다.

한편 판례는 도시 및 주거환경정비법상의 주택재건축정비사업조합을 상대로 관리처

---

81) 대판 2010.7.29, 2007두18406.
82) 대판 2003.10.10, 2003두5945.
83) 대판 2015.9.10, 2013추517.
84) 대판 2015.9.10, 2013추524.
85) 대판 2002.7.26, 2001두3532.
86) 대판 2006.10.13, 2006두7096.
87) 대판 2010.12.9, 2010두1248.
88) 대판 2015.6.11, 2013두15262.

분계획안에 대한 조합 총회결의의 효력을 다투는 소송의 법적 성질을 당사자소송으로 보고 있는데[89] 이론적 관점에서 판례의 입장은 타당하다고 생각된다.

4) 건축행정법

토지거래계약허가의 법적 성질에 관하여는 허가설, 인가설, 허가·인가 양면설이 대립하고 있는데, 판례는 토지거래계약허가를 허가로 보는 것은 입법취지를 넘어선 지나친 해석으로 보면서, 동 허가는 이른바 유동적 무효[90]인 법률행위의 효력을 완성해 주는 인가로서의 성질을 가진다고 보고 있다.[91] 그런데 사인 간의 토지거래계약을 행정청이 허가를 통하여 규제하는 취지는 부동산투기나 급격한 지가상승과 같은 사회적 문제를 방지하고자 하는 것이라 판단되고, 인가는 타인의 법률행위의 효력발생요건으로서 무인가행위는 원칙적으로 무효이지만 행정강제나 행정벌의 대상이 되지는 않는데, 무허가 토지거래계약의 경우에는 의무불이행에 따른 제재조치가 부과되거나 징역형 또는 벌금형과 같은 행정벌에 처해질 수 있다는 점을 고려하면 토지거래계약허가는 강학상 허가로 보는 것이 타당해 보인다.

행정청이 도시 및 주거환경정비법 등 관련 법령에 근거하여 행하는 조합설립인가에 관하여는 그 법적 성질이 강학상 인가인지 특허인지 논란이 있는데, 판례는 이와 같은 조합설립의 인가는 사인들의 조합설립행위에 대한 보충행위로서의 성질(인가)뿐 아니라, 조합에 대하여 도시정비법상 정비사업을 시행할 수 있는 권한을 갖는 행정주체로서의 지위를 부여하는 일종의 설권적 처분(특허)의 성격을 갖는다고 보고 있다.[92]

공시지가와 관련하여서도, 먼저 표준지 공시지가의 법적 성질에 관하여는 대체로 처분이 아니라는 견해가 우세하나 판례는 처분성을 인정하고 있다.[93] 판례가 개별공시지가를 처분이라고 보는 것[94]은 타당하다고 생각한다. 그러나 이에 대해서는 입법행위로 보는 견해 법규명령적 성질을 가지는 것으로 보는 견해 등 다양한 학설이 있다.

---

89) 대판 2009.9.17, 2007다2428 전원합의체.
90) 허가받을 것을 전제로 한 계약일 경우에는, 허가를 받게 되면 그 계약은 소급하여 유효한 계약이 되고 이와 달리 허가를 받지 못하게 된 때에는 무효로 확정되므로, 허가를 받기까지는 유동적 무효라는 의미이다 (대판 2000.4.7, 99다68812).
91) 대판 1991.12.24, 90다12243.
92) 대판 2012.4.12, 2010다10986.
93) 대판 1998.3.24, 96누6851.
94) 대판 1994.2.8, 93누111.

5) 환경법 · 재무행정법

환경법 분야에서 환경영향평가의 절차상·내용상 하자에 관한 판례들은 이론에도 많은 영향을 주고 있다고 생각된다.

한편 조세의 과오납금반환청구소송과 관련하여 과거 판례는 이를 민사소송으로 보았으나 현재에는 이를 당사자소송으로 보고 있는데,[95] 이론적인 관점에서 과오납금반환청구권은 공법상의 부당이득반환청구권의 성격을 가지고 있으므로 공법상의 당사자소송설 및 판례의 입장이 타당하다.

6) 기타 도로교통 · 보건 · 노동 · 사회복지 · 보훈행정법 등

1990년대 이후 개별행정법 분야에 대한 연구와 논의가 활발하게 전개되고, 전문적인 행정법 분야를 연구하는 전문학회들이 활동하면서 행정법연구의 전문화와 실질화에 크게 기여하였음에도 불구하고, 일부 행정법의 각론 분야들에 대한 연구는 여전히 미미한 상태이고, 연구가 있다 하더라도 대부분은 제도나 정책에 관한 것이어서, 실제로 도로교통·보건·노동·사회복지·보훈행정·경제행정 분야 등에서는 끊임없이 많은 사건들이 발생하고 있는데, 이에 대한 이론의 부재 또는 부족으로 이 사건들에 대한 판단은 사실상 거의 실무에 맡겨져 있다고 해도 과언이 아니다.

III. 행정법학과 판례의 상호 발전을 위한 과제

이상에서, 비록 부족하지만, 행정법학의 이론적인 연구와 성과가 판례와 어떻게 연결되어 있는가 하는 점을 행정법의 분야별로 간략히 고찰하면서 행정법학의 기여와 성과를 살펴보았다. 이하에서는 향후에도 행정법학이 판례에 더 많은 기여를 하기 위해서는 어떠한 점들을 고민해 보아야 하는지에 대하여 —지극히 주관적인 생각이지만— 간략하게 제시해 보기로 한다.

1. 행정법학의 연구 심화와 연구방법 다양화

과거에도 행정법학의 이론적·방법론적 미성숙의 문제가 지적된 바 있다. 즉 행정법학은 행정의 현실에서 발생하고 있는 문제해결 중심의 연구를 하여야 하는데, 여기에

---

95) 대판 2013.3.21, 2011다95564 전원합의체.

서 벗어나 개념적인 법해석학에 치중하면서 행정의 현안문제에 대하여 이를 분석하고 대안을 제시하는 등의 현실적인 문제해결능력을 보이지 못함으로 인하여 차츰 실무와도 상당한 괴리가 생기게 되었다는 점이다.[96]

최근 들어 행정법 각론 분야에 대한 연구가 활발해 지고는 있으나, 여전히 행정법학의 논의의 중심은 총론 분야에 있다고 생각된다. 그 덕분인지는 몰라도 총론 분야의 이론은 판례에도 영향을 미친 점이 많으나, 상대적으로 각론 분야에서는 이론적인 틀이나 논의가 풍부하지 못해 사실상 판례에 의존하고 있는 경우가 많은 것이 아닌가 생각된다.

각론 분야의 연구도 대부분이 법제에 관한 연구가 많았고, —판례평석 등의 연구활동은 끊임없이 계속되고는 있으나— 판례의 유형별 검토를 통한 구체적 해법의 제시와 같은 연구들은 사실상 거의 없지 않았나 생각된다. 예컨대 수많은 운전면허 사건·장애등급판정 등과 같은 보건 관련 사건·고용노동분야에서의 근로자인지 여부나 각종 지원금이나 보조금과 관련된 사건·각종 복지수혜와 관련된 사건·국가유공자의 지정과 관련된 사건 등이 각 개별적인 사건에 그치는 것이 아니라는 점에서 그 판단의 원칙이나 기준, 더 나아가서는 입법적 해결방안, 사법제도의 개선방안 등에 대한 심도 있는 연구도 필요하다는 생각이다.

2. 행정법학의 외연 확장

과거에도 지적되었던 또 하나의 문제가 행정법학의 자기영역의 축소이다. 그동안 행정법학은 법학교육 위주의 학문체계로서 기능하고 그로 인하여 현안적인 대응태도가 부진하였는데 이는 곧 행정법학의 주 연구대상이 총론적인 문제에 국한되어 있었음을 의미하는 것이라는 지적이다.[97] 현재에도, 예컨대 경찰행정법, 공무원법, 지방자치법, 조세행정법, 경제행정법, 건축행정법, 보건복지행정법 등과 같은 개별행정법 분야는 대부분 행정법학인 아닌 다른 인접 학문 분야의 연구대상인 것처럼 인식되기도 하고, 또한 대학에서 강좌조차 개설되지 않는 경우가 오히려 일반적이다. 이 문제는 실무교육을 강화한다는 법학전문대학원의 경우에도 마찬가지라고 생각된다.

앞서도 언급했지만, 실제로 고용노동·조세·군사·사회복지·도로교통행정법 분야에 대한 행정사건이 매우 많이 발생하고 있다. 행정사건에 대한 이해를 높이려면 해당 행

---

96) 최송화, 전게논문, 150면 이하.
97) 최송화, 상게논문, 151면; 손진상, 전게논문, 95면 참조.

정 분야의 이론과 관련 법제, 행정실무를 잘 알아야 한다. 이러한 점에서 행정법학의 외연을 확장하여 행정법의 총론뿐 아니라, 행정과 관련된 모든 각론 분야에 대한 연구로 연구범위를 넓혀야 한다.[98]

3. 판례와의 교류 활성화

한편 행정법학의 판례에의 기여를 향상시키려면 법학자들이 재판실무를 직·간접적으로 경험할 수 있는 기회가 확대될 필요가 있다.[99] 예컨대 행정심판의 경우에는 많은 학자들이 위원으로 참여하면서 행정실무 및 심판실무를 익힐 수 있고, 또한 현장에서는 구체적으로 어떠한 점들이 문제이고 애로가 있는지를 알게 된다. 아울러, 예컨대 도로교통·국토·고용노동·보건복지·군사행정사건 등 다양한 실제 사례들을 다루면서 경우에 따라서는 사례에 대한 유형화라든지 또는 구체적인 문제해결기준의 설정이 필요하다는 점을 느끼게 된다. 그러나 이와 같은 실제 사례들을 경험해보지 못해 잘 모르게 되면 이론과 실무의 괴리가 더 심화될 수밖에 없다. 그렇다고 이러한 문제들을 법원의 힘만으로 해결할 수도 없다고 생각된다. 그렇다면, −조심스러운 주장이지만− 행정심판의 경우와 행정재판의 경우를 동일하게 생각할 수는 없으나, 어떠한 방법으로든 행정법학자들에게도 행정재판에 참여 또는 관여할 수 있는 기회를 주는 방법을 생각해 볼 필요가 있지 않을까 생각된다. 예컨대 어떠한 방식이나 형태로든 재판실무를 알게 되면, 도저히 이해가 되지 않았던 판례의 입장들이 이해될 수 있고, 이를 토대로 이론과 실무가 같은 방향으로 문제해결을 고민할 수 있게 될 것이다.

4. 행정판례의 전문화

헌법의 경우 헌법재판소가 창설되면서부터 헌법이론과 헌법재판이 눈부시게 발전하였다고 생각된다. 행정법학의 판례에의 기여를 높이는 것뿐 아니라 법학과 실무가 상생발전하기 위해서는 행정판례의 전문화가 더욱 가속되어야 한다고 생각한다. 그동안 행정사건의 경우 분화된 전문법원이 없어서 일반사건인 민·형사사건에 밀려 특별사건으로 취급되었다가 그나마 지방법원급의 서울행정법원이 생기면서 행정판례도 훨씬 전문화되었다고 생각한다. 이제는 서울뿐 아니라 서울 이외의 지방에도 행정법원이 설치

---

98) 최송화, 상계논문, 153면 이하; 김연태, 전게논문(현대 행정법학의 과제), 136면; 김종보, 전게논문, 18면 참조.
99) 최송화, 상계논문, 156면 이하.

되었으면 하는 바람이다. 그리고 조금 더 바람이 있다면, 더 나아가 고등법원급·대법원급의 행정전문법원이 생긴다면, 보다 전문적인 판례이론도 기대할 수 있을 것이고 이를 바탕으로 행정법학과 판례와의 교류도 훨씬 활성화될 것이다.

Ⅳ. 맺음말

오늘의 발표는 공법학회 60주년을 기념하여 공법학의 기여를 살펴보는 것이 본래의 의도이긴 하였으나, 궁극적으로는 이론과 실무의 상생적 발전을 위하는 마음으로 이론과 판례의 상호작용이라는 관점을 소중히 생각하여 글을 작성하였다.

그동안 행정법의 이론과 판례는 늘 상호작용을 하며 동반성장해 왔다고 생각한다. 이 과정에서 행정법학도 판례의 형성이 상당한 기여를 했고, 또한 판례도 이론 형성에 많은 기여를 했다. 다만 행정법의 분야별로 이론과 판례의 관계를 고찰해본 결과 이와 같은 기여 또는 상호작용이 비교적 활발하게 이루어지고 있는 부분이 주로 총론 분야에 더 많지 않았나 생각되는데, 행정법학과 판례의 발전을 위해서는 이 점은 향후 개선되어야 한다고 생각한다.

이를 위해서는 행정법학의 연구방향이나 방법, 범위 등을 더욱 다양화·전문화할 필요가 있겠지만, 이는 행정법학에 국한된 문제는 아니라고 생각한다. 현재 법제의 발전에 따라 행정은 더욱 전문화·고도화되고 있고, 이에 따라 행정사건도 늘어 가고 있다고 생각된다. 이와 같은 사건 수의 증가는 경험치의 증가를 의미하기 때문에 판례의 발전을 가져올 수 있는 기회라고 생각된다. 행정재판에 대한 법학자의 이해를 높이는 방법을 고민하면서 이론과 실무가 '실질적인' 교류를 하는 것이 행정법학과 판례가 동반 성장을 할 수 있는 지름길이 아닐까 생각한다.

참고문헌

김남철, 행정법강론, 제2판, 박영사, 2015.

김남진, 행정법학연구의 방법과 과제, 고시연구 제285호(1997.12), 65면 이하.
_____, 제어학으로서의 행정법학론, 법연 vol.39(2013), 한국법제연구원, 26면 이하.
_____, 행정법의 종말론과 재생론, 법연 vol.46(2015), 32면 이하.
김남철, 1980년대 이후 한국행정법학의 발전과 향후과제, 연세법학연구 통권 제19호, 연세법
학회, 2006.8, 33면 이하.
_____, '잠정적 처분'의 법적 성질에 관한 검토, 대한변협신문 제574호, 2016.1.11.
_____, 2015년 행정법 주요 판례, 인권과 정의 제456호(2016.3), 대한변호사협회, 105면 이하.
김동희, 새 천년의 행정법학의 발전방향 및 현안문제, 법조 제520호(2000.1), 법조협회, 224
면 이하.
김연태, 현대 행정법학의 과제, 법학연구 제12권 제2호(통권 제15호), 2002. 6, 135면 이하.
_____, 행정법학 발전의 회고와 전망 -고려법학에 실린 논문을 중심으로-, 고려법학 제68
호(2013.3), 고려대학교 법학연구원, 193면 이하.
김종보, 행정법학의 개념과 그 외연, 행정법연구 제21호(2008.8), 행정법이론실무학회, 1면 이하.
김철용, 한국 행정법학 60년의 회고와 전망, 고시계, 제50권 제6호(2006.6), 53면 이하.
_____, 한국 행정법학 50년의 회고와 발전, 고시계, 통권 제500호(1998.10), 22면 이하.
박정훈, 대학에서의 행정법교육의 목표와 방향, 법학연구 제12권 제2호(2002.6), 연세대학교
법학연구소, 113면 이하.
서원우, 한국행정법(학)의 회고와 과제, 고시연구 제253호(1995.4), 32면 이하.
손진상, 21세기 한국행정법학의 과제와 전망, 안암법학 통권 제13호(2002.1), 안암법학회, 19
면 이하.
유종해, 전환기에 부응하는 공법학의 과제와 전망: 행정학과 행정법학의 위상, 공법연구 제26
권 제1호(1998.5), 한국공법학회, 425면 이하.
최송화, 한국 행정법학 50년의 성과와 21세기적 과제, 법학 98(1995.8), 서울대학교 법학연구
소, 134면 이하.
홍준형, 행정법제의 변천-그 회고와 전망-, 법제연구 통권 제14호(1998), 130면 이하.

사회국가원리의 구체화로서
'사회행정의 원칙' 구축 시론*

김 남 철

Ⅰ. 머리말
  1. 사회환경의 변화와 국가의 '사회적' 역할 부각
  2. 독일의 사회국가
  3. 사회문제 해결의 논거로서 사회국가 원리와 그 행정법적 구체화의 필요성
Ⅱ. 사회국가원리
  1. 사회국가 개념의 유래와 사회국가에 대한 이해
  2. 사회국가원리의 헌법적 반영
  3. 헌법의 사회국가조항의 법적 성격
  4. 사회국가의 내용과 한계

Ⅲ. 사회문제해결을 위한 행정법의 역할 변화 필요
  1. 사회환경의 변화와 행정법적 대응 필요
  2. 보장국가론, 재국영화·사회화 논의와 사회국가원리를 구체화한 행정법원칙의 필요
Ⅳ. 사회행정원칙의 정립 시론
  1. 사회국가원리의 구체화로서 사회행정의 원칙
  2. 사회행정원칙과 개별행정법영역에서의 원칙 정립 및 적용
Ⅴ. 맺음말

Ⅰ. 머리말

1. 사회환경의 변화와 국가의 '사회적' 역할 부각

세계화(Globalisierung)·고도의 기술발전·산업화·도시화 등은 전 세계를 하나로 통합하여 자유로운 글로벌 경쟁체계를 구축하고 인류의 생활을 편리하게 하는 데 기여했지만, 다른 한편으로는 과도한 자본주의와 경쟁의 심화·대규모화·집중화, 불공정, 양극화, 기후변화 등의 폐단을 가져왔다. 이와 같은 폐단이 사회적으로 심각한 문제가 되고 있는 지금은 자연환경, 인간다운 삶, 미래세대 등의 가치를 위하여 '문제해결을 위한 적극적인 움직임'이 필요한 상황이 아닌가 생각하게 된다.

우리나라도 짧은 기간에 고도로 성장하는 대단한 성과가 있었지만, 그 이면에 수도권으로의 과도한 집중, 경쟁의 과도화, 혼인 및 출산율 저하, 이와 같은 원인으로 인한

---

* 이 글은 『연세법학』 제41호(2023.2.)에 수록된 논문임을 밝힙니다.

인구절벽·지방소멸, 경제적 양극화와 같은 문제들이 매우 심각한 상황이다. 현재의 상황은 민간이나 시장이 자율적으로 문제를 해결할 수 있는 상황은 한참 지났다고 판단되고, 이제는 국가가 문제해결을 위한 적극적인 역할을 하여야 하는 시점이라고 판단된다. 왜냐하면, '인간의 존엄성', '실질적 자유', '기회의 공평' 등과 같은 우리 사회의 소중한 가치('사회적 가치'라고 부를 수도 있을 것이다)는 민간의 자율적 기능만으로 보장되고 유지될 수 없기 때문이다.

법적인 관점에서는 이를 '국가의 사회국가 실현 의무'로 표현할 수 있는데, 이는 헌법의 기본이념 중 하나인 사회국가원리를 의미하는 것이다. 하지만 사회국가원리는 다른 헌법이념에 비하여 상대적으로 규범력이 약한 결과, 우리나라의 수많은 정책이나 법제들에는 '사회국가'를 공통이념이나 기준으로 인식하고 있지는 않은 상황이다. 그 결과 사회국가와 관련된 여러 제도들이 존재함에도 서로 각각의 제도로 존재하고 또한 대통령 5년 단임과 같은 정치권의 변화에 따라 법제들이 변화하기가 일쑤이다. 따라서 국가가 불공정·양극화 문제를 적극적으로 해결하기 위해서는 헌법상 사회국가원리의 규범력을 높일 필요가 있고, 그 방법 중 하나가 이를 행정법의 일반원칙으로 정립하는 것이다. 이와 같은 원칙 정립이 정책이나 법제의 일관성·장기성에 기여하고 이로써 사회국가의 안정적 구축에 크게 기여할 수 있게 될 것이다.

한편, 최근 들어 우리 사회에서 '사회적'이라는 용어가 사용되기 시작했는데, 이제는 이 용어가 거의 일반화되기에 이르렀다. 가장 대표적으로는, 최근의 '코로나 감염증 사태'에서 '사회적 거리두기',[1] 기업경영에서의 ESG[2] 등을 들 수 있겠다. 여기에서 '사회적'이라는 용어는 ―법률용어로서 이전에 사회적으로 통용되는 일반적인 의미를 생각해 보면― '개인의 자유 제한, 국가의 적극적 역할(개입, 기능), 사회의 정의(실질적 자유와 평등, 국민의 안전과 평온 등) 실현' 등을 그 개념적 요소로 하는 것이라 이해된다.

---

1) 이 '코로나 사태'에서의 사회적 거리두기 정책은 '국가(특히 정부와 지방자치단체)의 적극적 역할'로 국민의 안전이 확보되고 사회의 질서가 유지될 수 있다는 점을 분명하게 보여준 사례라고 할 수 있다.
2) ESG는 환경(Environment), 사회(Social), 지배구조(Governance)를 줄인 말로, 기업의 지속가능성(sustainability)의 관점에서 기업경영과 투자에서 재무적 요소 이외에 환경·사회·지배구조도 함께 고려하여야 한다는 것을 말한다고 한다(예컨대, 정영철, 행정법과 ESG, 연세법학 제38호(2021.12), 연세법학회, 243면 참조). 정영철, 상계논문, 249면 이하는 헌법상 환경권 조항, 사회국가원리, 민주국가원리가 ESG의 직접적인 헌법적 근거가 될 수 있다고 하고 있다. 다만 ESG 자체가 '행정법의 일반원칙'이 되기에는 무리가 있고, 개별법률에서 이를 수용하는 것이 보다 효과적이라고 한다. ESG는 '기업경영'에서의 논의로 이 자체를 그대로 행정법화할 수는 없다는 점에서 당연한 지적이다.

2. 독일의 사회국가

독일은 사회국가(Sozialstaat)로 잘 알려져 있다. 물론 상대적인 것이기는 하지만, 독일의 사회국가로서의 특징은 ① 대학 간 순위나 출신 대학을 중요시하지 않고(개인의 능력을 중시), ② 각 전문영역별로 직업교육제도가 다른 나라에 비하여 비교적 잘 마련되어 있으며, ③ 직업 간 소득의 차이가 지나치게 크지 않다는 것으로 요약해 볼 수 있다. 여기에 두 가지를 더 보태면, ④ 연방의 양육수당(Bundeserziehungsgeld), 주의 아동수당(Kindergeld), 탁아소와 유치원(Kindertagesstätte und Kindergarten), 공교육비 무상, 상대적으로 용이한 주택 구매제도, ⑤ 연방과 주 사이의 분권, 지방자치의 활성화, 고른 지역분산(전국적 생활수준 균등, 지방소멸 우려 없음)을 들 수 있다.

이상과 같은 사회적인 시스템으로, 독일의 경우 －우리나라에 비하여 상대적으로－ 혼인·출산·교육·취업·연금 등 일반적인 생활에 큰 걱정은 없어 보인다. 심지어 기본법은 미래세대를 위한 자연(인간생활과 동물)의 보호[3]를 규정하고 있다. 이는 독일이 민주적, 사회적 연방국가임을 규정한 기본법 제20조의 다음 규정이라는 점에서도 상당히 중요한 의미를 가진다.

물론, 세계적인 신자유주의의 바람에 독일에서도 일정한 사회변화[4]가 있었지만, 독일의 사회국가는 여전히 튼튼히 유지되고 있다. 독일에서 사회국가는 확고부동한 헌법 및 행정법의 원리로 작용하고 있다고 할 수 있다.[5] 독일에서 사회국가는 무엇보다도

---

3) 독일 기본법 제20a조
국가는 미래세대에 대한 책임으로서도 입법을 통하여, 그리고 법에 따른 행정과 사법을 통하여 합헌적인 범위 안에서 자연적인 생활여건과 동물들을 보호한다.
(Der Staat schützt auch in Verantwortung für die künftigen Generationen die natürlichen Lebensgrundlagen und die Tiere im Rahmen der verfassungsmäßigen Ordnung durch die Gesetzgebung und nach Maßgabe von Gesetz und Recht durch die vollziehende Gewalt und die Rechtsprechung.)
4) 물론 세계화의 여파로 기업간 경쟁이 치열해지면서 독일도 신자유주의 경제정책으로 선회하였고, 이에 따라 독일 사회국가도 오늘날과 같은 세계화 시대로의 변화에 따라 변모하고 있다거나 독일의 사회국가가 경쟁국가로 변화하였다는 주장도 있다(예컨대, 김태근, 세계화 시대의 사회적 경제윤리와 새로운 복지 패러다임: 독일 사회국가(Sozialstaat)의 변화를 중심으로, 사회와 이론 통권 제31집(2017.11), 한국이론사회학회, 283면 이하; Dieter Eissel/Jong－Hwaan Ko, Vom Sozial- zum Wettbewerbsstaat: Sozialpolitik in Deutschland(사회국가에서 경쟁국가로: 독일 사회정책의 변화), 경상논총 제31권 제2호(2013.6), 한독경상학회, 45면 이하). 독일에서는 세계적인 정치·경제적 환경의 변화에 따라 국내의 사회나 노동 분야에서의 개혁이 이루어지기도 하였으나, 그렇다고 해도 사회국가의 이념이나 그 제도적 근간은 그대로 유지되고 있다.
5) 예컨대, Jarass/Pieroth, Grundgesetz für die Bundesrepublik Deutschland(GG), Kommentar, 14.Aufl., München, 2016, S.567ff.; Sachs, Grundgesetz für die Bundesrepublik Deutschland(GG), Kommentar, 7.Aufl., München, 2014, S.814ff. 참조.

경제적 약자를 보호하기 위한 헌법원리이고, 국가는 위험으로부터의 사회의 안전, 인간다운 생활, 일반적인 복지에의 적정한 참여(혜택) 등을 보장하여야 할 책임이 있다고 설명되고 있다.[6]

3. 사회문제 해결의 논거로서 사회국가원리와 그 행정법적 구체화의 필요성

위에서 언급한 오늘날의 우리 사회의 문제를 수정하여 실질적인 자유와 평등을 실현하기 위한 논거는 '사회국가원리'이다.

사회국가는 초기에는 행정의 활동에 의하여 실현될 수 있는 문제로 보았다가, 나중에 헌법 차원에서 논의되고 헌법원리로 발전한 것이다.[7] 헌법 분야에서는 사회국가원리에 관하여 꽤 오래전부터 오늘날에 이르기까지 상당히 많은 연구가 있었다.[8] 행정법 차원에서도 사회국가원리에 관한 연구들이 있었는데,[9] 주로 특정 주제나 행정법의 각론 영역과 관련된 연구들이었다.[10] 사회국가는 법학 이외에 타 학문영역에서도 관심을

---

6) 예컨대, Hömig/Wolff(Hrsg.), Grundgesetz für die Bundesrepublik Deutschland, Handkommentar, 11.Aufl., Baden–Baden, 2016, S.283 RN 4.

7) 예컨대, 홍성방, 사회국가 해석 모델에 대한 비판적 검토 ―사회국가 연구 서설―, 안암법학 제1권(1993.9), 안암법학회, 151면 이하 참조.

8) 헌법분야의 문헌으로는, 예컨대, 국순옥/송석윤(역), 기본법과 사회국가, 민주법학 통권 제55호(2014.7), 민주주의 법학연구회, 209면 이하; 김상겸, 社會國家原理에 관한 考察 ―독일 기본법상의 전개과정과 논의를 중심으로―, 헌법학연구 제7권 제1호(2001.5), 한국헌법학회, 123면 이하; 김용태, 헌법의 기본원리로서 사회국가원리, 법학논총 제32집(2014.7), 숭실대학교 법학연구소, 29면 이하; 박병섭, 사회국가원리의 역사적 전개와 법적 의미, 민주법학 제54호(2014.3), 민주주의법학연구소, 183면 이하; 배준상, 독일 기본법상 사회국가원리에 관한 소고 ―독일연방헌법재판소의 판례를 중심으로―, 법학논총 제13권(1996.10), 한양대학교 법학연구소, 23면 이하; 성중탁, 제4차 산업혁명과 사회국가 실현 등에 대한 전망과 과제, 헌법학연구 제27권 제1호(2021.3), 한국헌법학회, 343면 이하; 신정규, 사회국가원리의 구체화를 통한 사회통합에 있어서 재정법적 과제에 대한 검토, 헌법학연구 제28권 제1호(2022.3), 한국헌법학회, 453면 이하; 윤재만, 사회국가원리의 이론적 근거 및 실현방법론, 공법학연구 제12권 제3호(2011.8), 한국비교공법학회, 55면 이하; 정극원, 헌법상의 사회국가 원리, 공법연구 제26집 제2호(1998.5), 한국공법학회, 245면 이하; 차진아, 사회적 평등의 의미와 실현구조, 안암법학 제21권(2005.11), 안암법학회, 227면 이하; 홍성방, 사회국가 해석 모델에 대한 비판적 검토 ―사회국가 연구 서설―, 안암법학 제1권(1993.9), 안암법학회, 148면 이하 등이 있다.

9) 예컨대, 성중탁, 현대 사회국가와 행정법의 과제, 공법학연구 제19권 제2호(2018.5), 한국비교공법학회, 39면 이하; 정영철, 전게논문, 241면 이하.

10) 예컨대, 강현호, 경제위기에 있어서 사회국가 ―한국의 경험에 기초하여―, 토지공법연구 제63집(2013.11), 한국토지공법학회, 311면 이하; 윤현식, 사회국가원리를 통한 노사관계의 재구성, 민주법학 제73호(2020.7), 민주주의법학연구회, 157면 이하; 장철준, 헌법 안과 밖의 사회적 기본권, 그리고 사회국가원리 ―환경권 이해의 발상 전환을 위하여―, 공법학연구 제22권 제1호(2021.2), 한국비교공법학회, 209면 이하; 정혜영, 유치원의무화에 관한 헌법적 고찰 ―공교육의 사회국가적 평등실현 관점에서―, 아주법학 제9권 제4호

가지는 주제이다.[11]

　이 글은 그동안 논의된 '헌법상 사회국가원리'를 바탕으로, 그 행정법적 구체화로서 '사회행정의 원리'를 정립하는 것이 필요하다는 점을 연구의 대상으로 한다. 앞서 언급한 바와 같이 사회국가에 대한 선행연구가 많았는데, 이는 '우리 사회에서의 불합리한 불평등'이 그만큼 문제라는 것을 보여주는 것이라고 생각된다. 하지만, 사회국가는 '헌법원리'이지만 그 개념적 불명확성으로 인한 개방성이나 추상성 때문에 입법에 의한 형성의 여지가 크다는 특성[12] 때문인지 이를 법원칙화해 보고자 하는 시도는 아직 없었다. 그렇지만, 현재의 문제를 해결하기 위해서는 '사회국가'가 단지 헌법원리로만 머무르게 할 것이 아니라, 행정법 차원에서 이를 구체화하여, 가칭 '사회행정의 원칙'을 정립해서, 우리 사회의 기본구조가 이 원칙에 따라 일관성 있게 구축될 수 있도록 하는, 보다 적극적인 움직임이 필요하다고 생각한다.

　사회국가원리를 행정법의 일반원칙으로 정립하기에 앞서, 우선 사회국가는 복지국가와는 구별되는 개념이라는 점을 설명할 필요가 있겠는데, 복지국가는 국가가 국민의 생활 전반을 책임지는 (타율적인) 국가라는 특성이 있고, 사회국가는 국가가 생활의 기초 토대를 만들어 줌으로써 이를 바탕으로 국민 스스로가 자율적으로, 자기주도적으로 자신의 인격을 발현할 수 있고 이로써 궁극적으로는 실질적인 자유와 평등이 실현되는 국가라는 점에서 차이가 있다. 따라서 사회행정 또한 기존의 복리행정과는 구별되는 개념으로 이해될 필요가 있겠다. 복리행정은 주로 사회보장제도를 내용으로 한다는 점에서, 이 글에서 사회행정은 복리행정을 포함하는 더 넓은 개념으로 이해하기로 한다.

　이상의 설명을 바탕으로, 이하에서는 먼저 사회행정원칙의 도출근거로서 헌법상 사회국가원리의 개념·내용·한계 등을 살펴보고(II), 그다음으로 오늘날 우리 사회의 양극화 문제를 해결하기 위해서는 행정법의 적극적 역할이 필요하고 이러한 의미에서 사회

　(2016.2), 아주대학교 법학연구소, 21면 이하; 차진아, 사회국가의 실현구조와 토지공개념의 헌법상 의미, 공법학연구 제19권 제1호(2018.2), 한국비교공법학회, 3면 이하; 차진아, 사회보장과 조세 −공공부조와 사회보험을 중심으로−, 고려법학 제100권(2021.3), 고려대학교 법학연구원, 41면 이하; 홍명수, 헌법상 경제질서와 사회적 시장경제론의 재고, 서울대학교 법학 제54권 제1호(2013.3), 서울대학교 법학연구소, 75면 이하; 홍석한, 기본소득에 대한 헌법적 고찰 −사회국가원리의 관점을 중심으로−, 성균관법학 제29권 제4호(2017.12), 성균관대학교 법학연구원, 177면 이하 등 참조.
11) 예컨대, 김동춘, '사회국가'를 만들어야 한다, 황해문화 통권 제87호(2015.6), 새얼문화재단, 210면 이하; 김명수, 경제질서와 사회국가원리에 대한 재조명, 공공사회연구 제7권 제2호(2017.5), 한국공공사회학회, 59면 이하; 김호균, 독일의 '사회국가 4.0'에 관한 연구, 경상논총 제37권 3호(2019.9), 한독경상학회, 1면 이하; 김홍섭, "사회국가" 독일의 사회국가원리와 그 실현, 독일언어문학 제61지1(2013.9), 한국독일언어문학회, 185면 이하; 나혜심, 독일 사회국가(Sozialstaat)의 기원과 성격, 사림 제31호(2008.10), 수선사학회, 321면 이하.
12) Jarass/Pieroth, a.a.O., S.567f. RN 153f.; Sach, a.a.O., S.814f. RN 47f. 참조.

국가원리가 행정법의 일반원칙으로 정립되어야 할 필요가 있다는 점, 국가의 적극적 역할이라는 관점에서 사회행정과 기존의 보장국가론·재국영화론과의 관련성을 논의해 본다(Ⅲ). 그리고 이상의 내용을 토대로 일종의 시론(試論)으로서 행정법 영역에서의 '사회행정의 원칙'의 구축 문제와 이 원칙을 토대로 한, 행정법의 개별분야에서의 향후 논의 과제를 간략히 설명해 본다(Ⅳ).

Ⅱ. 사회국가원리13)

1. 사회국가 개념의 유래와 사회국가에 대한 이해

1) 사회국가의 등장

독일에서의 사회국가의 시초와 관련해서는 19세기 비스마르크에 의한 사회보험 입법과 1919년 바이마르 헌법에서의 사회적 기본권 규정을 들기도 한다.14)

그러나, 현대국가의 헌법원리로서의 사회국가원리는 2차 세계대전 이후에 독일 기본법이 제정되면서 비롯되었다. 따라서 사회국가원리는 민주국가원리, 법치국가원리, 연방국가원리에 비하여 상대적으로 이론이나 이념으로서의 역사가 짧다.15)

사회국가의 개념은 프랑스의 초기사회주의 학자 생시몽(Saint-Simon)에서 유래하였다고 알려져 있다. 즉 18세기 말로부터의 산업화로 인한 사회의 심각한 갈증과 대립 해소하기 위하여 사회국가라는 개념이 사용되었다는 것이다.16)17)

오늘날 사회국가는 사전적으로는 "사회 정의의 실현을 목적으로 하는 국가"라고 설명되고 있는데,18) 여기에서 '사회적(sozial)'이란 용어는 라틴어 'socialis'에서 온 것으로, '공동의(gemeinsam)', '결합된(verbunden)'이라는 의미를 내포한다. 이 용어는 기독교적 가

---

13) 이에 관하여 앞에서 언급한 여러 문헌들의 내용은 대체로 비슷하다. 사회국가원리에 관하여는 허영, 헌법이론과 헌법(상), 전정판, 박영사, 1989, 287면 이하에서 가장 잘 설명되어 있으므로, 이하에서는 이를 중심으로 하여 설명하기로 한다.
14) 김상겸, 전게논문, 126면 이하; 김홍섭, 전게논문, 187면; 나혜심, 전게논문, 332면 이하; 배준상, 전게논문, 25면 이하 등 참조.
15) 배준상, 전게논문, 25면; 허영, 전게서, 287면 등 참조.
16) 윤재만, 전게논문, 62면 이하; 허영, 상게서, 289면.
17) 산업혁명으로 생겨난 사회적 폐해 외에도 두 차례의 세계전쟁으로 인한 전쟁부담의 조정, 생활배려의 필요, 가톨릭의 사회이론 등이 사회국가의 등장 원인으로 설명되고 있다(김용태, 전게논문, 30면 이하; 홍성방, 전게논문, 153면 이하 참조).
18) 예컨대, 네이버(Naver) 국어사전.

치인 '형제애 또는 박애(Brüderlichkeit)' 또는 '연대 또는 단결(Solidarität)'에 기반한 개념으로, 그 실현은 국가적인 재분배 시스템을 통해 이루어지는 것으로 설명되고 있다. 따라서 초창기적 의미에서 '사회적'이란 '경제적·사회적 약자를 돕는다(보호한다)'는 의미였고, 사회국가의 목적인 사회적 정의(Soziale Gerechtigkeit)는 '사회적·경제적 약자에 대한 배려가 정의(Gerechtigkeit)에 포함되는 것'을 의미하였다.[19]

아무튼, 생시몽의 불분명한 '초기 사회국가 개념'을 구체적으로 연구한 것은 슈타인(Lorenz von Stein)인데, 슈타인은 사회국가는 시대적응적인 행정활동에 의하여 실현되는 것으로 보았다. 그리고 이와 같은 전통은 포르스트호프(Forsthoff)에 계승되었다.[20] 여기에서 중요한 점은, 초기 사회국가에 대한 연구는 행정법의 영역에서 비롯되고 다루어졌다는 점이다. 이는 행정의 영역이 국민들의 생활과 직접 맞닿아 있다는 점과 무관하지 않다고 생각된다. 이러한 역사는 사회국가원리는 단지 헌법원리에 머물러서만은 제대로 작동하기 어렵다는 점, 그래서 행정법적인 구체화가 필요하다는 점을 시사하고 있다고 생각된다.

아무튼, 사회국가에 관한 논의가 헌법 영역의 문제로 다루어진 것은 바이마르공화국에 들어서면서부터이다. 1930년에 최초로 '사회적 법치국가(sozialer Rechtsstaat)'라는 개념이 사용되었으나, 그 당시에는 그 구체적인 내용에 대한 설명은 없었다. 그러다가 현재의 독일 기본법은 사회국가를 헌법원리로 수용하였는데, 오늘날 사회국가가 헌법원리라는 점에 대해서는 더 이상 논란은 없지만, 사회국가 개념의 불명확성 때문에, 그 성격이나 내용 등은 명확하게 확립되지 못한 채 오늘날에 이르고 있다.[21]

2) 사회국가에 대한 초기의 견해들

사회국가의 관념에 대해서는 초창기부터 20세기 후반에 이르기까지 여러 가지의 이해와 이러한 관념들에 대한 다양한 방식의 분류방법들이 존재하는데,[22] 이는 사회국가라는 관념이 산업화로 인한 사회의 갈증과 대립에서 비롯된 것이고 이를 해결하기 위

---

19) 자유로운 경쟁을 내용으로 하는 고전적 자유주의에 따른 산업화의 결과, 자유로운 경쟁의 전제조건인 '주어진 조건의 공정'이 흔들리면서 독과점 등으로 인한 불평등이 발생하는 문제가 있었고, '이러한 문제를 바로잡으려면 왜곡된 사회·경제 구조 속에서 희생된 사회적 약자들에 대한 특별한 배려가 필요하다.'는 인식으로 생겼다고 한다. 사회적 정의란 이런 불이익을 받은 사회적 약자들을 배려하기 위한 개념이었다고 한다(김홍섭, 전게논문, 188면 이하 참조). 이는 오늘날 사회국가가 '공정한 경쟁 시스템 구축'을 역할로 하여야 한다는 점을 시사한다고 할 수 있다.
20) 김용태, 전게논문, 45면; 성중탁, 전게논문(공법학연구), 43면; 홍성방, 전게논문, 151면 참조.
21) 김용태, 6면 이하; 허영, 전게서, 289면 이하 참조.
22) 이에 관하여는 김상겸, 전게논문, 128면 이하; 홍성방, 전게논문, 154면 이하 등 참조.

한 생각들이 다양할 수밖에 없다는 점과 무관하지 않다고 생각된다.

아무튼, 이 가운데 (형식적) 법치주의적 이해, 사회(민주)주의적 이해, 자유주의적 이해로 분류하는 방식에 따르면, 먼저 포르스트호프의 형식적 법치주의의 관점에서는, 법치국가에서 행정을 통하여 사회국가적 기능을 수행해 왔고, 따라서 사회국가원리는 헌법원리라기보다는 행정과 입법의 준칙 정도로 이해하고, 아벤트로트(Abendroth)의 사회주의적 관점에서는 사회국가를 사회주의적 복지국가로 이해하며, 자유주의적 관점에서는 사회국가원리를 직접 구속력 있는 헌법규범으로 이해하는 것으로 요약해 볼 수 있다.[23]

이상의 사회국가원리에 대한 이해는 사회국가 개념의 초창기의 것으로, 사회국가에 대한 이해가 역사적으로 어떻게 전개되어 왔고, 또 어떠한 관점이나 이념에 입각하고 있는가에 따라 사회국가에 대한 이해가 크게 달라질 수 있다는 점을 극명하게 보여주고 있다. 오늘날과 같은 현대적인 민주적·사회적 법치국가에서 형식적 법치주의나 사회주의는 그 이론적·이념적 토대를 상실한 지 오래이다. 따라서 오늘날의 사회국가원리는 단순히 행정의 지침이나 준칙 정도에 머무는 것이 아니고, 또한 사회국가는 사회주의적 방식의 계획경제에 따른 일방적인 복지국가는 더더욱 아님은 명확하다. 오늘날 사회국가원리는 행정법 차원에서만 논의될 수 있는 문제가 아니라, 민주국가원리·법치국가원리와 더불어 대한민국의 기초를 이루는 헌법원리 중 하나라고 보아야 하고, 이와 같은 이해가 이미 일반화되어 있다.

2. 사회국가원리의 헌법적 반영

오늘날 사회국가는 여러 나라의 헌법에 반영되기에 이르렀는데, 이를 반영하고 있는 헌법의 입법례로는, ① 사회적 기본권 규정을 통하여 간접적으로 사회국가를 제도화하는 경우, ② 사회국가원리를 헌법원리로 규정하는 경우, ③ 양자를 모두 취하는 경우로 구분해 볼 수 있겠다.[24] 우리나라 헌법은 첫 번째 유형이고, 독일 기본법은 두 번째 유형이다.

---

23) 홍성방, 상계논문, 157면 이하 참조.
24) 김용태, 전계논문, 7면; 허영, 전게서, 288면.

3. 헌법의 사회국가조항의 법적 성격

　독일은 사회권적 기본권을 규정하지 않고 사회국가를 헌법원리로 규정하고 있는데, 이와 관련하여 이 독일 기본법상 사회국가조항의 법적 성격이 무엇인지에 관하여 논란이 있다. 이에 관해서는, 내용 없는 백지개념 또는 단순한 프로그램적 규정으로서 헌법규범적 성격을 부인하는 견해들도 있지만, 다수설은 헌법규범적 성격을 긍정한다. 다만 긍정설 가운데에도 동 조항은 법의 해석지침, 국가의 목적규정, 현상보장, 사회개혁명령, 사회적 일반유보, 헌법형성적 규정이라는 등의 다양한 견해가 존재한다.[25]

　오늘날 독일 기본법상 사회국가조항(사회국가원리)은 적어도 헌법지침적 성격, 수권규범적 성격을 가지는 것으로 이해하는 것이 타당하다.[26] 오늘날 독일에서도 사회국가조항은 사회국가원리를 규정한 것이고, 사회국가원리는 헌법의 기본원리라고 설명하는 것이 일반적이다.[27] 즉, 사회국가원리는 헌법의 기본원리로서 직접적인 법적 효력을 가진다는 것이다.[28] 다만, 사회국가원리는 타 원리들에 비하여 그 구체화된 부분원리들이 제한적으로 발전해 왔다는 점에서 그 효력이 적기는 한데, 이러한 법적 효력의 문제는 사회국가원리가 행정법의 일반원칙으로 구체화되고 이 원칙에 따라 행정의 각 분야별로 입법이 이루어지면서 상당 부분 해소될 수 있을 것으로 여겨진다.

　이처럼 사회국가원리의 불명확성으로 인하여 이 원리는 입법자에 의한 구체화를 요한다.[29] 사회국가원리로부터 특정 범위에서의 사회적 급부의 보장이라는 원칙을 도출할 수는 없다. 주관적 공권도 원칙적으로 도출되지 않는다. 사회국가원리의 입법을 요구하는 권리도 인정되기 어렵다.[30][31] 사회국가원리는 입법자를 기속하지만, 행정과 사법도 기속함은 물론이다.[32]

---

25) 이에 관하여는, 예컨대, 배준상, 25면 이하 참조.
26) 허영, 전게서, 290면 이하.
27) Jarass/Pieroth, a.a.O., S.567f. RN 153.
28) 신정규, 전게논문, 457면도 "헌법상 원칙으로서 사회국가원리는 입법자와 법적용 기관에 일정한 구속력을 가질 수 있으며 경우에 따라서 자유권의 제한 및 차별대우를 정당화 할 수 있는 헌법적 근거가 될 수 있다."고 설명하고 있다.
29) 사회국가원리는 입법자를 기속하지만, 그 기속의 내용을 구체화하기는 어렵다. 따라서 입법자는 헌법적으로 허용된 범위 안에서 비교적 광범한 형성의 여지를 가지게 된다. 예컨대, 최소한의 생존의 보장에 대해서는 형성의 여지가 줄어들지만, 부담의 조정이나 보상의 경우는 형성의 여지가 커지게 된다(Sach, a.a.O., S.814f. RN 47f.)
30) Jarass/Pieroth, a.a.O., S.568 RN 154; Hömig/Wolff, a.a.O, S.283 RN 4.
31) 하지만, 사회국가원리는 법령이나 행정청의 결정에 대한 해석이나 법적용에 영향을 미친다. 특히 공권의 성립 여부를 판단하는 데 기준이 될 수 있다(Sach, a.a.O., S.815 RN 49).
32) Jarass/Pieroth, a.a.O., S.568 RN 155.

이상에서의 설명과 같이, 사회국가조항은 헌법상 그 내용이 불명확하고, 그 법적 효력을 명확하게 설명하기 어려운 점도 있고, 입법에 의한 구체화가 필요하다는 문제도 있지만, 국가목적조항이자 수권규범이라는 법적 성격이 부인되지는 않는다. 개인적으로는 이러한 사회국가조항의 문제점 때문에 사회국가 실현에 행정법의 역할이 더 강조되어야 하는 논거가 될 수 있다고 생각한다. 즉, 헌법은 사회국가를 헌법의 지침으로, 그리고 국가의 목표로 설정하고 있고 사회국가조항은 수권규범으로서의 지위를 가지는데, 그렇다면 행정법은 헌법 구체화법이고 또한 헌법의 수권에 따라서 이와 같은 헌법상의 지침 또는 국가목표를 행정법 차원(법률 이하)에서 구체화할 권한과 책임을 가지게 된다고 할 수 있다. 결국 헌법 차원에서는 불명확한 상태에 머물러 있는 헌법원리를 헌법의 수권범위 안에서 구체적으로 형성하고 이렇게 형성된 법원칙에 따라 법을 제정하고 집행하게 하는 것은 행정법의 역할이 된다는 것이다. 이렇게 보면 사회국가의 형성이나 실현에 있어 행정법의 역할은 매우 중요하고, 이러한 의미에서라도 사회국가원리의 행정법적 구체화는 현실적으로 매우 필요한 작업이라고 할 수 있겠다.

4. 사회국가의 내용과 한계

1) 학설

사회국가는 구체적으로 어떠한 국가인가에 대하여는 정의국가, 사회정의와 안전을 위한 국가, 특수계층에 대한 차별금지 국가, 조세국가, 계획국가, 급부국가, 분배국가, 환경보장국가로 보는 견해 등 실로 다양한 이해들이 존재해 왔다.[33] 특히, 혹자는 '사회적 정의, 사회적 안전, 사회의무성, 정당한 사회질서'로 설명하기도 하고,[34] "사회국가는 산업혁명 이후의 사회변동을 통하여 조건 지워진 여러 관계들을, 사회의 영역에서도 각자에게 인간의 존엄에 적합한 생활을 보장하고, 복지 수준의 차이를 좁히고, 종속관계를 제거하거나 조정하기 위하여, 개인에게 그의 인격의 발전과 자기책임에 필요한 균등한 기회를 보장하는, 분배하고 급부하며, 지도하고 감독하며, 계획하고 형성하며, 고무하고 조장하는 국가"라고 정의하기도 한다.[35]

사회국가는 "사회 정의의 실현을 목적으로 하는 국가"라는 점에서, 사회국가에는

---

33) 상세는 허영, 전게서, 292면 이하 참조. 독일에서의 사회국가에 대한 시대별 논쟁에 대해서는, 김상겸, 전게논문, 128면 이하 참조.
34) 김상겸, 전게논문, 135면.
35) 김용태, 전게논문, 43면 이하.

위 견해들이 주장하는 내용들이 모두 포함되어 있다고 볼 수도 있다.[36] 특히 사회국가를 실현하려면 이를 위한 재원이 필요하다는 점에서 보면, 사회국가에는 '경제성장에 주력하는 국가'도 포함될 수 있다. 그러나 '위와 같은 다양한 생각들과 내용들이 모두 포함될 수 있다.'는 방식으로 사회국가의 내용을 이해하게 되면 사회국가의 개념을 옳게 파악하거나 정의하기 어려울 것이다. 따라서, 결국은 위의 다양한 견해들이 제시하는 내용을 종합적으로 고려해서 사회국가의 개념 파악을 시도해 보아야 할 것이다.

이와 같은 이해를 바탕으로 위 견해들을 살펴보면, 위 견해들은 사회국가의 궁극적인 목적, 즉 '실질적 자유와 평등의 실현'을 목적으로 한다는 점에서는 공통이 되면서도, 다만 방법상의 차이가 존재하는 것으로 평가할 수 있다. 그렇다면 여기에서는 —적어도 그 공통적인 요소로서— 사회국가는 "실질적 자유와 평등의 실현을 목적으로 하는 국가"라고 이해해 볼 수 있을 것이다.[37]

2) 사회국가의 내용

형식적 평등 사상에 의하여 지배되던 19세기의 형식적 법치주의 아래에서 사회적 갈등과 실질적 불평등이 발생하였고, 사회의 자율적 조정기능만으로는 이러한 문제를 해결할 수 없었다. 이와 같은 상황에서 사회적 불평등을 해소하기 위하여 사회국가의 이념이 탄생하게 된 것이다.[38]

즉, 국가의 최소한의 간섭이라는 자유주의적 사상만으로는 실질적 불평등을 해결할 수 없으므로, 이와 같은 사회적인 불평등 문제를 해결하기 위해서는 국가의 적극적인 개입이 요구되었다는 것이다. 이 점에서 사회국가는 "—실질적 불평등을 해소함으로써— 실질적 자유와 평등을 실현하기 위한 국가"를 그 내용으로 한다고 할 수 있다.[39]

혹자는 사회국가의 내용을 "자본주의의 모순에서 발생하는 경제적 약자의 보호"라고 설명하기도 하는데,[40] 이는 어디까지나 사회국가의 유래와 관련이 있을 뿐, 사회국가는 '경제적 약자를 보호하는 국가'에 머무르지 않고, 더 나아가서 '자본주의사회에서

---

36) 사실상 오늘날 우리나라만 보더라도 이와 같은 내용들이 상당 부분 정책들에 이미 반영되고 있다(예: 누진세, 복지와 지원, 행정계획, 경제생활이나 환경에 대한 규제 등등). 다만 이와 같은 정책들에 '사회행정'이라는 '통일적인 기준이나 원칙'이 없다거나, 원칙이 없다 보니 정책에 일관성이 없다거나, 또는 일부 행정분야는 애초에 사회국가적 정책이 부재한 경우가 있다거나 하는 것이 문제인 것이다.

37) 허영, 전게서, 294면.

38) 허영, 전게서, 294면 이하.

39) 예컨대, 성중탁, 전게논문(헌법학연구), 354면 이하; 신정규, 전게논문, 457면(사회국가의 사회통합적 기능에 대해서는 461면 이하 참조); 허영, 상게서, 295면 등 참조.

40) 예컨대, 김상겸, 전게논문, 123면.

의 공정한 경쟁구조'를 구축함으로써 불합리한 빈부격차가 생기지 않도록 하는 것으로 이해되어야 할 것이다.

한편, '사회의 자율적 조정기능'과 관련하여, 사회의 각 분야에서 '시장의 자율기능'을 존중하고 '국가의 최소한의 개입'을 주장하는 견해들이 여전히 많이 주장되고 있다. 그러나 오늘날 권력, 재산, 인구 등의 양극화가 시장의 자율적 조정기능을 넘어 이미 극단적으로 심화되고 있는 상황에서는 이를 해결하기 위한 국가의 개입은 불가피하다고 보는 것이 타당할 것이다.

결론적으로, 사회국가는 예컨대, 교육받을 기회의 공평 보장, 실업수당제도·직업교육제도 마련 등을 통한 취업의 '기회' 보장 등을 제도화하는 것과 같이, 자유와 평등의 효과가 실질적으로 발휘될 수 있도록 사회를 구조화하고 그와 같은 생활환경을 조성하는 국가를 내용으로 한다고 이해하여야 할 것이다.[41] 여기에서 '사회환경의 골격적 테두리를 실질적 자유와 평등에 적합하게 형성하는 것'이 사회국가의 핵심과제라고 할 수 있다.[42] 다만, 사회국가의 실현을 위하여 개인의 자유가 어느 정도 제약을 받을 수도 있지만, 실질적 자유와 평등을 실현하기 위한 것이라면 이러한 제약이 정당성을 가질 수 있을 것이다.[43]

참고로, 독일 연방헌법재판소의 결정에 나타난, 기본법상 사회국가조항의 주된 목적은, 사회적 위기상황의 극복, 예컨대, 질병, 노령, 취업장애, 실업, 그 밖의 불이익한 생활여건들을 통하여 발생하는 피해에 대한 조정, 사회보험·사고보험·의료보험, 돌봄보험, 도움이 필요한 자에 대한 구제, 전쟁피해자 지원·전쟁부담의 분배, 재산권의 사회적 기속(기본법 제14조 제2항[44]), 경제적으로 우월한 지위의 남용에 대한 수권규정(기본법 제74조 제1항 제16호[45]) 등이다.[46]

---

41) 김용태, 전게논문, 2면은 사회국가는 개인의 결정을 현실적으로 실현할 수 있는 사실적 기초를 보장하는 것을 내용으로 하고, 여기서 사실적 기초는 경제적·재정적 기초를 의미할 것이라고 하면서, 사회국가원리는 이러한 자유실현의 물적 토대를 구축하여야 하는 과제의 실현을 국가의 목적으로 설정하는 국가원리라고 설명하고 있다.
42) 허영, 전게서, 296면.
43) 허영, 상게서, 295면 참조.
44) 독일 기본법 제14조
   (2) 재산권에는 의무가 따른다. 재산권의 행사는 동시에 공공의 안녕에 기여하여야 한다(Eigentum verpflichtet. Sein Gebrauch soll zugleich dem Wohle der Allgemeinheit dienen).
45) 독일 기본법 제74조
   (1) (연방과 주 사이의) 경합적 입법권은 다음의 영역에 미친다(Die konkurrierende Gesetzgebung erstreckt sich auf folgende Gebiete):
      16. 경제적으로 우월한 지위 남용의 방지(die Verhütung des Mißbrauchs wirtschaftlicher Machtstellung);
46) Hömig/Wolff, a.a.O, S.283 RN 4.

3) 민주국가와 법치국가와 사회국가의 삼각관계

민주주의는 국민의 국정참여를 주된 내용으로 하고, 법치주의는 국정이 법에 따라 이루어지는 것을 주된 내용으로 하며, 사회국가는 사회적인 생활환경의 조성을 주된 내용으로 한다.

이를 '자유와 평등'의 관점에서 설명하면, 민주주의는 국민이 국정에 참여할 수 있는 정치적 자유와 평등을 내용으로 하고(자유와 평등의 통치형태적 실현수단), 법치국가는 국정의 법률적합성을 통하여 자유와 평등을 실현하는 것을 내용으로 하며(자유와 평등의 국가기능적 실현수단), ―사회국가는 사회적 생활환경의 조성으로 실질적 자유와 평등을 실현하는 것을 내용으로 한다(사회환경의 골격적 테두리 조성을 통하여 자유와 평등을 실현하는 수단).[47] 이러한 점에서 민주국가·법치국가·사회국가는 자유와 평등을 실현하기 위한 삼면경 또는 삼각관계라고 표현하기도 한다.[48]

그런데, 과거 사회국가원리와 법치국가원리는 모순관계로 이해되기도 했었다. 즉, 법치국가의 권리 '보호'의 측면, 사회국가의 권리 '제한'의 측면을 강조하면 양자를 이념적 모순으로 이해할 수도 있다는 것이다. 그러나 오늘날 양자는 모순적 관계가 아니라 상호보완적 관계로 이해되어야 한다.[49] 왜냐하면, 사회국가와 법치국가는 모두 '궁극적으로는' '인권보장'을 목적으로 하고, 사회국가는 국민의 자유를 무제한적으로 제한하는 국가도 아니고, 국가가 일방적으로 생활조건을 정해주거나 분배해 주는 국가도 아니라는 점에서 분배국가나 복지국가와도 구별되기 때문이다. 특히 사회국가는 개인이 미래를 자유롭게 설계하고 각자의 개성을 최대한 발휘할 수 있는 생활환경을 조성하는 국가이고, 법치국가를 통한 국가와 사회의 안정성, 예측 가능성, 투명성, 합법성 등은 이와 같은 사회국가 실현에 효과적인 토대를 조성해 준다는 점에서 보더라도 양자는 상호보완적인 관계라고 이해할 수 있다.

4) 복지국가 등과의 구별

사회국가는 실질적 자유와 평등을 실현할 수 있는 사회적 구조(생활환경)를 조성하는 국가라는 점에서, 생활수단을 국가가 배급하는 배급국가나 소득의 균등 재배분을 본질로 하는 분배국가와 구별된다.

또한 국가가 사회보장제도에 의하여 국민의 생활을 규율하는 복지국가는 '국민의

---

47) 허영, 전게서, 296면.
48) 허영, 상게서, 296면.
49) 허영, 상게서, 286면 이하 참조.

자율적인 생활설계'가 없다는 점에서 사회국가와 구별된다. 자유의 핵심은 '자기책임과 자율결정'인데, 사회국가는 이를 실현시키려는 국가이고, '요람에서 무덤까지'로 대변되는 완전한 복지국가 이념은 국가에 의한 타율적인 결정에 의한 생활이라는 점에서 사회국가 개념과 구별된다.[50]

5) 사회국가의 구체적 실현과 그 한계

(1) 국가의 사회적 의무

사회국가의 구체적 실현과 관련하여 '국가의 사회적 의무'가 강조되기도 한다. 즉 사회국가는 '국가'가 보장하고 이를 실현하여야 한다는 것이고, 이를 위해서 국가는 사회의 다양한 이해관계를 조정할 의무가 있다는 것이다.[51]

혹자는 국가의 사회적 의무를 생존배려의무, 사회적 정의의 구현 의무, 토지·천연자원·생산수단의 사회화(Vergesellschaftung)로 설명하기도 한다.[52]

독일에서는 사회적 의무(사회국가적 의무)의 내용과 대상으로, 사회부조(Fürsorge für Hilfs bedürftige), 사회보험(sozialer Sicherungssystem), 법률을 통한 보상 또는 조절(Wiedergut machung oder Ausgleich von Schäden), 실질적 자유를 위한 사회국가(freiheitlicher Sozialstaat), 기회의 평등(Chacengleichheit), 사회적 대립의 조절(Ausgleich der sozialen Gegensätze), 세대를 초월하는 사회적 불평등의 철폐(Abbau generationsübergreifender sozialer Ungleichheiten), 일자리(Arbeitsplätze), 교육(Bildung), 주거(Wohnraum) 등을 들고 있다.[53]

(2) 사회국가의 한계

사회국가(원리)는 그 자체가 국가작용의 한계가 될 수도 있으면서, 또 다른 한편으로는 '사회국가'의 개념적 불명확성 때문에 사회국가의 실현 자체에 한계가 존재하기도 한다. 먼저, 헌법상 사회국가원리는 헌법규정(특히 기본권 규정)의 구체화나 적용시에 고려되어야 한다. 마찬가지로 사회국가원리를 적용할 때 다른 헌법규정도 고려하여야 한다. 다만 시장경제는 헌법원리가 아니므로 이로써 사회국가원리를 제한할 수는 없다. 둘째, 사회국가원리는 광범위하게 기본권을 제한할 수 있지만, 여기에는 법적 근거가

---

50) 허영, 상게서, 296면 이하 참조. 김용태, 전게논문, 15면 이하도 '사회국가가 개인의 생활을 가급적 스스로 책임지도록 하는 반면, 복지국가는 국가가 전적으로 개인의 생활을 책임지려고 한다는 점에서 근본적인 차이를 발견할 수 있다'고 하고 있다.

51) 김상겸, 전게논문, 137면.

52) 정극원, 전게논문, 247면 이하. 사회화에 관하여는 아래에서 다시 살펴보기로 한다.

53) Jarass/Pieroth, a.a.O., S.568ff. RN 156ff.

필요하고, 기본권과의 조화가 필요하다. 셋째, 사회국가원리는 형식적 평등을 보장하는 것이 아니라 실질적 평등을 추구하는 것이다. 넷째, 사회국가원리는 입법권을 제한할 수 있으면서, 또한 사회국가에 기반한 차별을 정당화할 수도 있다.[54]

다른 한편으로, 사회국가와 관련하여, 사회국가의 구체적인 실현방법과 수단을 헌법이 직접 규정하기는 용이하지 않다. 따라서 헌법에 이와 관련된 내용이 명시되지 않는 이상, 사회국가의 형성은 입법권자의 입법형성권(입법재량)에 의존할 수밖에 없다.[55]

그러나 사회국가를 형성하는 입법재량도 무제한으로 허용되는 것은 아니고 여기에도 일정한 한계가 있다.[56] 즉, 무엇보다도 국민의 자유와 평등을 지나치게 제한하지 않아야 하고, '실질적 자유와 평등'을 실현하는 방향이어야 한다.[57] 따라서 일률적인 하향평준화나 −차별적 고려가 없는− 일방적인 일원화는 생활수준의 상향식 조정을 추구하는 것이 당연히 내포되어 있는 사회국가원리의 한계를 일탈하는 것이라 할 수 있다.

그리고 재정정책적 관점에서 사회국가 실현에는 많은 재원이 필요하기 때문에, 사회국가 실현은 국가경제가 발전할 수 있는 방향으로 실현되어야 한다.[58] 따라서 경제성장을 고려하지 않는 재정정책이나 법제 역시 사회국가원리의 한계를 일탈한 것이라 할 수 있다.

아울러 사회국가의 실현방법이나 수단은 국가의 재정정책적 관점에서 허용되는 범위 내에서 찾아야 하고, 또한 사회보장과 같은 정책들은 한번 시행되면 되돌리기 어렵다는 점에서 장기간의 안목으로 신중하게 이루어져야 한다.

그러나 무엇보다도 중요한 것은 '사회적 정의에 대한 국민적 합의(Konsens)'이다.[59] 사실 사회국가에 대한 우리 사회의 지지와 합의가 있다면 입법을 통하여 사회국가를 실현하는 것이 그리 어려운 일은 아닐 것이다. 이러한 점에서 사회국가에 대한 사회적

---

54) Jarass/Pieroth, a.a.O., S.570f. RN 164ff.
55) 김용태, 전게논문, 49면 이하; 김홍섭, 전게논문, 194면 이하; 신정규, 전게논문, 458면; 차진아, 전게논문 (공법학연구), 11면 이하; 허영, 전게서, 297면 이하 등 참조.
56) 허영, 상게서, 297면 이하.
57) 배준상, 31면은 '사회국가는 국민 각자가 자기책임 하에 자기의 생활감각에 맞는 생활을 누릴 수 있도록 이를 장려하고 뒷받침하는 방향으로 실현되어야 한다.'고 하고 있는데, 이와 같은 방향성은 사회국가를 구체화하는 입법의 한계로 작용할 수 있다.
58) 김홍섭, 전게논문, 197면 이하는 "사회국가를 유지하기 위해서는 지속적인 경제성장과 사회적 정의에 대한 국민적 합의가 필수적이다. (…) 독일에서 사회국가원리가 (…) 변함없이 유지되고 있는 것은 독일 경제가 그만큼 뒷받침되었기 때문에 가능한 것 (…)"이라고 하고 있다.
59) 김홍섭, 상게논문, 197면 이하는 '독일은 사회적 정의에 대한 확고한 국민적 합의가 있기 때문에 어떤 정당이 집권하더라도 사회국가원리는 단절 없이 중요한 헌법원리로 작용하고 있다. (…) 우리의 경우도 사회국가원리가 제대로 시행되기 위해서는 우선 지속적인 경제발전이 담보되어야 함은 물론이지만, 더 중요한 것은 사회적 정의에 대한 국민적 합의라고 할 수 있다.'고 하고 있다.

합의는 현실적으로 사회국가실현의 상당히 중요한 한계라고 할 수 있다.

III. 사회문제해결을 위한 행정법의 역할 변화 필요

1. 사회환경의 변화와 행정법적 대응 필요

서론에서도 언급한 바와 같이, 오늘날 우리 사회는 도시화와 산업화의 확대, 기술의 고도화, 자본주의와 경쟁의 심화 등의 부작용으로 경제적 양극화 심화, 과도한 수도권 집중과 지방소멸, 부동산이나 주식 등에 대한 과열투기, 결혼·출산·가족에 대한 인식 변화와 인구소멸 등이 심각한 문제가 되고 있다.

그동안 우리 정부는 민생·시장경제의 활성화·국가경쟁력 강화 등의 관점에서 꾸준히 행정규제를 완화해 왔고, 행정영역을 민영화하는 등 정부의 역할을 가능한 한 최소화하는 정책을 추진해 왔다. 그러나 사회환경의 변화에 따라 현재 우리 사회의 양극화·불공정 문제를 해결하려면 '작은 정부'와 같은 국가의 역할에 머물러서만은 안 되고, 국가가 적극적으로 나서서 문제를 해결하는 역할변화가 필요하다.

그동안 이러한 문제를 해결하기 위한 국가의 노력이 없었던 것은 아니다. 오히려 각종 사회보장제도, 지원제도 등을 비롯하여 부동산정책, 세제, 지역의 균형발전을 위한 다양한 정책 등이 꾸준히 이루어져 왔다. 말하자면 우리나라의 경우도 상당한 수준의 사회국가에 와 있다는 것이다. 그런데 문제는 이와 같은 정책들이 헌법상 사회국가원리에 따라 일관성·장기성을 가지고 추진된 것은 아니라는 점이다. 예컨대, 사회보험·복지·교육·고용·부동산·조세·지역균형발전 등에 대한 정책은 있었지만, 때마다 대중적으로 이루어졌거나 5년 단위로 바뀌는 대통령의 공약에 따라 -'사회국가'와 같은 법원리에 대한 인식 없이- 쉽게 변화되었다. 이러한 점에서 헌법상 사회국가원리만으로는 우리 사회의 불공정·양극화 문제를 해결하기에는 부족하고, 이를 행정법의 일반원칙으로 정립해서, 이에 따라 국가의 정책이나 법제가 일관된 방향과 체계·내용을 체계를 갖추어 나아갈 수 있도록 할 필요가 있다.

2. 보장국가론, 재국영화 · 사회화 논의와 사회국가원리를 구체화한 행정법원칙의 필요성

1) 보장국가론에 관하여

최근 우리나라에서 독일의 보장국가론에 관한 연구가 활발하게 논의되고 있다.[60] 독일에서 보장국가(Gewährleistungsstaat)에 관한 논의는 1990년 중반 이후 통신서비스의 민영화와 관련하여 논의가 시작되었다. 즉 독일의 보장국가론은 '국가사무의 민영화(Privatisierung), 국가사무의 민관협력(PPP: publc－private－partnership)을 통한 수행'과 관련된 국가론으로서, 그 당시 독일에서의 민영화의 경향이 보장국가론의 배경이 되었다. 이처럼 보장국가는 행정영역의 역할을 가급적 민간에 맡기되, 민간에 의한 역할수행이 위험하거나 실패가 나타나는 경우에 한하여 국가가 직접 개입할 수 있도록 하는 것을 핵심내용으로 하는 국가상을 말하는데, 특히 '국가의 개입'을 －넓은 의미에서－ 보장책임[61]이라 부르고 있다.[62]

한편 이와 같은 보장국가의 관념은 국가가 사회문제 해결에 원칙적으로 직접적인 영향을 주지 않는다는 점에서, 국가가 직접 개입하여 분배하고 조정하는 사회국가와 차이가 있다고 설명하면서, 다만 보장국가는 사회국가원리를 수용하고 그 토대 위에서 국가의 역할을 제시하고 있다는 측면에서 자유국가와 사회국가의 성격이 혼재되어 있다고 설명하고 있다.[63]

그런데 이와 같은 설명은, 보장국가는 사회국가와는 다른 관념이지만, 독일에서 '사회국가'가 이미 정착되어 있는 상황에서, 그 이후에 민영화시대에 등장한 보장국가론의 입장에서 이와 같은 상황을 수용하고 이론을 정립한 것이기 때문인 것으로 보인다. 그런데 여기에서 중요한 점은, 보장국가는 '국가사무가 민영화되고 민간수행에 대한 국가의 보장책임이 강조되는 국가'이고, 사회국가는 '사회적 정의를 실현하기 위한 국가의

---

60) 예컨대, 임현, 보장국가론의 이해를 위한 소고, 정부학연구 제22권 제1호(2016), 고려대학교 정부학연구소, 31면 이하; 홍석한, 새로운 국가역할 모델로서 보장국가론의 의미와 가능성, 공법학연구 제17권 제2호(2016), 한국비교공법학회, 3면 이하 등 참조.

61) 이를 단계별로 구분하여 이행책임, 보장책임, 보충책임으로 구분하는데(예컨대, 황선훈, 再公化(재국영화 · 재공영화)에 관한 공법적 연구 －독일의 논의를 중심으로－, 행정법연구 제60호(2020.2), 행정법이론실무학회, 200면), 여기에서는 '공공서비스 제공에 대하여 권한과 책임이 있는 행정주체의 책임'이라는 관점에 이를 통칭하여 보장책임으로 부르기로 한다.

62) 임현, 상게논문, 32면 이하 참조.

63) 계인국, 보장행정의 작용형식으로서 규제 －보장국가의 구상과 규제의미의 한정－, 공법연구 제41집 제4호(2013), 한국공법학회, 169면 이하. 여기에서의 사회국가는 '국가의 분배와 조정'이라는 관점에서 사용되었다는 점에서 복지국가에 가까운 것으로 판단된다.

역할이 강조되는 국가'이기 때문에 그 개념상 차이가 존재하는 것이지, −민주국가·법 치국가·사회국가가 상호 보완적 관계에 있는 것처럼− 사회국가는 보장국가의 대척점 을 향하는 것이 아니고, 사회국가에서도 국가의 탄력적·효율적 운영, 민간수행이 가능 한 행정영역에서의 민간에 의한 수행 등이 당연히 추구되어야 하고, 다만 민영화에서 국가의 보장책임이 강조되듯이, 사회적 정의를 위한 국가의 책임이 강조되는 것이기 때문에, 양자는 상호 보완적인 관계에 있는 것이라는 점이다. 따라서 민영화된 사무수 행으로 행정사무로서의 공공성·공익성이 상실되는 등의 문제가 발생하는 경우에는 민 영화된 행정영역에 대하여 원칙적으로 권한과 책임을 가지는 국가가 적극적으로 개입 해서 문제를 해결하여야 한다는 것은 보장국가나 사회국가나 마찬가지라고 생각된다. 이 점에서 보장국가론과 사회국가는 서로 수용이 가능한 이념 또는 논리라고 보아야 할 것이다.

한편 민영화나 국가의 보장책임과 관련하여, 행정의 어떠한 영역을 민영화할 것인 지, 어느 정도의 민영화가 필요한지, 민간수행에서의 문제발생으로 국가가 적극적으로 개입하여야 하는지 등의 문제를 판단하는 구체적인 기준이 필요한데, 여기에 공사익의 이익형량 이외에도 사회행정이라는 행정법원칙이 중요한 기준이 될 수 있다. 이와 같 은 원칙의 정립은 보장국가와 사회국가는 상호 보완적 관계에도 기여할 수 있다.

2) 재국영화, 사회화 논의에 관하여

재(再)국영화는 민영화되었던 행정영역을 다시 공공부문(public sector)에게 환원시키 는 것을 말한다.[64][65] 재국영화 논의는 대략 1900년대부터 진행된 민영화에 대한 반대 작용으로 논의되기 시작하였다. 즉 보장국가론의 등장과 더불어 진행되어 온 민영화 과정에서 공공서비스(public service)의 부실, 요금의 인상 등의 문제가 발생하게 되었고, 이에 대하여 신자유주의에 기초하여 행정규제를 완화하여야 한다는 사고에서 안정적으

---

64) 예컨대, 황선훈, 전게논문, 191면 이하 참조.
65) 용어와 관련하여, 행정사무의 민간수행은 민간의 조직이나 자본을 활용하거나 행정사무를 위탁하는 등의 방식으로 이루어지는데 이를 독일어로는 Privatisierung이라 하고, 이를 우리말로는 −그 민간수행방식이 다양하다는 점에서 −사화(私化)라고 하기도 하고, 사화와 같은 의미에서 민영화라고 하기도 한다. 이와 같은 맥락에서, 민간이 수행하던 행정사무를 다시 행정으로 환원시키는 것을 공화(公化)라고 하기도 재국 영화라고 하기도 한다. 이하에서는 '사화와 민영화', '공화와 재국영화'는 같은 의미로 이해하고, '민영화· 재국영화'로 표기하기로 한다. 한편 재국영화의 경우 환원받는 주체가 국가인 경우는 '재국영화', 지방자치 단체인 경우는 '재공영화'로 부른다. 즉, 이하의 '재국(공)영화'는 '민간부문(private sector)에 의하여 수행 되던 행정사무를 다시 공공부문(public sector)화 하는 것으로, 여기에는 재국유화(Reverstaatlichung), 재국영화(Restaatisierung), 재공영화(Rekommunalisierung)가 모두 포함되는 것으로 이해하기로 한다.

로 공공서비스를 제공하기 위한 행정주체의 규제가 필요하다는 방향으로 사고가 전환되고, 여기에서 더 나아가 민영화된 행정영역을 다시 국영화하여야 할 필요성이 있다는 논의가 등장하게 된 것이다.[66]

이와 같이 재국영화 논의는 보장국가론·민영화와 관련이 있는 것으로, 민영화된 공행정사무가 제대로 작동하지 못하는 경우에 이에 대한 행정주체의 책임의 한 형태로 다시 국사영역화하여야 한다는 논의이다. 이렇게 이해한다면, 민영화된 행정영역이 어떠한 경우에, 어느 정도로 다시 행정영역화하여야 하는가 하는 것이 중요한 문제이고, 이 문제는, 특히 급부행정영역은 전기·수도·가스·교통과 같은 생활에 필수적인 공공재화나 수단 등을 제공하는 것이라는 점을 고려해 보면, 사회국가원리와의 관련성도 상당히 크다. 그렇다면 이와 같이 우리 사회에 중요한 문제를 판단하기 위한 기준으로 사회행정에 관한 행정법원칙을 정립할 필요성이 크다고 할 것이다.

한편 사회국가원리의 한 내용으로서 국가의 사회적 의무와 관련하여, 예컨대 독일 기본법 제15조[67]는 '토지, 천연자원 및 생산수단의 사회화(Vergesellschaftung)'를 규정하고 있다.[68] 이는 사회생활에 필수적이면서도 유한한 자원이나 생산수단의 경우에는 이를 완전히 시장경제에 맡겨서만은 안 되고 경우에 따라서는 보상을 전제로 국·공유화할 수 있음을 규정한 것이다. 이와 같은 사회화의 논리도 사회국가와 상당히 관련이 있다고 할 수 있다. 따라서 무엇을, 어떠한 정도로 사회화할 것인가 하는 문제를 논의하고 해결하기 위한 하나의 기준으로서도 사회행정에 관한 법원칙이 필요하다고 하겠다.

3) 소결

보장국가론은 민관협력의 관점에서 기존의 행정의 영역 중 일부를 민간영역화하면서 이에 대한 국가의 보장책임을 강조하는 이론이고, 재국영화론은 민간에 의한 행정영역의 사무수행에 문제가 발생하는 경우 이를 다시 행정영역화하자는 논의이다.

여기에서 우리는 국가의 역할과 민간의 역할을 어떻게 구분할 것인지, 이에 따라 무엇을 민영화하고 무엇을 재국영화할 것인지에 대해서 고민해 보아야 한다. 예컨대, 행정이 수행하여야 할 공적 영역에서는 민간자본의 개입을 가급적 제한하는 문제, 교통서비

---

66) 황선훈, 전게논문, 192면 이하 참조.
67) 독일 기본법 제15조
"토지, 천연자원 및 생산수단은 사회화(Vergesellschaftung)를 목적으로 보상의 종류와 범위를 정한 법률을 통하여 공동재산 또는 다른 형태의 공동경제로 전환할 수 있다. 보상에 관하여는 제14조 제3항 제3문과 제4문이 적용된다."
68) 이에 관하여는, 정극원, 전게논문, 251면 이하 참조.

스의 제공을 국·공유화하는 문제, 토지·부동산·천연자원·생활필수재화 등에 대한 사회화와 같은 문제들이 '사회국가의 실현'이라는 관점에서 앞으로 풀어가야 할 숙제이다.

이를 위해서도 일정한 법원칙이나 기준이 필요한데, ―이미 언급한 바와 같이― 사회국가원리의 영향력은 타 헌법원리에 비하여 적고, 법률을 통하여 구체화되어야 하는 한계가 있다는 점에서, 사회행정을 행정법의 일반원칙의 하나로 구축할 필요가 있다. 그리고 이를 토대로 개별행정법 영역별로 이 원칙을 구체화하는 것이 필요하다. 이와 같은 원칙은 적어도 민영화나 재공국영화가 사회행정원칙에 반하는지 여부를 판단하는 데에 일정한 역할을 할 수 있을 것이다.

IV. 사회행정원칙의 정립 시론

1. 사회국가원리의 구체화로서 사회행정의 원칙

행정법은 헌법 구체화법이다. 헌법의 민주국가원리가 민주행정의 원리로, 헌법의 법치국가원리가 법치행정의 원리로 구체화되는 것처럼, ―이상에서의 논의를 토대로― 헌법의 사회국가원리를 사회행정의 원칙으로 구체화하는 것을 시도해 볼 수 있을 것이다.

다만 여기에서의 '사회행정'은 종래 언급되어 오던 '복리(복지)행정'과는 구별되는 개념이다. 과거에는 '복리행정' 또는 '복지행정'이라는 용어를 일반적으로 사용했는데, 이는 사회복지제도를 중심으로 하는 개념이었다. 혹자는 이를 '사회행정법 또는 사회복지행정법'이라 부르기도 하는데[69] 이 경우도 그 내용은 사회복지제도, 사회보험제도로 하고 있다.

한편 공·사법이 혼재하는 법영역을 사회법(노동법·사회보장법·경제법 등)이라 부르기도 하는데, 이 중의 하나인 '사회보장법'은 사회보장제도와 관련된 공법관계와 사법관계를 모두 포함하는 법이다. 따라서 이 가운데 공법관계로 국한한다면 이를 '사회보장행정법'이라고 부를 수는 있을 것이다. 하지만, '사회보장법 또는 사회보장행정법'은 사회보장제도에 국한된 것이어서, 이를 곧 '사회행정법'으로 이해할 수는 없다.[70] '사회행정법'은 헌법상 '사회국가'에 대응하는 행정법적 개념으로 이해하여야 하기 때문이다. 앞

---

69) 예컨대, 홍정선, 행정법원론(하), 제26판, 박영사, 2018, 840면 이하.
70) 예컨대, 전광석, 한국사회보장법론, 제12판, 집현재, 2010, 67면도 '사회보장법'과 '사회(보장)행정법'은 개념적으로 차이가 있음을 설명하고 있다. 다만 '사회행정법'이라는 개념을 '사회보장법 중 행정법관계에 관한 법'을 의미하고 있어, 보다 정확히 표현하면 '사회보장행정법'을 의미하는 것으로 보인다.

서 언급한 바와 같이, '사회행정'은 국민의 실질적 자유와 평등의 실현을 내용으로 하는 행정으로, 여기에는 '복리행정'이 포함된다.

다만 사회국가원리의 구체화와 관련하여, 헌법에서 사회국가원리를 구체적으로 규정하기 어렵고, 따라서 입법권자의 입법형성권에 맡겨져 있다거나, 사회적 기본권의 경우 입법으로 구체화되지 않으면 권리성을 인정하기 어렵다거나, 사회국가원리의 경우 입법의 구체적 또는 명확한 기준의 설정도 어렵다는 지적이 있다.71) 그렇지만, 사회국가원리와 사회적 기본권의 구체적 권리성을 인정하지 않는다고 하더라도, 사회국가원리에 기초하여서도 국가기능을 확대하거나 보다 적극적인 사회형성작용을 할 수 있다는 점을 부인할 수는 없을 것이다. 그리고 사회적 기본권과 사회국가원리는 입법적 재량을 가지는 국가에게 적어도 일반적 수준에서의 구속력 있는 입법지침이 될 수 있다는 점에서도 그 자체로서도 중요한 헌법상 입법원칙으로서 기능할 수 있다. 따라서, 이와 같은 사회국가원리의 헌법규범성을 토대로 이를 행정법의 일반원칙으로 정립하는 것은 가능하고 또한 −국가작용의 일반적인 법원칙이 된다는 점에서− 필요하다고 생각한다.

앞으로 더 많은 논의가 필요하겠지만, 일단은 사회행정의 원칙이란 '행정은 국민의 실질적 자유와 평등을 실현하는 것을 목적으로, 이를 위한 토대를 마련함으로써 국민 누구나가 사회 각 분야에서 공정한 기회를 보장받고 자기주도적으로 자신의 삶을 설계하고 개성을 발현할 수 있도록 하여야 한다는 원칙' 정도로 이해할 수 있을 것이다. 이 안에는, 예컨대, 기초생활의 안정성 보장(사회보장, 육아·교육·고용 등의 지원체계), 사회적으로 과도한 불공정·불평등·집중의 해소·방지, 교육과 취업 등에서의 공정한 기회의 보장, 지역의 균형적 발전 등이 그 구체적인 내용이 될 수 있을 것이다. 다만 여기에는, 자유민주주의적 시장경제질서와 조화되어야 하고, 국민의 생활수준을 하향식 평준화하는 것은 허용되지 않으며, 국가재정상 허용되는 범위를 초과할 수 없다는 점이 한계로 작용한다고 할 수 있을 것이다. 따라서, 예컨대, 사회행정의 한 내용으로서 사회보장제도 역시 이와 같은 사회행정원칙의 적용을 받는다고 보아야 하고, 그러므로, 예컨대, 기회의 균등을 실현하기 위하여 생활의 토대를 마련해 주는 것 이상으로 복지급여를 지급하는 것은 사회행정원칙에 부합한다고 볼 수 없게 될 것이다.

---

71) 예컨대, 신정규, 전게논문, 458면; 차진아, 전게논문(공법학연구), 11면 이하 등 참조.

2. 사회행정원칙과 개별행정법영역에서의 원칙 정립 및 적용

이상에서 살펴본 '사회행정'은, 사실 소득수준에 따른 누진세, 경제적 약자를 보호하기 위한 복지급여, 의료보험 등 사회보험, 공정거래·부동산 투기방지 등을 위한 규제, 교육이나 취업 등에서의 지원, 도시의 쇠퇴지역이나 지방의 소멸위기지역을 위한 지원 등 행정의 각 분야에서는 이미 관련 법제가 마련되어 적용되고 있다. 다만, 이와 같은 제도들이 '사회국가', '사회행정'이라는 일관된 이념이나 원칙이 없었다는 점이 문제였다.

아래에서는 '사회행정'이 행정법의 일반원칙으로 정립되는 것을 전제로, 몇 개 행정분야를 예로 하여, 향후 어떠한 점들이 사회행정원칙과 관련하여 논의될 수 있는지 간략히 언급해 보기로 한다.

1) 경제·토지·부동산 영역에서의 사회행정원칙

(1) 경제민주화

우리 헌법 제119조 제2항은 경제의 민주화를 위한 규제와 조정을 규정하고 있다.[72] 이와 관련하여 혹자는 헌법 제23조에 제2항[73]에 의한 재산권 규제와 제119조에 제2항에 의한 경제규제와 조정을 주장하기도 하고,[74] 혹자는 경제적 자유와 사회적 형평 사이의 조화를 추구하는 '사회적 시장경제'를 주장하기도 한다.[75] 경제활동의 자유를 보장하는 것은 너무나 당연하지만, '사회행정'의 관점에서, -기업경영에서의 ESG가 주장되듯이- 경제활동도 궁극적으로는 사회에 기여하여야 한다는 측면에서 경제활동이 경제적 양극화를 심화시키지 않도록 적절히 규제하고 조정하는 문제가 보다 구체적으로 논의될 수 있겠다.

(2) 토지공개념

헌법 제120조 제2항은 국토에 대한 국가의 보호와 계획수립권을 규정하고,[76] 헌법 제122조는 국토의 균형있는 이용을 위하여 필요한 제한과 의무 부과 권한을 규정하고

---

72) 헌법 제119조 ② 국가는 균형있는 국민경제의 성장 및 안정과 적정한 소득의 분배를 유지하고, 시장의 지배와 경제력의 남용을 방지하며, 경제주체간의 조화를 통한 경제의 민주화를 위하여 경제에 관한 규제와 조정을 할 수 있다.
73) 헌법 제23조 ② 재산권의 행사는 공공복리에 적합하도록 하여야 한다.
74) 예컨대, 김명수, 전게논문, 83면.
75) 예컨대, 김홍섭, 전게논문, 190면 이하.
76) 헌법 제120조 ② 국토와 자원은 국가의 보호를 받으며, 국가는 그 균형있는 개발과 이용을 위하여 필요한 계획을 수립한다.

있다.77) 이 조항들과 더불어, 재산권의 사회기속성과 사회국가원리를 헌법적 근거로 하는 토지공개념78)에 대해서는 이미 많은 논의가 있었는데, 생각건대, 헌법재판소가 토지공개념의 정당성을 인정하고 있으므로,79) 더 이상은 부동산정책이 자주 바뀌지 않도록 한다는 점, 무엇보다도 부동산문제에서는 투기나 불로소득을 방지함으로써 사회국가원리를 실현하여야 할 현실적인 필요성이 크다는 점에서, 이제는 이 분야에서의 토지공개념의 원칙화가 필요하다고 생각한다.

여기에서 더 나아가, 예컨대, 공영주차장 확대, 장기임대형태의 사회적 부동산(주택이나 사무실) 제도 등 공공복리를 위하여 필요한 경우에는 일정 규모의 토지나 부동산을 국·공유화(국·공영기업화)하는 방안도 생각해 볼 수 있을 것이다. 그리고 수도권집중을 해소하고 지방소멸을 방지하는 관점에서 지역별로 부동산 관련 정책이나 조세제도를 차등 적용하는 방안 등도 고민해 볼 수 있을 것이다.

(3) 독일 건축법전의 사회적 도시(Soziale Stadt)

독일 건축법전(BauGB)은 제2부 개별 도시건설법, 제4장 사회적 도시, 제171e조에서 사회적 도시에 관하여 규정하고 있다.80) 즉, 사회적 불공정(soziale Missstände)으로 불이

---

77) 제122조 국가는 국민 모두의 생산 및 생활의 기반이 되는 국토의 효율적이고 균형있는 이용·개발과 보전을 위하여 법률이 정하는 바에 의하여 그에 관한 필요한 제한과 의무를 과할 수 있다.
78) 졸저, 행정법강론, 제8판, 박영사, 2022, 1359면 이하 참조.
79) 이에 관하여는, 차진아, 전게논문(공법학연구), 29면 참조.
80) 독일 건축법전 제171e조 사회적 도시 조치
  (1) 통일적이고 활기 있는 도시건설에 대한 공익적 필요가 있는 도시구역이나 게마인데 구역에 대해서는 이 법 대신에 또는 이 법에 따른 조치에 보충하여 이 장의 규정에 따라 사회적 도시를 위한 도시건설조치(Städtebauliche Maßnahmen der Sozialen Stadt)가 시행될 수 있다.
  (2) <u>사회적 도시를 위한 도시건설조치는 사회적 불공정(soziale Missstände)으로 불이익을 받는 게마인데 구역 또는 게마인데 지역의 일부로서 특별한 개발의 필요가 존재하는 지역의 안정화와 평가절상을 위한 조치를 말한다. 사회적 불공정은 특히, 그 지역에서 생활하고 일하는 사람들의 구성과 경제적 상황에 비추어 그 지역이 현저히 불이익을 받는 경우에 존재한다. 특별한 개발의 필요는, 특히 도심 — 또는 도심인근지역 또는 밀집된 주거 또는 혼합지역에 상호 조율된 복합적인 투자 또는 그 밖의 조치들이 필요한 경우에 존재한다.</u>
  (3) 지방자치단체는 조치가 필요한 지역을 결정으로 확정한다. 지역은 조치가 합목적적으로 시행될 수 있도록 그 공간적인 범위가 확정되어야 한다.
  (4) 제3항에 따른 결정의 기초(근거)는 이해관계자(제137조)와 공공의 사무수행주체(제139조)의 참여 하에 지방자치단체가 수립하는 것으로서 그 목표와 조치들이 기술되어 있는 발전계획(Entwicklungskonzept)이다. 발전계획에는 특히 주거관계와 취업관계, 사회적으로 안정된 거주구조의 조성과 유지를 위한 조치들이 포함되어야 한다.
  (5) 발전계획의 수립 또는 변경시에는 이해관계자가 적절한 형식으로 관여되고 협력할 수 있도록 하여야 한다. 게마인데는 가능한 범위에서 이해관계자들에게 지속적으로 조언하고 지원하여야 한다. 게마인데와 이해관계자의 협력에 있어 조정기관(Koordinierungsstelle)을 설치할 수 있다. 필요하면, 게마인데는 발전계획에 따른 목표를 실현하고 촉진하기 위하여, 그리고 비용의 인수를 위하여 소유자와 기

익을 받는 지방자치단체의 일부 지역에 대해서 지역의 안정화와 평가절상을 위한 도시
건설조치를 취할 수 있는데, 이와 같은 조치를 사회적 도시를 위한 도시건설조치라고
규정하고 있다.

우리나라의 경우는 도심 내 쇠퇴지역에 대해서 도시재생 활성화 및 지원에 관한 특
별법(도시재생법)을 통하여 지원할 수 있도록 규정하고 있는데, 독일의 경우는 '사회적
도시'라는 명칭으로 건축법전에서 이를 규정하고 있는 점이 특징적이다. 이와 같은 일
반법 규정들도 사회행정원칙의 한 표현이라고 할 수 있겠다.

2) 교육과 취업 영역에서의 사회행정원칙

교육과 취업은 사회생활의 결정적인 조건이고, 수도권집중 문제를 해소하는 데 핵
심적인 요소이다. 따라서 '사회행정' 실현에서 사실상 가장 주목하여야 할 문제가 아닌
가 생각된다.

우선 사회행정원칙에 따르면 교육과 취업의 '기회가 균등하게 보장'되어야 한다. 교
육과 관련해서는, 예컨대, 국·공립학교의 무상교육화(사립학교도 포함할지 논의 필요), 교
육비용융자제도, 공교육의 제도화 강화와 실질화(사교육은 공교육으로써 수행하지 못하는 분
야로 점차 축소), 전문직업교육제도(대학교·전문대학)의 확대와 공적 자격화, 학교 간 서열
이 아닌, 개인능력으로 취득한 공적 자격에 따른 취업(취업 시 출신학교가 아닌 취득한 자격
으로 경쟁) 등의 문제를 논의해 볼 수 있을 것이다. 아무튼, 불공정이나 양극화가 심화
되고, 학령인구가 축소되는 현 상황을 고려하면, 적어도 공교육은 사회행정원칙에 부합
하도록 재구조화하는 방안이 시급히 정비될 필요가 있다고 생각한다.

취업에 있어서도, 직업교육제도의 완비와 전문자격증을 통하여 취업으로 나아갈 수
있게 하는 제도, 직업 간 소득의 적정한 균형 도모와 이를 위한 세제의 재정비 문제,
과도한 매매차익·불로소득의 억제·모든 소득(직장근로, 자영업 등)에 균등하게 적용되는
조세제도 등을 통하여 조세평등의 실질화, 모든 국민을 대상으로 하는 연금제도 등을
논의해 볼 수 있을 것이다. 아무튼 직업교육 후 직업을 가지면 ─어떤 직업이든─ 최
소한의 안정적인 생활이 가능하도록 제도화하고, 일정 연령 후에는 연금을 통하여 기
본적인 생활이 가능하도록 제도화하는 것이 취업분야에서의 사회행정의 역할이 아닐까
생각된다. 한편 정보기술의 발달·AI 등으로 대표되는 4차 산업혁명으로 인하여 사회가

타 조치주체들과 도시건설계약(städtebauliche Verträge)을 체결하여야 한다.
(6) 제3항의 지역에는 제164a조, 제164b조가 적용된다. 또한 다른 법적 근거에 따른 재정수단이나 지원수
단의 사용에 관한 제164a조 제1항 제1문은 특히 제2항 제3문의 그 밖의 조치에도 적용될 수 있다.

급격하게 변화될 것이라고 하는데,[81] 이에 따라 사회보험을 재구조화하고, 기본소득제[82]를 도입하는 문제도 사회행정과 관련된 문제라 할 수 있을 것이다.

3) 지방분권 · 지방자치 영역에서의 사회행정원칙

헌법 제123조 제2항은 지역 간의 균형발전을 위한 국가의 지역경제 육성의무를 규정하고 있다.[83] 지역균형발전은 '경제조항'에 속해 있지만, '경제적 발전'은 그 사회의 모든 영역의 발전을 내포하는 것이므로 '정치 · 경제 · 사회 · 문화 · 교육 등에서의 균형발전'을 의미한다고 보아야 하겠다. 균형발전은 지역 간의 지나친 격차를 해소하는 것을 목적으로 하고, 또한 균형발전을 위해서는 국가의 권력이나 기능이 전국에 적정하게 분산될 것이 요구된다는 점에서 이는 지방분권(Dezentralisierung), 사회국가와 맥을 같이 한다. 따라서 사회행정의 관점에서 '지방분권을 통한 지역균형발전'에 대한 논의가 필요하고, 예컨대, 여기에는 −헌법개정을 포함하여− 국가권력(입법법 · 사법권 · 행정권)의 분권, 국가기관 · 대학 · 기업 · 의료시설 · 문화시설 등의 적절한 분산에 관한 논의 등이 포함될 수 있겠다.

한편 헌법 제117조, 제118조는 지방자치를 제도적으로 보장하고 있는데, 지방자치는 '생활공동체에 의한 생활자치'를 의미한다는 점에서, 이는 기본적으로 '기초지방자치단체'의 자치권 보장에 관한 것이다. 국민의 실질적 자유와 평등의 실현을 내용으로 하는 사회행정은 각 지역을 자주적으로 활성화시키는 것을 내용으로 하는 지방자치와 매우 밀접한 관련이 있다.[84] 따라서 행정사무를 전권한성의 원칙, 보충성의 원칙에 따라 기초지방자치단체에 우선적으로 배분하는 것은 사회행정의 원칙에 부합하는 것이다. 따라서 사회행정의 원칙이 확립되면 보충성의 원칙이 보다 강력하게 확립되고 적용되는 데 기여할 수 있다고 판단된다. 이와 관련하여, 사회국가의 한 내용으로서 사회복지와 관련된 상당수의 사무가 지방자치단체로 이양된 상황에서 지방자치단체가 복지사무를 적절히 수행할 수 있도록 하기 위해서는 지방세 등의 자주재원이 확충되어야 하고 동시에 지방자치단체 간의 격차가 확대되지 않도록 해야 한다.[85]

---

81) 예컨대, 성중탁, 전게논문(헌법학연구), 356면 이하 참조.
82) 기본소득(모든 사람의 인간다운 삶의 조건을 충족시킴으로써 자유와 평등을 실질적으로 보장)을 통한 사회국가원리의 실현에 관하여는, 홍석한, 177면 이하 참조. 기본소득도 사회행정제도로 이해되는 한, 사회행정의 원칙에 부합되어야 할 것이다. 따라서 나눠주기식의 무분별한 복지는 허용되지 않는다고 보아야 할 것이다.
83) 헌법 제123조 ② 국가는 지역간의 균형있는 발전을 위하여 지역경제를 육성할 의무를 진다.
84) 졸저, 전게서, 1047면 참조.
85) 신정규, 전게논문, 472면 이하.

V. 맺음말

오늘날의 사회발전에 따른 부작용으로 나타나는 권력이나 재산의 편중과 같은 불공정·양극화 등의 문제를 해결하기 위해서는 헌법상 사회국가원리에 근거한 국가의 사회적 의무가 그 어느 때보다 강조되어야 할 때이다. 그런데 사회국가원리를 실현하기 위한 각종 제도는 오래전부터 있었고, 심지어는 부분적으로는 매우 발전된 제도를 구축한 상황이기도 하다. 다만, 이와 같은 제도나 정책들에는 '사회국가'라는 공통적인 이념도 없었고, 이 원리에 부합되어야 한다는 구속력 있는 원칙이나 기준도 없었다. 그 결과 이와 같은 법제들이 사회국가를 고리로 하는 체계를 가지지 못했다. 이제라도 여기에 일정한 일관성이나 법적 구속력을 강화하려면 사회국가원리를 하나의 법원칙으로 정립하는 것이 필요하다는 생각이다.

사회국가원리를 행정법 차원에서 구체화한다면, 이를 '사회행정의 원칙'으로 부를 수 있을 것이다. 행정법의 일반원칙으로서 사회행정의 원칙은 '행정은 국민의 실질적 자유와 평등을 실현하는 것을 목적으로, 이를 위한 토대를 마련함으로써 국민 누구나가 사회 각 분야에서 공정한 기회를 보장받고 자기주도적으로 자신의 삶을 설계하고 개성을 발현할 수 있도록 하여야 한다는 원칙'으로 설명해 볼 수 있을 것이다. 다만, 여기에 '사회행정의 원칙은 자유민주주의적 시장경제질서와 조화되어야 하고, 생활수준을 하향화하는 것은 허용되지 않으며, 건전한 국가재정의 범위 안에서만 허용되어야 한다.'는 한계를 설정해 볼 수 있을 것이다.

사회행정의 원칙은 우리나라 법제와 정책이 사회국가원리에 부합되어야 한다는 것을 법원칙으로 함으로써 정책 등의 일관성·장기성을 확보하는 데 기여할 것이다. 따라서 행정법 차원에서 사회행정원칙을 정립하는 것과 더불어 이를 토대로 경제·국토·자원·환경·교육·고용·지방분권과 지방자치·균형발전 등 각 행정 분야별로도 그 구체적인 원칙이나 기준을 정립해 나아가야 할 것이다.

참고문헌

김남철, 행정법강론, 제8판, 박영사, 2022.
전광석, 한국사회보장법론, 제12판, 집현재, 2010.
허 영, 헌법이론과 헌법(상), 전정판, 박영사, 1989.
홍정선, 행정법원론(하), 제26판, 박영사, 2018.

Jarass/Pieroth, Grundgesetz für die Bundesrepublik Deutschland(GG), Kommentar, 14.Aufl., München, 2016.
Hömig/Wolff(Hrsg.), Grundgesetz für die Bundesrepublik Deutschland, Handkommentar, 11.Aufl., Baden－Baden, 2016.
Sachs, Grundgesetz für die Bundesrepublik Deutschland(GG), Kommentar, 7.Aufl., München, 2014.

강현호, 경제위기에 있어서 사회국가 －한국의 경험에 기초하여－, 토지공법연구 제63집 (2013.11), 한국토지공법학회, 311면 이하.
계인국, 보장행정의 작용형식으로서 규제 －보장국가의 구상과 규제의미의 한정－, 공법연구 제41집 제4호(2013), 한국공법학회, 155면 이하.
국순옥/송석윤(역), 기본법과 사회국가, 민주법학 통권 제55호(2014.7), 민주주의 법학연구회, 209면 이하.
김동춘, '사회국가'를 만들어야 한다, 황해문화 통권 제87호(2015.6), 새얼문화재단, 210면 이하.
김명수, 경제질서와 사회국가원리에 대한 재조명, 공공사회연구 제7권 제2호(2017.5), 한국공공사회학회, 59면 이하.
김상겸, 社會國家原理에 관한 考察 －독일 기본법상의 전개과정과 논의를 중심으로－, 헌법학연구 제7권 제1호(2001.5), 한국헌법학회, 123면 이하.
김용태, 헌법의 기본원리로서 사회국가원리, 법학논총 제32집(2014.7), 숭실대학교 법학연구소, 29면 이하.
김태근, 세계화 시대의 사회적 경제윤리와 새로운 복지 패러다임: 독일 사회국가(Sozialstaat)의 변화를 중심으로, 사회와 이론 통권 제31집(2017.11), 한국이론사회학회, 283면 이하.
김호균, 독일의 '사회국가 4.0'에 관한 연구, 경상논총 제37권 3호(2019.9), 한독경상학회, 1면 이하.
김홍섭, "사회국가" 독일의 사회국가원리와 그 실현, 독일언어문학 제61지1(2013.9), 한국독일 언어문학회, 185면 이하.

나혜심, 독일 사회국가(Sozialstaat)의 기원과 성격, 사림 제31호(2008.10), 수선사학회, 321면 이하.

박병섭, 사회국가원리의 역사적 전개와 법적 의미, 민주법학 제54호(2014.3), 민주주의법학연구소, 183면 이하.

배준상, 독일 기본법상 사회국가원리에 관한 소고 −독일연방헌법재판소의 판례를 중심으로−, 법학논총 제13권(1996.10), 한양대학교 법학연구소, 23면 이하.

성중탁, 제4차 산업혁명과 사회국가 실현 등에 대한 전망과 과제, 헌법학연구 제27권 제1호(2021.3), 한국헌법학회, 343면 이하.

_____, 현대 사회국가와 행정법의 과제, 공법학연구 제19권 제2호(2018.5), 한국비교공법학회, 39면 이하.

신정규, 사회국가원리의 구체화를 통한 사회통합에 있어서 재정법적 과제에 대한 검토, 헌법학연구 제28권 제1호(2022.3), 한국헌법학회, 453면 이하.

윤재만, 사회국가원리의 이론적 근거 및 실현방법론, 공법학연구 제12권 제3호(2011.8), 한국비교공법학회, 55면 이하.

윤현식, 사회국가원리를 통한 노사관계의 재구성, 민주법학 제73호(2020.7), 민주주의법학연구회, 157면 이하.

임 현, 보장국가론의 이해를 위한 소고, 정부학연구 제22권 제1호(2016), 고려대학교 정부학연구소, 31면 이하.

장철준, 헌법 안과 밖의 사회적 기본권, 그리고 사회국가원리 −환경권 이해의 발상 전환을 위하여−, 공법학연구 제22권 제1호(2021.2), 한국비교공법학회, 209면 이하.

정극원, 헌법상의 사회국가 원리, 공법연구 제26집 제2호(1998.5), 한국공법학회, 245면 이하.

정영철, 행정법과 ESG, 연세법학 제38호(2021.12), 연세법학회, 241면 이하.

정혜영, 유치원의무화에 관한 헌법적 고찰 −공교육의 사회국가적 평등실현 관점에서−, 아주법학 제9권 제4호(2016.2), 아주대학교 법학연구소, 21면 이하.

차진아, 사회적 평등의 의미와 실현구조, 안암법학 제21권(2005.11), 안암법학회, 227면 이하.

_____, 사회국가의 실현구조와 토지공개념의 헌법상 의미, 공법학연구 제19권 제1호(2018.2), 한국비교공법학회, 3면 이하.

_____, 사회보장과 조세 −공공부조와 사회보험을 중심으로−, 고려법학 제100권(2021.3), 고려대학교 법학연구원, 41면 이하.

홍명수, 헌법상 경제질서와 사회적 시장경제론의 재고, 서울대학교 법학 제54권 제1호(2013.3), 서울대학교 법학연구소, 75면 이하.

홍석한, 새로운 국가역할 모델로서 보장국가론의 의미와 가능성, 공법학연구, 제17권 제2호(2016), 한국비교공법학회, 3면 이하.

_____, 기본소득에 대한 헌법적 고찰 −사회국가원리의 관점을 중심으로−, 성균관법학 제29권 제4호(2017.12), 성균관대학교 법학연구원, 177면 이하.

홍성방, 사회국가 해석 모델에 대한 비판적 검토 −사회국가 연구 서설−, 안암법학 제1권
　　　(1993.9), 안암법학회, 148면 이하.

황선훈, 再公化(재국영화·재공영화)에 관한 공법적 연구 −독일의 논의를 중심으로−, 행정
　　　법연구 제60호(2020.2), 행정법이론실무학회, 191면 이하.

Dieter Eissel/Jong−Hwaan Ko, Vom Sozial− zum Wettbewerbsstaat: Sozialpolitik in
　　　Deutschland(사회국가에서 경쟁국가로: 독일 사회정책의 변화), 경상논총 제31권 제2
　　　호(2013.6), 한독경상학회, 45면 이하.

연세대학교 법학연구원 학술총서 1

김남철 교수와 행정법

초판발행	2024년 11월 15일
엮은이	연세대학교 법학연구원
펴낸이	안종만·안상준
편 집	장유나
기획/마케팅	장규식
표지디자인	BEN STORY
제 작	고철민·김원표
펴낸곳	(주)박영사
	서울특별시 금천구 가산디지털2로 53, 210호(가산동, 한라시그마밸리)
	등록 1959. 3. 11. 제300-1959-1호(倫)
전 화	02)733-6771
f a x	02)736-4818
e-mail	pys@pybook.co.kr
homepage	www.pybook.co.kr
ISBN	979-11-303-4835-3 93360

정 가   25,000원